本书系江苏省高校哲学社会科学基金项目（2016SJB880089)的部分成果

ZhongWai XiaoXue MuYu

KeCheng BiaoZhun BiJiao YanJiu

中外小学课程标准比较研究丛书

潘洪建　刘久成　主编

中外小学母语课程标准比较研究

刘华等　著

中外小学课程标准比较研究，有助于我们了解不同国家小学课程改革的背景、动态、特点，揭示课程标准研制的内在规律，拓展小学课程设计视野，提高课程编制的科学化水平；有助于我们借鉴国外的成功做法，结合我国小学教育的实际与问题，完善我国小学课程标准文本，推动我国小学课程改革的理论研究和实践探索。

甘肃教育出版社

图书在版编目（ＣＩＰ）数据

中外小学母语课程标准比较研究 / 刘华等著. — 兰州：甘肃教育出版社，2017. 11（2020.10重印）
（中外小学课程标准比较研究丛书）
ISBN 978-7-5423-4268-3

Ⅰ．①中… Ⅱ．①刘… Ⅲ．①小学—母语—课程标准—对比研究—世界 Ⅳ．①G623.202

中国版本图书馆 CIP 数据核字(2017)第 278877 号

中外小学母语课程标准比较研究

刘　华等　著

责任编辑　刘正东
封面设计　石　璞

出　版　甘肃教育出版社
社　址　兰州市读者大道 568 号　730030
网　址　www.gseph.cn　　　E-mail　gseph@duzhe.cn
电　话　0931-8436105（编辑部）　0931-8435009（发行部）
传　真　0931-8773056
淘宝官方旗舰店　http://shop111038270.taobao.com

发　行　甘肃教育出版社　　印　刷　山东龙岳文化传媒有限公司
开　本　787 毫米×1092 毫米　1/16　印　张 25　插　页 2　字　数 400 千
版　次　2017 年 7 月第 1 版
印　次　2020 年 10 月第 2 次印刷
印　数　100 1~6 000
书　号　ISBN 978-7-5423-4268-3　　定　价 75.00 元

总　序

　　随着全球化进程的加快，基础教育课程改革在很大程度上就是借鉴他国改革经验、满足本国发展需要、不断融于国际教育改革大潮的过程。由于各国的社会制度、文化传统和教育政策不同，其课程理念、内容、结构和形式均存在诸多差异，但也存在一些共同趋势。纵观已有研究，小学课程改革的比较研究还不够全面、系统。从研究涉及的国别来看，有关美国、加拿大、英国、日本、澳大利亚的课程评介稍多，其他国家的甚少；从研究的内容来看，局限于某一方面(如课程目标、教材内容、教学方法)的比较研究较多，而对课程进行整体比较研究的较少。为此，我们选择了五大洲的一些代表性国家现行的小学课程标准和改革文献进行研究，并与我国小学课程标准进行比较。中外小学课程标准比较研究，有助于我们了解不同国家小学课程改革的背景、动态、特点，拓展小学课程设计视野，揭示课程标准研制的内在规律，提高课程编制的科学化水平，推动我国小学课程改革与发展。

　　该项研究属于国际教育比较研究，它是将国外最新颁布的小学课程标准与我国当前正在实施的小学课程标准进行横向比较。比较研究涉及的国家有欧洲、美洲、亚洲、非洲、大洋洲的众多国家，涵盖小学主要学科。每一科目比较研究主要探讨的问题包括：

　　1.课程标准文本的形成和起源。课程标准文本是怎么形成的，什么情境、问题引发了此种课程的开发；该课程标准试图回应的是什么社会、经济、政治、文化和教育问题，哪些因素决定了该课程的开发过程；课程表现的是什么视角或理念，课程设计的基本思路是什么，其理论基础和基本原则有哪些。

2.课程的目标。课程目标的维度与层次是如何划分的；课程目标是如何表述的；课程目标的类型有哪些；课程目标背后所蕴藏的预设是什么。

3.课程的内容。课程内容的构成有哪些；课程内容的选择准则是什么；课程内容是如何组织的；课程内容的广度、深度如何平衡；课程内容是否考虑到多元文化及其教育功能；隐含在课程内容选择与组织背后的理论假设有哪些。

4.课程的实施。课程标准在课程实施方面提出了哪些建议，在政策、法规、时间、物质等方面对课程实施有何要求；教学中应当处理好哪些关系。

5.课程的评价。不同国家课程标准对课程评价理念、评价主体、评价标准、评价方法有哪些建议与要求，这些建议与要求能否判断课程目标的达成程度？

6.课程改革的启示。国外不同课程标准存在的共性、差异有哪些，其基本走向是什么；国外标准能为我国小学课程改革与课程标准完善带来哪些有益启示；我国当下的课程标准应该做哪些调整与改进，相关的政策建议有哪些？

该项研究的主要特色有：

1.比较研究所涉及的国家范围较广。从已有研究涉及的国家来看，有关欧美等发达国家的课程评介与比较较多，研究其他国家的较少。本研究涉及的国家范围有欧洲、美洲、亚洲、非洲、大洋洲五大洲共十六个国家，包括英国、德国、俄罗斯、芬兰、荷兰、爱尔兰、美国、加拿大、日本、韩国、新加坡、印度、泰国、南非、澳大利亚、新西兰。

2.比较研究的学科较为齐全。包括小学主要科目，如语文、数学、社会、科学、外语。音乐、美术、体育科目因较为特殊未列入其中。

3.比较研究的内容较为系统、完整。包括课程文本形成背景、课程理念、课程目标、课程内容、课程实施和课程评价等内容；考察不同国家小学课程的诸多异同，探讨这些异同产生的原因，厘清它们之间的复杂关系。

小学课程比较研究是小学课程改革与发展的一项基础性工作，有助于我们借鉴国外的成功做法，结合我国小学教育的实际与问题，完善我国小学课程标准文本,推动我国小学课程改革的理论研究和实践探索。

"他山之石,可以攻玉。"丛书作者广泛搜寻研究资料,耗费了大量时间、精力,付出了艰辛的劳动。但囿于资料、学识和视野,研究可能存在不少疏漏与错误,恳请读者批评指正。

该套丛书的出版得到扬州大学出版基金的资助,特别致谢!

《中外小学课程标准比较丛书》编委会

2017 年 1 月

扬州瘦西湖畔

目　录

前　言

母语,或称第一语言,有不同的解释。一种解释是一个人出生以后,最早接触、学习并掌握的一种或几种语言;另一种解释是一个人的民族语,而不一定是一个人最早接触、学习并掌握的语言;第三种常见的解释是不借用其他语言进行学习而学会的语言。"母语"概念的歧义性,使对"母语课程"明确、统一的界定变得非常困难,更使"母语课程标准"的指涉变得多少有些模糊不清。实际上,本书的主要研究对象——各国母语课程标准——并非精确的指称,而是对各国最主要的官方语言之课程标准的方便指称。

在基础教育阶段,每个国家都赋予了母语课程极其重要的地位。不过,由于每个国家的语言使用情况和语言使用政策不尽相同,也由于各国母语特点及其学习规律的差异性,各国的母语课程必然各具特色。然而,异中有同,除了差异与特色,各国母语课程也有很多共通之处。这便是各国母语课程相互比较、学习、借鉴的基础。实际上,我国近现代的语文课程在保持自身传统与特色的同时,一直在学习和借鉴他国母语课程的一些理念和经验。这其中有成功,也有失败。例如20世纪50年代学习苏联的文学与语言分科教学改革就被实践证明是不适宜的。实际上,鉴于各国母语课程兼具共性与个性,学习和借鉴他国母语课程经验时,须得先开展严谨的比较研究。即通过深入的分析比较,论证他国母语课程的理念或做法对我国母语课程的适宜性。

系统的中外母语课程比较研究,虽然不多,却有相当成功的范例。那是洪宗礼先生主持的"九五"国家教育科学规划课题"中外母语教材比较研究"。该研究成果丰硕,赢得了教育理论界的广泛关注和很高评价。这个范例证明了中外母语课程比较是一个能够响应和满足实践需求,且符合和满足认知兴趣的研究领域。

在这个广阔的研究领域中,我们关注的是当前各国小学母语课程标准的比较研究。之所以特别关注这个课题,是因为:第一,课程标准的核心地位和重要作用。课程标准是学校教育教学的指导性文件,特别是国家课程标准,往往"是教材编写、教学、评估和考试命题的依据,是国家管理和评价课程的基础"。可以说,研究和理解一个国家的母语课程标准,是整体把握这个国家母语课程基本状况最为便捷的方式。第二,我国基础教育课程标准研制经验相对不足的状况。新中国成立以后的大多数历史时期,国家课程的指导性文件都是以"教学大纲"的形式编制的。教学大纲与课程标准的旨趣、内容框架和侧重点都不尽相同。自21世纪我国才注重以"课程标准"的形式编制和颁布国家课程的指导性文件。因而,研制经验相对不足。研制的课程标准难免有诸多不足,特别是难以充分满足各方教育工作者解读和使用课程标准的实践需求。这种状况就使开展课程标准的国际比较研究,广泛借鉴他国的课程编制经验,变得非常必要。我们对中外小学母语课程的比较研究,是在译介多个有代表性的国家或地区母语课程标准的基础上,对中外母语课程标准对应部分的异同、得失做出深入的比较、评析。比较、评析涉及课程标准的制定背景、课程标准的结构框架、课程基本理念、课程总目标、课程各领域的具体目标与内容、课程实施建议、课程评价建议等方面。

本书由三部分组成,第一部分即第一章,主要梳理我国近代以来小学语文课程标准或教学大纲的发展演进历程,评介现行小学语文课程标准的主要特点;第二部分即第二章至第十二章,是中国分别与美国、英国、澳大利亚、日本、韩国、新西兰、爱尔兰、芬兰、新加坡、南非、加拿大不列颠哥伦比亚省等国家或地区的小学母语课程标准的比较研究;第三部分即最后一章,从前面的多国比较研究中得出概括性结论,提炼出修订、完善我国语文课程标准的若干启示。本书撰写者有:刘华(第一章)、戴滢(第二章)、殷琳(第三章)、郭海萍(第四章)、徐美芬(第五章)、朱莹(第六章)、时文华(第七章)、吕培(第八章)、刘欢(第九章)、薛松(第十章)、陈蕾(第十一章)、段雯晴(第十二章)、韦冬余、刘华与王毓新(第十三章),最后由刘华修改定稿。韦冬余参加了后期的审稿与修改工作。

本书适合基础教育研究者、小学语文教师、小学教育专业的本科生和研究生阅读。进行小学语文课程的国际比较研究是我们的一次尝试,由于国别较多、文化多元、制度多样,研究过程中不仅收集资料与翻译的工作量巨大,而且也存在相应国家生活体验与教育研究的不足,书中难免存在不妥与谬误之处,敬请读者批评指正。

作者

2017 年 1 月

第一章　中国小学母语课程标准发展及概观

一、中国小学母语课程标准的历史演进

中国母语教育之开端，亦中国近代教育背景下的母语课程真正独立之开端，当源于 1903 年清政府颁布的《奏定学堂章程》，其亦是我国近代政府颁布的第一个学制系统文件，开启了母语独立设科之先河。《奏定学堂章程》在所规定的中小学必修学科中，与母语教学相关的就有"读经讲经"及"中国文学"两门。其中"中国文学"的目标是：并宜随时试课论说文字，及教以浅显书信记事文法，以资宦科实用，但取理明辞达而知；中小学堂于中文辞，止贵明通。从其目标来看，《奏定学堂章程》非常重视实用价值。

1913 年，南京临时政府将母语课程正式定名为"国文"，颁布了我国第一个课程标准——《中学校课程标准》。此阶段的教学方针是：注重道德教育，以实利教育，军国民教育辅之，更以美感教育完成其道德。同时批判了清政府的"忠君尊孔"的教育思想，但也体现了其资产阶级对道德的要求。

五四新文化运动的兴起，对语文教育产生了很大的影响。首先是"语文"中的"语"字，即为五四运动的产物。北洋政府于 1920 年将小学一、二年级国文改为语文，将学校文言教科书作废，并于 1923 年颁布了《中小学课程标准纲要》，详细规定了母语在小学、初中、高中等不同阶段的课程纲要，基本确立了我国母语课程标准的基本结构。

1929 年，政府颁布了《中小学课程暂行标准》，并经过 8 年的实验修订，于 1936 年宣布正式施行。其中小学教学目标侧重于语言文字的教育，这也标志着现代母语教育逐步在取代古代母语教育，标志着教学目标逐步转向以学习语言文字为主。

新中国成立以来，由于国家忙于建设，恢复经济，因此语文教学基本上采用革命战争时期解放区的做法。当时所编的《编辑大意》指出了母语教学目标，即要掌握"听""说""读""写"四项，不可偏轻偏重。同时母语教学还兼有加强思想政治教育的目的。

之后，在不断改革与创新中，中国母语课程标准经历了多次修改和撰写，母语教育也有了长足的进步。特别是在改革开放以后，母语课程标准取得了飞速的发展。

1950 年，教育部颁布了《小学课程暂行标准（草案）》，其中对语文、算术、历史等 8 科做了规定。并于 1956 年编订并颁布了适合四二制小学使用的各科教学大纲。这是我国完全以苏联小学教学大纲为蓝本而制定的第一部小学各科教学大纲，主要强调统一性、正规化，不仅教材和教学大纲统一标准，教学的方法也要求规范化、程序化和模式化，完全否定了先前使用的教学方法。但是由于盲目学习苏联，忽视了我国小学教育的实际，割断了教学大纲，或者说课程标准的发展规律，其既没有吸收新中国成立初的改革成果，更加没有好好地继承民国时期课程标准的相关有利因素，因而在教学中，老师和学生都难以适应，阻碍了我国小学教育的发展。

1958—1960 年，"大跃进"时期的母语教育强调"突出政治""联系实际"，排斥名家名篇，取而代之的是简单化的标语口号作品。母语课被上成了政治课，母语教学质量严重下降。

鉴于 1958 年以来母语教学中"左"的观点和做法，《文汇报》于 1959 年和 1961 年先后开展了关于"母语教学的目的任务"和"怎样教好母语课"的讨论，并于 1963 年颁布了《全日制小学语文教学大纲（草案）》，大纲突出了语文的工具性，提出了加强基础知识教学和基本技能训练的原则，突出能力训练，强调文道统一。这些教育思想和措施，使母语教学走上了健康发展的道路。

　　然而，1966—1976 年"文化大革命"使得这种沿着健康发展道路发展的母语教育遭受了重大损失。这个时期以"阶级斗争""路线斗争"为纲，把新中国成立 17 年来的教育定为黑线专政，进行全面、彻底的批判，母语教学则首当其冲。完全置母语学科的教学规律于不顾，导致了母语教学质量和学生水平能力的全面下降。

　　1978 年，开始实施新学制，并颁布《全日制十年制学校小学语文教学大纲（试行草案）》，对"文化大革命"进行拨乱反正。此时期的母语教育目标是培养学生识字、看书、作文的能力，初步培养准确、鲜明、生动的文风。在改革开放的推动下，1992 年颁布了《九年义务教育全日制小学语文教学大纲（试用）》，此标准的教学目的是：指导学生正确理解和运用祖国的语言文字，使学生具有初步的听说读写能力；在听说读写训练过程中，进行思想政治教育和道德品质教育，发展学生的智力，培养学生养成良好的学习习惯。

　　1997 年《北京文学》刊发的一组文章（邹静之《女儿的作业》、王丽《中学语文的教学手记》、薛毅《文学教育的悲哀》）以"忧思当下中国语文教育"为题，从而掀起了母语教育大讨论的浪潮。这次讨论批判了以往母语教育中存在的问题：①过分地强调母语学科的工具性但忽视其人文性；②过分地强调标准化测试而无视学生创造性的思维；③过分地强调训练学生写作技巧但忽视对学生想象力和观察力的培养。这次讨论，有力地推动了新的课程改革。

　　1999 年，第三次全国教育会议发布《关于深化教育改革全面推进素质教育的决定》，拉开了基础教育改革的序幕，强调了基础教育要以全面提高国民素质为根本宗旨，以培养学生的创新精神和实践能力为重点，并对 1992 年颁布的母语课程标准进行了研究与修订。

　　2001 年教育部颁布了《基础教育课程改革纲要（试行）》，同年颁布实施了《全日制义务教育语文课程标准（实验稿）》，并在全国范围内进行实验。至此，新中国成立后开始的"教学大纲"重新改名为"课程标准"，中国母语教育进入了一个新的时期。此课程的目标在于形成积极主动的学习态度，引导学生学会学习、学会生存、学会做人。

随着不断改革与创新，为了紧跟社会与经济的变化，我国于 2011 年颁布了《义务教育语文等学科课程标准（2011）版》，这是在 2001 年颁布的《基础教育课程改革纲要（试行）》的基础上进行修订的，课程目标从知识与能力、过程与方法、情感态度与价值观三方面进行设计，从而提高学生的语文素养。

我国小学母语课程标准随着历史时代的变迁、社会的进步，经过了不断地修改，不断地改革与创新，最终形成了现行的母语课程标准。

二、现行中国小学母语课程标准概观

现行中国小学母语课程标准指的是《义务教育语文课程标准（2011 年版)》以下简称《标准》中的小学部分。它是我国第八次基础教育课程改革开展和持续推进的结果，充分体现了这次课程改革的基本精神。课程改革目标是：改变课程过于注重知识传授的倾向，强调形成积极主动的学习态度，使获得基础知识与基本技能的过程，同时成为学会学习和形成正确价值观的过程；改变课程结构过于强调学科本位、科目过多和缺乏整合的现状，整体设置九年一贯的课程门类和课时比例，并设置综合课程，以适应不同地区和学生发展的需求，体现课程结构的均衡性、综合性和选择性；改变课程内容"难、繁、偏、旧"和过于注重书本知识的现状，加强课程内容与学生生活以及现代社会和科技发展的联系，关注学生的学习兴趣和经验，精选终身学习必备的基础知识和技能；改变课程实施过于强调接受学习、死记硬背、机械训练的现状，倡导学生主动参与、乐于探究、勤于动手，培养学生搜集和处理信息的能力、获取新知识的能力、分析和解决问题的能力以及交流与合作的能力；改变课程评价过分强调甄别与选拔的功能，发挥评价促进学生发展、教师提高和改进教学实践的功能；改变课程管理过于集中的状况，实行国家、地方、学校三级课程管理，增强课程对地方、学校及学生的适应性。

这份课程标准分为前言、课程目标、实施建议和附录四个部分。"前言"部分首先指出新时代语文课程所面临的新挑战，以及语文课程的奠基作用和重要地位；随后明确阐述了语文的课程性质、基本理念；最后介绍了课程标准的设计思路，包括课程目标九年一贯整体设计，课程目标根据知识和能力、过程与方法、情感态度和价值观三个方面设计等。"课程目标"部分先列举了十项总目标，然后针对"识字与写字""阅读""写作"（小学 1—2 年级为"写话"，3—6 年级为"习作"）"口语交际""综合性学习"五个领域提出四个学段的阶段目标。"实施建议"部分包括教学建议、评价建议、教材编写建议、课程资源的开发与利用等几个方面的内容。"附录"部分提出了"关于优秀诗文背诵推荐篇目的建议""关于课外读物的建议"，罗列了"语法修辞知识要点""识字、写字教学基本字表""义务教育语文课程常用字表"。

可以说，这份课程标准奠基于近现代以来我国语文课程领域大量成功的实践探索经验以及卓有成效的理论研究成果，较好地反映了语文教育的规律。较之以往的课程表或教学大纲，其取得的引人注目的进展在于：

（一）突显"大语文"的观念

所谓"大语文"的观念，是相对于割裂语言的内容和形式、片面强调语言形式学习的狭隘语文观（工具说就是其典型代表）而言的。在过去很长一段时间里，人们认为语文这门学科本身的职能在于使学生掌握一种思想和交流的工具，至于思想和交流的内容问题则不是语文学科所要解决和所能解决的。这种把语言的形式与内容截然分开的想法影响甚恶，而且也不可能真正实现。20 世纪 80 年代中期以后，人们逐渐认识到，语文"不仅具有工具性，也具有很强的思想性"；语文教学不仅要让学生掌握一种交流、学习的工具，获得听、说、读、写能力，也要在这一过程中"进行思想政治教育和道德品质教育，发展学生的智力"。在此基础上，新的语文课程标准进一步明确，工具性与人文性的统一是语文课程的基本特点；语文是综合性的——不仅是最重要的交际工具，更是人类文化的重要组成部分。在"大语文"观念的指导下，学生学习语文不仅是去掌握一种思想和交流的工具，获得言语活动的技能，更是去接受文化熏陶、进行文化创新。在"大语文"观念的指导下，"培养学生高尚的道德情操和健康的审美情趣，形成正确的价值观和积极的人生态度"应该贯穿于日常的教学过程之中，而不应把它们当成外在的附加任务。在"大语文"观念的指导下，语文学习和运用的领域得以拓宽，跨学科的学习和综合性学习活动被纳入语文课程建设和实施的范围。在"大语文"观念的指导下，语文学习的主要途径由原来封闭、形式化的语言训练转变为开放、真实情境中的语文实践活动。总之，"大语文"观念打破了语文学科狭隘、封闭的自我形象，恢复了言语实践活动与人类文化、现实生活内在的、广泛的联系。随之而来的语文课程的开放化、综合化有利于真实的、有意义的语文学习的展开，但也带来了学习内容选择的困惑和学习指导的困难。

（二）结合语文学习的特点，落实主体教育的要求

主体教育要求激发学生的主动性，培养学生的学习兴趣，使学生在内部动机推动下主动地学习、创造性地学习。《标准》在教学建议中明确指出："学生是语文学习的主人，语文教学应激发学生的学习兴趣，注重培养学生自主学习的意识和习惯，为学生创设良好的自主学习情境，尊重学生的个体差异，鼓励学生选择适合自己的学习方式。"落实到具体教学活动中，就是要做到："汉语拼音教学尽可能有趣味性，宜以活动和游戏为主"；阅读教学"应让学生在主动积极的思维和情感活动中，加深理解和体验，有所感悟和思考，受到情感熏陶，获得思想启迪，享受审美乐趣""要珍视学生独特的感受、体验和理解""逐步培养学生探究性阅读和创造性阅读的能力，提倡多角度的、有创意的阅读"；写作教学"应贴近学生实际，让学生易于动笔，乐于表达，应引导学生关注现实，热爱生活，表达真情实感""为学生的自主写作提供有利条件和广阔空间，减少对学生写作的束缚，鼓励自由表达和有创意的表达""提倡学生自主拟题，少写命题作文"，等等。上述激发学生学习兴趣，鼓励学生主动、创造性学习的教学措施是符合语文学习心理规律的，它们的落实有利于改变扼杀学生学习兴趣、剥夺学生学习自主权的训练式、注

入式的教学状况。但是，如何在鼓励创造与教授规范之间取得平衡，如何使学生的创造不流于形式、自主不失之低效，还是需要进一步探讨的。

（三）注重语文学习中的感悟和情感体验

整体来看，过去几十年人们为提高语文教学的质量，走的基本上是科学化的道路，即构建系统完整的语文知识与技能训练体系，以达到切实、稳步地提高学生听、说、读、写能力的教学目的。应该说，这种努力具有一定的合理性，但是由于忽视了语文学习中情感体验和感悟的成分，对语文教学科学化的不恰当强调，也导致了一些不良后果。针对这种状况，新的语文课程标准明确指出：语文学习具有重情感体验和感悟的特点，因而，在教学中"不宜刻意追求语文知识的系统和完整"，而"要注重语言的积累、感悟和运用""要重视培养良好的语感和整体把握的能力"；在评价时，则不能把量化和客观化作为主要手段。

总之，新的语文课程标准力求革除过去语文教育的积弊，贯彻基础课程改革的基本理念，体现素质教育的要求。与此同时，新的语文课程标准也吸收了过去语文教育，特别是我国传统语文教育中的合理成分，遵循了语文教育自身的特殊规律，其基本观点和主要内容是科学和正确的。但是，适应时代趋势的、科学和正确的规划并不见得就能顺利地成为现实。从正确解读到创造性落实，新的语文课程标准要真正发挥其规范和指导作用，还有很长一段路要走。

第二章 中国与美国小学母语课程标准比较

美国是一个以英语为母语的国家，其小学母语课程标准发展大概可以分为三个阶段：第一阶段为各个州和地方各自制定并实施英语课程标准阶段。第二阶段为国家设置总的课程标准，标准规定了课程的性质，要达到的目标、方向等要求，州、地方可根据本地的具体教育情况，不违反总课标的要求，制定适合本地的母语课程标准。第三个阶段为国家统一各州母语课程标准制定权力的阶段，制定面向各州、地方的统一、具体的英语课程标准。

一、美国现行小学母语课程标准制定的背景

（一）提高基础教育质量的要求

1983 年，美国国家教育优异委员会（简称 NCEE）发表的《国家处在危机中：教育改革势在必行》中指出：美国各项创造发明的领先地位被世界各国的竞争者所赶超，而且教育质量也在急剧下降。有研究报告指出：40 年前，美国高中毕业率在世界居于领先地位，而 2006 年，美国的高中毕业率在 24 个工业化国家中下滑到第 18 位。[1]美国大学生占世界大学生的比例从 1970 年

---

① Organization to Economic Co-operation and Development. Education at a glance2008 [R]. Paris: OECD，2008：65.

的 30%下降到今天的 15%。①

20 世纪上半叶，实用主义的教育思潮在美国盛行，社会各界把教育焦点集中在了科学学科之上，如数学、物理、化学等学科，而对以英语为例的人文学科的重视程度相应地被削弱。然而随着社会的发展，人们交流的方式多样化，不同的交流方式对语言能力的要求不但没有降低，反而越来越高，但各州的英语课程标准在目标、内容、重点等方面做出的要求不一，质量也是良莠不齐。在此之前，美国国内没有统一的具体清晰的母语课程标准，在课程安排、教学实施以及评价方面有一定障碍，从而造成教育质量的低下，体现在学科上就是学生英语成绩和综合能力的下降。特拉华州州长杰克·马克尔（Jack Markell）也曾强调："高质量的学校教育是美国国家经济长期繁荣的重要保障。我们需要集全国之力确保我们的学生做好竞争并制胜的准备。这就是为什么我们州长要一起努力为全国学生制定一个共同的高标准。"②因此到 20 世纪八九十年代，美国开始重新重视英语教育，并且制定了全国性的课程标准。90 年代制定的《英语语言艺术标准》只是高屋建瓴，从宏观上对美国各州的英语课程提出了要求，由于内容相对部分州已使用的英语课程标准过于宽泛，很多州仍然延续该州的英语标准。从一定程度上来说，美国的英语课程标准仍是零散的、不统一的。

国际学生评估项目（Programmed for International Student Assessment，简称 PISA）测评结果表明，2000 年、2003 年、2006 年美国英语阅读成绩均落后于发达工业国家的水平。③奥巴马政府于 2009 年提出"竞争卓越"（Race to the top）计划，其中要求必须采用州联合共同体制定的全国统一的课程标

---

①Freeman，R.B.Does globalization of the scientific/Engineering workforce threaten u.s. economic eadership［R］.Combrige，MA：Nationa！Bureau for economic Research，2005：4.ganization to Economic Co–operation and Development. Education at a glance2008［R］.Paris: OECD，2008:65.

②Common Core State Standards Initiative. Voices–of–support［EB\OL］

③Izumi.L.T.Enting Academic Standards：A Template for Legislative and Policy Reform，CA：Pacific Research Institute.1999:20–31

准作为评价体系。①所以，为了提高学生的学业水平，NGA 和 CCSSO 联合发起了"共同核心州立标准"计划。其中一份文件便是《共同核心州立英语标准》，其规定了 K—12 年级的学生在该学龄段应掌握的英语学科内容。

（二）实现公平性与统一性的诉求

由于美国是一个分权制国家，教育权利一直下放到各个州，每个州的教育行政部门便根据各州的政治、经济、文化的实际情况来制定本州的母语课程标准。然而各州母语课程标准的质量是良莠不齐的，而教育经费是否富足，课程研究成员风格的不同等诸多因素，使得各州的母语课程目标难以确保全国学生在小学毕业时，英语水平达到适应其日后升学或就业应达到的最低标准。为避免以往因为地区、学校性质差异导致的学生在不同学校间流动不便，所以，美国课程改革所指向的，是在平等的基础上，实现全国英语课程标准的统一，使得全体美国学生英语学术水平都得到进步和提高。

另外，从本次课程标准制定的参与者来看，也能体现其公平性和广泛性。参与《共同核心州立英语标准》制定的除了有相关的主管部门、教育评估与开发者、课程研究的专业组织与学者等行政部门和理论研究者之外，还包括一线的教育者、学生、家长以及其他社会公众。从参与程度来说，参与面广泛，接受不同角色的人对课程标准制定的意见和建议，能体现《共同核心州立英语标准》的公平性。

二、课程标准的框架构成及内容划分比较

美国《共同核心州立英语标准》主要由三部分组成，分别是：导言（Introduction）、内容标准（Content Standards）以及附录（Appendix）。导言对制定标准的成员、标准制定的过程、影响标准制定的相关因素以及对美国学生的期望等，做了总体的介绍和概括。内容标准是整个《共同核心州立英语标准》的中心部分，包括"英语语言艺术标准"以及"英语在历史或社会、

---

①杨登苗，"为升学和就业做准备的美国《共同核心州立标准》的研究"［D］，2012.

科学、技术等学科中的应用标准”两部分，前一部分是对英语语言的基本的听说读写知识的掌握，由 CCR 标准与年级标准组成。CCR 标准是指为学生升学和就业而做出的标准；年级标准则是根据学生的年龄和心理发展情况，在听说读写方面需要达到的具体标准。CCR 标准与年级标准之间也存在着承接关系，具体的年级标准是以学生日后的升学和就业为指向的，这一指向贯穿整个《共同核心州立英语标准》结构；而后一部分则对英语在英语学科以外的应用方面提出了要求，这一部分是在对学生掌握基础知识之上提出的综合要求，与第一部分相比，联系了英语学科与其他学科的发展，是在基础达标之上提出的更高要求。至于附录部分，分为 A、B、C 三部分。附录 A 是对听说读写以及语言知识的各项标准进行专业性阐述和说明，如为制定标准而进行的相关研究，专业术语的界定（附有一份主要术语的术语表）；附录 B 则是针对不同年级阅读项目的复杂程度、质量要求和阅读范围，例举相应的选文样本，可以用以给课本编写者或教师作为参考，帮助他们更好地理解该课程标准；附录 C 主要是针对不同年级的写作应达到的最低标准，提供带有评注的写作样本。笔者认为此时教师在面对课程标准时，也是一名学习者，根据布鲁纳的“脚手架理论”，让教师更加重视课程标准的作用，使课程标准在教师的写作教学上充当“脚手架”，即使是面对不同素质或不同风格的教育者，也能保证写作教学的可操作性。

　　我国的语文课程标准也划分为三个部分，即“前言”“课程目标与内容”以及“实施建议”。在前言部分，阐述了语文学科的课程性质、课程的基本概念和课程设计思路，指出了语文课程是人文性与工具性的统一，是以邓小平理论和“三个代表”重要思想为指导，倡导学生以自主、合作、探究的学习方式进行语文科目的学习，最终实现全体学生语文素养的提高；课程内容与目标是我国现行语文课程标准中的核心内容，目标与内容是相统一的，没有把二者分别列出，作为课程标准的主体部分，有贯穿九年义务教育的整体性目标，除此以外，还有学段目标，把 1—9 年级分为了四个学段，小学部分为低（1—2 年级）、中（3—4 年级）、高（5—6 年级）三个学段，初中三个年级

（7—6 年级）为一个学段，每个学段分别从"识字与写字""阅读""写作"（第一学段为"写话"）"口语交际""综合性学习"五个方面来具体阐述，要求学生掌握语言听说读写方面的知识和技能；第三部分为实施建议，包括"教学建议""评价建议""教材编写建议"和"课程资源开发与利用的建议"。

从整体的结构安排来看，中美两国的母语课程标准都由三个大部分组成。第一部分从总体上阐明课程标准的总体目标和指向。第二部分则都是课程标准的主体与核心部分，围绕语言学科的听说读写方面提出提纲挈领的宏观要求，就小学 1—6 年级而言，总体要求贯穿整个小学阶段；然后针对不同的年级（学段）划分提出听说读写具体学龄阶段的要求。最后一部分附录作为课程标准的补充和说明，中美小学母语课程标准都列出了这一部分，不同的是美国母语课标附录 A、B、C 三部分，分别是该课标制定前的准备、对术语的界定，以及课程标准实施后的建议和指导。其中，与美国母语课程标准有所不同的是，我国的母语课程标准把"识字与写字"一项在每个小学学段中单独列出，可见我国对认识和书写汉字方面十分重视。

三、课程标准的价值取向比较

就现实目标而言，美国《共同核心州立英语标准》在"听说""阅读""写作""语言知识""跨学科学习"五部分内容目标前都设立了 CCR 标准，每部分都指向学生的升学和就业。如表 1 所示，美国《共同核心州立英语标准》在年级具体标准前分别制定了该方面的 CCR 标准，年级标准是 CCR 标准的具体化和展开，每一条年级标准都与 CCR 标准存在承接关系，所以该标准框架的划分是为学生升学和就业准备的。虽然制定《共同核心州立英语标准》的出发点是为了提升国家的综合竞争力，但落实到具体的英语课程标准之上，更偏重于对学生个人的当前以及长远的生活和发展的指导，其指向是面向发展的人。

我国语文课程标准总体上也呈现三段式，即前言、内容与目标、附录。在前言的"课程设计思路"中阐明了语文学科肩负的政治思想教育的重任：

"提高学生语文素养，弘扬民族精神，增强民族创造力和凝聚力，培养德智体全面发展的社会主义接班人。"而且，总目标的1—3条都是对学生共同的社会价值认同和内化做出的要求，如"培养爱国主义、集体主义、社会主义思想道德和健康的审美情趣""汲取民族文化智慧""热爱祖国语言文字"等。另外，语言知识这一块是我国课程标准中没有列出的。在我国，小学语文教育的主流也倾向于不做过多地关注，而这一项是个人"母语知识大厦"的原料和基石，如果学生语言知识的基础不扎实，对其长远发展是不利的。所以，笔者认为从某种程度而言，中国的语文课程标准更偏重于国家与社会的长久繁荣发展。

表 1　美国《共同核心州立英语标准》内容框架划分

内容框架\国家	听说	阅读	写作	语言知识	跨学科学习
美国	CCR（为升学和就业而准备的听说标准）	CCR（为升学和就业而准备的阅读标准）	CCR（为升学和就业而准备的写作标准）	CCR（为升学和就业而准备的语言知识标准）	CCR（为升学和就业而准备的跨学科学习标准）
	k—5/6—12年级听说标准	k—5年级阅读基本技能标准 k—5/6—12年级文学作品/信息文本的阅读标准	k—5/6—12年级写作标准	k—5/6—12年级语言标准	6—12年级英语与历史、自然社会科学、技术学习标准

从结构而言，美国的《共同核心州立英语标准》表现出明显的人本位价值取向，重视对学生语言能力的培养，确保其在个人发展过程中能熟练、有效地使用母语。而我国语文课程标准社会本位价值观色彩更加浓重，这也与国家的历史和文化传统相关，我国历来倡导个人的发展要以报效国家为宗旨，突出社会本位价值观的中心地位，有较强的哲学理念色彩，以及浓厚的社会政治倾向。[1]但是与美国母语课标相比，就会显得目标不够明确与清晰，要培养什么样的人？怎样培养这样的人？这些在母语课标中呈现得不够具体。

---

[1]丛立新.课程论问题［M］.北京：教育科学出版社，2000.

四、课程目标与内容比较

（一）听说目标与内容的比较

1. 表述方式比较

从听说的总要求来说，我国《义务教育语文课程标准（2011版）》的第三部分，从整体上提出的课程目标要求"能说普通话""具有日常口语交际的基本能力，学会倾听、表达与交流，初步学会运用口头语言文明地进行人际沟通和社会交流"。也就是说，我国的课标对小学生在听说方面具有一定的期望，用"能""具有""学会""初步学会"这些字眼，是希望他们能达到一定的要求，但是这种要求的表述比较婉转，如一位长者对晚辈的殷切希望。另外，"能""具有""学会""初步学会"这些动词的主语是学生，也就是应对我国课标的总理论思想的指导，鼓励引导学生主动建构知识。再观美国的《英语语言艺术标准》"听说指导"要求："确保学生每年掌握足够的技能和应用程序。"相比较而言，美国的课标在听说的总要求上态度是较为强硬的，"确保"一词突出了课程标准最低的、统一的要求特性。另外"足够"一词在隐含了学生该年龄段要学的语言知识外，上不封顶。再者，"确保"的主语更适合学校、教师、家长等，需要成年人帮助制定学习内容、学习计划、学习方式等，以确保学生掌握小学阶段需要的足够的语言知识，为他们日后升学或就业奠定基础。

第一，美国课标多用动词开头，课标不仅是陈述性知识的呈现，更是程序性知识的指导和落实。在美国的小学母语课标中，每个年级听说要求的表述也是值得探究的。各个年级基本是按照一定的步骤，首先要求学生尝试"有效地参与"一定对话讨论之中，当然要按照"一定的规则"进行，然后通过"阅读或研究一定的材料"来为自己的谈话做准备，接着根据他人的讲话收集信息，最后"产生"自己的观点并表达。随着学生年级的递增，要求不断具体，难度逐渐增加。所以，美国的课标在听说方面的表述具有严密的逻辑步骤。

第二，我国课标在细化要求、明确指导方面欠缺，但认识到说话过程中情感的体会。我国的语文课标，小学的第一学段要求学生先"学说普通话"，到第二学段"能用普通话交流"，第三学段在能正确使用普通话的基础上，要"表达有条理，语气、语调适当""根据对象和场合，稍作准备，作简单的发言"。由此可见，我国的母语课标也是意识到了学生认知发展水平的不断提高的，并没有逼迫学生"一口吃成胖子"，注意了语言学习的循序渐进。

在听说要求的逐年提高方面，两国是有共识的，但是，美国的母语课标在明确了不同年级的听说要求是什么的同时，也说明了如何达到目标，如一年级的"演讲的知识和想法"中就指导学生通过描述"人、地方、事物、事件和相关细节"来清晰地"表达思想和感情"，各个年级听说方面还要求学生"通过阅读和研究谈话中需要的材料，以理清说话的思路"。这一系列的要求，让学生有章可循，学习起来轻松有效，而不是空洞、泛泛地要求学生与他人多交流，注意语法规范和正确使用语法知识，使学生无法下手。所以，这不仅是陈述性知识的呈现，更是程序性知识的指导和落实。我国母语课标在细化要求、明确指导方面恰恰是欠缺的。

2. 目标分类与层次比较

第一，美国的母语课标在听说方面根据"理解与协作"和"演讲的知识和构思"要求分类。听说目标分为两个层次：一是理解与协作；二是演讲的知识和构思。第一层是容易被理解的，因为听说是一种交流互动的行为，不可能单一方面得到实现，所以需要交流的双方或多方能相互理解，另外共同合作，使交流顺利、愉快地完成，这是听说过程最基础的形式。至于第二个层次，美国人十分重视沟通交流的能力，从美国总统的竞职演说中便可窥见一斑。美国学生演说能力的培养从小就受到重视，从上幼儿园开始，每个小朋友就要到台上去和别人分享自己的观点、想法，或向别人展示和讲解自己的物品，还会像模像样地要求大家提问，别的小朋友也不会客气，五花八门的问题都会提出来。老师会予以鼓励赞扬，给小朋友以无比的勇气和自信。到了小学和初中，则都有演讲练习课。在高中阶段，演讲是美国学生的必修课，大学或入职后，演讲形式在美国可以说是无处不在。这也就是为什么在小学母语课标中要把演讲的知识和构思单独列出的社会原因。在演讲的要求中，十分注重细节，以及演讲技巧的指导，如四年级"演讲的知识和构思"中一条目标要求学生通过"讲故事或叙述经验，并合理组织这些内容，来支持和佐证自己的观点……在演讲过程中还要注意自己的语速，以便听众理解""根据适当的情况，区分正式与非正式英语的使用"。在这个过程中，目标要求也是学生学习的阶梯，告诉学生怎么演讲，要以材料——"故事""经验"作支撑，演讲的语速要根据听众的实际情况、是否正式场合而进行调整，这样，在母语的听说学习中，就便于学生拾级而上。

第二，我国的母语课标根据学生的年龄进行分类，每个学段的听说目标不再分层、分类。把一至六年级分成了低、中、高三个学段，每个学段下对应着该学段的听说目标，每个学段的听说目标不再分层、分类。其中有提及"根据对象和场合""语气、语调适当"，却没有说明不同的场合是哪些，对不同环境、不同场合应采取何种说话交流的方式，也没有明确的界定、指导和要求。

3. 可操作性比较

首先，美国母语课标的听说目标之间联系紧密，每个年级的听说目标是完整的行动流程，学生和教师可以清楚地明白先做什么，再做什么，怎样去做。以一年级的听说目标为例，第一，要求学生参与到听说活动中来，按照"商定的规则"，"参与不同的伙伴之间的对话"；第二，"认真听他人讨论的主题"；第三，交流"建立在他人的谈话之上，回应别人的谈话"；第四，"对自己有疑惑的内容进行提问"；第五，在这一过程中"收集并澄清有用的信息"。不可否认，这一过程从态度价值观到听说内容，再到方法步骤都是清晰且可按图索骥的，对在说话过程中做什么，注意什么，都做出了明确的指导。

再者，我国的课标先要求培养情感态度，再把握语言表达的步骤。我国遵循先培养听说活动的良好习惯，然后在过程中把握信息，最后表达的步骤。以第二学段听说要求为例，"1. ……学会认真倾听，就不理解的地方向人请教，就不同意见与人商讨。2. 听人说话能把握主要内容……3. 能清楚明白地讲述见闻，说出自己的感受和想法……”由此可见，我国关注学生听说学习中情感态度与价值观的培养，但“倾听”的内容与目的并不明确，各条要求之间缺乏紧密的先后行动关系，没有系统的步骤，就操作性而言不利于给教学者直接细致的指导，容易让实践者找不到方向，也就不能保证听说学习的效果。

（二）阅读目标与内容的比较

1. 表述方式比较

第一，美国《共同核心州立英语标准》的阅读标准多以祈使句开头，在具体阐述中以实例为指导。课标分为 CCR 阅读标准和具体的年级阅读标准，CCR 阅读标准要求学生能辨别阅读材料的主要观点、组织结构、知识完整并对阅读范围做了一系列的规定；具体的年级标准在表述过程中使用的是一系列以动词开头的祈使句，这些动词如“复述”“描述”“解释”“比较”等，每一个动词都指明了学生进行阅读学习的切入点，这些动词使得母语课程目标的指导性更为明确，而且要求学生从阅读材料的细节出发，分析文章的主要观点、架构、修辞手法的运用、气氛的渲染。还以具体的文章体裁为例，如议论文体，要求学生分析文章的理由是否合理，论据是否充足。另外，每个年级都规定了该年级的阅读难度和范围。

第二，我国课标中阅读方面，强调情感的体验，表达的强制性不足，含随意性成分。在中、低年级主要是培养学生阅读的兴趣，养成良好的阅读习惯，到了第三学段（高年级阶段）才让学生更多地注意阅读方法的学习，如“辨别词语的感情色彩”“了解文章的表达顺序”“学习文章的基本表达方法”。而且，小学阶段更多侧重的是对文章感情的体会，仍是情感态度培养的范畴。如通过阅读，“获得初步的情感体验”“体会文章的思想感情”。本来，培养阅读兴趣是必不可少的环节，只有热爱阅读，才会快乐阅读，主动阅读，然而一味强调情感的体验，势必让学生和教师误以为我国的课标要求只是针对教科书中的每一篇文章，而不是通过学习某一篇文章，学会阅读一类文章的方法，做到举一反三，融会贯通。再看美国的课标，每一个动词的表述都是侧重于在一篇文章中学习阅读的方法，辨别文章的写作手法，为阅读同类的其他文章做准备。可见中国文学教学要求注重熏陶和感悟，美国文学教学要求则更崇尚实用，让学生能够扎实有效地掌握语言学习和运用的方法技巧。

2. 目标分类与层次比较

第一，美国母语课标阅读要求分为"阅读基本技能"和"阅读文学"，要求和难度是逐步提高的。美国《共同核心州立英语标准》把阅读分为"阅读基本技能"和"阅读文学"两部分，阅读的基本技能包括阅读所需的先决条件，有"书面文字的概念""字音词汇的辨别""流利程度"。再根据英语语言和学生心理发展的特点，按年级规定学生需要掌握的基本语法知识。这是阅读的第一步，也是能进行阅读的"敲门砖"，是语言学习的基础。第二部分便是文学阅读，这一部分是针对文学作品的学习，文学作品是语言的综合集成，是对语法知识和语感的综合要求，所以又分为文章的"主要思想和细节""特点和结构""综合知识和构思"，以及规定"阅读的范围和难度"四小块。与第一部分比较，这是高一层次的要求，是对学习者在具体的文学表现形式中学习语言知识的综合要求。因此，在阅读的目标要求上统一具有层次性，要求和难度是逐步提高的，这样使得学生的阅读水平有所提高，而且相对清晰明了，系统有序。

第二，我国欣赏型的文学阅读所提出的目标要求所占比重较大；重熏陶积累，轻语言实践，侧重于对学生文字欣赏能力的培养。我国的阅读目标是在总体上分为三个维度，即知识与技能、过程与方法、情感态度与价值观三个维度，在分项的目标叙述中没有进一步分层。诚然，每一个目标会综合体现以上的三个维度，各有侧重，无法逐一分解，但是在难度上没有梯度，这样不利于教师的阅读教学设计和学生的阅读学习。纵览小学部分三个学段目标，存在几个问题：首先，对欣赏型的文学阅读所提出的目标要求所占比重较大，如第一学段阅读目标第三、五、七条要求初步学习阅读的小学生"阅读浅近的童话、寓言、故事""诵读儿歌、儿童诗和浅近的古诗""背诵优秀诗文 50 篇";第二学段阅读目标第五、六、八条要求"感受作品中生动的形象和优美的语言""诵读优秀诗文""积累课文中的优美词语、精彩句段";第三学段阅读目标的第五条更是对此类作品应达到的目标做了详尽阐述。再者，我国小学母语课程标准重熏陶积累，轻语言实践，侧重于对学生文字欣赏能力的培养，美国小学母语课程标准更多是把阅读当作一种工具和技能来要求。

3. 可操作性比较

第一，美国课标强调"阅读基本技能"为阅读学习的基础性知识，美国《共同核心州立英语标准》在阅读部分就列出了"阅读基本技能"一项，以此为阅读学习的钥匙和工具，给学生阅读文章打下基础，如 1、2 年级学生要知道辅音，音节的数量与元音字母的关系；3—5 年级要了解多音节单词的发音方法，熟悉前后缀的意义，掌握阅读的技巧与策略；6 年级（6 年级以上）学生不仅要知道单词的字面意义，还要了解其在文章中的比喻义与特殊意义。另外，课程标准规定了学生对阅读材料的理解和掌握程度，明确阅读的范围，让学生的阅读难度逐渐提高，循序渐进，也给教师选取阅读材料提供范围。标准中对如何把握文章细节，提供了指导，如"阅读文学"3 年级"主要细节和思想"部分（CCSS.ELA-Literacy.RL.3.3）对理解故事中的角色和事件发展，提供了方法指导，要求教学者与学习者从人物的特质、动机、情感等方面来理解角色并解释事件发展顺序。又如分析相同主题不同作者的作品之间的异同，对比写作手法的优劣；了解同一作者不同时期的作品，能了解和分析作者前后期表达方式和写作风格的不同等。这些阅读目标因为层次分明，难度循序渐进，于是教师和学生便有章可循，操作起来目标明确，也比较方便。再者，因为其阅读目标并不是指向某一篇或某几篇文章，而是通过对一篇具体的文章的学习，从中学会方法，进而使学生在日后的学习中能够独立地进行一系列的阅读。

比较之下，我国的阅读目标也重视培养学生的阅读兴趣和良好的阅读习惯，在我国小学语文课程标准的阅读标准中第一学段第一条就提出让学生

"喜欢阅读,感受阅读的乐趣",第二学段第九条要求"养成读书看报的习惯,收藏图书资料,乐于与同学分享",而且每个学段都要求学生认识和学习使用标点符号,如第一学段中是让学生先"体会句号、问号、感叹号所表达的不同语气",第二学段增加了冒号、引号的用法,第三学段增加难度,要求辨别相近或相似的标点符号之间的异同。所以我国的母语课程标准也重视情意的培养。但是,对阅读的准备知识的要求与各方面的要求却是杂糅在一起的,未在阅读内容与标准下做细致明确的分类和要求。在笔者进行的一项"关于语文教师对现行语文课程标准的了解和利用情况的调查"中,有 65.7% 的教师表示我国现行语文课程标准阅读目标综合性较强,阅读要求的渐进性与层次性不够明确清晰。如此操作起来,对各位教师阅读教学技能和素养的要求较高,然而现实中教育者的阅读教学技能和素养难以整齐划一,若要保证所有学生达到阅读目标,显然对教师的阅读教学水平依赖过多。

(三)写作目标与内容的比较

1. 表述方式比较

第一,美国的母语课标在表述过程中强调写作是综合语言素养的集成。美国《共同核心州立英语示准》的写作目标与内容中 CCR 写作标准要求"结合绘图、听写、写作""通过成人的支持和指导""参与读书共享交流活动(如表达对最喜欢的图书的看法等)",说明写作是综合语言素养集成,需要学生去观察、收集写作素材,由口头表达再到书面表达是一个过程。美国母语课程标准明确指出写作要达成的目标是"学生应用语言结构、语法习惯用法、媒体和修辞等方面的知识,形成具有创造性和批判性的文本",要调动学生作为读者的经验,思考所读作品运用了哪些策略来吸引读者欣赏和评价,模仿这些策略,并将之运用到自己的写作当中。美国重视学生的思维能力,尤其是批判性思维能力的培养,把作文的核心目标锁定于此。

第二,与美国相比,我国强调写作兴趣培养,注重自我感受的一种外化和表达,强调想象与记叙。我国的语文课程标准首先要培养学生乐于写作的情感,写作是对自己感兴趣、喜爱的事物的记录,也是表达自我情感需要的载体，如第二学段写作目标第二条"能不拘形式地写下自己的见闻、感受和想象，注意把自己觉得新奇有趣或印象最深、最受感动的内容写清楚"。其写作要求更突出指向学生自身的情感体验，而为日后的升学和就业需要各种体裁写作做准备的指向并不明显，这与美国母语课程标准在表述中有较大的差异。

2. 目标分类与层次比较

第一，美国母语课标写作要求分类细致，而我国写作要求文章类型"不拘形式"。《共同核心州立英语标准》的写作目标与内容同样由 CCR 写作标准和年级具体写作标准组成。CCR 写作标准根据写作的目的类型、作品创作发表、知识建构和呈现、写作范围等分为十项标准。在写作的类型方面，要求学生掌握评论、科技文、说明文、记叙文和议论文，如表 2 所示，美国母语标准在写作方面分类是比较细致的。我国母语标准中小学部分对写作没有做出特别的分类，更没有对写作类型（体裁）做出达到目标要求的规定，只是要求根据需要进行表达，并且"不拘形式"。这种不拘写作类型的目标在给教师教学和学生表达很大自由的同时，也使这种弹性具有很强的主观性和随意性，由于教师或学生个人对某一种文体的偏好或驾驭情况不同等因素，会导致对其他类型文体写作的偏废，从长远看对个体继续学习或就业是不利的，因为在小学阶段之后各种文体的写作在不同领域均是被需要的。

再者，美国母语课标就不同文体写作有不同要求；我国未分文体对写作的要求。任何目标要求的制定需遵循学生的身心发展规律，因此写作目标难度也是应循序渐进的，随着学生认知水平的发展而逐渐增加难度。美国小学写作标准在 CCR 标准的指导下，年级具体写作标准的要求是逐步提高的，如小学 1—3 年级学生可以通过写片段简单表述自己的某个观点，其中要能正确使用基本连词（如 and，or，because，so），有支持文章观点的论据，不能人云亦云；5 年级学生需要掌握记叙文和说明文的写作方法，流畅地记述一件事或清楚明白地描述一样事物；对 6 年级学生而言，不仅要提高记叙文和说明文写作的要求，还要掌握议论文的写作方法，要求行文过程中持有公正客观的态度，论点论据符合逻辑，行文流畅。我国小学写作标准在难度的逐渐递进上也是与美国相一致的，如1、2年级的学生刚刚接触语文课程，其语言知识和材料积累有限，所以我国母语标准把第一学段的写作规定为"写话"，明确直观地表达出对该学段学生只要求能根据已掌握的字词，把自己的所见所感用一句或一段话表达出来即可，为日后写篇章打下基础；第二、第三学段要求学生写完整的文章，运用积累的词句，并且学习修改自己的习作，正确使用表达符号；第三学段对写作速度也做了一定的要求。但是，我国的写作标准，没有从写作的类型角度来提出习作的目标要求，只是在第三学段说明学生要"能写简单的记事作文和想象作文，内容具体，情感真实"。可见我国在小学部分对议论文体并没有做硬性的要求，在难易程度上略低于美国小学阶段的写作目标，而且写作类型界限在我国的标准中显得模糊。然而，第二学段习作内容与目标中第三条提出"能用简短的便条、书信进行交流"，是针对学生生活中需要的应用文体提出的，说明我国小学母语课程标准是重视小学生应用文写作的，遗憾的是标准中小学阶段仅仅在此有涉及，未有深入、明晰的标准和要求，难免有蜻蜓点水之嫌。

表2 《共同核心州立英语标准》写作类型划分与方法指导

国家	内容框架 学生写作类型的划分						方法
	CCR	评论	科技文	说明文	记叙文	议论文	运用有效的策略计划、修改、编辑、校对;与他人合作、交流和沟通;尝试运用现代技术,如网络发表;在建构和呈现知识上,要通过各种渠道获取资源,并辨识信息的可靠性和准确性,有效地整合信息,避免抄袭;在写作范围上,要从现有文学或信息类文本中获取灵感,分析、反思和钻研
美 国	写作的目的类型、作品创作发表、知识建构和呈现、写作范围	论据充分、语言犀利、切中要害	通过对内容的有效选择和分析,清楚地表达和传递复杂的信息		具有清晰性和一致性、故事的发展、文章的组织结构、风格特点等要与读者保持一致,能运用有效的策略,选择良好的素材, 合理安排结构,写作时要发挥丰富想象力,使文章生动	论证合理,观点新颖、鲜明	

3. 可操作性比较

第一，美国母语标准对不同类型的写作方法进行要求和指导，要求教师根据标准中列出的目标要求进行写作策略的指导。其写作类型分为评论、科技文、说明文、记叙文和议论文，如表 2 所示，每种需要掌握的写作类型下，还对该类型写作方法进行了指导。例如评论是美国学生必须掌握的写作类型之一，该类型的文章，要求作者在语言选择上要准确、犀利，论据要充分有效；记叙文写作时要先选择良好的素材，恰当发挥想象，有清晰的脉络等。美国小学母语教师可以从问题开始分类，然后按照学生所在年级，授予与其认知水平相适应的文体，并根据标准中列出的目标要求进行写作策略的指导。

第二，我国的母语课标的写作要求相对宽泛，指导性被削弱。课标要求先由写作的情感、态度和价值观入手，要求其先"乐于书面表达"，留心观察周围事物，然后"构思立意"，写好作文后学会修改，做到"文从字顺"。不可否认这是写作的一般流程，但是这一流程过于宽泛，即使教师按照这样的写作习惯指导学生，学生仍然不知如何下笔，因为针对不同事物，学生不明白用怎样的文体做书面表达，也不清楚运用何种写作技巧和修辞手法使得表达的效果更好。如此，课程标准的指导作用就显得薄弱，在写作技巧和方法指导上留给教师和学生发挥的空白过大，反而使得教师与学生无所适从。因此我国小学教师在写作教学时往往是根据自己的经验或吸收他人的教学经验，而写作教学的效果就要看教师的选择是否合理，教学形式和方法是否得当了，从写作课程标准的目标和评价层面上难以保证学生达到具体的写作水平。

（四）"跨学科读写"与"综合性学习"比较

1. 内涵比较

美国《共同核心州立英语标准》中有一部分是完全的英语学科的听说读写标准，而另一部分则是英语学科与其他学科（历史/社会研究、自然和技术学科）相关读写标准，也就是跨学科读写标准，是其母语标准中的一个崭新板块。它旨在培养学生历史/社会研究、科学、技术等学科的读写能力。既涉及这些实质性学科的具体内容，同时又属于英语语言艺术教学。[1]在其他学科中的学习也是英语读写能力得以培养的过程，发展学生的读写能力是各门学科"共同分担的责任"。我国"综合性学习"的内涵在课程标准附录部分"实施建议"中可见一斑：综合性学习是一种"体现语文知识的综合运用、听说读写能力的整体发展、语文课程与其他课程的沟通、书本学习与生活实践紧密集合"的学习。

从内涵上进行比较，首先，二者包含的内容范畴并不一样。美国"跨学科读写"主要是英语学习中的读写任务在历史/社会研究、自然和技术学科中进行，培养学生在英语学科以外的读写能力，与《共同核心州立英语标准》中一般读写要求不同，它是以知识建构为最终目标和根本标准的，是一种批判性阅读和基于证据—推理性写作，比一般写作有更高要求。我国的"综合性学习"包含了学生听说读写综合语文能力的培养，范畴较美国的"跨学科读写"而言更为广泛，把听说活动也纳入其中，全方面培养学生的语文素养。其次，二者延伸语文学科外延的目的是一致的。无论英语还是汉语，作为母语是人们日常交际和工作必不可少的工具，也是学习其他学科知识的先决条件，仅仅靠英语或汉语学科内的学习和发展是不够的，各个学科中都能使学生的语文素养得到发展，因此，两国课程标准在打破学科界限来获得更多的母语训练的诉求上有一致性。

2. 价值取向比较

美国母语课标要求以其他学科为平台，发展学生的英语读写能力。从"英语在历史/社会研究、自然和技术学科的读写"这一标题来说，就已经阐明了其跨学科学习的学习资源主要来自以母语作为条件性知识的其他学科。在相关学科（历史/社会研究、自然社会科学、技术科学等）的学习中，使得语文学习得以实现。然而这种读写要求并不是一般的读写要求，而是更高层次的研究性读写或学术型读写能力。大量研究表明，学生只有学会在各种各样

---

[1]刘华.美国基础教育阶段的跨学科读写教学及其启示.教材 教法［J］.2014.4.

的领域里有效地进行阅读、写作、听说和运用语言知识，才能在进入大学和就业后熟练地阅读和写作各种领域的、复杂的信息文本。①而为历史/社会研究、自然社会科学、技术等科学文本阅读有其符合专业领域的阅读重点和术语，与普通文学阅读要求不同，也有研究表明，由于大部分大学和企业培训项目所需要阅读的都是信息类、具有挑战性的文本，而且比中学要求阅读的量更多、给予的辅助更少，学生能否独立阅读复杂的特定学科领域的文本，是其能否在大学教育及职业生涯中获得成功的重要影响因素。因此，美国"跨学科读写"旨在发展学生对复杂信息的阅读能力，为将来的升学和就业做准备。

我国"综合性学习"更注重情感、态度、价值观的培养，强调活动。课标要求"追求积极、健康、和谐的生活方式，增强抵御风险和侵害的意识，增强在自然、社会和人的互动中的应对能力"，强调"合作精神，培养学生策划、组织、协调和实施的能力"。从课程标准的表述中可以看出，我国的"综合性学习"更关注学生情感、态度、价值观的培养，崇尚在语文综合活动中培养学生善于观察、热爱语文和生活的良好品质。另外，与美国跨学科学习相比，我国"综合性学习"更强调活动②。学生通过教师的引导观察自然、社会生活，能适应学生的需要，从他们感兴趣的内容入手，可以增强学生学习的自主参与并设计活动的积极性，从而热爱语文活动。

3. 可操作性比较

美国跨学科学习的目标明确具体，我国的"综合性学习"需要教师对目标进行再理解和挖掘。美国教师可以根据具体的目标组织设计和开展一系列语言实践活动，而不需要再去费时费力地考虑如何设置合理有效的教学目标，达到了省时高效的目的。我国小学教师在开展"综合性学习"之前，需要在

---

①Common Core State Standards for English Language Arts & Literacy in History/Social Studies Science, and Technical Subject［s EB/OL］［2012-12-11］.http：//www.corestandards.org/assets/Appendix-B.pdf.

②郭若虹，陈凤特，综合性学习与语文课程资源，文科教学探索［J］，2007.11.

阶段目标的指导下根据各种主题确定每次学习的三维目标，加上每位教师的素养不同，活动设计和开展效果也有天壤之别。"综合性学习"是我国最近一次课程改革中应不分裂学科间联系的要求应运而生的，对我国小学语文教师和学生而言是一个新领域，但是新项目没有可操作的指导，往往会如脱缰之马，前途与方向都会令人担忧。在调查中，47.2%的教师表示"综合性学习"教学设计和开展费时复杂，其中新教师与老教师都有一定比重，老教师居多；另外，64.8%的教师认为"综合性学习"开展后效果并不理想。显然，我国小学母语课程标准在"综合性学习"板块中目标不明确，指导性不强是其重要原因。如表3 所示，在策略表述上，美国"跨学科读写"从"主要观点与细节""表达方式与结构""知识和观点"三个角度入手，每个角度下具体列出教学的策略；相比较下，我国课程标准中"综合性学习"要求比较笼统，没有针对学科展开指导，不便于教师在活动中明晰须培养学生哪方面的语文能力。

表3　"跨学科读写"与"综合性学习"策略的比较

内容框架 \ 国家	历史/社会科学与技术领域的读写		
美国	主要观点与细节	表达方式与结构	知识和观点
	分辨一、二手资料,注意文本的细节 准确描述事件或观点 确定事件的先后顺序	确认单词、短语在学科领域中的意思 分析文本通过结构来突出表达重点 结合作者立场分析其表达	用技术手段(图表、数据)与定性的表述相结合 评估文中支持观点的论据的合理性
中国	1. 用口头或图文方式进行表达 2. 提出问题,有目的地搜集资料并讨论 3. 用语文知识和能力解决问题 4. 规划活动,并对主题讨论和分析,写活动计划和总结 5. 了解查找资料和运用资料的方法		

再者，"综合性学习"是一种综合实践活动，不需要过分强调学科的界限，是以学生的兴趣和爱好以及学校和地区的实际情况为基础，通过学生主体性的、创造性的体验解决问题，从而获得学习效果的一种学习活

动。①小学生的语文学习不可以完全由语文教师负担，需要其他以语文学科为条件性知识的学科的支持和合作。"综合性学习"是多方面、多学科的综合学习，语文教师的经历和知识范围有限，而现实中综合性学习往往由语文教师绞尽脑汁地设计和安排，缺乏学科间的合作，调查中82.2%的教师是自己设计和开展语文"综合性学习"的，其中90%的教师觉得比较辛苦。然而，对语文教师而言，无章可循的语文"综合性学习"会影响活动展开的效果，还会使教师顾此失彼，违背在多样化的活动中学习语文的初衷。

五、美国课程标准对我国的启示

(一) 保持我国课标的优势和特色

1. 注重价值观的熏陶和感染

语言的发展必然会传递一定的社会价值观念，在母语课程标准的制定中融入社会主流价值观是我国语文课程标准的一大特色。学生价值观的形成不是一蹴而就的，而是长期学习和生活共同作用的结果。汉语言学习是学生自觉或不自觉的活动，文明得体的语言表达对学生身心健康发展起着潜移默化的作用。

因此，我国现行语文课程标准要求在学习语文课程的过程中，注重学生情感态度与价值观的培养。语文学习除了学习知识技能、过程方法外，也是学生进行真、善、美的体验过程，语言本身就是表达思想和阐述美的工具，把语文课程作为科学价值观学习的平台既是传统，也是创新。在语文课程标准中强调价值观的熏陶和感染，是学科本身特点与教育目标要求的完美结合，也是语文学科人文性特点的表现，所以，关注学生价值观的形成是我们今后在制定语文课程标准过程中应继承发展的重要方面。

---

①曲霞，张芹.关于语文综合性学习的调查与思考［J］.新课程研究，2008.

2. 结合汉语特点制定目标

汉语表达具有一定的语法规则，但是汉语表达又是灵活多变的，根据不同的场合以及人的情感，可简洁可华丽，可清晰可含蓄，所以我国在语文课程标准中不刻板地在文法知识方面做硬性的要求，而是要求学生根据自己的学习经验以及个人感悟对看到的事物做恰当的表达；也不强行割裂语言的整体性，生硬地按照年级或学段要求学生掌握语法知识，而是注重学生对语言知识整体的感悟和体会，彰显汉语浸入式学习的特点，学习过程是潜移默化地无意识学习，发挥"读书百遍，其义自见"的语言浸入功能。

因此，语文课程标准中的目标要求要结合汉语的特点，不割裂语言知识的整体性，强调汉语语言学习的环境渲染和过程体验，突出语言文字的熏陶作用，培养学生的语感。

（二）合理吸收美国课标的长处

1. 标准的制定需要实证支撑

母语课程标准的制定需要明确的理论支撑，理论支撑是课程标准的灵魂所在，对母语课程的发展有超前的预见性和指导性，能从整体思想上表现出学科、课程发展的趋势。理论的解释功能可以帮助教育者、家长等其他社会成员理解课程标准，从而为达到标准的要求而努力，所以，只有明确的适合学生和社会发展需要的科学理论，才能引导我国语文课程的健康发展。值得一提的是，有了理论指导后，美国母语课程标准在制定时倾听与母语课程相关的不同阶层人员的心声的做法是值得我国借鉴的，这样可以保证母语课程标准的适应性、有效性和全面性。

思想决定行动，认识决定成败。没有正确的思想作为指导，行动就会陷入盲目和被动。缺乏正确的认识基础，前途就会迷茫，方向就会迷失。课程标准的制定是一项非常严肃的工作，应建立在大量相关研究结论和证据的基础上。这样制定出来的课程标准才能经受住理论和实践的检验，才能正确地引导和促进语文教学，促进学生语文能力的提高。我国课标指导的实证支持，有待进一步增强，例如，《全日制义务教育语文课程标准（实验稿)》规定，第一学段"认识常用汉字 1600—1800 个，其中 800—1000 个会写"；第二学段"累计认识常用汉字 2500 个，其中 2000 个左右会写"。《义务教育语文课程标准（2011 年版）》将其修改为：第一学段"认识常用汉字 1600 个左右，其中 800 个左右会写"；第二学段"累计认识常用汉字 2500 个左右，其中 1600 个左右会写"。降低初学汉字阶段的识字量，整体调整义务教育阶段的写字量要求，目的是减轻学生的负担，提高识字和写字教学的质量。应该说，这一修改的初衷是好的，但它是否有相关研究结论和证据的支持？如果没有只能说明这种修改有一定的随意性。因此，我国在制定语文课程标准的过程中，应多做相关的科学研究，重视收集有关的研究结论和证据，使我国语文课程标准建立在坚实的科学研究基础上。

2. 术语的界定务求严密

自 20 世纪 90 年代以来，国际上课程改革强调"标准驱动"，即"以学科标准为基础"；课程标准的编制，在整个课程改革中是一个核心环节。[①]术语是专业领域中概念的语言指称，又称为名词或科技名词。小学母语课程标准的制定过程和结果都应是科学的、专业的、完整的，其中对语文课程标准领域内术语的界定是标准专业、科学的重要体现。随着社会的发展进步，新概念大量涌现，必须用科学的方法定义、指称语文课程标准中的特定概念。首先，在语文课程标准中应是单义的，与一般词汇做出区分，还要对该类词汇做出详细明了的解释，方便阅读者更好地理解整个语文课程标准。美国《共同核心州立英语标准》在附录 A 部分对标准出现的专业术语列出了术语界定表，对标准做补充说明；在我国《义务教育语文课程标准（2011 年版)》中没有术语表对标准中出现的特定词汇做出解释，这容易使不同的读者面对语文课程标准的某些目标做出主观化的理解，如"综合性学习"一词，有人把它理解为是一种课程组织形式，还有人认为它是一种学习方式，众说纷纭，也就难以保证目标达到的程度。

①钟启泉.国际普通高中基础学科解析［M］.华东师大出版社，2003.

如果连基本的概念范畴都不能准确理解，那么使课程标准有效的指导课堂实践又从何说起？因此，只有首先统一明确关键术语的概念与范畴，课程标准才能起到导向航标的作用，理解统一，行动一致，才能使其向清楚明晰的课标靠拢。①

3. 需要细化听、说、读、写目标

课程标准是国家或地区教育部门用来界定学生应该知道什么和能够做什么的教学指导文件，它对于课程目标有着清晰、明确、细致的表述。与美国语文课程标准相比，我国语文课程标准在课程目标设计上还显得较为笼统和宽泛，可操作性和可评估性有待加强。例如，"课程目标与内容"本应为语文课程标准中的主体部分，应该细致明确，把听、说、读、写目标和内容细化到每个年级，增强课程目标和内容的可操作性和可评估性，充分发挥课程标准的管理功能。课程专家钟启泉教授认为，作为课程的"国家标准"，应有三层涵义：一是内容标准。反映的是学生应该知道什么和能够做什么，指明学生所要达到的目标；二是成就标准（表现标准）。就是指每一个学生应当达成的"基础学力"或是"基本能力""关键技能"的目标规定；三是机会标准。旨在保障每一个学生"学习权"而制定的教学规范、关系规范、（课程资源）分配规范，为每一个学生提供尽可能丰富的学习资源，保障每一个学生的"学习权"。②在听说读写方面从这三方面去制定，语文课程标准会更精细，从而会受到教师更多的重视，成为教师的学习内容、指导手册和评价标准，避免因教师个人素质而造成学生在目标达成上的参差不齐。细化听说读写标准也是家校学习的桥梁，使家长也参与到语文学习中来并给予孩子帮助，藉此评价学生的学习结果和教师的教学效果，而不是仅仅以考试分数来"量化"。

所以，我国小学母语课程标准中听说读写的标准还应更具体、细致，充分考虑到学生、教师和家长的不同需要，使其在语文课程教学的过程中不被

①田小禾."语文综合性学习"内涵界定［J］.第 28 卷，第 1 期.

②钟启泉.从《课程标准》的要素谈什么是"好教材"［J］.基础教育课程，2011（9）：67—70.

束之高阁。

4. 强化学科读写目标

各门学科在走向分化的同时，也越来越走向相互交叉和渗透。语文能力是学生最基本的能力，是学生学习好其他学科的条件性知识，语文学科与其他学科是紧密联系在一起的，其他学科中也包含语文的读写训练。可在课程标准中引入语文读写知识在不同学科使用的范例，以供语文教学者参考使用，防止因学科的狭隘性而剥夺学生参与综合学习的机会。

因此要强化不同学科中的语文读写目标，加强社会、科学、历史、手工制作等课程中信息文本的阅读目标，制定对该学科内的任务完成情况或制作成果的阅读评价标准，制定撰写调查报告、实验小结、观察笔记等写作目标要求。通过语文学科外的学科学习和活动，寻找语文读写目标，并且对这类跨学科读写进行明确的指导和要求，从而培养学生对不同类型文本的理解能力和撰写不同类型文章的能力。另外，我国还要改变语文学科与其他学科分割严重、各行其是的弊端，加强语文学科读写知识与其他学科的横向联系和渗透，加强各学科教师之间的合作，积极探索语文学科与其他学科相结合的适当方式和途径，共同努力提高学生的语文读写能力，但这种联系绝不是生搬硬套，课程标准可以给教师开展综合性学习提供理论指导，或在附录中提供实验成功的案例，供教师参考。

第三章　中国与英国小学母语课程标准比较

英国传统的国家课程政策变化与英国教育自身的历史、英国教师的习惯以及学校的文化并不适应，以致引起一些学者的批判和教师的抵触。1997年工党布莱尔在大选中获胜，布莱尔政府同样把教育作为优先发展的国家事务，大力提倡新工党"第三条道路"，即走自由放任资本主义和福利国家之间的中间道路。布莱尔上台后，工党政府接二连三地发表各种报告，阐述新工党的教育政策。主要的报告有：1997年7月发表的《学校中的卓越》；1998年2月和1999年，英国教育和就业部先后发表了咨询报告《学习时代》《16岁后的教育：学会成功》；2000年1月，教育与就业部的国务大臣布伦基特发表以《建基于成功》为题的演说，寻求英国传统左派的教育改革和新右派的教育改革之间的平衡，①如国家规划与地方的自主性、国家标准与个人的需要、竞争和合作等之间的平衡。

一、英国母语课程标准的制定背景

首先，对国家利益、效率的追求是主要的驱动力量。"二战"之后，英国经济开始走下坡路，产业结构老化、国有部门比重大、福利负担重，社会普遍发生恶性犯罪事件，人们道德水平低下，学校安全问题频繁发生，人们

①马忠虎.第三条道路对当前英国教育改革的影响［J］.比较教育研究.2001（7）：50.

开始归咎于教育质量的低下，尤其是对 1967 普洛登报告宣扬的儿童中心的进步主义教育表示不满。1987 年，教育大臣贝克在一次讲演中谈到："英国的教育体系是一个怪胎，与法国、德国相比缺少统一集权，英国课程的标准不够高，尤其在 14—16 岁年龄段缺乏课程的一致性。"①推行教育改革，挽救英国的国际地位是国家政治人物乃至民众的共同愿望。

其次，是政府施政方针的必然选择。1997 年之后，布莱尔工党政府走的是自由放任资本主义与福利国家之间的"第三条道路"，而在教育方针上虽然开始强调教育机会均等，所有学校学生成功，但在追求教育的优异、质量和多样性上与右翼保守党的宗旨是一致的，因此有关国家课程的一些问题同样延续着。新工党继续推行并实施国家课程和国家考试，但是根据自己的政治、经济、文化和教育纲领等，也对国家课程和考试做了进一步的调整。1999 年 9 月，布伦基特宣布，英国中小学从 2000 年 9 月开始实施新国家课程。

二、课程标准的价值取向比较

"课程取向，是人们对课程的总的看法和认识。语文课程的价值取向问题，从整体上看，就是语文学科究竟面向何方的问题。"因此，不管是审察我国现行的语文课程标准，还是分析国外的母语课程标准，都有必要提升到课程价值取向的高度。

（一）中国现行母语课标的价值取向

我国《义务教育语文课程标准（2011 年版）》在"前言"中开宗明义地提出，"语文课程为学生形成正确的世界观、人生观、价值观，形成良好个性和健全人格打下基础"。在"课程基础理念"中特别强调了语文课程的价值取向，具体体现如下：

1. 全面提高学生的语文素养；

2. 正确把握语文教育的特点；

---

① Lawton D.1 993. National Curriculum：professional orIdeology［G］//O'hearP. White J. Assessing the National Curriculum.London；Paul Chapman Pubilshing：38-44.

3. 积极倡导自主、合作、探究的学习方式；

4. 努力建设开放而有活力的语文课程。

通过以上对中国语文课程标准价值取向的分析，我们可以看出现行的标准注重继承传统学习经验与体认中华文化，体现出中国悠久的教育历史及文化传统所具有的价值和生命力；其次，中国的语文课程标准非常注重语文素养的培养，是一种综合素质要求的价值追求；语文课程标准对自主、合作、探究学习方式的倡导，对语文课程综合性和实践性的理念表述，体现出对学生合作、创新精神与实践能力的重视，都表明中国语文课程标准积极适应社会发展，关注学生需求的精神内核。

（二）英国母语课程标准的价值取向

英国现行母语课程标准在前言部分阐释了英语学习的重要性，并对英语教学的意义和取向做了说明。第一，促进学生的精神、道德、社会和文化发展。第二，促进关键技能的发展，包括：交际、信息技术、与他人合作、提高自己的学习能力、解决问题等五项技能。第三，通过英语学习促进学生其他方面的发展。特别提出英语在维护公民基本权利和发展思维能力方面发挥着重要的作用，同时通过英语的学习让学生融入学校外更广阔的世界，进入公共生活并学会自己做出决策。

（三）中英母语课程标准的价值取向比较

通过以上对中英两国语文课程标准价值取向的文本分析，我们可以看出两国课标在价值取向方面的一些共性和不同之处。

1. 两国对母语课程的人文性关注程度不同

我国语文课程强调"培养学生高尚的道德情操和健康的审美情趣，形成正确的价值观和积极的人生态度，应该注重熏陶感染，潜移默化，把这些内容贯穿于日常的教学过程之中"。可以发现中国将语文教育和人文教育相提并论，不明确区分主次任务，而英国虽在前言部分说明了英语对学生精神、道德文化发展的促进作用，但在后面的学习计划中却将思想道德教育作为隐性目标处理，如《英国国家课程·英语》提出的贯穿各关键阶段英语教学的4条一般要求，从第一条到第四条，均是规定熟练的交际能力、良好的阅读能力、对标准英语的理解和运用等等。在各阶段的"学习大纲"中，基本上未提及思想道德教育方面的要求。

英语作为英国的核心课程，除了担负着"发展知识和理解""培养技巧和能力"的任务之外，理所当然地应该承担起"形成态度和个人品质"的任务，一方面由于英国的教育有史以来都是由地方管理的国家事业，一个较好的比喻是国家教育和科学部、地方教育当局和教师之间处于紧张的三角关系，他们都关切教育，但是由于互相冲突的观点和对资源的优先配置的不同考虑而分道扬镳，所以难以达成一致的标准。近来，保守党计划使国家教育由地方管理，制定了统一的国家课程。英国母语课程标准中不明确提出对学生进行思想道德教育，并不意味着不需要这方面的教育，而是与本国的政治体制有关，我们考察英国基础教育课程管理文件就会发现有关思想道德观的规定。

2. 两国均提出自主合作探究学习，但对信息交流技术的重视程度不同

时代的发展要求我们采用新的学习方式，英国在关键技能中规定了让学生掌握与人合作、自主学习以及解决问题的技能，与我国提出的自主、合作、探究学习方式是一致的，均倡导学生在自学、自悟基础上进行各种形式的合作、探究学习。要让每一个学生在群体面对的共同任务中都积极承担自己的责任，互相支持，相互配合，互相启发，提高学习效率，增强合作精神；要鼓励和帮助学生自己探究问题，探索解决问题的途径，寻求答案；要鼓励和帮助学生在探究之中尝试采用不同的方法，探索适合自己获取新知识的能力和途径。

除了以上提到的学习方式外，英国还要求学生在母语的学习中掌握信息与交流技术这一关键技能。中国语文课程标准只在综合性学习中略微提出让学生掌握查找引用资料的方法，但没有明确提出让学生运用计算机、打字机等工具进行资料查找的方法，而英国母语课程标准中明确提出关键技能就包含了"信息和交流技术"，应该在语文教学中让学生充分运用ICT，让ICT在

母语学科学习中发挥重要的作用，着重培养学生信息和交流技术能力。这是一个现代英国人必不可少的能力，也是母语教学的一个重要目标。

总体来看，中英两国母语课程标准在价值取向上有着一定的共同之处，母语作为文化的载体，交际工具和实践训练载体的基本理念在两国的课程标准都得到了充分体现。两国在培养实践能力，关注学生现代科技手段运用等方面都有明显的共同点，这是学习母语的共同价值追求的体现，也是世界信息化、全球一体化及民族文化发展的必然趋势。同时，两国各自文化历史的差异又使两国课程标准体现出不同的方面，从两国语文课程标准价值取向比较来看，英国母语课程标准具有很强的工具性，在母语课程标准中突出了学生必须要掌握的贴近时代要求的信息交流技术以及相关的一些关键技能，我国课程标准可以从中获得启示与借鉴。

三、课程标准的结构比较

（一）中国母语课程标准的结构

"前言"对语文课程的性质进行了定性，"语言文字是最重要的交际工具和信息载体，是人类文化的重要组成部分。语文课程是一门学习语言文字运用的综合性、实践性课程。工具性和人文性的统一，是语文课程的基本特点"；还对课程的基本理念进行了表述，一共有四条，对语文课程的基本要求进行了简要的阐述；对"课程标准设计思路"和课程目标与实施建议的设计结构和出发点进行了简要的说明。

"课程目标与内容"根据知识与能力、过程与方法、情感态度与价值观三个方面进行设计。义务教育阶段的"课程目标与内容"包括"总目标与内容"和"学段目标与内容"。"总目标与内容"对学生学习语文的过程中应培养的情感、态度、品质、价值观、审美情趣、习惯、方法和能力等做出了陈述。"学段目标与内容"从"识字与写字""阅读""写作"（1—2 年级为"写话"，3—6 年级为"习作"）、"口语交际""综合性学习"五个方面提出要求。"综合性学习"是我国标准中比较有特色的部分，单列的主要目的是为了加强语文课程与其他课程以及生活的联系，促进学生语文素养的整体推进和协调发展。

"实施建议"部分对教学、评价、教材编写、课程资源的开发与利用四个部分提出了实施的原则、方法和策略的建议。"教学建议"共有五条，对在语文教学中师生的地位、语文教学正确的价值引导、基本素养和创新能力的关系、根据不同学段学生的特点和不同的教学内容进行具体合适教学策略的选择等提出了建议。"评价建议"先提出四条总的评价原则，然后，分别从"学段目标与内容"列出的五个方面——对应地提出了"识字与写字""阅读""写作""口语交际"和"综合性学习"的评价建议。"教材编写建议"对教材编写应遵循的指导思想、文化的继承、内容的选择、方法的运用等做出了要求。"课程资源开发与利用"列举了语文课程资源的种类，提出了学校和教师在语文课程资源开发利用上的责任。

"附录"主要是列出了推荐诵读的篇目、课外读物等。包括"优秀诗文背诵推荐篇目""关于课外读物的建议""语法修辞知识要点""识字、写字教学基本字表""义务教育语文课程常用字表"。"优秀诗文背诵推荐篇目"根据前面"课程目标与内容"的要求，列出了1—6年级（75篇）、7—9年级（61篇）的推荐篇目，占了课程目标要求的50%，其余的由教材编写者或者教师补充推荐。"关于课外读物的建议"根据课程目标要求学生九年阅读总量达到400万字以上，提出了包括童话、寓言、故事、诗歌散文、长篇文学名著的课外阅读建议。"语法修辞知识要点"简要列出了词的分类、短语结构、单句的成分、复句的类型和常见修辞格。"识字、写字教学基本字表"。

（二）英国母语课程标准的结构

英国将5—16岁的义务教育阶段划分为4个关键阶段，分别是关键阶段1（Key stage1），1—2年级5—7岁；关键阶段2（Key stage2），3—6年级7—11岁；关键阶段3（Key stage3），7—9年级11—14岁；关键阶段4（Key stage4），10—11年级14—16岁。

英语国家课程标准由前言、学习计划、成绩目标构成，英国国家课程中的学习计划相当于我国标准中的课程目标与内容，一般由两个部分构成，规定了学生在两个关键阶段为达到成绩目标应该掌握的说与听、阅读和写作三个方面的知识、技能和理解力，以及需学习的范围。成绩目标是在学生结束关键阶段学习后在知识、技能和理解力方面应该达到的水平要求。英语学科包含了说与听、阅读和写作三个成绩目标，每个目标都跨各个关键阶段，分为8级水平，在关键阶段1结束时，绝大多数儿童可望达到2级水平，其他儿童在水平1—3之间波动；在关键阶段2结束时，绝大多数儿童可望达到水平4，其他儿童在水平2—6之间波动；关键阶段3结束时，绝大多数儿童可望达到水平5—6，其他儿童可能在水平3—8之间波动。此外英国课标中还设置了评定安排，是指对7、11、14和16岁孩子完成该关键阶段学习计划的成绩情况进行检验，除16岁考试继续采用普通中等教育证书考试外，其他关键年龄测验采用关键阶段末考试与教师评价相结合的方式。

（三）中英母语课程标准的结构比较

通过对中英两国课程标准结构的分析比较，我们可以看到两国的母语标准包括了相似的三部分内容：第一部分是对该学科意义的一些阐述；第二部分是分阶段对母语课程内容标准的规定，内容的标准规定了学生应该掌握的学习内容，但是对于内容标准的用词却不相同，中国就直接称为课程目标和内容标准，英国叫作学习计划；第三部分是评价学生通过学习后掌握内容标准的程度或水平以及质量的规定，中国称为表现水平，在实施建议中分别从"学段目标与内容"列出的五个方面一一对应地提出了"识字与写字""阅读""写作""口语交际"和"综合性学习"的评价建议，要求准确反映学生的学习水平和学习状况。而英国课标中称为成绩目标，分为八个水平和一个超常表现水平，虽然四个阶段的内容标准不一，但是都是用九个等级的成绩目标来评定。

然而具体分析两国标准的结构还是有很大的差异：

1. 课程目标设计思路不同，英国二维体系更易操作

两国课程标准的设计思路具有很大的区别。中国课程从"知识与技能""过程与方法""情感态度和价值观"三个方面提出目标要求，知识与技能目标要求学生掌握学科的基础知识和技能；过程与方法目标要求学生通过科学的过程和方法发展学生的创新精神和实践能力；而情感态度和价值观关注的是让学生形成正确的世界观、人生观、价值观，成为有责任感和使命感的社会公民。英国只是在学习计划中规定了知识、技能与理解力的单维目标，并提出为了掌握知识、技能和理解力所应该学习的范围，两个维度相互渗透。这是一种对学生认知结果的规定，相对中国的三维目标而言比较单一。为什么会有此不同？

原因之一是因为英国制定标准的主要目的是提高学生的学业成就，1997年英国工党发表白皮书《学校中的卓越》，阐明其教育目标是为所有人提供均等的教育机会并提高教育标准。原因之二是英国教育向来是国家教育由地方管理，教育的发展与两党执政有着密切的关系。历史上，工党与北方的工会、实业界和劳工阶层联合在一起，而保守党则与商界、中高层结盟，主要扎根南方。[1]1902 年《巴尔福教育法》颁布以后，英国形成国会、教育委员会和地方教育当局相结合并以地方教育当局为主的教育行政管理体制。各方都密切关注教育，但是由于互相冲突和对资源的优先配置的不同而分道扬镳，各方的利益不同使他们难以对情感目标达成共识。第三个原因是英国认为情感态度和价值观教育应该是相对基础教育全部课程提出的，而不仅仅是母语课程。我国母语课程标准中特别提出对情感态度和价值观的要求，这是由于我国的标准目标设计着眼于学生语文素养的整体提高，促进学生素质的全面发展，对人文性高度重视。

我国从三个方面提出的目标要求是对学生学习行为变化及其结果所提出的功能性基本要求，指向学生的全面发展，但是这样的课程目标是否可以具

---

[1]周采.外国教育史 [M].上海：华东师范大学出版社.2008：331.

体地操作和落实呢？这需要我们在理论和实践中不断地去研究、去探索。英国学习计划中只对知识、技能和理解力做出规定，并且规定在关键阶段，学生要掌握这些知识、技能和理解力需要学习的范围，例如在"说"方面要求"表达清晰和语调恰当，抓住主要观点，考虑听众的需要"，包括学习的范围是"讲故事，大声朗读并尝试背诵，描述事件和经历，与不同的人交谈"，两个部分相辅相成，彼此渗透。相比之下，英国的课程标准目标明确，描述准确、具体，贴近实际，非常便于操作和具体落实。

2. 标准内容设置有别，凸显两国文化与语言习惯差别

两国标准均按照学生年龄发展分阶段提出要求，英国称为关键阶段，我国则称为学段，我国的每一学段均有五个部分组成，而英国母语课程标准中每个关键阶段只列举了听与说、阅读和写作三个部分的内容。

显而易见，英国母语课程学习内容的设置比我国少了两个部分，难道英国不重视识字与写字教学吗？这与两国语言文化有很大的关系。首先由于汉字与英语单词是不同的，汉字是世界上典型的象形和会意文字，分别由音、形、义三个部分构成，儿童要认识它，不仅要分别了解音、形、义各要素，还需建立音、形、义三者的统一联系。汉字的构建比较复杂，由一个或一个以上的字根在特定的空间，配置在一个正方块内而组成，我们统称为"方块字"。要想彻底地认识一个汉字需要经过很长的时间并且需不断反复记忆，而且识字与写字是阅读与写作的基础，是学生形成读写能力的先决条件。学生只有认识并会写一定量的字词，才能理解书面材料，才能用书面语言表达自己的思想，可以说识字教学的成功与否，直接影响着我国语文教学的整体质量和效率。而英语单词由 26 个字母组成，单词的构成十分简单，有些单词只要加上词缀便可成为新的单词，例如：英语词汇中派生词汇在构建中可分为"词缀+自由词根"和"词缀+粘着词根"。英语的词汇相对汉字而言也比较简单，容易书写与辨认，学会了音标还可以自己认读新的单词，因此英国课程标准中没有将识字与写字的要求单独列出而是分解到听说、阅读与写作这几个部分去了，如关键阶段 1 听说部分涉及英语词汇、句子等语法知识方面的

要求，阅读目标中提出要掌握单词辨认字形知识，写作中对拼写策略、书写、语法结构提出具体要求。其实，语言知识教学落实在各项能力培养的过程之中，也就是在听说、阅读和写作的实践中结合进行语言知识的教学，可能更有利于学生在语言实践中的运用。

关于课程综合化，这是我国课程改革的创新之处，也是各国中小学基础教育课程改革的趋势。2002 年颁发的《语文课程标准》首次将"语文综合性学习"和识字与写字、阅读、写作、口语交际并列，成为语文课程的组成部分，并在中小学各学段列出了语文综合性学习的教学目标。综合性学习以培养学生探究精神、创新意识和实践能力为基本宗旨，强调在实践活动中培养学生的语文实践能力。而英国没有明确提出综合性学习，只是在标准中有部分内容体现了综合性学习方式，如学习计划中的小组讨论与互动内容，通过运用 ICT 着重培养学生信息和交流技术能力，更加具有可操作性。

从这些方面看我国的课程整体性和系统性较强，但英国所设置的具体课程目标相对我国来说更加准确、实际，便于操作，可以帮助教师具体地把握教学内容。

四、课程目标和内容比较

从两国母语课程标准的结构分析中我们发现，中英母语课程标准的目标和内容都涉及了阅读、写作、口语交际方面的内容，本章将分别介绍并分析两国在这三个方面的异同之处，从而得到借鉴之处，更好地完善我国的语文课程标准。

（一）阅读目标和内容比较

阅读教学是语文教学的基本环节，同时也是母语教育的主要载体，英国教育家哈里·麦多斯克认为，阅读是学习当中最为重要的技能。阅读教育被每个国家广为重视，阅读教育的效率如何，直接关系到小学阶段语文教学目标能否完满实现。现将两国阅读目标的内容列举如下。

1. 我国《义务教育语文课程标准（2011 年版）1—2 年级阅读目标和内容

喜欢阅读，感受阅读的乐趣。养成爱护图书的习惯。

学习用普通话正确、流利、有感情地朗读课文。学习默读。

结合上下文和生活实际了解课文中词句的意思，在阅读中积累词语。借助读物中的图画阅读。

阅读浅近的童话、寓言、故事，向往美好的情境，关心自然和生命，对感兴趣的人物和事件有自己的感受和想法，并乐于与人交流。

诵读儿歌、儿童诗和浅近的古诗，展开想象，获得初步的情感体验，感受语言的优美。

认识课文中出现的常用标点符号。在阅读中体会句号、问号、感叹号所表达的不同语气。

积累自己喜欢的成语和格言警句。背诵优秀诗文 50 篇（段）。课外阅读总量不少于 5 万字。

2. 英国母语课程标准 1—2 年级阅读目标和内容

《英国国家课程·英语》中提出学生阅读能力的目标是"培养具有浓厚兴趣的，具有丰富知识的，能与作者产生共鸣的读者"。并指出培养有效的阅读者，应指导学生：准确、流畅地阅读，并理解所读内容；理解所读内容并做出反应；阅读、分析、评估广泛的阅读材料；阅读内容应包括英语文化及其他文化传统的文学。[①]

3. 阅读目标和内容分析与比较

（1）两国均关注文学作品的阅读欣赏，英国更加突出文学教育

① 知识、技能和理解力[②]

阅读策略

学生需学会正确、流利、有感情地朗读课文。

单词辨认与字形知识

他们必须学会认识音素和语音知识来组织词语，包括：听并且识别字母中混合音素产生的顺序，朗读并认识字母表中的字母，区分词中的音节；认

①柳士镇，洪宗礼.中外母语课程标准译编［M］.南京：江苏教育出版社.2004：244.
②本书中仿宋段落为引用或翻译其他作品。

识到相同的读音会有不同的拼写方式，相同的拼写方式有不同的读音。

文本理解

他们必须学会理解运用语法规则，扩大知识量和文章的语境：I.了解语序对语义的影响；J.学习新的单词，核证并检查语义；K.通过重复阅读和超前阅读培养语感；L.侧重从文章整体把握大意；M.了解运用文章的知识、结构、顺序和写作方法；N.理解文章的内容以及相应的背景知识。

阅读信息

学生必须学会：了解文章的组织特征，包括标题、说明、内容、索引和章节，以此来搜索信息；了解有着同样主题的文章也许包含不同的信息或者同样的信息呈现的方式不同；根据不同目的收集参考资料。

② 学习范围

文学

为了提高鉴赏小说、诗歌和戏剧的能力，学生需学会：认识和描述小说中的人物、事件和构造；运用故事的语言和顺序复述故事和描述事件；做出选择，说明理由；学习、背诵、表演故事和诗歌；辨别诗歌中节奏、韵律和发音的模式以及它们的作用；用不同的思维模式阅读文章（例如，将故事的特征融入戏剧，根据所阅读的内容创作诗歌，通过美术和音乐来加深理解）。

语言结构变化

为了更加准确地理解文章，学生必须学会不同类型的文本（例如，故事的开头和结尾，使用标题）。

文学

范围包括：有着相同结构的故事和诗歌；著名儿童文学家的故事、作品和诗歌；复述传统的民谣和童话故事；来自文学范围之内的故事和诗歌；故事、戏剧和诗歌的形式和想象的语言；故事、诗歌的长度或生涩的词汇；通过大声和重复阅读增加文本语言使用率。

非虚构、非文学类文章

范围包括：出版的以信息和通用技术为基础的信息文本，包括联系文章的相关解释说明；辞典、百科全书和其他资料。

虽然中英两国有着不同的文化底蕴，但是在阅读目标与内容中均提到了对文学作品的阅读与欣赏，所不同的是英国在阅读目标中明确列出了对文学以及非虚构和非文学类文章的阅读要求，更加突出文学教育。如第一关键阶段提出"为了提高鉴赏小说、诗歌和戏剧的能力，学生需学会：认识和描述小说中的人物、事件和构造；运用故事的语言和顺序复述故事和描述事件；做出选择，说明理由；学习、背诵、表演故事和诗歌；辨别诗歌中节奏、韵律和发音的模式以及它们的作用；用不同的思维模式阅读文章（例如，将故事的特征融入戏剧，根据所阅读的内容创作诗歌，通过美术和音乐来加深理解）。相应的学习范围包括"有着相同结构的故事和诗歌；著名儿童文学家的故事、作品和诗歌；复述传统的民谣和童话故事；来自文学范围之内的故事和诗歌"。非常具体明确的阅读指导要求，能让学生全面把握对文学作品的阅读，提高阅读方面的知识、技能和理解力。

文学教育是西方人文主义教育的一项重要内容，作为人文主义教育典型，英国非常重视文学教育。英国经验主义强调，文学作品不仅是一种丰富经验的来源，而且是认识社会，培养学生观察生活、分析矛盾、剖析人生的重要手段。在英国的文学教育中，除了小说、诗歌、散文作品外，最突出的就是戏剧，下文分析两国听说目标内容时，戏剧表演也是英国听说目标中具有特色的一部分。考虑到英语课程在儿童个人发展中的作用，它不单单是一门独立学科，而且是学习其他学科的工具，特别是在今天这个复杂多变的世界，学生需要注意适应成人社会的交际需要，需要学会分析认识他所处的世界和文化环境，此外他还应当能够接受、欣赏优秀文化遗产，为此，英国明确英语课程的学习不仅要进行听、说、读、写的教学，还要结合语言教学进行文学教学。文学教育一方面强调读者表达自我感受，报告个人的反应以及表达自己感觉到和想象到的东西，另一方面学生通过对经典作品的阅读分析可以提高他们对作品的创作个性、思想和精神的理解。从中我们可以发现英国母语标准阅读目标蕴含的鲜明的文化因素，突出了民族的文学传统。

（2）英国明确提出阅读策略，阅读方法体系清晰

阅读教学的基本任务是培养学生的阅读能力。学生通过阅读训练，学会阅读方法，养成阅读习惯，掌握适应社会生活需要的阅读要领。两国在阅读目标中都有对阅读方法的要求，如我国第一学段要求学生学习默读以及诵读儿歌、儿童诗和浅近的古诗，展开想象，获得初步的情感体验，感受语言的优美。第二学段应掌握的阅读方法是"初步学会默读，做到不出声，不指读。学习略读，粗知文章大意"，掌握了默读的方法能够有效地提高学生独立阅读的能力。英国对朗读的要求没有我国的具体，但是在阅读标准中却明确提出了阅读策略。

阅读策略是指读者用来理解各种文章的有意识的可灵活调整的认知活动计划，要求读者运用原有的知识和文章的信息相互作用而建构文章的意义模式。英国课程标准每一个阶段都提出早期的学习目标，以此为基础展开下面的学习，并且列出了学生应该掌握的阅读策略，从简单的单词辨认与字形知识，对文本的理解和把握，阅读其他的信息到提高鉴赏小说、诗歌和戏剧的能力，均详细地列出应该传授给学生的阅读策略，系统性较强。我们知道，要提高学生的阅读能力，最有效的方法是让学生学会阅读，掌握阅读的方法。现在的问题是我们对阅读方法体系的知识开展系统性理论研究较少，虽然阅读目标中也提到了让学生学会运用多种阅读方法，但是学生究竟应该掌握哪些阅读方法，以及如何在阅读中很好地运用这些方法，我们对这方面的探讨显然还不成熟。因此，可以借鉴英国的阅读策略，在我们的教学实践中结合汉语阅读的实际加以修改、重组、完善，建构起适合于汉语教学的阅读方法体系。

（二）写作目标和内容比较

1. 我国《义务教育语文课程标准（2011 年版）》1—2 年级写作目标和内容

对写话有兴趣，留心周围事物，写自己想说的话，写想象中的事物。

在写话中乐于运用阅读和生活中学到的词语。

根据表达的需要，学习便用逗号、句号、问号、感叹号。

2. 英国母语课程标准 1—2 年级写作目标和内容

在第一关键阶段，英国母语课程标准要求学生开始对写作产生兴趣并且知道写作的重要性，第二关键阶段对写作又进一步提高要求，这个过程要确保听、说、读、写的有机整合。

（1）知识、技能和理解力

构成

学生必须学会：广泛涉及多方面的词汇；注重事件的顺序，以及恰当的细节叙述；将自己所想准确表达出来；用清晰的结构来组织自己的文章；选择符合读者需要和写作目的的文体；用已学过的文章作为写作的范例。

计划和起草

同教师和学生合作，为了提高写作，学生需学会：运用字母和自己所知道的单词；在纸上和屏幕上组织和发展自己的思想；设计总结写作，讨论什么样的写作是有价值的；帮助学生写出更长文章（例如，教师也替学生写作）。

标点符号

学生必须学会：标点对于帮助读者理解文章有着重要作用；理解句中标点与语调和重音之间的关系；学会使用大写字母、句号、问号和开始使用逗号。

拼写

应教给学生：**拼写策略**。书写字母表中的每个字母；运用他们所知道的声—形关系、语音模式的知识（例如，辅音和元音音素）；了解并运用简单的拼写规则；写出常用单词中常见的字母组合；拼写常见的简单单词；拼写出带有常用前缀和后缀的单词。

拼写检查。g.检查拼写的准确性，运用单词手册及词典；H.特别注意有着共同词源的词族；I.讨论常犯错误及其他一些拼写错误的原因。

书写和演示。为了教会学生正规的书写，应学会：

书法。掌握正确的握笔姿势；在一页纸上从左至右，从上到下书写；正确的起始及终止字母；字母大小和形状要规范；字母及单词之间的间隔要规范；传授学生字母书写常规，包括大小写；了解字母的形成并能连字拼成单词。

表现。使其意识到清楚、整齐的书写对于有效的交流的重要性。

语法结构。为了完成写作，学生应学会思考：选词和词序对于意义的清晰度有着重要意义；主谓一致、be 动词在过去时及现在时中的运用；组织讨论一些复杂文章的结构及连句成章的方式。

(2) 学习范围

在关键阶段，学生必须通过实现一定范围的目标，阅读和写作方式，学会知识、技能和理解力。

写作目标包括：同他人交流；创造想象词汇；探索经验；组织和解释信息资料；学生必须学会写作对于记忆和发展思维的价值；写作面对读者的范围包括教师、其他成年人、孩子和作者自己；写作的形式包括叙述、诗歌、注解、标题、报道、便条和说明书。

交叉课程参考

2c-ICT 机会注释。学生通过对比写作两种不同草稿的印刷体来检查修正和提高。

从两国的写作目标和内容中可以发现，两国都注重培养学生积极构思、认真表达的良好习惯。我国的写作目标中要求学生通过感受和想象，表达自己印象最深、最受感动的内容。英国课标要求学生"将自己所想准确表达出来，用清晰的结构来组织自己的文章"，让学生养成积极构思的习惯能够使学生自由畅达、恰如其分地表达自己的见闻、感受和想象，在观察和表达的同时要增强写作的自信心。英国写作目标和内容中对标点、拼写、拼写策略、词法、书法、标准英语、语法结构方面都做了要求，拓展延伸中让学生创造性地使用语言并且使读者感兴趣，认真的表达有利于学生在动笔写作时认真仔细，做到语句通顺，行款格式正确，书写规范、端正，文本清楚、整洁。

除了表现一定的相似性，两国还有相异之处。

（1）英国明确口头与书面语言的区别，强调书面语言的表达

《英国国家课程·英语》中的写作目标十分关注引导学生在习作中用书面语言进行写作。明确口头与书面语言的区别，口头语言和书面语言都是人的表达活动的不同形式。"口头语言是个体凭借发音器官所发出的语言声音来表达思想和感情的语言；书面语言则是个人凭借文字来表达思想的言语。用书面语言表达个人的思想，由于表达者和接受者没有共同的话语情境，又无法借助表情和动作来传递表达者的思想感情，因此，就要求表达者把自己所要表达的内容用充分展开而又十分精确的词句加以陈述，对用词准确的要求以及句子组织严谨方面的要求比口头语言更高。"①从个体语言发展过程看，书面语言是在儿童形成了口头语言的基础上，经过教学而掌握的。对标点符号、拼写策略、拼写检查、书法、语法结构的详细要求，都为书面语言的表达奠定了基础，如第二关键阶段提出"学生需学会怎样书写不同形式的正规英语，明确标准英语和非标准英语的不同之处"，这些目标可以让学生更加清晰地认识书面语言与口头语言的不同，并且提高学生运用规范书面语言的自觉性。

英国课程标准中关于听说的目标如果能在教学中切实加以落实，将对学生书面语言能力的形成和提高有很大的帮助，从而能进一步提高学生在写作中规范地使用语言。

（2）两国均强调作文修改，但要求的明确程度不同

作文修改作为作文教学的有机组成部分和关键性环节，历来受到重视。教学中一直要求教师精批细改，却总是收效甚微。英国课标对修改作文的要求贯穿始终，写作目标中从学生能够独立写出短文开始，就提出了修改作文的要求。"和教师、成人或同学讨论作文，开始会审阅和修订文章；注意表意的清晰程度；会检查时态和代词的用法是否正确和一致"。这一目标包含着

---

①吴峥嵘.语文教学与思维培养 [M] .上海：华中师范大学出版社.2002：320.

这样几层意思：一是"审读和修订"。"审读"是以审查为目的的阅读，和一般的阅读有区别。会审读是修改作文的基础和前提，修改作文必须从学会审读开始。二是修改的方式。开始要"和教师、成人或同学讨论"，充分听取别人对自己文章的意见，因为学生初写作文时自我评价能力有限，与成人讨论容易发现自己作文中的问题。三是修改的内容。检查所写的文章意思表达是否清楚明白，时态和代词的用法是否正确。修改内容明确集中，使得学生修改作文时更加有的放矢，教师的评价也变得容易操作。在修改作文的"独立性"方面要求逐步提高，如"和他人讨论自己的作文，能独立、恰当地校阅和修改作文""独立地或在与他人的讨论后将写作思路记录在纸上，并能根据此写成草稿，必要时进行校阅和修订"，最终使学生逐步养成写作后自觉修改的习惯。我国的习作目标在3—4年级开始也提出了修改习作明显错误的词句、与他人交流写作心得的要求，但是同英国相比对作文修改的要求和操作性还需进一步改善。

在写作中培养学生自改作文的能力和习惯非常重要，英国贯穿始终的明确的作文修改要求能够让学生养成自改的习惯，进一步培养学生的写作能力。

（三）听说目标和内容比较

口头语言是人类最重要的社会交际工具。无论学习、生活和工作，都离不开听话、说话。中国几千年传统语文教育历来是文言文教育，口语一向被视为市井俚语，不登学校教育的殿堂。然而，随着课程的改革，我国的语文课程标准正式将"听、说"作为课程的一大板块与"阅读""习作"并列，并且将其名称改为"口语交际"，更加强调了其作为社会交际的工具性功能。

1. 我国《义务教育语文课程标准（2011年版）》1—2年级口语交际目标和内容

学说普通话，逐步养成讲普通话的习惯。

能认真听别人讲话，努力了解讲话的主要内容。

听故事、看音像作品，能复述大意和自己感兴趣的情节。

能较完整地讲述小故事，能简要讲述自己感兴趣的见闻。

与别人交谈，态度自然大方，有礼貌。

有表达的自信心。积极参加讨论，敢于发表自己的意见。

2. 英国母语课程标准 1—2 年级听说目标和内容

英国教育科学部编订的《英国国家课程·英语》中提出要培养学生"有效的听说能力"，英、法、德等发达国家先后把本国现代语教育作为学校的独立课程，同时将口头语言和书面语言能力的培养纳入课程计划之中。

(1) 知识、技能和理解力

说.清晰、流利和自信地与不同人交流，学生必须学会：表达清晰和语调恰当；措辞精确；组织说的内容；抓住主要观点；包括相关细节；考虑听众的需要。

听.为了倾听、理解和了解他人的反应，学生必须学会：集中精力；记住感兴趣的明确观点；做出相关评论；了解他人的反应；提问以便使理解清楚；区别和答复不同语言模式（例如，音韵、节奏和双关语）。

小组讨论和相互作用。为了加入并作为小组成员，学生必须学会：轮流讲话；如何保持谈话前后和谐。

吸收不同的观点；于讨论中拓展自己的思想；对于观点和行为给出理由。

戏剧.为了加入戏剧活动，学生必须学会：用语言和动作来探讨表达情境、性格和情感；同他人合作独立创造进入角色；建设性地评论自己所参加、所观看的话剧。

标准英语.学生应对标准英语的重要性有恰当认识并学会使用它们。

语言多样化.学生必须学会认识语言的区别：在不同的场合（例如，在许多正规场合下适合语言的变化）；考虑到不同的听众（例如，同陌生人谈话了解他们说什么）。

(2) 学习范围

在这一主要阶段，学生必须学会知识、技能和理解通过以下范围的活动，上下文和目标。

说.包括范围：讲故事，通过真实的或想象的；大声朗读并尝试背诵；描述事件和经历；与不同的人交谈，包括朋友、同学、老师和其他成年人等。

听.范围包括让学生：互相交流；成人给予细节说明和介绍（例如，描述示范，大声朗读）；跟读（例如，广播，电视）。

小组讨论和作用.目标范围应包括：制定计划和调查；分享观点和经验；评论和汇报。

戏剧活动.范围包括：角色扮演；表演戏剧和讲故事（例如，通过生动的场面讲故事或者陈述）；交流表演心得。

标准英语.语言变化，语言结构，在听和说方面变化的语言结构，对于语言学习，阅读与写作提供了连贯的基础。当教学标准英语时融会贯通非标准英语的用法是有益的。主体动词肯定（他们是）·过去式形式（我做了）·否定形式（不是）。

3. 中英母语课程标准听说目标和内容的分析与比较

（1）两国均强调交际情境，英国突出戏剧表演活动

我国的母语标准提出要在各种交际活动中学会倾听、表达与交流，初步学会文明地进行人际沟通和社会交往，发展合作精神，如"能根据对象和场合，稍作准备，作简单的发言"。英语大纲最有特色之处是在听说部分加入了戏剧活动，学生在戏剧活动中表演不同的角色，通过人物的语言和动作来呈现戏剧中的情节、表达的主题以及主要人物情感，并且对自己和他人最终的表演进行评价，通过情境的创设，让学生在表演戏剧实践中学习听说的本领。

英国在听说中贯穿戏剧活动充分体现了本国文学特色。从世界文学的标准来看，英国的戏剧是其文学中突出的高峰，也影响着全世界，从莎士比亚到萧伯纳又到目前活跃于伦敦剧坛的一批剧作家，无疑给我们留下了不可磨灭的印象，英国在母语标准中融入戏剧活动，不仅是因为英国戏剧历史悠久和传统深厚，更是由于戏剧这种文学体裁对于学生听说能力培养的优越性。

戏剧是继抒情诗和史诗之后形成的第三种文学体裁，它是集文学、表演、音乐、舞蹈等多种艺术成分为一体的综合艺术形式。语言对戏剧就是一切，戏剧中要求每个剧中人物用自己的语言和行动表现自己的特征，对人物关系、

事件原委的交代、人物性格的刻画、心理的揭示、故事情节的展开以至人物活动的环境都依靠剧中人物的语言来实现。这就决定了表演者必须用自己的语言和动作来表达情境，表现人物性格和情感，锻炼说的能力。其次，一部戏剧成功与否不光是通过演员的表演来评定，更多地依赖观众的反响，戏剧比诗歌和小说更直接反映了观众的喜怒哀乐，因此，观众的听也十分重要。标准中提出要观众"评论自己所参加、所观看的戏剧"，很好地锻炼了学生听的能力。

（2）英国听说要求根据年龄特点而定，层次更加分明

从两国听说教学目标来看，中国的听说教学目标欠明确，虽然也是对每个学段提出不同的要求，但是不够明确，操作性不强，实际教学中我国中小学生在日常应对中词不达意现象比比皆是。不同年龄、阶段的学生应该有不同的说话训练，要让学生学以致用，就必须明确听说目标的层次性，让学生在不同的阶段进行不同的练习，逐步提高听说能力。

英语大纲强调要"提供各种机会指导学生进行各种目的的讲话练习"，包括陈述性知识和程序性知识，都强调"应给学生各种机会"，在听说实践中"融会贯通学习范围、重点技巧、标准英语与语言学习等各部分的要求"。在每一阶段的"范围"这一部分，大纲明确指示了听说活动的具体方式。比如第二阶段活动方式包括：探讨、发挥和阐释思想和想法；计划、预测、探索；交流想法、独到见解和意见；诵读、复述、排演故事和诗歌；报道、描述事件和所观察到的事物。这些活动方式年段层次很清楚，比较适合学生的年龄特点。比如低年级学生开展讲故事、诵读儿歌、表演戏剧的活动，着重于对学生感性思维、想象力的培养；对高年级口语活动的思辨性要求逐步提高，比如"探讨、发挥和诠释思想和想法""计划、预测、探索""交流想法、独到见解和意见"等等。在提出具体方式的同时，英国课程标准还针对有些项目所要达到的目标给出了具体的指标，"朗读、听儿歌和诗词，用心记住一部分""集中精力听，通过做相关评论表达对所听内容的理解。鼓励学生记住自己感兴趣的细节，鼓励他们注意听取别人的反应"等等。这些指标为

教师评价学生的学习效果提供了检测的依据。

五、评价建议比较

教学评价是教学活动中不可缺少的一个基本环节，它在教学过程中发挥着重要作用，从整体上调节、控制着教学活动的进行，保证着教学活动向预定目标前进并最终达到教学目标。教学评价包含对学生的学业评价、对教师授课质量的评价。以下简要列举中英母语课程标准中小学阶段关于阅读、写作、口语交际的评价，并加以分析和比较。

（一）我国课程标准中的教学评价建议

1. 关于小学阶段的阅读评价

对阅读的评价，要综合考察学生阅读过程中的感受、体验和理解，要关注其阅读兴趣与价值取向、阅读方法与习惯，也要关注其阅读面和阅读量，以及选择阅读材料的能力。重视对学生多角度、有创意阅读的评价。

根据阶段目标，各学段的要求可以有所侧重。对诵读、默读、精读、略读文学作品阅读的评价提出要求，评价学生阅读古代诗词和浅易文言文，要重视学生课外阅读的评价。应根据各学段的要求进行评价。

2. 关于小学阶段的写作评价

根据不同学段的目标与要求，综合考察学生水平的发展状况。在小学第一学段主要培养学生的写话兴趣；小学第二学段作为习作的开始阶段，要让学生发挥想象，大胆写作；第三学段让学生具体准确、文从字顺地表达自己的见闻、说出自己的体验和想法。

3. 关于小学阶段的口语交际评价

对口语交际的评价，须注重提高学生对口语交际的认识和表达沟通的水平。基本方面有讲述、应对、复述、转述、即席讲话、主题演讲、问题讨论等。根据不同学段的学生特点，全面考察学生的参与意识、情感态度和表达能力。小学第一学段对学生口语交际的态度与习惯进行评价，树立学生表达的自信心；小学第二、第三学段主要对日常口语交际的基本能力进行评价，要让学生学会倾听、表达与交流；要在交际情境中全面综合考察学生的口语交际水平。

（二）英国课标中的教学评价建议

英国课程标准的教学评价主要分为听说达标标准、阅读达标标准、写作达标标准。每项达标标准又分8个级别。

以下是对英格兰地区国家课程标准中有关英语方面听、说、读、写范围的描述。

达标标准1：听说（略）

达标标准2：阅读

一级

学生在简单的文本中辨认熟悉的单词。使他们在利用掌握的字母知识和声音符号关系去认识单词和大声朗读时了解意思。在这些活动中，他们有时需要教师的支持。他们在读诗歌、小说和非虚构文本时能够说出自己喜欢的部分。

二级

学生能够准确理解简单的文本。他们对小说、诗歌和非虚构文本中的主要事件和思想感情表达自己的意见。使用不同的方法阅读生词和理解意义，例如，语音、图形、句法和上下文。

三级

学生能够准确流利地阅读不同的文章。独立阅读，使用适当的策略来理解文章大意。面对小说和非虚构文本时，表达对主要观点的理解和喜好。利用字母知识查找书籍和信息。

四级

在阅读各类文章时，开始用推理和演绎理解文章的重要思想、主题、事件和人物特点，并对文章中的观点进行解释，能够抓住文章所表达的主要思想感情和信息。

五级

学生理解各类文章，把握要点，在适当的地方利用推理和演绎。在理解的基础上，确定关键特性、主题和人物特点，并选择句子、短语和相关的信息来支持他们的观点，通过广泛的来源检索和整理信息。

六级

在阅读和讨论各类文章时，让学生识别文章不同层次的意义和评论他们的意义和作用。对文学作品做出反应，运用文章中的语言、结构和主题来证明他们的观点，收集各种来源的信息。

七级

学生理解不同文章表达的意义和传达的信息，并对诗歌、戏剧和小说发表特别的看法，了解他们的主题、结构和语法特点。从各种多样的渠道筛选和收集一系列的信息。

八级

学生学会欣赏和评论不同的文章，表达自己的看法，评估作者如何通过使用语言、结构和表达方式进行表达。选择和分析信息以及作者的观点，在不同的文本中评论作者的表达技巧。

超常表现

学生自信地阅读理解大量各类文章，表达他们的想法，参考原文语言、结构和有关细节，适当仔细地比较文本，包括考虑不同的听众、目的和形式。辨别和分析论证，进行解释，适当地引用不同的文章。

达标标准3：写作（略）

（三）两国教学评价建议的分析与比较

1. 我国评价内容全面，突出考察学生的语文素养

我国现行的母语课程标准从三个方面设计，语文教学评价也是从三个方面全面地进行评价，突出语文教学的整体性和综合性，全面考察学生的语文素养，从评价领域和内容上看，我国的课程标准评价具体分为三个方面和五个领域。

三个方面分别包括知识和能力、过程和方法、情感态度和价值观。这三个方面既是我国母语课程标准的设计思路，也是作为评价语文教学的三个基本标准。其中，"知识和能力""过程和方法"两个方面是明确的评价线路，

"情感态度和价值观"则是一条暗线贯穿始终。比如对于写作的评价，我国现行母语课程标准提出要让学生在写作中表达自己真实的感受，并且养成良好的写作习惯，英国课程标准中则更多关心的是学生的写作是否吸引读者的兴趣。我国的评价既是对学生学习结果进行的一种描述，又对产生这一结果的多种因素以及动态的过程进行评判。义务教育阶段的五个领域分别是识字与写字（包括汉语拼音）、阅读、写作（包括写话、习作）、口语交际和综合性学习，充分体现了评价的全面性。

英国的母语达标标准只是在学习计划中规定了知识、技能与理解力的单维目标，并提出为了掌握知识、技能和理解力所应该学习的范围，两个维度相互渗透，从三个部分的评价看大多也是对学生知识、技能和理解力的评价，对情感态度与价值观等方面的评价没有太多涉及，可见我国语文课程标准一定程度上突出了语文课程评价的全面性，旨在综合考察学生的语文素养。

2. 英国 9 个级别评价指标，体现标准的弹性化

《英国国家课程·英语》在分阶段学习大纲的后面有一个"达标标准"。这是英国课程标准的一个非常突出的特点，达标标准分"听和说""阅读""写作"三个部分，详细列出了 8 个级别和一个超常表现的评价指标，根据学生的年龄、学段不同分别规定了不同的表现水平。如下表：

表 1　学段与年级及年龄三 者的对应关系

学段	年级	年龄	学习水平范围	达成目标
KS1	1—2	5—7	1—3	2
KS2	3—6	7—11	2—5	4
KS3	7—9	11—14	3—7	5/6
KS4	10—11	14—16	8 或更高	8 或更高

虽然四个阶段的学习计划内容是不一样的，但是都参照一样的 9 个等级的成绩目标对学生学习进行评价。在第一阶段末，绝大多数学生的表现应属于 1—3 级，在第二阶段末应属于 2—5 级，在第三阶段末属于 3—7 级，8 级

适用于每一个高能力的学生。为了帮助教师在第三阶段区分超常的表现，还提供了一个高于 8 级的描述，这一描述并不适用于第四阶段。此外英国课标中还设置了评定安排，在 7、11、14 和 16 岁时对学生进行统一的考试，教师的评价与关键阶段末的考试都是检验学生的一种方式。

我们可以看出，达标标准对每个学生个体而言是有弹性的，我国的评价是根据每个学段的具体划分进行评价，如对识字的评价，具体要求第一学段要关注学生写好基本笔画、基本结构和基本字，第二、第三学段还有关注学生的毛笔书写。而英国评价水平可以根据学生个体能力的差异而上下浮动。按照《英语国家课程·英语》的阶段划分，第一阶段和第二阶段相当于我们小学的 1—6 年级，第三阶段相当于我们初中的 7—9 年级。那么第一阶段的 1—2 年级学生，达到 1 级或 3 级都被认为是合格的；而第三阶段的 7—9 年级学生，他们听和说的水平应达到 3—7 级，换句话说，如果一个 9 年级学生的听说水平达到 3 级，也被认为是合格的。这第 3 级指标，是第一阶段 1、2 年级学生的达标的上限，是 3—6 年级学生达标的中限，也是第三阶段 7—9 年级学生达标的下限。也就是说，好的学生在第一阶段的一、二年级就可以达到 3 级水平，而能力低的学生到初中毕业达到这一级水平，仍属于正常的合格标准之内。

通过比较我们可以发现，由于两国对母语课程价值取向的不同以及课程设置方面的差异，在对学生母语课程评价的内容和方法上也各具特色，我国的课标坚持全面评价取向，突出语文教学的整体性和综合性，英国弹性地设计各阶段的达标指标比较符合儿童的认知发展规律，值得我们进一步借鉴。

六、英国课程标准对我国的启示

（一）加强对表现标准的重视

两国标准均包含有内容标准和表现标准的成分。内容标准界定了学生应该掌握的内容。关于内容标准的称谓，两国是不相同的，英国称作学习计划。表现标准说明了学生对内容标准所掌握的熟练程度或水平，我国一般用从低级到高级不同水平表示，英国则称为成绩目标，由 8 级水平和一个超常表现构成，我国则称之为表现水平。从目前来看，我国对表现标准的重视程度不如英国，因为只有少许科目的课程标准有关于表现水平的规定，而英国的母语标准中，表现标准是一个必不可少的重要的构成部分。这样有弹性地设计各阶段的达标标准比较符合儿童认知发展规律。对不同水平的学生进行评价，既留有充分的发展空间，又使一部分能力相对差的学生不感到有太大的压力，可以轻松地学习知识，是一个很人性化的评价指标。我国可以加以借鉴，提高对表现标准的重视程度。

（二）提高标准的可操作性

两国由于不同的国情，标准的设计思路也不相同。中国从知识与技能、过程与方法、情感态度和价值观三个方面提出了目标要求，英国只是在学习计划中规定了知识、技能与理解力的单维目标，但是具体列举了为了让学生掌握这些知识、技能和理解力所应该学习的范围，这样两个维度共同相互作用与融合，让学生便于达到所要掌握的知识、技能和理解力，可操作性较强。在听说教学目标中，英国明确地将戏剧表演作为听说教学的一种方式纳入标准中，并且具体提出各年龄段表演的要求，不仅为教师在听说教学中大量安排戏剧表演活动提供了理论依据，而且通过戏剧表演能提高小学生口语表达的能力，对提高他们的审美能力和艺术修养，培养学生自信心及合作精神，增强主动参与社会活动的意识，都是有积极作用的。除此之外，英国的阅读、写作标准均较我国的课标更便于实施，有更好的可操作性。这是我国课标可以借鉴和改进的地方。

（三）强化信息素养目标

在母语教学中应广泛应用现代信息技术，努力培养学生的信息素养，从各种渠道开发课程资源，积极推进教育现代化，满足教师教学和学生学习的需要。英国课标中提出了对各种媒体的分析、各种类型电子资源的使用方法以及各种筛选提炼观点的方法等等，高度重视学生对信息交流技术的掌握与运用。而我国只在第二学段要求学生能提出学习和生活中的问题，尝试运用语文知识和能力解决简单问题，第三学段要求初步了解查找资料、运用资料的基本方法。在如今的信息时代，我们不应只局限于掌握基础知识和基本技能，国民素质的提高更需要注入科学信息交流技术的养料。

英国的母语课程标准在如何获取知识和传递知识方面有着更大的自由度，而且标准对学生要掌握的知识、技能和理解力以及要达到这些知识、技能和理解力所应学习的范围做了明确的规定，让我们能够清晰地了解每个关键阶段学生所应掌握的知识，并且，英国整个课程标准从制定到执行需要经过漫长且严格的法定程序才能够推进，可见英国对教育的高度重视。要想在国际的舞台上有一席之地，就要与时俱进，抓好教育这一根本推动力。总之，课程改革的道路任重而道远，为了取得进步与创新，就需要我们持续不断地学习和借鉴他国的经验，打开眼界，开拓思路，加快我国语文教学走向科学化道路的进程。

第四章 中国与澳大利亚小学母语课程标准比较

澳大利亚是一个实行联邦制的多元文化移民国家，共有六个州、两个领地，六个州包括昆士兰州、维多利亚州、新南威尔士州、南澳、西澳和塔斯马尼亚州；两个领地则是北方领地和首都领地。

中澳两国正面临着相同的时代背景，共同的发展机遇和挑战，但同时，两国在政治、经济、文化与教育等方面又存在诸多差异，这使得两国的母语课程标准必然存在着一定的共通之处，又呈现出一定的差异。鉴于此，对中澳两国小学母语课程标准的深入比较与研究，可为我国课程改革提供借鉴与启示。

一、课程标准的总体结构比较

（一）框架结构的比较分析

1. 框架结构梳理

（1）中国小学母语课程标准的框架结构

我国《义务教育语文课程标准（2011 年版）》采用的是九年一贯整体设计。课标的设计主要包含以下三个方面内容：一是明确设计的指导思想和课程特点；二是提出了课程目标与内容，包括总体目标与内容和学段目标与内容；三是提出了实施建议，包括教学、评价、教材编写、课程资源的开发与利用四个方面。

第一部分：前言。语文课程是一门学习语言文字运用的综合性、实践性课程。因此，该部分内容明确阐述了语文课程的性质、基本理念和设计思路。

第二部分：课程目标与内容。分为总体目标与内容和学段目标与内容。总体目标共十条，从知识与能力、过程与方法、情感态度与价值观三个维度进行逐条阐述。学段目标将基础教育阶段划分为四个学段（第一学段：1—2年级，第二学段：3—4年级，第三学段：5—6年级，第四学段：7—9年级），分别从识字与写字、阅读、写作（第一学段为"写话"，第二、第三学段为"习作"）、口语交际和综合性学习五个方面提出要求。

第三部分：实施建议。包括四个方面的内容，即：教学建议和评价建议、教材编写建议、课程资源的开发与利用建议。该部分内容的设置为我国课程标准在语文教学中的有效实施提供了人性化的指导和明确的指向。

第四部分：附录。主要包括：优秀诗文背诵推荐篇目、关于课外读物的建议、语法修辞知识要点、识字、写作教学基本字表、义务教育语文课程常用字表。

（2）澳大利亚小学母语课程标准的框架结构

2010 年之前，澳大利亚一直没有全国统一的课程标准。人们认为之前存在的八类（六个州、两个领地各有一套地方课程标准）课程标准，不利于教师、家长和学生了解应学的内容以及应达到的学习水平。在这样的背景下，2010 年 12 月，澳大利亚课程设置、考评与报告管理局发布了"澳大利亚课程"（Australian Curriculum，AC），其中包含了英语、数学、历史、科学等学科的课程标准。这是澳大利亚第一个全国统一的课程标准。通过公众的反馈与澳大利亚当局的不断修改与完善，于 2011 年 3 月颁布了 1.2 版本的全国统一课程标准。在此基础上，2011 年 10 月、2012 年 1 月又再次对课标的局部进行修改和完善，课标分别更名为 2.0 版本和 3.0 版本，因此，到目前为止，3.0 版本是最新版本的澳大利亚课程标准。《澳大利亚课程—英语》从 F—10年级进行整体设计。课标的设计主要包括以下三个部分内容：一是提出了课程设计的理念与目标；二是明确了课程的组织构成；三是指明了课程的内容标准。

第一部分：理念和目标。该部分内容指明了英语课程标准总的指导思想，为澳大利亚的英语教育实践提供了一个总方向，保证了英语课程与教学实践的规范性。

第二部分：组织构成。从内容结构、英语课程F—12、成就标准、学习者的多样性、一般能力、跨学科重点、英语学习与其他学习领域的关系以及对教学、评价及报告的影响八个方面分别展开论述。其中，"内容结构"从语言、文学、读写能力以及三者间联系四个方面进行了明确的阐述，指明了教师需要教和学生需要学的内容"是什么"。

第三部分：课程内容标准。按照年级顺序划分，从F—10年级逐个列出，从语言、文学、读写能力三方面展开了详细的论述，每个年级的课标要求均包含了以下三方面内容：对成绩水平的陈述、成就标准和实际案例、学习结果和指标体系。各年级间相互联系，螺旋上升，共同构成了义务教育阶段的英语课程内容标准。

第四部分：专业词汇。明确了英语课程标准中的重要术语。同时，还附带了一些额外的信息及教学案例。

2. 比较与分析

中澳两国的母语课程标准在框架结构的设计上各有侧重，呈现出一定的相通之处与不同之处。一方面，中国的《义务教育语文课程标准（2011 年版）》（以下简称为《语文课程标准》）的第一、二部分基本与澳大利亚《澳大利亚课程—英语》（以下简称为《英语课程标准》）的第一、三部分相似，明确了两国母语课程标准的基本理念、总目标和阶段目标，为两国各自的母语教育实践指明了总的指导思想与教学目标指向。另一方面，中国《语文课程标准》的第三部分，从教学、评价、教材编写，以及课程资源的开发与利用等方面为语文课程的教学实践提供了实施的原则、方法和策略。这部分内容在澳大利亚的课程标准中并未明确提出。

相比较而言，澳大利亚《英语课程标准》的"组织构成"部分，从内容结构、英语课程 F—12、成就标准、学习者的多样性、一般能力、跨学科重点、英语学习与其他学习领域的关系八个方面进行了具体的阐述。该部分内容加强了母语教育与学生的身心发展特点、认知规律、兴趣爱好、个性特点以及其他学科的内在联系，以促进每位学生的全面发展。这一部分内容在我国的语文课程标准中并未明确提出，值得我国学者进一步思考与探究。

（二）设计思路的比较分析

1. 设计思路梳理

（1）中国小学母语课程标准的设计思路

整体性与阶段性的统一。《语文课程标准》明确规定："课程目标九年一贯整体设计。课程标准在'总目标'之下，按 1—2 年级、3—4 年级、5—6 年级、7—9 年级四个学段，分别提出'学段目标与内容'，体现语文课程的整体性和阶段性。各个学段相互联系，螺旋上升，最终全面达成总目标。"学段目标与内容从识字与写字、阅读、写作（第一学段为"写话"，第二、第三学段为"习作"）、口语交际四个方面提出要求。课程标准还提出了"综合性学习"的要求，以加强语文课程内容与诸多方面的联系，加强与其他课程以及与生活的联系，促进学生语文素养全面协调地发展。

留有余地的教学空间。课程标准的"实施建议"部分，对教学、评价、教材编写，以及课程资源的开发与利用等提出了实施的原则、方法和策略，也为具体的语文教学实施留有创造的空间。

（2）澳大利亚小学母语课程标准的设计思路

整体性与阶段性的统一。《英语课程标准》采用的是 F—10 年级的整体设计思路。课程标准在"总目标"之下，按照各个学年分别提出了"学年目标与内容标准"，体现了英语课程目标的整体性和阶段性。各学年由浅入深，循序渐进，最终全面达成总目标。学年目标与内容标准从"听说""阅读""写作"三个分支领域对学生提出学习要求。每一个分支领域从"语言（language）""文学（literature）""读写能力（literacy）"三维目标进行了明确阐述。

层次分明的阶段目标与内容标准。《英语课程标准》的阶段目标与内容标准的设置遵循以下顺序展开：

a. 对成绩水平的陈述。这一部分强调了学生在为达到各个水平而进行的学习中，三个分支领域（语言、文学、读写能力）的发展是如何进行的。

b. 学习结果和指标体系。学习结果反映了课程的广度、深度和复杂程度，它是用各种评价技术能够测量的术语来陈述的，有助于回答这样的问题："作为该水平的学习结果，学生应当获得什么知识以及能够具备怎样的能力。"每个学习结果都有一套指标体系，有助于回答这样的问题："我们如何知道学生获得了特定的学习结果？"教师可以利用指标作为评价基础，以判断学生是否已获得标准所预期的学习结果。

c. 成就标准和实际案例。成就标准阐明了学生在各个水平的学习中，学习质量的获得，反映了学生学习的广度、深度和复杂程度。

实际案例将有助于回答这样的问题："根据这一标准，学生的学习究竟应该是怎样的？"案例展示了标准所期望的学习结果的获得。但案例并不试图展示在所有方面所获得的成就，或者某个特定水平上所有学习结果的获得。

2. 比较与分析

（1）均体现了整体性与阶段性的统一

整体性与阶段性的有机结合，是中澳两国母语课程标准的共同特征，它将两国母语教育的理念融合成了一个充满生机的有机整体，同时，课标又按学段（年）目标对总目标进行了具体的阐述。这样的设计思路，其优越性是显而易见的，实现了母语教育听说读写能力的整体推进与协调发展，易于教学实施与评价。

（2）体现了两种不同的三维目标设计思路

我国的《义务教育语文课程标准（2011年版）》从知识与能力、过程与方法、情感态度与价值观三个维度进行整体设计。三者相互渗透，融为一体。这样的设计思路体现了新的课程观，表明了课程目标之间的相互渗透、相互关联。通过传授知识与培养能力对学生进行情感态度与价值观的教育，在语文教育中实现工具性与人文性的统一，这体现了语文课程的基本特点。

澳大利亚的《英语课程标准》从语言、文学和读写能力三个维度进行整体设计。三者相互渗透，融为一体，任何一个领域的学习都不能单独进行。当学生学习语言时，同时要渗透文学和读写方面的知识。当学生学习读写能力时，势必要通过一定的语言和文学内容来进行。

在语言部分，重在培养学生的英语知识以及如何学习英语。他们得知英语的变异与历史的发展，以及几个世纪以来因地域差异，当地使用者在方言和口音上存在的诸多差异。通过掌握知识和培养能力，学生学会利用统一连贯、结构良好的句子和文本开展有效的沟通。通过对语言、语言使用和语言系统的理解和谈论，学生能够获得一致的表达方式，并在他们自己的听说和读写中，与其他人进行富有成效的讨论。

文学部分的目的在于使学生能够从事文学研究，探讨文本在个人、文化、社会和审美方面的价值。学生解释、欣赏、评价、创造和鉴赏文学文本，并创造自己的文学文本，以丰富自身对人类经验的理解，提高语言能力，深化个人经验。

读写能力部分重在培养学生的学习能力，使之能恰当、准确、自信、流畅和有效地理解、解释和创作文本，以便进行校内外的学习，广泛地参与到澳大利亚的生活当中。学生学会适应语言，以满足更为一般或更专门的目的、受众和文化背景的要求。

（3）体现了两种不同的阶段目标设计思路

我国课程专家钟启泉教授认为："作为课程的'国家标准'，应该包含三层含义：一是内容标准，用来反映学生应该知道什么和能够做什么，指明学生所要达到的目标；二是成就标准，指明了每一个学生应该达到的'基础学力'或是'基本能力''关键技能'的目标规定；三是机会标准，旨在保障每一位学生'学习权'而制定的教学规范、关系规范、课程资源分配规范，为每一位学生提供尽可能丰富的学习资源，保障每一位学生的

'学习权'。"①这样的解读在澳大利亚的《英语课程标准》中得到了充分的展现，可以说是该课程标准中最突出的亮点。

澳大利亚的《英语课程标准》在阶段目标与内容标准部分，按照"对成绩水平的陈述""内容标准（学习结果和指标）""成就标准和实际案例"的顺序对每一学年的英语学习要求逐一展开详细的描述。在"内容标准"部分，课标列出了学生应当获得的学习结果和具备的能力，并且每一项学习结果都对应于一系列详尽的指标体系，教师可以利用该指标作为评价基础，判断学生是否已获得标准所预期的学习结果。如下表所示：

表1 澳大利亚"文学"亚分支领域中的"文学背景"及其对应的指标体系②

文　　学	
文学背景	指标体系
讨论作者如何利用语言和图片创造人物	·从不同的文化传统中辨别文本间的相似性，比如，在传统的欧洲和亚洲文本中对龙的表述，以及在土著居民和托雷斯海峡岛民的故事中是怎样表示精神的
	·识别人物特性，以及怎样用文字和图片来传达出他们的特性。比如，一些人被描述为害羞，另一些人则爱冒险
	·讨论不同类型的动物的特性，以及它们是怎样与人类产生联系的

该课程标准的独到之处还表现在：在描述每一学年的"成就标准"之后，都附上了"实际案例"，以展示教育者在每一学年期望学生获得的学习结果，并通过书面作业、单元测验、文本创作和听说视频等不同的方式呈现出来。案例虽然并不试图展示学生在所有方面所获得的成就，或者某个特定水平上所有学习结果的获得。但是，在某一学习领域，它给予教育者很好的启示，告诉他们：根据标准，学生的学习究竟应该是怎样的？如下表所示：

①钟启泉.从《课程标准》的要素谈什么是"好教材"［J］.基础教育课程，2011（9）：67-70.

② The Australian Curriculum：English Organization［EB/OL］．http：//www.Australian curriculum. edu. au/English/Curriculum/F-10/2011.3.

表 2　澳大利亚《英语课程标准》在第一学年的"实际案例"①

案例袋——一年级英语
这个案例袋包含来自一系列评估任务的工作样本,命名为:
案例 1　事实性说明——直升机 案例 2　描述性文本——通缉令 案例 3　描述性文本——大象 案例 4　说服性文本——猪 案例 5　阅读反馈——猫头鹰 案例 6　复述——鸟的羽毛为何是多种颜色的
学生的案例袋展示了其对不同文本目的的理解,以及有能力去构建不同类型的文本(比如:案例 1、2、3、4、5、6)。信息化写作表明学生能够创作出富有想象力的人物和事件(比如:案例 2、3、4、5)。学生会使用熟悉的和新的词汇,包括拟声词和词组(比如:案例 1、3、4、6)和一系列句子结构(比如:案例 2、3、4、6)。案例袋展示了学生对拼写和标点符号的关注,以及在教师的帮助下,学生有能力去编辑修改文本,并发表最终的作品(比如:案例 1、3)。学生积极参与小组和班级讨论(比如:案例 3、5)。当向同龄人和熟悉的成年人大声朗读时,应是充满自信的(比如:案例 5)

　　比较而言,我国《语文课程标准》的设计思路,是将"阶段目标与内容标准"合并在"阶段目标"之中,而且没有设置成就标准和实际案例。或许是课程编制者担心太过细化的"内容标准"容易导致语文教学教条化乃至僵化,或是其他原因,将"阶段目标"和"内容标准"合二为一。笔者认为,在一定程度上,澳大利亚对"阶段目标与内容标准"的呈现可以给我国一些启示:尽可能规范、清晰而具体地阐述"内容标准"和"成就标准",将抽象、笼统的目标转变为便于操作、表述详尽的行为标准,以便于教育工作者理解和实施。

(三) 基本理念的比较分析

1. 理念梳理

(1) 中国小学母语课程标准的基本理念

　　我国的《义务教育语文课程标准 (2011 年版)》把语文课程的基本理念概括为以下四点:

---

① The Australian Curriculum: English Organization [EB/OL] .http://www.Australian curriculum. edu. au/English/Curriculum/F−10/2011.3.

（1）全面提高学生的语文素养；（2）正确把握语文教育的特点；（3）积极倡导自主、合作、探究的学习方式；（4）努力建设开放而有活力的语文课程。

（2）澳大利亚小学母语课程标准的基本理念

澳大利亚《英语课程标准》的基本理念主要是从"意义"这个角度阐释的，强调了英语学习对澳大利亚青少年及其公民的理论及实践意义。其内容如下：①

英语学习是所有澳大利亚青少年学习和发展的基础。它有助于产生富有自信心的传播者、富有想象力的思考者和富有见识的公民。通过英语学习，青少年学会分析、理解，与他人和周围的世界进行沟通和建立联系。英语学习有助于发展年轻人的知识和技能，而这些在教育、培训和工作中必不可少。英语学习有助于青少年成为有道德、有思想、有见识的和积极主动的社会成员。澳大利亚的英语课程在发展青少年的认知、态度和潜能方面扮演着非常重要的角色，而那些人将对澳大利亚的未来起到决定性的作用，这一点是毋庸置疑的。

虽然澳大利亚是一个在语言和文化上多元化的国家，但是，能否参与到澳大利亚生活中的诸多方面取决于能否用标准的澳大利亚英语进行有效的沟通。此外，在全世界，精通英语也是难能可贵的。澳大利亚英语课程既促进了国家的建设，也使之国际化。

澳大利亚英语课程还有助于学生富有想象力并批判性地从事到文学当中，以扩大他们的经验范围。原住民和托雷斯海峡岛民以其展现和传播知识、风俗和经验的独特方式，已经对澳大利亚社会、当代文学和文化遗产做出了贡献。澳大利亚的英语课程将重视、尊重和探讨这方面的贡献。它还强调澳洲和亚洲之间的联系。

----

①The Australian Curriculum:English Rational［EB/OL］.http：//www.australian curriculum.edu.au/English/Rationale/2011.3

2. 比较与分析

（1）均体现了国际最新的教育理念与思想

近几十年来，在世界课程改革的大潮之下，无论世界发达国家还是发展中国家，其课程改革的宗旨基本都呈现出一定的相通之处。即：把发展教育、提高教育质量作为参与地区竞争、国际竞争的重要保证。综观各国的母语课程标准，尤其突出以下基本理念①：

（1）面向全体学生，努力追求高质量的语文教育水平，以适应时代发展和国际的竞争；

（2）培养负责的公民，形成国家观念，具备应有的时代道德价值观，是母语教学的重要指导思想；

（3）促进学生的主动发展，培养学生的个性；

（4）文学熏陶与语言文字的实际应用并重；

（5）在学习方式上注重在实践中学习和研究性的学习；

（6）强调语言学习必须与不同领域的内容相结合；

（7）引进先进技术加强语言学习；

（8）课程标准和评价紧密结合。

上述课程理念在中澳两国的母语课程标准中均有所体现，有的蕴含于课标之中，有的直接在课标中表述出来，只是两国的母语课程标准在这些理念的表述和要求的侧重点上有所差异罢了。比如，中国的《语文课程标准》把"全面提高学生的语文素养"作为语文课程的核心概念和总目标，较之历次《教学大纲》提出的"正确理解和运用祖国语文的能力"更为全面，对人的全面、和谐发展提出了更高的要求。同时，课标还提出了语文课程的人文性、实践性和工具性，强调要培养学生的语文实践能力，在语文实践中体会、把握运用语文的规律。课标还关注个体差异和不同学生的学习需求，积极提倡

---

①课程标准研制组编写.全日制义务教育语文课程标准（实验稿）解读［M］.长沙：湖南教育出版社，2003.9–13.

自主、合作、探究的学习方式，强调了学生的自主学习、自悟学习和自得学习。语文课程应该是开放而有活力的，应加强语文学科与其他学科的有机联系，密切语文课堂生活与社会生活的联系，使语文教育赋予生活意义，开放而充满活力。澳大利亚的《英语课程标准》开篇就指出"英语学习是所有澳大利亚青少年学习和发展的基础"，强调了英语学习对全体澳大利亚青少年及公民的重要意义。英语学习在发展青少年的认知、态度和潜能等方面扮演着非常重要的角色，有助于青少年成为有道德、有思想、有见识和积极主动的社会成员，而这些人将对澳大利亚未来的发展起到决定性的作用，这一点是毋庸置疑的。

(2) 均强调了母语教育的民族文化认同感和传承性

中文是世界上最古老的语言文字，千年不朽，经久不衰，表现了极强的生命力，已经深深地渗入到中华民族的根系之中，融入中华民族的血液里，成为中华文明的重要标志。我国《语文课程标准》在前言部分就旗帜鲜明地提出："语文课程对继承和弘扬中华民族优秀文化传统和革命传统，增强民族文化认同感，增强民族凝聚力和创造力，具有不可替代的优势。"同时，《语文课程标准》在基本理念的第一条就明确提出："语文课程应激发和培育学生热爱祖国语文的思想感情""通过优秀文化的熏陶感染，促进学生和谐发展，使他们提高思想道德修养和审美情趣，逐步形成良好的个性和健全人格。""文以载道"是我国千百年来的文化传统。语文课程作为传播思想、启迪智慧、传承文化的有力使者，肩负着伟大而艰巨的历史使命。

英语作为澳大利亚的官方语言，在短短两百多年的发展中，从单纯的殖民英语到具有其独特民族色彩的区域性英语，再到开放性世界英语的发展过程，大量吸收了土著语汇以及移民用语，充分体现其海纳百川、兼容并包的多元文化特色。澳大利亚的《英语课程标准》明确指出："澳大利亚是一个在语言和文化上多元化的国家""原住民和托雷斯海峡岛民，以其展现和传播知识、风俗和经验的独特方式，已经对澳大利亚社会、当代文学和文化遗产做出了贡献。澳大利亚的英语课程将重视、尊重和探讨这方面的贡献。"①可见，澳大利亚当局充分认识到语言与文化的多元关系，把母语教育中培养青少年对祖国多元文化的热爱与认同感看作是国家建设和国际化的重要基础。

（3）均重视母语教育的开放性

"开放"和"封闭"是相对应的。封闭的语文课程局限于语文学科知识本位，把学生的视野框定在教材和课堂里，使学生的语文学习与其丰富的生活世界隔离开来，远离了学生的生活需要；而开放的语文课程则是以学生的生活经验和成长需要为依归，把教材"这本小书"与生活"这本大书"融为一体，强调了语文学科与其他学科的有机联系，密切了语文课堂生活与社会生活的关系。我国的《语文课程标准》明确地提出，要努力建设开放而有活力的语文课程。"首先，开放的语文课程应尽可能满足不同地区、不同学校、不同学生的需求，并能够根据社会的需要不断自我调节、更新发展。其次，开放的语文课程应拓宽语文学习和运用的领域，注重跨学科的学习，使学生在不同内容和方法的相互交叉、渗透和整合中开阔视野。再次，开放而有活力的语文课程应植根于现实，面向社会，面向世界，面向未来。"澳大利亚的《英语课程标准》中同样体现了开放性的特征，但其更强调了本国与他国的融合与联系，以加强国际交流。正如理念中所指出的，"澳大利亚英语课程既促进了国家的建设，也使之国际化，还强调澳洲和亚洲之间的联系"。②澳大利亚作为一个由多民族、多元文化构成的移民国家，强烈的跨国意识，深厚的国际化视野，使其十分重视国与国之间的交流和融合。可见，课标要求青少年具有国际化的视野和胸襟，可谓势在必行。

（4）体现了两种不同的文本陈述角度

中澳两国的母语教育在基本理念上存在着某种程度的相似或相同，但就

①The Australian Curriculum：English Rational［EB/OL］.http：//www.Australian curriculum. edu.au/English/Rationale/2011.3

②The Australian Curriculum：English Rational［EB/OL］.http：//www.australian curriculum. edu.au/English/Rationale/2011.3

文本本身的陈述角度而言，存在较大差异，主要体现在：中国的《语文课程标准》在理念部分从"目标"和"手段"两方面进行了具体的阐述。课标把"全面提高学生的语文素养"作为语文教育应该达到的目标；把"正确把握语文教育的特点"作为达到语文教育目标的前提；把"积极倡导自主、合作、探究的学习方式"作为达到语文教育目标的策略；把"努力建设开放而有活力的语文课程"作为达到语文教育目标的保障。比较而言，澳大利亚的《英语课程标准》主要从"意义"的角度出发，阐述了学习澳大利亚英语对青少年成长和发展的重要意义。比如："通过英语学习，青少年学会分析，理解，与他人和周围的世界进行沟通和建立联系""英语学习有助于青少年成为有道德、有思想、有见识和积极主动的社会成员""英语有助于学生富有想象力并批判性地从事到文学当中，以扩大他们的经验范围等"。

（四）总目标的比较分析

1. 总目标梳理

我国《语文课程标准》根据语文课程的性质在基础教育阶段的地位，提出了自己的任务，即要"全面提高学生的语文素养"，这就是语文课程的总目标。《语文课程标准》在"课程的基本理念"的第一部分，就对"语文素养"的内涵作了总体阐述："语文课程应激发和培育学生热爱祖国语文的思想感情，引导学生丰富语言的积累，培养语感，发展思维，初步掌握学习语文的基本方法，养成良好的学习习惯，具有适应实际生活需要的识字写字能力、阅读能力、写作能力、口语交际能力，正确地理解和运用祖国语言文字。语文课程还应通过优秀文化的熏陶感染，促进学生和谐地发展，使他们提高思想道德修养和审美情趣，逐步形成良好的个性和健全的人格。"

毫无疑问，总目标的十条就是对"语文素养"的具体阐述。目标前五项从语文素养的宏观方面着眼，侧重于"情感态度与价值观"和"过程与方法"两个维度；后五项从具体的语文能力培养方面着眼，侧重于"知识与能力"维度。达到了这十条，就达到了全面提高学生语文素养的目的，完成了九年义务教育语文课程的任务。

澳大利亚英语旨在确保学生：①

1. 联系日益增长的社会文化背景，准确、流利、有目的地听、说、读、写、看、创作和探究日益复杂和深奥的口头的、书面的和多种形式的文本。

2. 欣赏、喜欢和运用英语的各种变式，发展丰富的人文内涵来表达情感，传递信息，提出观点，促进与他人的交往、娱乐、说服和论证。

3. 了解标准的澳大利亚英语是如何以口头的和书面的形式表达，并与非语言的交流形式相结合，以构建意义。

4. 在文本的审美情趣方面产生兴趣，发展技能，形成良好的文学鉴赏力。

澳大利亚的《英语课程标准》从四个宏观方面对总目标做了解读，旨在使学生能够积极有效地参与澳大利亚社会活动，在广泛的语境中自信、愉快而有目的性地听、说、读、写。课标要求学生主动学习、积极探索和创作多种文学作品和多种形式的文本，能够有效地运用英语来表达情感，传递信息，提出观点，促进与他人的交往、娱乐、说服和论证。同时，学校还强调了培养学生在审美情趣方面的兴趣，使学生能够理解各种文化背景下产生的文本之间的差异，发展技能，形成良好的文学鉴赏力。

2. 比较与分析

（1）均重视对学生语文能力的培养

中澳两国母语课程标准均十分重视培养学生对祖国语言文字的理解和运用能力，主要表现在听、说、读、写能力四方面。比如，中国总目标中提出的"具有日常口语交际的基本能力，学会倾听、表达与交流，初步学会运用口头语言文明地进行人际沟通和社会交往""具有独立阅读的能力，学会运用多种阅读方法""能具体明确、文从字顺地表述自己的见闻、体验和想法。能根据需要，运用常见的表达方式写作，发展书面语言运用能力"等。澳大利亚提出的"联系日益增长的社会文化背景，准确、流利、有目的地听、说、

---

①The Australian Curriculum：English Aims [EB/OL] .http：//www.Australian curriculum.edu.au/English/Aims/2011.3

读、写、看、创作和探究日益复杂和深奥的口头的、书面的和多种形式的文本""发展丰富的人文内涵来表达情感，传递信息，提出观点，促进与他人的交往、娱乐、说服和论证"等。由此可见，中澳两国对母语课程内涵的理解趋同，反映出语言作为一种交际工具和文化载体的共同特点。同时，这也说明当代社会对学生提出要求的一致性，总目标有利于培养学生良好的社会适应能力。

（2）体现了两种不同的价值取向

中澳两国母语课程标准的总目标体现了不同的价值取向。我国的语文课程总目标表现出的是社会本位与个人本位相结合的价值取向。比如，总目标第1、2、3条中提出的"培养爱国主义、集体主义、社会主义思想道德和健康的审美情趣""培育热爱祖国语言文字的情感""培养创新精神和合作精神""逐步形成积极的人生态度和正确的世界观、价值观"等，这些均体现了语文课程对培养学生共同社会价值观的要求。这种社会本位的价值取向认为人是社会中的一员，首先应当具备社会上认可的共同价值观，这与中国自古以来注重国家民族观念的文化传统保持一致。总目标的第4、5、6、7、8、9、10条则从听、说、读、写、信息提取等方面对学生个人语文素养的获得提出了具体的要求。这就体现了个人本位的价值取向。总目标把社会本位与个人本位的价值取向结合起来，首先，体现了我国语文课程十分重视培养学生的国家、民族和社会共同意识，这是我国传统意义上的先国家后个人价值观的体现。其次，总目标的后七条又对学生个人的语文素养提出了具体要求，这体现了语文课程对学生个人能力的重视和培养。总之，我国的语文课程的总目标体现了总的教育目标和宗旨，"它反映了特定社会对于合格成员的基本要求，与该社会最根本的价值观一致，一般具有较强的哲学理念色彩，以及浓厚的社会政治倾向。"[①]与此不同的是，澳大利亚的母语课程标准明显体现出了个人本位的价值取向，总目标的四条均是以"学生"作为句子主语，

---

① 丛立新.课程论问题［M］.北京：教育科学出版社，2000.

代表了动作的执行者。总目标要求学生能够正确理解和表达语言的能力，熟练地运用祖国母语达到各种目的。这样的目标适用于一定阶段的具体课程目标。总之，中澳两国母语课程标准的总目标中体现出来的价值取向是与两国的文化传统和现代社会发展的需求相适应的。

二、课程目标与内容比较

（一）"识字与写字"目标与内容标准

"识字与写字"在澳大利亚的课标中并没有以专项列表的形式单独出现，而是将其涵盖在"阅读""写作"和"口语交际"之中。比如，一年级阅读部分中就提出"识别发音与字母的匹配，包括常用的元音与辅音和辅音组合词""了解常规的单音节词是由字母组成的，通常的字母组合与它们的发音相一致，如何利用视觉记忆来写高频词汇"[1]等。课标强调了学生"如何识字"，认识英文字母，以及如何正确拼写英文单词，对"识字"给予了足够的重视。但是，对"写字"以及"如何写好字"并未给予太多的陈述，重视不够。相比之下，我国的《语文课程标准》明确指出："识字写字是阅读和写作的基础，是第一学段的教学重点，也是贯穿整个义务教育阶段的重要教学内容。"关于识字，课标要求学生应逐步掌握汉字的基本笔画、偏旁部首、间架结构、笔顺规则、汉语拼音、音序检字法和部首检字法等识字的知识和方法，形成独立识字的能力。关于写字，学生的书写应突出一个"好"字，要用"好"字带动整个写字教学，使学生做到书写正确、规范、端正、整洁，以保证全体学生的书写质量。在写好的基础上，使学生养成良好的写字习惯，终身受益。

（二）阅读目标与内容标准

1. 均重视阅读策略和方法，阶段目标梯度层次鲜明

中澳两国的母语课程标准在阅读部分均重视学生对阅读策略和方法的掌

---

①The Australian Curriculum：English F-10 Curriculum ［EB/OL］.http://www.Australian curriculum.edu.au/English/Curriculum/F-10/2011.3

握，要求学生能够学会运用这些方法开展文本的阅读和赏析。我国的《语文课程标准》在阅读部分提出一系列的阅读方法和技能，比如：默读、精读与略读、浏览，借助注释、工具书等帮助学生理解生词等。围绕这些阅读策略和方法，课标在各学段提出了更为具体、明确的目标要求，具有良好的操作性和指导性，呈现鲜明的梯度层次。比如，课标中关于默读的学习要求，第一学段提出，要"学习默读，做到不出声，不指读"；第二学段则要求学生能"初步学会默读"；第三学段进一步要求学生"默读有一定的速度，默读一般读物每分钟不少于300字"。对于学生阅读能力和综合素养的培养，无论是阅读形式、阅读能力还是阅读文体的呈现，各学段都可以有所侧重，相互联系，螺旋上升，最终全面达成总目标。如下表所示：

表3　我国课标中阅读形式、能力和文体三方面的目标

学段	阅读形式	阅读能力	阅读文体
一	学习默读	结合上下文和生活实际，了解课文中词句的意思	阅读浅近的童话、寓言、故事
二	初步学会默读；学习略读	①能联系上下文，理解词句的意思，体会课文中关键词句表情达意的作用；②能初步把握文章的主要内容，体会文章表达的思想感情；③能复述叙事性作品的大意	阅读叙事性作品
三	默读有一定速度；学习浏览	①能联系上下文和自己的积累，推想课文中有关词句的意思，辨别词语的感情色彩，体会其表达效果；②在阅读中了解文章的表达顺序，体会作者的思想感情，初步领悟文章的基本表达方法	明确提出不同文体阅读的要求，叙事性作品、诗歌、说明性文章以及简单的非连续性文本

澳大利亚的《英语课程标准》从语言、文学、读写能力三方面对不同学年的学生提出了具体的阅读目标和要求，螺旋上升，同样呈现了鲜明的梯度层次。比如：在"读写能力"部分，课标虽然在各个学年均强调了运用"文本处理策略""理解策略"来分析文本，建构文本的重要意义，但是，随着学生阅读能力的逐渐提升，对其提出的阅读要求也越来越高。如下表所示：

表 4 澳大利亚课标中语言、文学、读写能力的阅读目标①

学年	语言	文学	读写能力
二	理解不同类型的文本有各种可辨别的文本结构和语言特征	讨论不同文本中的人物和写作背景，探讨在不同的方式下如何运用语言来表现这些特征	①阅读少许推测性的文本，注意措辞用语和流利性，结合上下文语境，语义、语法和语音知识，利用文本处理策略，比如：检测意义、推测、复读和自我检测。②运用理解策略来建构文本字面和潜在的含义，开始利用越来越多的文本语境、语言和视觉特征，字体和多种辅助性文本结构来分析文本
四	理解文本变得复杂而技术性取决于写作的主题、目的和不断增多的受众	讨论文本和插图是如何使故事生动、有趣吸引人的，以及如何通过各种技巧来抓住读者的兴趣，比如人物的发展和故事情节的紧张局势	①阅读不同类型的文本，通过结合语境的、语义的、语法的、语音的知识，使用文字处理策略，比如：检测意义，打叉记号检查和复查②运用理解策略来建构文本字面和潜在的意义，以扩充文本的内容；联系文中的观点，对其做出分析和评价
六	理解作者通常是如何对文本结构进行创新，以及推敲语言特征来实现特定的审美、幽默和说服性的目的和效果	辨别、描述和讨论文本之间的相同点和不同点，包括哪些出自同样的作者或插图作家的文本，评价文本的写作特征，以界定作者的个人风格	①因一系列的目的选择，寻找和阅读文本，运用适当的文本处理策略，诠释文本结构特征，比如：目录、词汇表、篇章、标题和副标题②运用理解策略来解释和分析信息和观点，对大量正文的内容来源进行比较，包括媒体和数字文本

2. 澳大利亚更重视文本阅读的多样性选择

中澳两国的阅读目标均十分重视学生对各类阅读文本的选择，希望通过多样化的阅读，使学生受到优秀作品的感染和激励，获得人生观、价值观的正确引导，使其身心获得全面健康的发展。比如，我国的《语文课程标准》中提出的阅读文本主要包括：童话、寓言、故事、儿歌、儿童诗、古诗、诗文、叙事性作品、非连续性文本、报刊、图书资料等。相比较而言，澳大利亚的英语课程对学生阅读文本的选择更加宽广、涉猎面更多。文本领域主要包括：演讲、对话、小说、故事书、报刊文章；交际文本涉及信函、请柬、采访、报道、海报、戏剧或电影表演、广告等。同时，还包括计算机或多媒

---

① The Australian Curriculum：English F-10 Curriculum ［EB/OL］.http://www.Australian curriculum.edu.au/English/Curriculum/F-10/2011.3

体等其他技术手段制作或传播的信息。如下表所示：

表5　中澳母语课程标准中阅读文本的对比

中国	澳大利亚
童话、寓言、故事、儿歌、儿童诗、古诗、诗文、叙事性作品、非连续性文本、报刊、图书资料……	文学作品： 　用语言再现、再造、塑造和探讨人类的经验，是英语课程的基础。它可以是书面文本，也可以是口头文本。文学作品不仅可以建立在虚构的基础上，而且也可以建立在事实的基础上 主要包括： 　图画故事书、传说故事、短小的故事、戏剧、演讲、小说、译作、非印刷文本和非虚构著作、传记等
	日常文本： 　包括日常生活中的各种口头的、印刷的和非印刷的文本 主要包括： 　留言、说明书、个人信函、电话交谈、标签、网页、电子邮件、分类广告、消息、通知等
	媒体文本： 　包括面向公众的口头的、印刷的、图表和电子信息 主要包括： 　报纸、杂志、电视、电影、广播、录像、互联网、电脑软件等
	工作文本： 　包括经常在工作场合遇到的口头的、印刷的和电子文本信息 主要包括： 　商务信函、报告、备忘录、个人简历、正式和非正式的会议记录等

中国的语文教学强调学生通过对不同类型文本的阅读，领会文本中深刻的人文精神和内涵，感悟丰富的人生哲理，体验复杂的人世情感，从而获得思想的启迪和情感的熏陶。同样，在澳大利亚的英语教学中，教师鼓励学生探索和学习多种文学作品，以及来自学生所在文化和其他文化的日常文化或媒体文本。学生运用文本探究新观念，对自己所处世界和全球社会进行批判性思考，并从中获得乐趣。学生读到和听到的文本将成为他们创作和建构自己文本的资源，这对于学生个性和社会性的发展是至关重要的。

3. 阅读目标要求各有侧重

一个陈述得好的目标具有三个要素："一是说明通过教学后，学生能做什么（或说什么）；二是规定学生行为产生的条件；三是规定符合要求的作业标准。"①"行为主体+行为动词+行为条件+行为结果"是一个标准的基本要素。中澳两国的母语课程标准均关注到了学生是学习的主体，所以，都具体地描述了学生在某一阶段应该达到的阅读水平。但是，在行为动词的选择上，中澳两国存在较大差异。我国的阅读目标中，频频出现的关键性动词是"理解""体会（体验、感受）""品味（体味）""领悟（领会）"等，词性比较抽象、空泛，难以测评。课标强调学生能够"理解词句的意思""体会关键词句表情达意的作用""体会文章表达的思想感情""体验情感，展开想象，领悟诗文大意"等。

澳大利亚的阅读目标中使用较多的是"辨别、辨认（identify）""理解（understand）""讨论（discuss）""识别（recognize）""运用（use）""解释（interpret/explain）"等行为动词，词性具有较强的可测性、可观察性，利于对学生的阅读评价。阅读目标的落脚点着眼于学生能够"辨别不同文本的写作特征和写作目的""讨论作者是如何运用各种写作技巧来抓住读者的兴趣""理解词汇是如何来表现诗歌和文学作品""运用阅读策略来阅读不同类型的文本，建构文本字面和潜在的意义"等。

我国的阅读教学十分重视学生对文本的正确感知、理解、领悟和鉴赏力的培养，通过挖掘文本的内容，使学生仿佛能够与文本、作者进行面对面的交流与对话，从而领悟文本的内涵和作者的写作目的，以不断提高学生的阅读能力。澳大利亚的阅读教学则十分强调学生对作者写作目的、方法和写作技巧的理解和掌握，以及如何运用阅读策略来阅读不同类型的文本。通过领会不同的阅读方法、策略和技巧，做到阅读为我所用。

（三）写作目标与内容标准

1. 均重视真实、独特、有创意的表达

中澳两国的母语课程标准在写作部分均强调了"真实、独特、有创意的表达"，突出了学生写作的创新意识和求真意识。如下表所示：

---

①皮连生.基础教育课程改革纲要的心理学基础［M］.上海：上海教育出版社，2004.

表 6　　中国写作目标在各学段的部分内容表述

学段	写作要求
第一学段	对写话有兴趣,留心周围事物,写自己想说的话,写想象中的事物
第二学段	观察周围世界,能不拘形式地写下见闻、感受和想象,把自己觉得新奇有趣或印象最深、最受感动的内容写清楚
第三学段	能写简单的记实作文和想象作文,内容具体,感情真实

表 7　　澳大利亚写作目标在各学年的部分内容表述①

学年	写作要求
第一学年	利用绘画、写作、表演和数字化的传播形式,富有想象力地创造文本
第二学年	使用不同的媒介来创造事件和人物,从文学作品中发展重要的事件和人物
第三学年	在学生自己和其他的文化背景下,选择人物、故事情节和事件,创作想象性的文本,使用视觉特征,比如立场、距离和角度
第四学年	创作文学作品,探究学生自己的经历和想象力
第五学年	在学生已经体验过的文本中所呈现的世界观的基础之上,学生创作文学作品,将现实的和虚幻的背景和人物结合起来
第六学年	创作文学作品,以创造性的方式改编或结合学生已经接触过的文本的各方面

中澳两国课标均强调学生有个性地表达自己的独特感受, 实际上就是在有意识地培养学生的创新意识和创新能力。学生只有善于发现新鲜事物, 捕捉到事物的个性特征, 才能写出与众不同的文章, 给人耳目一新的感觉, 做到富有想象力和有创意的表达。

2. 中国强调写作兴趣, 澳大利亚更重视写作能力

我国的语文课程标准在写作目标的设定上层次比较鲜明, 构建了一个由量变到质变的渐进式过程: 即 "乐意写 (1—2 年级) —自由写 (3—4 年级) —学会写 (5—6 年级) —独立写 (7—9 年级)" 的训练序列②, 并在名称上鲜明地表现为: 写话 (1—2 年级) —习作 (3—4 年级) —习作 (5—6 年级) —

①The Australian Curriculum: English F-10 Curriculum [EB/OL] .http://www.Australiancurriculum.edu.au/English/Curriculum/F-10/2011.3.

②郭根福.领会 "写作" 课程目标精神深化作文教学改革.河北教育, 2004, 5:27.

写作（7—9年级）。这种渐进式的写作目标对学生不同阶段的语言发展水平和心理能力提出了相应的要求，并对应细化了各学段的课时和写作量，体现了新课标在设计思路上的可行性。相比较而言，澳大利亚的英语课程标准虽然在每一学年对学生提出了不同的要求，但层次性体现不够明显。同时，在基础教育阶段，我国语文课程标准对学生的写作要求相对较低，尤其在小学低、中学段，主要着眼于对学生写作兴趣的培养，主要表现在：课标在第一学段对学生提出，要"对写话感兴趣，留心周围事物，写自己想说的话，写想象中的事物"；在第二学段则提出，要"乐于书面表达，增强习作的自信心。愿意与他人分享习作的快乐"等。而澳大利亚英语课程在一年级就强调学生能"创作简单的想象性文本和说服性文本，文本中应采用恰当的文本结构、句法、词汇、拼写、标点和适当的多种辅助性的元素，比如图表及其解释"等。到六年级，则要求学生能"尝试利用文本结构和语言特征，及其产生的不同作用来创作文学作品，比如，使用意象、句子变异、暗喻和对单词的选择"，相较于我国，澳大利亚对学生的写作要求更高。

3. 写作策略及指导方式各有侧重，澳大利亚要求更高

中澳两国的母语课程标准在具体的写作指导上对学生提出了不同的要求。澳大利亚的文本写作强调文本结构、语言特征、句法和写作背景的重要作用。比如，课标中指出："尝试利用文本结构和语言特征，以及它们产生的不同作用来创作文学作品，比如，使用意象、句子变异、暗喻和对单词的选择。""创作简单的想象性文本和说服性文本，文本中应采用恰当的文本结构、句法、词汇、拼写、标点和适当的多种辅助性的元素，比如图表及其解释。""计划，打草稿和发表想象性的，科普性的和说服性的印刷文本和多种辅助性的文本，根据写作的目的和受众恰当地选择文本结构、语言特征、图像和声音。"在具体的写作方式上，除了日常的书面文本的创作，还强调了一系列软件的运用。如"熟练使用一系列的软件，包括文字处理程序来创建、编辑和发表书面文本，并挑选、编辑和设置视听的和印刷字体的元素。"我国对学生

的写作指导更关注三个亮点：一是提倡有创意的表达。鼓励学生自由表达，减少对其写作的束缚，为学生的自主写作提供广阔空间和有利条件；二是强调有个性的写作，不落俗套。提倡学生自主拟题，少写命题作文；三是重视写作过程，即具有独立完成的写作意识。①另外，我国的语文课程标准对学生在各个学段的写作量提出了明确的要求：即，在第二、第三学段，课内习作每学年16次左右。而在澳大利亚的课标中，并没有提及相关的要求。

（四）听说目标与内容标准

1. 中国强调听说兴趣，澳大利亚更重视"思考力"的培养

在一定意义上说，思维是不出声的语言，口头语言是出声的思维。因此，在听说训练中，如果脱离了对学生"思考力"的要求而仅仅强调"说"，必然导致学生听说能力的缓慢发展。研读澳大利亚的听说目标，可以明显地感觉到该国对培养学生的思维意识和思考力的重视。比如，听说目标在第一学年中就指出："讨论一系列文学作品中的人物和事件，对这些作品做出个人的回应，并与其他同学的经历产生联系。""探讨不同类型的文学作品中故事情节、人物和写作背景的特征，探讨不同的文本中一些人物的特征。"第四学年中指出："理解社会交往影响了人们相互理解和交流的方式。当探究和阐明别人的观点时，要总结出自己的观点，并对大家做出正式的报告。""理解口语中传达出的观点和信息，为了实践任务，利用信息来分享和扩充观点、信息，要倾听重要的观点。"第六学年指出："参与和加入到讨论当中，阐明和质询观点，形成和证实论点，分享和评价信息、经历和观点。"

我国新课改自始至终都关注学生的学习兴趣，希望学生能够品尝到学习的乐趣，感受语文学习的快乐，从而得到个性化发展。因此，情感、态度和价值观的教育在听说能力的培养目标上得到了较多体现。比如，听说目标中强调，"与别人交谈，态度自然大方，有礼貌。""能较完整地讲述小故事，

---

①张雪.香港《中国语文课程指引》与内地《语文课程标准》比较［D］.华东师范大学，2007.

能简要讲述自己感兴趣的见闻。""有表达的自信心。积极参加讨论，敢于发表自己的意见。""能用普通话交谈。学会认真倾听，能就不理解的地方向人请教，就不同的意见与人商讨。"不难看出，在听说的培养目标中，中澳两国均重视对学生"思考力"的培养，但侧重点有所不同，澳大利亚对学生的要求更高。

2. 听说目标要求各有侧重，澳大利亚要求更高

中澳两国的母语课程标准均非常重视学生听说能力的发展。我国的《语文课程标准》明确指出："口语交际能力是现代公民的必备能力。语文课程应培养学生倾听、表达和应对的能力，使学生具有文明和谐地进行人际交流的素养。"①新课标把"听话、说话"改为"口语交际"，这不仅体现了观念上的更新，而且更体现了新课程改革着眼于学生的明天，为学生将来的发展着想的指导思想。澳大利亚的《英语课程标准》从"听"和"说"两个方面对学生提出了相关的要求，并且从课标中 "倾听""运用""参与""讨论""发言""演说"等动词可体现出该国对学生沟通与交流能力的高度重视。如表 8 所示：

在小学的不同阶段，我国的《语文课程标准》在口语交际部分对学生提出了梯度的要求，从"态度自然大方，有礼貌"到"认真倾听"，再到"与人交流能尊重和理解对方"。在一定程度上，体现了语言运用者的情感态度。如表⑧所示，澳大利亚的《英语课程标准》则更强调学生能够"参与讨论、交流""积极倾听、表达""使用交际策略""排演、发表演说"，突出了学生对口语交际的积极参与、主动表达、认真倾听和善于交流技巧。在听说能力方面，中澳两国培养的侧重点有所不同，相较于中国，澳大利亚对学生的要求更高。

---

①中华人民共和国教育部制定.义务教育语文课程标准（2011 年版）［M］.北京：北京师范大学出版社，2012（6）.

表 8 澳大利亚听说目标在"读写能力"的部分内容表述①

领域 / 学年	读写能力
第一学年	1.参与到交流和讨论当中,能够积极地倾听,表现出谈话的兴趣,发表自己的观点、想法和提问 2.运用交流的技巧,包括轮流发言,辨别出别人讲话的内容,要说得清楚,并采用适当的音量和节奏 3.运用一些介绍过的文本结构和语言做一个简短的发言,比如开场白
第二学年	1.因特定的目的、知识而倾听,包括指示命令,在讨论中增强学生自己和他人的想法 2.使用交际策略,包括以恰当的方式发起主题,做积极的陈述,发表不同的观点,表达清晰,恰当地变换语气、音量和节奏 3.针对熟悉的和新的主题,进行排演和做简短的演讲
第三学年	1.倾听和加入讨论和交流之中,分享自己的观点和知识,在合作性的场合中进行协商、谈判 2.使用交际技巧,包括积极的倾听,以清晰的、合乎逻辑的方式进行交流,运用一系列日常和学过的词汇,恰当的语调、节奏、音高和声调 3.计划和发表简短的演说,有条不紊地提供一些重要的细节
第四学年	1.理解口语中传达出的观点和信息,为了实践任务,利用信息来分享和扩充观点、信息,要倾听重要的观点 2.使用交往技巧,比如,认同别人的观点,联系学生自己对话题的想法,使用熟悉的和新的词汇和一系列发音效果,比如语调、节奏、音高和音量有条不紊地说话 3.计划、排演和发表演说,其中包括学过的内容,考虑特定的意图和受众
第五学年	1.在正式和非正式的场合,阐明自己对说话内容的理解,联系自己的经历,向他人展现出来,并对一种观点做出解释 2.使用交际策略,比如释义,质疑和解释非语言的暗示,对不同的对象和目的恰当地选择词汇和发音效果 3.对界定明确的对象和意图,计划、排演和发表演说,包含准确和有条理的内容和多种辅助性元素
第六学年	1.参与和加入到讨论当中,阐明和质询观点,形成和证实论点,分享和评价信息,经历和观点 2.利用交往技巧,变换传统的口语交际,比如音量、语调、音高和节奏,根据组别的大小,交往的礼节,需要和对象的专业度 3.计划、排演和发表演说,为特定的对象和意图,精挑细选内容和多种辅助性元素,为了modality 和强调,做出适当的选择

①The Australian Curriculum：English F-10 Curriculum ［EB/OL］.http：//www.Australian curriculum.edu.au/English/Curriculum/F-10/2011.3

三、澳大利亚课程标准对我国的启示

（一）课程标准应进一步细化阶段目标与内容标准

澳大利亚的英语课程标准在阶段目标与内容标准部分，按照"对成绩水平的陈述""内容标准（学习结果和指标）""成就标准和实际案例"的顺序对每一学年的英语学习要求逐一展开详细的描述。内容标准用来反映学生应该知道什么和能够做什么，指明学生所要达到的目标；成就标准指明了每一个学生应该达到的"基础学力"或是"基本能力""关键技能"的目标规定。在"内容标准"部分，课标列出了学生应当获得的学习结果和具备的能力，并且每一项学习结果都对应于一系列详尽的指标体系，教师可以利用该指标作为评价基础，判断学生是否已获得标准所预期的学习结果。同时，在描述每一学年的"成就标准"之后，都附上了"实际案例"，以展示教育者在每一学年期望学生所获得的学习结果，并通过书面作业、单元测验、文本创作和听说视频等不同的方式呈现出来。它告诉他们：根据标准，学生的学习究竟应该是怎样的？

在一定程度上，澳大利亚对"阶段目标与内容标准"的呈现可以给我国一些启示：尽可能规范、清晰而具体地阐述"内容标准"和"成就标准"，将抽象、笼统的目标转变为便于操作、描述详尽的行为标准，便于教育工作者理解和实施。

（二）阅读目标应实现学生对文本阅读的多样性选择

我国的《语文课程标准》中提出的阅读文本主要仅限于印刷文本或纸质书籍。比如：童话、寓言、故事书、叙事性文本、古诗文等。相比较而言，澳大利亚的英语课程对学生阅读文本的选择面更宽、涉猎面更广。文本领域主要包括四大方面，即：文学作品、日常文本、媒体文本、工作文本。阅读领域涉及各种印刷或非印刷文本，它包括阅读书籍、杂志、海报、图表、光盘、网页，也包括观看电影、录像、电视节目、图形资料等。

印刷文本是我国课堂阅读教学的基础，是学生获得阅读能力的主要途径。

但是，与此同时，在课堂内外，如何通过其他阅读文本，进一步扩充学生的阅读面，实现学生对各种印刷文本和非印刷文本的多样性选择，有待于进一步思考和探究。

（三）写作目标应平衡"个性化表达"与"写作策略"

澳大利亚的文本写作强调了文本结构、语言特征、句法、词汇、拼写、标点、写作背景和多种辅助性元素对文本创作的重要作用。我国的写作目标自始至终都更关注以下四点：一是表达真切体验；二是表现独特感受；三是表达力求有创意；四是实现独立写作。笔者认为，在小学阶段，对学生写作策略和方法的指导是基础，是学生个性化表达的前提。只有基础扎实了，掌握牢靠了，个性化表达才有可能站稳脚跟，逐步实现有创意的表达。因此，在小学阶段，如何平衡"个性化表达"与"写作策略"，值得教育工作者进一步思考和探究。只有真正将二者统一起来，才有可能切实提高学生的写作能力。

（四）听说目标应体现对学生"思考力"的培养

语言常在思维的广度和深度上影响着人的思维水平，语言水平是智力发展水平的重要标志之一。在一定意义上，思维是不出声的语言，口头语言是出声的思维。因此，在听说目标的训练中，如果仅仅强调学生的口头表达而脱离了对其思维的要求，势必将导致学生听说能力的缓慢发展。在基础教育阶段，我国新课改自始至终都关注学生的学习兴趣，因此，情感、态度和价值观的教育在听说能力的培养目标上得到了较多体现。相较于澳大利亚，可以明显地感觉到该国对培养学生的思维意识和思考力的重视，值得我国借鉴。

第五章　中国与日本小学母语课程标准比较

比较中日两国小学母语课程标准，对两国课标中存在的共性和个性问题进行探讨、思考、归纳以及总结，有助于反思我国母语课程在课程目标和内容设置上存在的问题，推动我国母语课程内容与目标的完善与发展。

一、日本母语课程标准的发展演变

1872 年日本政府颁布的《学制》标志着日本现代教育的开始，而第二次世界大战是整个日本现代教育的分界线。第二次世界大战之前，日本的教育基本上是学习我国的儒家教育思想和教育制度。然而在"明治维新"之后，日本教育全方位转向西方。经过 1872 年到第二次世界大战这个时期的发展，逐步形成了以"国家主义"观念确立的课程策略。并在第二次世界大战前后，日本的教育也被纳入为战争服务的范畴，使其带有浓浓的军国主义和法西斯主义色彩。然而，随着日本在 1945 年第二次世界大战战败，日本的教育进行了全面的改革，并从上到下，全国范围实施了"六三三四"的新学制，其主要是效仿美国。新教育制度强调：民主主义、自由、分散，突出群众教育代替精英教育，突出多样性。这些教育改革的方针逐步贯彻到之后颁布的日本教育中。1947 年颁布的《小学学习指导要领》主要是效仿美国，侧重于小学生理解社会生活，并培养用于社会生活的语言应用能力，使学生能很好地适应自己所生存的社会，从而获得在各种场合的语言使用经验。

20 世纪 50 年代，由于国际环境变化，特别是各国科技的日新月异。其中，1957 年，苏联第一颗人造卫星的发射，引发了各国对中小学教育的反思。日本政府为了国家建设的持续性和国际教育发展的趋势，于 1958 年对小学课程标准进行了修订，并颁布了《小学学习指导要领》，调整了课程目标。主要侧重于母语听说读写四个方面能力的培养，并完善了要领的内容，使之更加系统。1968 年，随着世界范围内各国经济的高速发展，日本的经济更是高速发展，为了适应时代的需要，日本政府于 1968 年、1969 年分别颁布了《小学学习指导要领》，为了提高小学课程标准，把现代科学的某些成果下放到了小学教育中，从而加大教学和学生学习上的难度，致使学生的学习负担过重，造成了学生对知识的消化不良而对学习失去了兴趣。70 年代，由于日本社会环境的急剧变化，引发了教育不适应社会发展的问题，从而引起了日本教育界对母语教育的重视和更进一步的思考。1977 年，日本各界提议对母语教育大纲进行修订，并提出了"语言教育立场"的旗帜，明确了必须提高儿童语言本身，增加词汇等等，并进一步明确了语言教育的立场以提高表达能力。1985 年，日本提出了：从谋求教育质量的飞跃出发，从思考、判断、行动能力等方面出发去培养学生，侧重于国民所必须具备的知识和技能，以积极主动地适应社会的变化。在此基础上，日本于 1989 年对中小学的《小学学习指导要领》进行了修订。此次课程改革的目标是：克服战后小学母语课程实践中的缺陷，并突出基础和个性的协调发展，强调了学生的思考力、创造力与知识、技能并重。

随着国际竞争的日益加剧，知识、科技经济已初见端倪，日本再次突出了基础教育在国家发展中的重要地位。并提出了"宽松教育"模式，侧重于在"宽松"中提高学生的素质和能力，即生存能力的培养。并于 1998 年颁布了贯彻这一主要思想的《小学学习指导要领》。

2006 年、2007 年先后修订了教育基本法，提出了以日本传统为基础，培养学生的生存能力。提出了"终生学习基础"注重学与用的结合，并养成主动学习的态度，为下一轮母语课程改革打下基础。2008 年，在 1998 年课程标准的基础上进行了修订，并颁布了新课程标准。日本政府小学母语指导要领进行了较大的改动，坚持培养学生"生存能力"的核心不变，主要突出运用母语的能力。全面纠正"宽松教育"，突出基础教育，强调基本能力的掌握，重视学习能力的培养。并培养学生热爱传统文化，尊重母语的态度。此次修订重新审视了母语在交流、协商中的价值。

二、课程理念比较

（一）中日现行小学母语课程的基本理念

1. 我国小学母语课程标准基本理念

我国现行的小学母语课程标准是 2011 年颁布的《义务教育语文等学科课程标准（2011）版》，其基本的课程理念可以概括为以下四个方面：

（1）全面提高学生的语文素养；

（2）正确把握语文教育的特点；

（3）积极倡导自主、合作、探究的学习方式；

（4）建设开放而有活力的语文课程。

2. 日本小学母语课程标准基本理念

日本现行的小学母语课程标准是在 2008 年颁布的，并于 2011 年全面实施，全面纠正了"宽松教育"，并保持培养学生的"生存能力"之核心不变。此课程标准的基本理念可以概括为以下几个方面：

（1）培养学生正确表达和准确理解母语的能力；

（2）培养学生的沟通能力，突出母语在交流中的价值，培养学生自立于国际社会的日本人的意识；

（3）培养学生独立学习和独立思考的能力；

（4）培养学生热爱传统文化，尊重母语的态度。

（二）比较分析

1. 日本更加突出对学生文化传承、母语感情的培养

母语对于每个国家而言，都肩负着继承传统文化，培养爱国主义精神的

历史使命，当然中日两国亦不例外。我国小学母语课程标准的第一条便是培养学生热爱祖国母语的思想感情，充分体现了我国母语教学中对爱国主义的培养。日本亦在其课程标准中明确指出了培养学生热爱传统文化，尊重母语的态度。从相关课程标准的规定中可以看出我国与日本都非常重视母语对爱国主义的培养。但从细节可以看出，日本母语课程理念更加突出文化传承和爱国主义。例如：日本课程标准明确指出：国语中的每一句话都凝聚着祖先的情感与感动、对日本传统语言文化的接触，丰富语言感受、陶冶情操、培养学生终生亲近日本古典语言文化的情感和态度。相比之下，我国母语教育的传承性似乎没有日本那般强烈。

2. 日本更加重视母语的交际功能

我国对母语课程的性质定义为一门学习母语文字运用的综合性、实践性课程。而处于义务教育阶段的母语课程，应使学生初步学会运用语言文字进行交流沟通，吸收古今中外的优秀文化，提高文化修养，促进学生精神成长，是"工具性"和"人文性"的统一。而日本母语的课程性质更偏向于"工具性"，其主要是因为日本一直贯彻言语教育的基本观点，这一点也可从其课程标准的基本理念中体现出来。在其小学母语课程标准中，多次强调了语言的交流、表达能力，即母语的"工具性"。

3. 日本更加重视学生在母语课程中的独立思考能力

中日两国都非常重视学生独立思考的能力，因为独立思考的能力不仅对个人非常之重要，对于一个国家、一个民族亦为重要。科学文化的进步是从质疑"权威"开始的，只有独立思考了才能去质疑"权威"，才能去创新，为个人的成长与成就创造机会，为国家的科技进步创造条件。中日两国都将培养学生独立思考的能力明确写入了母语课程标准中。例如：中国的小学母语课程标准中明确强调了培养学生的主动性、团结合作的精神和实践创新的能力以及在教学中鼓励学生大胆质疑、大胆创新。日本小学母语课程标准中亦指出了独立学习和独立思考的能力。若从字面意思来看，日本小学母语课程标准中似乎对学生独立思考的能力的培养更为明确。

4. 中日都注重学生积极主动地学习及个性化教育

学生在学习过程中，被动学习所取得的效果远不及积极主动学习所取得的效果。积极主动学习就是学生按照自己的意愿去学习，不是被其他外因所强迫。积极主动学习的学生往往会自己总结学到的知识，且把自认为还没有熟练掌握的部分挑出来重新学习，如此就会更有效地节省时间，提高学习效率，自然而然，取得的效果就会更好。同时由于存在个体差异，因此，因人而异的个性化教育更能取得较好的效果。

两国都非常重视积极主动的学习方法和个性化教育，并在母语课程标准中做了明确的规定。例如，我国的小学母语课程标准中就非常明确指出：学生是学习的主体，母语课程必须根据学生身心发展，爱护学生的好奇心、求知欲，充分激发学生的问题意识，关注个体差异和不同的学习需求。日本也是以学生为主体，课堂上的"教"都是为了学生更好地学习，同时也非常注重个性化。给予学校增减学习内容，合理更改学习内容，增减课外学时的自主权，充分体现了日本课程标准注重个性化的改革意图。

三、课程标准的结构比较

（一）我国小学母语课程标准的结构

我国现行的小学母语课程标准是 2011 年颁布的《义务教育语文等学科课程标准（2011 版)》，其基本结构如下：

1. 前言。前言首先强调了母语文字在交际中的作用，强调了语言文字运用对人类生活、国家发展以及民族文化传承的重要影响，非常明确地指出了母语课程设置的目的及重要性。从课程的性质、课程的基本理念、课程设计思路三个方面做了具体的说明。

2. 课程目标及内容。首先是概括地分列出十条的目标，阐述了整个义务教育阶段中（包括小学）母语学科课程所需达到的目标，以及相对应的内容。而这十条中的前五条是从母语素养的宏观方面着眼，在"情感态度与价值观"和"过程与方法"两个维度上有所侧重，后五条是从具体的母语能力培养方面着眼，侧重"知识与能力"这个维度，从而形成了三个维度，但三个维度之间是相互交融、渗透的关系。最后，再通过分学段的形式分别明确了每个阶段中母语课程所需达到的目标和相对应的内容。

3. 实施建议。主要从教学建议、评价建议、教材编写、课程资源开发与利用四个大方面加以阐述。评价建议又从充分发挥语文课程评价的多种功能、恰当运用多种评价方式、注重评价主体的多元与互动、突出语文课程评价的整体性和综合性以及具体建议五个方面做了具体的阐述。

4. 附录部分。主要是关于优秀诗文背诵推荐篇目的建议、关于课外读物的建议、语法修辞知识要点等五篇附录。

（二）日本小学母语课程标准的结构

日本母语课程标准的整体结构与我国的母语课程标准类似。其《要领》中的总则部分与我国母语课程标准中的前言部分相似，其参考部分与我国母语课程标准中的附录部分相似。其整体结构为：

1. 总则。突出强调了母语的重要性，并阐述了母语教育的核心思想，即以日本传统语言文化为基础，培养活跃在国际社会上的日本人。最后从多个方面分别明确具体的方针。例如：在小学教育中，要特别重视语言教育，提高学生对母语的关心程度，培养尊重母语的态度，同时掌握在实际生活中有用的、各学科基础必备的母语能力。

2. 课程目标及内容。首先是非常简单清晰地规定了小学母语教学所需达到的目标。然后从一年级到二年级的目标和内容、三年级到四年级的目标和内容以及五年级到六年级的目标和内容做了详细的说明，最后从"教学大纲设计和内容处理"做了一定的呈现。其中在说明每个年级的目标及内容的规定中，分别从"口语/听力""写作""阅读"三个方面进行解说，还特别对"有关的传统语言文化和母语特点的事项"做了阐述。

3. 指导计划的制订与内容的处理。这部分与我国的课程标准中的实施建议相似。主要对每个年级的课程目标及内容制定了详细的教学实施原则、教学方法、注意事项等。

4. 参考部分。主要是日本母语中的相关常识。

（三）比较分析

1. 两国小学母语课程标准的结构非常相似

两国的小学母语课程标准从大的方面来说，结构是一致的，中国母语课标中的"前言""课程目标及内容""实施建议""附录"分别与日本课程标准中的"总则""课程目标及内容""指导计划的制订与内容的处理""参考部分"相类似。从小的结构来说，主要是"课程目标及内容"这一部分，两国课标也十分相似，在说明每个年级的课标的内容时，两国都以两个学年作为一个阶段进行详细的说明，使得学校在安排教学时相对于一个学年作为一个阶段而进行说明时的自主权更大，更能根据学校自身的特点、学生的个体差异而适当调整。同时相同的语言培养能力在两个学年中不断反复出现，进而通过螺旋式的方式提高学生的语言能力。

2. 我国小学母语课程标准的篇幅相对较多

虽然说我国小学母语课程标准与日本小学母语课程标准从整体的结构上非常相似，甚至可以说是一致的，但是仔细阅读两国小学国语课程标准，会发现两国母语课标篇幅差异较大，而这种容量差异主要体现在我国课程标准中的前言部分和实施建议中。我国课程标准在前言部分非常全面，可以说是面面俱到地阐述了课程标准的基本理念。且在说明课程总体目标时，也可谓内容丰富。而日本课程标准的总则却在其他文件中阐述，课程的总体目标也是高度概括的一句话，从而使得日本的课程标准简明扼要，目标和内容更为明确，课程标准在实施过程中更简单可行。我国小学母语课程标准在实施建议部分的内容比较充实，包括了"教学建议""评价建议""教材编写建议""课程资源开发与利用建议"。而日本与中国小学母语课程标准中"实施建议"相类似的"指导计划的制订和内容处理"则没有包含如此多的内容。基于以上两个方面以及在此文中未提及的原因，使得我国小学母语课程标准的容量比日本小学母语课程标准容量大。

3. 我国将"识字与写字"和"综合性学习"单独列出

虽然我国和日本在说明每个年级的课程目标和内容时，都以两个学年作为一个阶段予以详细的说明，但是每个阶段课程标准的目标和内容结构的设置却不相同。我国小学语文课程标准在说明每个阶段课程标准的目标和内容时，是从"识字与写字""阅读""写话""口语交际""综合性学习"五个方面予以说明阐述。而日本在说明每个阶段课程标准的目标和内容时，却是从"口语/听力""写作""阅读"三个方面予以说明阐述。通过比较可以看出，日本的"口语/听力"类似于我国的"口语交际"；日本的"写作"类似于我国的"写话"。同时通过仔细分析，发现日本也将"识字与写字"和"综合性学习"掺杂在了"口语/听力""写作""阅读"三个方面的教学中，并没有将这两方面单独列出。而我国小学语文课程标准则把"识字与写字"和"综合性学习"单独列出，一方面突出强调了这两方面，在教学中会引起老师的重视，从而提高学生的语言知识能力；另一方面，相对于细化了小学语文课程教学中的内容，使得课程教学更加具体、更加明确。

四、课程目标与内容比较

中国母语课程标准和日本母语课程标准一样，都划分为总目标、学段目标、具体能力目标等。在母语教育教学中，还有具体培养目标、学年目标、学期目标、学科教学目标、单元教学目标、课时教学目标等。中日两国在母语课程目标的学段目标呈现于表述上有着一定的差异。在各学段的总目标表述方面，中国《义务教育语文课程标准》将总目标和学段目标统一汇总表述，而日本的《要领》则是分到各个学段来表述。在各学段内容目标表述方面，中国的《课标》在目标领域上，每个学段都从"识字与写字""阅读""写作""口语交际"和"综合性学习"五个主要方面对培养学生母语综合素养提出具体要求；而日本的《要领》则主要从"口语与听力""写作"和"阅读"三方面对培养学生方面提出了具体要求。同时，日本还把"有关的传统语言文化和日语特点事项"在每个学段对学生的"传统文化""语言特点和相关规则"以及"文字学习"方面也相应地提出了具体要求与内容目标。在学段设置内容的思路上，中国的《课标》主要从"知识技能""过程方法""情感态度价值观"三个维度来设计展开的；而日本《要领》主要从"表达理解和沟通""思考力想象力和语感"以及"兴趣态度"三个方面为出发点和归宿点来对课程内容目标的设计进行阐述。但是两国在学段设计方面都是把小学分为三个学段来处理。本章就对中日两国现行的小学母语课程标准的总目标和三个学段具体内容目标加以比较分析。

（一）识字写字内容目标比较分析

1. 中日小学母语课程标准中识字写字内容目标列举

在日本《要领》中没有具体的以专项的形式呈现"识字与写字"目标，但是将其掺入到"有关传统语言文化和日语特点的事项"（1）中的"b.语言特点和相关规则""c.关于文字"和（2）"关于书写的事项"说明当中加以部分阐述。一二年级的目标在"语言特点和相关规则"的（d）正确书写特殊音节，如长音（cho-on）、短音（yo-on）、促音、拨音，并正确书写一个句子的助词"ha""he""o"；在"c.关于文字"中（a）写平假名和片假名；（b）在一年级、二年级分别书写"汉字分类系源"分配的相应汉字；在（2）关于书写事项中：a.注意书写姿势，并用适当的方法握笔写字，注意字符形状仔细书写汉字；b.准确书写汉字。注意长度、方向、边界和换行方法，掌握正确的笔顺进行书写等几个方面对日本语识字写字做了一定的目标内容说明。《要领》在识字写字方面，特别强调了写字的目标，对于写字在每个学段的目标做了详细的使用说明，见表1。

日本在识字与写字方面，对识字只是略微说明，越到高年级段，越强调汉字的起源与特点的学习，重视传统文化的传承。但是着重强调了写字的事项说明，从第一学段的写字姿势和正确书写，第二学段的了解文字的组成、大小布局、笔画类型、书写力度到第三学段的整体布局、书写速度强调，按照书写特点选择相应的书写工具到注意毛笔笔尖笔锋的细微使用区别书写过程中，我们可以得知日本在国语书写上从整体感知到具体感知强化的一个艺术性处理。

表1　日本《要领》在书写事项的内容表述①

	关于书写事项	关于文字事项
第一学段	a. 注意书写姿势，并用适当的方法握笔写字，注意字符形状仔细书写汉字 b. 准确书写汉字。注意长度、方向、边界和换行方法,掌握正确的笔顺	(a)读写平假名和片假名 (b)阅读在《汉字分类系源》(分配在各个年级)中要求一二年级阅读的汉字，以循序渐进的方式来学习，并在句子或文章中使用它们
第二学段	a. 理解文字的组成成分并正确书写 b. 写汉字或假名字符时注意它们的大小和布局 c. 了解笔画的类型和用毛笔书写时注意书写力度	(a)三年级阅读用罗马字符标记的简单的日常单词和书写它们 (b)在三年级和四年级,阅读在《汉字分类系源》(分配在各个年级)中要求三、四年级阅读的汉字，书写先前年级学习过的汉字,在句子和文章中使用它们，并且以循序渐进的方式学习三、四年级分配汉字,在句子和文章中使用它们
第三学段	a. 选择字符的大小和布局,注意与整个纸张的关系,边注意书写速度边书写字符 b. 按照具体目标选择书写工具,发挥字符的书写特点书写 c. 注意毛笔笔尖移动和点画间的连接,使用毛笔书写	(a)在五年级和六年级,阅读《汉字分类系源》分配给各个年级的汉字,书写先前年级学习过的汉字,在句子和段落中使用它们,并且以循序渐进的方式学习五、六年级分配的汉字,在句子和段落中使用它们 (b)了解假名和汉字的起源、特点等

　　相比之下，我国的《课标》中明确提出："识字写字教学是其他教学的基础，是第一学段的重点目标，也是贯穿整个义务教育阶段的教学重要内容。"

　　从表2中可见，中国课标在识字写字方面，首先关注学生识字写字意愿、兴趣的培养，体现了学生识字写字的情感态度。再到学习慢慢主动地识字写字，到独立识字，规范写字。从汉字的拼音学习到汉字的基本笔画、笔顺的规则、偏旁部首、字体的间架结构，到音序检字法和部首检字法，这是知识技能、过程方法的体现，最终养成独立识字写字能力。在写字方面，从汉语拼音书写、汉字书写，到书写的规范，整洁，端正；书写工具上从硬笔正楷

---

　　① ［日］文部省.小学、中学学习指导要领.http：//www.mext.go.jp/a_menu/shotou/youryou/main4_a2.htm.2008

到毛笔正楷到注意熟悉的速度、美观，到最后养成正确写字姿势，良好的书写习惯。喜欢写到写正确到乐写，最终是为了养成学生良好的识字写字能力，便于终生学习。

表 2 中国《课标》中识字与写字内容目标列举

	识字	写字
第一学段	1.喜欢识字,有主动意愿识字,学习独立识字 2.学会汉语拼音,汉字笔画,偏旁部首和学习查字典等 3.认识常用汉字 1600 个左右	1.写字的愿望,良好的写字习惯,规范书写 2.书写汉语拼音,汉字偏旁部首等 3.会写 800 字左右
第二学段	1.学习汉字的兴趣,养成主动识字的习惯,初步独立识字能力、会查字典 2.认识汉字 2500 个左右	1.使用硬笔熟练写正楷字,规范书写、毛笔临摹 2.良好的写字姿势、姿势正确 3.会写 1600 个左右汉字
第三学段	1.较强的独立识字能力 2.会认 3000 个汉字左右	1.硬笔楷书书写,整齐美观,有一定速度 2.能用毛笔书写楷书,体会汉字优美 3.写字姿势正确,写字习惯良好 4.会写 2500 个左右汉字

2. 比较分析

（1）中国注重识字写字的情感体验，日本注重方法的指导。

在中国母语课标的识字写字内容目标上，特别注重学生情感态度体验。例如，在第一学段中让学生产生主动识字、写字的意愿，进而喜欢学习汉字，对汉字有浓厚的兴趣，最终养成良好的识字习惯和书写习惯，独立识字，规范书写等。这无不强调识字写字过程中非智力因素的一种培养。非智力因素具有动力、定向、巩固和弥补的作用。而贯穿在日本国语要领的识字写字目标中，除了要求对使用的日本汉字和假名特色的书写感兴趣之外，都是要求教学当中关注方法的指导。例如：注意音节和字词之间的关系以及由于音调不同导致意义的不同大差异区分、特殊音节的书写与识别方法、联系句子间的意思的相互关系来理解指示词和关联词、了解汉字和假名的起源和特点来学习它们、书写时注意汉字的边界（长度、间距、大小、布局和笔锋）等。这些都体现出日本要领在识字写字领域的方法以及运用方面的指导。

（2）中国关注写字习惯的养成，注重形体美，而日本关注符合写字特点的实际技能的培养。

不管是日本还是中国，都在低年级段关注硬笔书法练习，都要求注意字体的间架结构、写字速度、正确的写字姿势和书写工具等。但是中国还更加注重书写的规范，整洁和端正，要求行款整齐，力求美观，在书写中体会汉字的形体美，并逐步养成良好的书写习惯。良好的书写习惯，会大大降低小孩近视、斜背、驼背、颈椎弯曲等不良现象的发生，促进学生的身心健康发展。这也是我国 2011 年《课标》适应当下形势的改进之处，特色之处。而在日本则更加强调写字的握笔方法、力度、长度、边界、方向、换行方法、字符间大小与布局以及细到毛笔笔尖移动和点画间的连接等，更加关注的是符合日语书写特点的实际写字技能的培养。

不管是中国的识字写字目标还是日本的识字写字目标，都是适应本土化传承下来的适应各国文化的特设目标产物，在此不做任何利弊分析，希望随着时间的推移，互相借鉴，扬长避短。

（二）口语交际内容目标比较分析

1. 中日小学母语课标中口语交际内容目标列举

人们日常生活交流的最重要方式是口语交际。口语交际能力作为日常沟通交往最重要的形式，母语教学把听说能力放在重要位置，这在中日两国母语课标中都能体现。日本课标把口语交际称作"口语与听力"，中国课标中则叫"口语交际"，以下都统称为口语交际。

中国课标在第一学段关注普通话的习惯养成，认真听别人说话的态度，自己把握重点的听故事、音像作品，并且能复述，大方交流，自信交流的能力；在第二学段关注倾听、请教、商讨、讲述见闻，分享感受想法的能力；第三学段关注学生口语交际的情感态度方面。例如：在尊重理解对方的基础上乐于与人交流讨论，敢于提建议，认真、耐心听人说话，有条理，适当语气、语调表达等。

日本课标把口语交际放在首位，足以证明对这一能力培养的重视。日本在第一学段比较注重有选择地决定主题来表达沟通，强调口齿清晰，有重点地倾听，表达想法，传达内容，小组交流合作讨论等；第二学段关注礼貌性、逻辑性、有目标性的讲话，并提供相应的例子以及调查报告做补充说明。注意语调、停顿、重音和听众，站在不同角度考虑交流讨论，总结想法、交换意见，利用多种方式等。例如：以图标、表格等内容来练习口语交际能力等；第三学段关注不同场合不同表达的能力，有计划地进行讨论，明确态度和意图，比较观点，归纳思想，听取推荐，进行辩论等。详见表3。

表3　中日母语课标中口语交际内容目标例举

学段	中国	日本
第一学段	1.学说普通话，逐步养成讲普通话的习惯 2.能认真听别人讲话，努力了解讲话的主要内容 3.看音像作品、听故事，能够复述大意以及自己比较感兴趣的情节 4.能够较完整地讲述小故事，简要地讲述自己所感兴趣的见闻 5.与人交谈时，态度自然大方得体，有礼貌 6.有敢于表达的自信心。积极地参加讨论，积极地发表自己的见解	(1)下列事项是为了培养口语和听力： a.从学生所熟悉事物或他们的经历中选择一个主题，回想有必要的事件 b.根据听众的不同，一边注意礼貌形式与普通形式的差异，一边分类和说出事件的顺序 c.口语表达时发音清晰，注意使用适当的肢体动作、口形、语调和音高 d.饶有兴致地听取他们的讲话，不遗漏重点 e.集中精力听对方的话语，并顺着话题沟通交流 (2)列出的事项应通过如下的语言活动实施： a.听取他人说明事物或报告经历后，陈述感想 b.通过开展小组讨论来提出问题、回答问题和总结观点 c.根据情境打招呼问候，必要时联系熟悉的人 d.介绍他们想传达的内容给熟悉的人倾听
第二学段	1.能用普通话交谈。学会认真倾听，就不理解的地方能向人请教，就不同的想法能与人商讨 2.听人说话能够把握主要的内容，并进行简要的转述 3.能够清楚明白地讲述自己的见闻，说出自己的内心想法和感受。讲述故事力求具体生动	(1)教学应以下列事项培养听说能力： a.从感兴趣的事情中选择一个说话的主题，收集关于选择的主题的信息，必要时做笔记 b.提供相应的原因和例子，用合适的词语配合恰当的礼貌性词汇有逻辑地讲话，与听众和教学目标保持一致 c.能一边说话一边注意听众、语调、重音和停顿 d.边听边注意演讲的重点焦点，并问问题以及表达感受 e.考虑彼此想法的异同点，扮演主持人或顾问的角色，围绕事件发展进程进行讨论 (2)通过以下活动来实现上述(1)中列出的内容： a.给出关于事件的解释或有关调查报告，并且在倾听他们意见的基础上给出自己的意见 b.进行课堂讨论，总结他们的想法和交换他们的意见 c.基于图表、表格、图纸和照片的内容练习口语和听力

续表3

学段	中国	日本
第三学段	1. 与人交流能尊重和理解对方 2. 能够乐于参与讨论,也敢于发表自己意见 3. 听人说话耐心、认真,能够抓住要点,并简要的转述 4. 表达要有条理,语调、语气要适当 5. 能根据场合和对象,稍作准备就能做简单发言 6. 注意语言美,坚决抵制不文明的语言	(1)教学应以下列事项培养听说能力: a. 从他们自己的想法和他们想表达的事物中选择一个主题,并且与他们获得的信息和知识有关 b. 为准确传达说话的意思,认真思考讲话内容,并按照不同场景使用恰当的语言表达 c. 了解标准日本语和方言之间的差异,必要时用标准日本语说 d. 一边抓住说话者的意图一边倾听,通过与自己的思想观点比较,归纳思想 e. 明确彼此的态度和彼此的意图,有计划地进行讨论 (2)上述(1)中列出的事项应通过如下语言活动实施: a. 通过展示资料并给出解释和报告,倾听过程中给出建议和意见 b. 关于学习和形成的内容,进行辩论等 c. 推荐一个事物或一个人物,并听取他人的推荐

2. 比较分析

（1）两国课标目标与内容表述不同，侧重点也不同。

中国《课标》只明确口语交际的目标，而日本《要领》还另外关注了具体语言活动实施事项。这一区别不仅仅存在于口语交际这个目标中，还存在于阅读与写作中，在此只做一次比较，在阅读与写作两个目标中就不再列举区别了。中国课标中的口语交际在总目标中排在第八条和第九条，在各个学段目标和内容中排在第四项；而在日本课标中，口语交际目标列在各学习领域前方。可见日本对这一目标能力的重视。

通过以上图表，我们可以看出中日两国既有相同之处，也有各自不同的侧重点。两国在口语交际内容目标中，都要求用标准的语言表达与交流。中国要求能用普通话交谈，养成讲普通话的习惯，交谈时尊重理解对方，表达有条理性，语气、语调适当，注意语言美等。日本强调口语表达发音清晰，使用正确的肢体语言、口形、语调、停顿和音高，了解标准日本语和方言之间的差异，必要时用标准的日本语表达等；两国都重视口语交际的能力与态度，但又各有差别。两国都要求要不遗漏重点地听取对方，了解讲话的主要内容。中国课标要求在口语交际时认真、耐心听别人说话、乐于讨论、自信表达，敢于发表自己的看法和意见，态度大方自然有礼貌，能清楚表达见闻，复述内容，转述内容等。日本强调口语交际时根据听众的不同，一边注意礼貌形式和普通形式的差异，一边分类表达自己熟悉或经历的事情，听别人陈述之后，陈述自己感想，通过小组合作交流讨论，提出问题、回答问题、总结观点、交换意见、归纳思想等，并强调根据不同类型的素材进行不同的阐述、转述、讨论和辩论等。

　　（2）两国口语交际能力的培养过程和方法不同，日本更加注重情境性和互动性。

　　中日两国课标都关注在口语交际过程中学生的母语修养、口语交际能力和态度问题，两国都重视正确表达，礼貌表达，规范表达等。但是培养的方式是有差别的。中国课标提出"学说标准普通话，逐步地养成讲普通话的表达习惯""认真倾听别人讲话，把握讲话重点""看音像作品、听故事，能够复述其大意和自己感兴趣的相关情节""能完整地讲述这个小故事，简要讲述自己所感兴趣的见闻""自信表达，积极参与讨论，并敢于发表意见""清楚明白讲述见闻，表达自己的感受和想法，讲故事具体生动""简要转述"等。强调口语表达、转述、陈述能力，培养的途径方法主要是与人交流、讲述、复述和转述等。主要的培养素材来源是日常生活交流和听故事、看音像作品、身边见闻、相应场合等。可以看出，中国课标在口语交际目标等内容方面，培养过程与方法是比较单一和简单的。日本的培养方式和方法可谓丰富多彩，它从多个方面、多个角度进行理论阐述，不仅强调语言的正确表达，听别人讲话的态度，进行训练的方式也是多种多样。培养的途径方法主要有与人沟通交流、倾听、陈述、表达、小组讨论、总结、根据情景打招呼、介绍、观点比较、归纳思想、推荐和辩论等。主要的培养素材来源是日常生活交流、熟悉的事物、经历、回忆的事件、不同情景、想传达的内容、感兴趣的事情、相应的原因和例子、演讲、事件的解释和调查报告、图表/表格/图纸和照片内容、各种资料等。例如日本学习指导要领第一学段口语交际目标与内容指出，"从学生所熟悉的事物中和他们的经历中选择一个主题，回想有必要的时间，根据听众的不同，一边注意礼貌形式与普通形式差异，一边分类说出事件的顺序""饶有兴致听别人讲话，不遗漏重点""集中精力听对方讲话，并顺着话题沟通交流""开展小组讨论，根据情景打招呼，介绍事物"等。①日本要领口语交际内容目标不仅关注实施事项的说明，逻辑顺序也可以说是起承转合，环环相扣，不断深入，不断挖掘，这样更有利于培养具有良好口语交际能力的公民。

日本在这一目标和内容设置环节最突出的特点，不是培养素材来源的广泛，而是把这些素材结合起来运用实际，培养能力是通过一定的情境性和互动性。例如：通过开展小组讨论、根据情境打招呼问候、进行课堂讨论、边听边注意演讲的重点和焦点、辩论等。这些都把具体口语交际能力的培养放入一定情境中，通过彼此互动来逐步培养学生能力。这是日本《要领》的特色之处，也是我们需要借鉴之处。在中国口语交际还处于一个教师教育的不规范时期，不管是教材还是学校对于口语交际实际教学这一方面的能力的专项事项中，仍然需要我们不断反思，不断修正。

（3）中国关注双方的情感体验，日本关注各种场合的应用。

中国课标是围绕三维目标设计的，所以在口语交际内容目标上注重知识技能和过程方法的同时，也不乏会有情感态度价值观的倾向。例如："有表达的自信心，积极参加讨论，敢于发表自己的意见""认真倾听""与人交流尊重理解对方""乐于参与讨论""注意语言美"等。这些在每个学段都有对应的阐述，不仅关注自身的情感体验，也关注对方的情感体验。这些非智力因素，潜在地影响着每一个学生，乃至每一个人的发展。苏联教育家苏霍姆林斯基说过："没有一条有诗意的、感情的、审美的清泉，就不可能有学生智力的发展。"

---

① ［日］文部省.小学、中学学习指导要领.http：//www.mext.go.jp/a_menu/shotou/youryou/main4_a2.htm.2008.

日本要领比较注重实际的口语交际技巧的培养，很少倾注于彼此的情感态度层面。从这点来看，日本要领更加注重客观逻辑，而忽视了主观情感体验，这也是日本要领一大缺陷。日本要领在关注观点表达，思想归纳的同时，更加关注在不同场合，对不同内容的实际运用，在三个学段中均有所涉及，下面以一、二学段为例。例如：在第一学段中"开展小组讨论来提出问题、回答问题和总结观点""根据情景打招呼问候，必要时联系熟悉的人"等；第二学段中"在演讲中，进行课堂谈论中，基于图表、表格、图纸和照片内容进行各种口语交际能力的培养等"①都有一定的情景，一定的互动，都是在应用中获得口语交际的综合能力素质的提高。

（三）阅读内容目标比较分析

1. 中日小学母语课标中阅读内容目标列举

在我国《课标》中母语课程内容目标第七条总目标指出："学会运用不同的阅读方法，具有独立阅读能力。有较为丰富的语言积累和良好语感，注重文字的情感体验，发展学生理解和感受的能力。能阅读日常的书报杂志，能初步鉴赏文学作品，丰富自己的精神世界。能借助工具书阅读浅易文言文。背诵优秀诗文240篇（段）。九年课外阅读总量应在400万字以上。"这一总目标的设立遵循三维目标设计思路，对要求掌握的知识技能、掌握这些知识和技能的过程和方法以及所具备的情感态度价值观都要做一定的阐述，最终着眼于学生语文素养的全面提高。

日本《要领》里有关阅读内容目标的阐述分布在各个学段的开端，汇总如下："第一学段：使学生掌握阅读能力。基于书面文字，根据事件展开的顺序能根据上下文的情景和想象联想的拓展来富有意识地阅读，并且培养他们享受阅读的态度；第二学段：使学生掌握阅读的能力，依据具体目标，一

---

① ［日］文部省.小学、中学学习指导要领.http：//www.mext.go.jp/a_menu/shotou/youryou/main4_a2.htm.2008.

边掌握内容重点，一边考虑段落间的关系，培养他们广泛阅读的态度；第三学段：使学生获得根据具体目标边阅读文章，边把握内容和主旨的能力，通过阅读培养他们形成广泛思考、深刻思考的态度。"②这一目标的设立可谓螺旋式上升、层层递进，梯度层次分明，最终培养的是既能掌握基本的阅读能力，又能养成良好的阅读态度和思考习惯的学生。

不管是中国还是日本，阅读总目标的设立既是对阅读内容目标的一个总的界定，也是阅读内容目标实施效果评价的一个总的基本评估点。以下是中日两国现行的学段阅读内容目标，本文分别从阅读文本、阅读形式和阅读能力三个方面加以分析汇总比对。

表4　中日两国小学母语课标中阅读内容目标的列举与比较

学段	国家	阅读文本	阅读形式	阅读能力
第一学段	中国	1.(阅读)浅近的寓言、童话和故事 2.(诵读)古诗词、儿歌以及儿童诗 3.(积累)成语和格言警句 4.背诵优秀诗文50篇，课外阅读总量不少于5万字	1.正确、流利、有感情地朗读课文 2.学习默读 3.诵读儿歌、儿童诗、浅近的古诗，展开想象，初步情感体验，感受语言的优美	1.喜欢阅读，感受阅读的乐趣，爱护图书的习惯 2.结合上下文和生活实际了解课文中词语的意思，在阅读中积累词语 3.诵读浅近的童话和故事，向往美好的情境，关心自然和生命，对感兴趣的人物和事件有自己的感受和想法，并乐于与人交流 4.认识课文中出现的常用标点符号，体会句号、问号、感叹号表达的不同语气
	日本	1.阅读书籍或文章 2.故事、说明类或科普类书籍 3.民间故事、神话和传说	1.大声朗读 2.发挥想象地阅读	1.注意整体连贯性和字词发音，阅读整体内容，考虑所涉及事件的顺序与逻辑，关注出场人物的行为动作 2.摘录重要的单词或句子运用于写作 3.听故事，扮演角色 4.阅读书籍，写感想，介绍阅读过的书中喜欢的内容

① ［日］文部省.小学、中学学习指导要领.http：//www.mext.go.jp/a_menu/shotou/youryou/main4_a2.htm.2008.

续表 4

学段	国家	阅读文本	阅读形式	阅读能力
第二学段	中国	1. 叙事性作品、优秀诗文 2. 课外阅读、生活中语言材料 3. 报纸、图书 4. 背诵优秀诗文50篇，课外阅读总量不少于40万字	1. 正确、流利、有感情地朗读课文 2. 学会默读、略读 3. 诵读优秀诗文，注意情感体验，展开想象，领悟诗文大意	1. 能够复述叙事性文章的大意，初步感受作品中形象的生动和语言的优美，关心文章人物的命运以及喜怒哀乐，并与他人交流阅读的感受 2. 能初步地把握文章主要内容，体会文章所表达的思想情感。对文中不理解的地方能提出疑问 3. 在理解语句的过程中，体会句号和逗号的不同作用和用法，了解冒号和引号的一般作用和用法 4. 能够联系上下文，理解词语的意思，体会关键语句表情达意的作用。借助字典、词典以及生活积累，理解生字词的意思 5. 积累文中优美的词语、精彩的句段，以及在课外的阅读和生活中所获得的语言材料知识。并养成读书看报的良好习惯，收藏图书资料，乐于与同学交流
	日本	1. 故事、诗歌、书籍、文章 2. 记录、报告类文章、有插图书籍、百科全书、字典 3. 文学短歌、三行俳句诗、谚语、俗语和成语	1. 大声朗读 2. 富有想象力的阅读 3. 朗读背诵日语诗歌	1. 考虑段落间和观点间相互之间的关系来阅读，按照教学目标抓住关键字或句子 2. 按照目标和需求，在阅读时注意作品的要点和细节，对文章引用和归纳 3. 呈现阅读著作后彼此的想法，意识到每个人感受方式的差异 4. 阅读记录和报告类型的文章，并对比阅读总结归纳的内容 5. 选择他们喜欢的书来做介绍和解释 6. 阅读相关书籍或文章来获得必要的信息
第三学段	中国	1. 叙事性文章、诗歌、说明性文章 2. 背诵优秀诗文60篇、课外阅读量不少于100万字	1. 正确、流利、有感情地朗读课文 2. 默读要有一定的速度，并每分钟不少于300字，学习浏览 3. 诵读背诵优秀诗文	1. 能够联系上下文以及自己的积累，猜想文中相关词句的意思，并辨别词语的感情情感色彩，体会其表达的效果 2. 在阅读中了解文章表达的顺序，体会作者的思想感情，初步学会文章表达的基本方法。在讨论和交流中，敢于提出自己的看法，做出自己相应的判断 3. 阅读叙事性文章，了解事件的梗概，能简单描述自己印象最深的场景、人物、细节，说出自己的喜爱、憎恶、崇敬、向往、同情等感受。阅读诗歌，大体把握诗意，想象诗歌描述的情境，体会作品的情感。感受优秀作品的熏陶和激励，向往并追求美好理想。阅读说明性的文章，能够抓住其要点，了解文章基本的说明方法。阅读非连续性的简单文本，从图文等组合的材料中找出其有价值的信息 4. 在理解课文过程中，体会逗号和顿号、分号和句号不同的用法

续表4

学段	国家	阅读文本	阅读形式	阅读能力
第三学段	日本	1. 书籍、文章 2. 传记类文章、报纸和说明性文章 3. 汉字古典文学、后现代文学创作、古典文学著作	1. 大声朗读或背诵 2. 比较阅读	1. 根据教学目标认真思考有效的阅读方式，选择一定的书籍或文章进行比较阅读 2. 根据具体的教学目标，对文章内容有恰当的理解，从而抓住主题，理解事实、感受和观点之间的关系，边明晰自己的想法边阅读 3. 把握人物情绪、场景、相互关系的描述，并用高超的叙述方法组织自己的思想 4. 阅读书籍或文章，相互交流彼此的想法，拓宽和深化自己的思想 5. 根据具体目标阅读传记类型的文章，反思自己的生活方式 6. 使用原文段落或说明性的文章来解决自己的问题 7. 阅读报纸，关注他们编辑和撰写文章的方式，阅读书籍后写文章推荐这本书

2. 比较分析

（1）中国重视主体体验性阅读，日本重视应用性阅读。

中国的阅读目标与内容十分重视学生对不同文本的感知、领悟和鉴赏能力的培养。通过学习文本内容，学生可以与文本、作者进行间接的交流对话，领悟文本的内涵和作者的写作意图，不断地补充和修正自我的人生观、价值观，升华自我的情感态度，从而提高综合阅读能力。中国《课标》第一学段指出"喜欢阅读，并感受阅读乐趣""阅读浅显的童话、故事和寓言，向往美好情境，关心生命和自然，对于感兴趣的人物和事件，有自己的想法和感受，乐于与别人交流""展开想象，获得初步的情感体验，感受语言的优美"等；第二学段中指出"体会文章表达的思想感情""初步感受作品中形象的生动和语言的优美，关心作品中人物的命运和喜怒哀乐，与他人交流自己的阅读感受""注意在诵读过程中体验情感，展开想象，领悟诗文大意""乐于与同学交流"等；第三学段指出"辨别词语的感情色彩""体会作者的思想感情，敢于提出看法，做出自己的判断""能简单描述自己印象最深的场景、人物、细节，说出自己的憎恶、喜爱、崇敬、同情、向往等感受。阅读诗歌时，大体地把握诗意，想象诗歌所描述的情境，并体会作品表达的情感。感受优秀作品的熏陶和激励，向往并追求美好理想""通过语调、节奏、韵律等体味作品的情感和内容"等。通过"喜欢、感受、向往、关心、体验、体会、领悟、想象"以及"憎恶、喜爱、崇敬、同情、向往等感受"，可以看出中国课标在阅读目标与内容上比较注重个体的主观情感体验，情感的摩擦与升华等。

日本要领的阅读目标与内容也涉及了主体自我的情感体验，如："发挥想象力进行阅读""总结自己的思想和看法""获得快乐和知识""愉快地阅读""呈现阅读著作后彼此的想法"等强调了主体对文本的感知、理解与体验，这在日本的第一学段和第二学段占的比重比较大，但是从整体来看占的分量还是比较少，随着年级的增长，它最重视的还是自我对文本价值的利用与思考。学段越高，这种倾向越来越明显，特别到五、六年级，这是一个重点。第三学段中指出："传达自己的想法或观点""认真思考有效的阅读方式""根据具体的教学目标，对文章内容有恰当的理解，从而抓住主题，理解事实、感受和观点之间的关系，边明晰自己的想法边阅读""把握人物情绪、场景、相互关系的描述，并用高超的叙述方法组织自己的思想""拓宽和深化自己的思想""阅读传记类型的文章，反思自己的生活方式""使用原文段落或说明性的文章来解决自己的问题"等。①可以看出，通过与文本对话，提出自己的想法、观点和看法，思考阅读方式，抓住主题，明晰各种关系，最重要的还要服务于自己。通过文本的解读，思考自己的阅读方法，组织、拓宽和深化自己的思想内涵，反思自己的生活方式，解决自己的日常生活问题，这才是日本阅读内容目标的重点之所至，也是该内容目标的实际运用价值之所在，最终为自己所思，为自己所用。

---

① ［日］文部省.小学、中学学习指导要领.http：//www.mext.go.jp/a_menu/shotou/youryou/main4_a2.htm.2008.

（2）中国重视字词积累，日本重视阅读方法与思维。

中国《课标》从重视"双基"（基本知识和基本技能）过渡到现在的三维目标体系。这是一大进步。但是这一改变并没有否定知识技能这一目标，而是与过程方法、情感态度、价值观相融合而已。母语课程标准在阅读内容目标领域，除了重视情感的升华与熏陶，仍然还是十分注重母语知识积累的。例如课标第二、三学段指出："能够联系上下文，并理解生字词的意思，体会文中关键字词所表达的作用；能借助词典和生活的积累，理解生词的意思""理解关键语句的过程中，体会逗号与句号的不同用法，并了解引号和冒号的一般用法""能够联系上下文以及自己的积累，猜想课文中相关语句的意思""在理解课文的过程中，体会逗号与顿号、句号与分号的不同用法""积累课文中的优美词语、精彩句段，以及在课外阅读和生活中获得的语言材料。背诵优秀的诗文 50 篇（段），课外阅读的总量不少于 40 万字""背诵优秀的诗文 60 篇（段），课外阅读的总量不少于 100 万字"等。从这三个学段的陈述中可以看出中国《课标》对基本知识的重视与积累。

而日本《要领》重视理性逻辑思考的同时，也非常重视方法的掌握和思维的训练。例如：第一学段中指出"注意整体连贯性""阅读整体内容，考虑所涉及的事件顺序和逻辑""将写作的内容和经历的事情联系起来，总结自己的思想和看法并给予呈现"等；第二学段中指出"在考虑到段落间和观点间相互之间的关系来阅读，按照教学目标抓住关键字或句子""注意场景的变化，同时根据文中出场人物的性格、情绪的变化、场景等富有想象力的阅读""按照目标和需求，在阅读时注意作品的要点和细节，对文章引用和归纳""呈现阅读著作后彼此的想法，意识到每个人感受方式的差异""阅读和使用记录和报告类型的文章、有插图的书籍、百科全书或字典""阅读记录和报告类型的文章，并对比阅读总结归纳的内容""阅读相关书籍或文章来获得必要的信息"等。①从这些陈述可以看出，日本要领不但关注阅读

---

① ［日］文部省.小学、中学学习指导要领.http://www.mext.go.jp/a_menu/shotou/youryou/main4_a2.htm.2008.

目标与内容的实用性，而且更加关注过程方法的指导，思维能力的培养与训练。

从上表还可以看出：第一，中国的阅读形式比日本丰富，而日本的阅读文本比中国更加广泛和深入。不难看出，中国课标阅读形式的阐述有"有感情地朗读、默读、诵读，展开想象阅读，情感体验阅读、略读、浏览"等，另外在第三学段还规定一定的默读速度，如默读有一定的速度，每分钟不少于300字。而日本《要领》在阅读领域的形式比较单一，只有"朗读、背诵、想象阅读和比较阅读"等。但是其在阅读文本体裁上补充了阅读形式的不足，内容丰富多彩。它的内容体裁包括"各种书籍和文章、故事、说明类和科普类书籍、民间故事、神话、传说、诗歌、记录、报告类文章、有插图书籍、百科全书、字典、文学短歌、三行俳句诗、谚语、俗语和成语、传记类文章、报纸、汉字古典文学、后现代文学创作、古典文学著作"等。阅读文本的广泛更加能够扩大学生的知识面，也能激发学生各方面兴趣。而中国有"童话、寓言、故事、儿歌、儿童诗、诗歌、成语和格言警句、叙事性作品、报纸、图书、说明性文章"等。相对来说比较单一。两国应该在这两方面互相补充和借鉴。第二，日本阅读内容目标更加关注实用性，与口语交际和写作练习更加紧密，使三者融为一体。例如《要领》中指出："摘录重要的单词或句子运用于写作""将写作的内容和经历的事情联系起来，总结自己的思想和看法并给予呈现""阅读关于故事和科学的书或文章并写感想，介绍阅读过的书中喜欢的内容""读故事或诗歌，交流感受""阅读书籍或文章，相互交流彼此的想法；传达自己的想法或观点""阅读报纸，关注他们编辑和撰写文章的方式；阅读书籍后写文章推荐这本书"等。[①]可以看出，日本要领把阅读、写作和口语能力的培养相互穿插，相互促进，共同发展。

---

① ［日］文部省.小学、中学学习指导要领.http：//www.mext.go.jp/a_menu/shotou/youryou/main4_a2.htm.2008.

（四）写作内容目标比较分析

1. 中日小学母语课标中写作内容目标列举

中国《课标》有关写作的总目标第八条指出："能具体明确、文从字顺地表达自己的见闻、体验和想法。能根据需要，运用常见的表达方式写作，发展书面语言运用能力。"[①]这一总目标对中国学生写作能力的培养提出了总的要求。"具体明确、文从字顺"表明写作表达的基本要求；"自己的见闻、体验、想法"表明了写作素材来源；"根据需要，运用常见的表达方式写作"表明了写作策略的指导；"发展书面语言运用能力"是培养学生的最终目的。

而日本《要领》有关写作的目标则是分布在三个学段中。第一学段提出："使学生掌握写句子或文章的能力。通过整理事情发生的顺序，建构简单结构和培养他们愿意写作的态度，写他们已经经历的或想象的事情。"第二学段提出："使学生注意段落之间的关系来写句子，以便他们能根据读者和目标表达他们已经学到的东西，同时培养他们认真思考如何写作的态度。"[②]第三学段指出："使学生掌握根据具体目标和目的，书写他们想法的文章的能力，同时培养他们恰当写作的态度。"日本要领对写作总目标的陈述，还是跟口语交际、阅读一样，采取层层递进，不断加深的方式。首先第一学段培养学生整理写作事件的顺序、建构结构、培养写作态度到实际写作的能力；第二学段培养学生注意写作时整体与部分关系，运用所学知识，满足读者和目标要求，认真思考写作。这一学段开始培养学生从不同角度出发、全面考虑的写作能力，要求拔高，难度加强；第三学段则强调符合具体目标，表达自己思想，恰当写作的能力。三个学段均重视态度的培养。中日两国写作内容目标列举如下（表5）：

---

①中华人民共和国教育部制定.义务教育语文课程标准（2011年版）［M］.北京：北京师范大学出版社，2012（21）.

②［日］文部省.小学、中学学习指导要领.http：//www.mext.go.jp/a_menu/shotou/youryou/main4_a2.htm.2008.

表5 中日小学母语课标中写作内容目标列举

	中国	日本
第一学段	写话 1. 对写话要有兴趣，并留心周围的事物，写出自己想说的话，写出自己想象中的事物 2. 在写话过程中乐于运用生活和阅读中学到的词语 3. 根据表达需要，学习使用逗号、问号、句号、感叹号	(1)下列事项是为了培养写作能力： a. 从他们经历了的事情或想象的事情出发选择写作主题，为相关题材收集必要的事件 b. 按照事件的顺序设计一种简单的结构，以便明确自己的想法 c. 写出连贯有序的句子或文章，注意字词和句子搭配 d. 培养反复浏览句子的习惯，以便注意和纠正错误 e. 阅读彼此的作品，交换彼此的感想，找到好的方面 (2)(1)中列出的事项应通过如下的语言活动实施： a. 书写想象的句子 b. 书写经历过的内容或记录所观察到的事情 c. 书写简单说明他们熟悉问题的文章 d. 在备忘录中记录想要介绍的内容，并写入文章 e. 书写一封简单的信来表达他们想表达的内容
第二学段	习作 1. 乐于进行书面表达，增强自己习作的自信心，并愿意与别人分享习作中的快乐 2. 观察周围的世界，能够不拘一格地写下自己的见闻、想象和感受，尤其是将自己觉得印象最深、最有趣、最受感动的内容写清楚 3. 能用书信、便条进行简短的交流 4. 在习作中尝试运用自己平时积累的语言材料，尤其是有新鲜感的词句 5. 学习修改习作中词句的明显错误，根据表达的需要，正确使用引号、冒号等标点符号 6. 课内的习作，每学年16次左右	(1)教学应以下列事项培养写作能力： a. 从他们感兴趣的事物中选择写作主题，根据读者和目标，研究必要事项 b. 理解段落在整个文本中的作用和造句时要注意段落之间的相互关系，以便观点想法能清晰表达 c. 阐明写作重点，通过提供与教学目标和需要一致的原因和举例来写作 d. 写作时注意礼貌形式用语和普通形式用语的区别 e. 为了更好地表述要改正错误的句子，并且重写它们 f. 呈现彼此的作品，就作者观点的清晰程度交换看法 (2)上述(1)中列出的事项应通过如下语言活动实施： a. 写诗歌和故事要基于学生所熟悉的或他们所想象的事物 b. 研究自己的问题的答案，写成报告并编进班级报纸 c. 通过有效地使用收集信息文件来写说明性解释性的文章 d. 根据教育目标书写请求、公告和感谢信等文书

续表 5

	中国	日本
第三学段	习作 1. 懂得写作就是为了与人交流和自我表达 2. 养成留心观察周围的事物的习惯,有意识地丰富自己的见闻和珍视个人独特的感受,并积累习作素材 3. 能够写简单的想象作文和记实作文,感情真实,内容具体。能够根据内容的表达需要,分段进行表述。并学写读书笔记,学写常见的应用文 4. 修改自己的习作,主动与他人交换习作修改,做到语句通顺,书写规范,行款正确,整洁。并根据表达的需要,能正确使用常用的标点符号 5. 习作要有一定的速度。课内习作,每学年 16 次左右	教学应以下列事项培养写作能力: a. 从想法当中选择一个写作主题,根据具体的教学目标和目的,收集要写的事件和组织事件的整个概述 b. 考虑文章整体的构成,清楚地表达自己的思想 c. 对事实、印象和观点之间做区分,根据具体的教学目标和目的简单或详细地写 d. 通过引用和使用图表和曲线图的方式来写作以便传达自己的思想 e. 确认并认真思考表达的效果 f. 彼此展示自己的作品,交换意见,注意如何表达自己的思想 (2)上述(1)中列出的事项应通过如下的语言活动实施: a. 基于他们经历或想象,写诗歌、短歌、俳句、故事或散文 b. 研究自己的课题,创作、编辑记录相关意见的文章或报告相关活动的文章 c. 写文章向大众传达要传达事物的优点

2. 比较分析

(1) 两国均重视主体表达的真实性,个性独特性。

两国课标均重视写作主体的独特、真实、有创意的情感体验与表达。两国在这方面均强调了"独特、真实和创意个性表达",突出了学生写作的创新意识。如中国《课标》中提出:"写自己想说的话,写想象中的事物""能够不拘一格地写下自己的见闻、想象和感受,尤其是将自己觉得印象最深、最有趣、最受感动的内容写清楚""运用自己平时所积累的语言材料,尤其是有新鲜感的词句""能丰富自己的见闻,珍视个人的独特感受""内容具体,感情真实"等[①]就是尊重写作主体真实情感、独特感受和个性表达的一种体现。日本《要领》中也提出:"从他们经历了的事情或想象的事情出发选

---

①中华人民共和国教育部制定.义务教育语文课程标准(2011 年版)[M].北京:北京师范大学出版社,2012(21).

择写作主题""交换彼此的感想""书写经历过的内容或记录所观察到的事情""表达他们想表达的内容""从他们感兴趣的事物中选择写作主题""基于学生所熟悉的或他们所想象的事物""清楚地表达自己的思想""以便传达自己的思想"等。这些描述着重强调主体思想感受，强调把经历的、熟悉的和感兴趣的事情作为主题，表达自己独特的思想内容。

（2）均重视写作技巧的指导，侧重点不同。

中国课标中指出："留心周围的事物，并写自己想说的话和想象中的事物""运用生活和阅读中学到的词语""学习使用逗号、问号、句号、感叹号""观察周围的世界，能不拘一格地写下自己的想象、见闻和感受，并写清楚""尝试在习作中运用平时所积累的语言材料，尤其是有新鲜感的语句""学习修改习作中有明显错误的词句，正确使用引号、冒号等标点符号""养成观察周围事物的良好习惯，有意识地丰富自己的见闻，从而积累习作的素材""分段表述，修改自己的习作，主动地与他人交换习作修改，做到语句通顺，书写规范、行款正确，整洁""根据表达的需要，能正确使用常用的标点符号。""习作要有一定速度"等。[①]对如何搜集写作素材，如何培养写作灵感，如何写作，写什么，如何修改等写作方法技能都做了说明与阐述。

日本《要领》中第一学段指出："从他们经历了的事情或想象的事情出发选择写作主题，为相关题材收集必要的事件""按照事件的顺序设计一种简单的结构，明确自己的想法""写出连贯有序的句子或文章，注意字词和句子搭配""反复浏览句子，注意和纠正错误""阅读彼此的作品，交换彼此的感想，找到好的方面""书写想象的句子""书写经历过的内容或记录所观察到的事情""在备忘录中记录想要介绍的内容，并写入文章"等。[②]日本

---

①中华人民共和国教育部制定.义务教育语文课程标准（2011年版）[M].北京：北京师范大学出版社，2012（21）.

②［日］文部省.小学、中学学习指导要领.http：//www.mext.go.jp/a_menu/shotou/youryou/main4_a2.htm.2008.

《要领》在每个学段都有相应的表述，基本细致到写作的每一个环节。

两国写作中关注的侧重点有所不同，中国《课标》比较注重平时的积累运用于写作，写作的目的是为了自我表达和与人交流。日本写作的目的比较偏重于自我表达；日本《要领》在从第一学段开始就注重培养反复浏览句子的习惯，以便学生能注意和纠正错误。而中国课标在第二学段才有所涉及。中国比较注重写作中的情感因素，如："乐于、留心、敢于、自信心"等强调的是情感因素的参与。而日本《要领》比较关注"收集、组织、有序、搭配、引用、交换、浏览"等写作事项的客观发展规律的探讨。另外，中国《课标》对写作的要求比较量化，例如在第二、第三学段规定课内习作每年16次左右等。

（3）日本写作文体多样，写作表达方式多样，中国单一。

两国写作素材均注重取材于自己平时周围发生的事情，经历过的事情，以及联系实际生活想象的事情和日常积累等。日本《要领》要求的写作文体比中国《课标》要求的更具有多样化色彩。在日本课标第一学段中强调写"自己想法、记叙文、简单说明、备忘录、书信"等；第二学段中要求写"记叙文、诗歌、故事、研究报告、说明性解释性文章（请求、公告、感谢信）等文书"；第三学段要求写"记叙文、诗歌、短歌、俳句、故事、散文、研究课题、相关报告"等，文体类型丰富多彩。而中国《课标》要求的写作文体有"写话、写记实作文、想象作文（想象的事物、自己的见闻、感受或想法）、书信、便条、读书比较和应用文"等，要求的写作文体比较简单、单一。但在实际教学中，很多老师都是超文本教学，往往要求的不仅仅是课标写作内容目标范围内，这种现象在中国非常普遍，在此不一一列举说明了。另外，在写作的表达方式上面，中日两国课标也是有差异的。日本《要领》强调时间的顺序与结构，文章的部分与整体关系，收集与记录等多种方式写作，而中国注重运用生活积累、想象和见闻，分段表述，自主修改等方式方法。相比之下，中国的写作文体要求和表达方式比较单一，需要进一步补充。

（五）日本《要领》中的课程内容目标对我国的启示与思考

1. 我国课程标准应该进一步细化各阶段目标与内容，加入实施策略和语言活动的指导，使其更具指导性和可操作性

日本母语课标中的课程内容目标部分，在每个年级段都有总目标、分目标和相应的语言活动实施事项等，环环相扣，阐述详细，指导明确。总目标说明在这个年级段应该在听说读写领域各自达到的一个总的标准尺度；内容目标规定，本年级段在听说读写领域具体要达到的目标，用来阐述学生应该知道什么，能够做什么，必须懂得什么，获得什么学习结果和具备什么能力等；相应的语言实施事项则详细说明通过什么活动，采取什么策略，以便学生达到上述的课程目标内容；另外有关传统语言文化和日语特定事项也是对前面的一个补充指导，进一步的补充说明。每一项目标内容都有相应的策略指导，便于教师实施课程目标，评价学生的学习结果。日本课标中的环环相扣的规范表述、内容目标的具体阐述、语言活动事项的详细指导，便于操作、实施和评价是我国母语课标应该借鉴之处。

2. 听说读写内容和形式应该多样化，交叉进行，注重策略，共同发展

从以上两国课标的听说读写内容目标的列举和比较分析中，我们不难看出，日本课标中听说读写内容目标都是交叉进行，彼此穿插，共同发展的。在听说内容目标中穿插着读写思维能力的训练，阅读与写作目标更是不分彼此，读中有写，写中有读，彼此深入，循环发展等。日本在听说读写目标上，非常注重学生思维意识和思考力培养。语言是思维的外显，思维是语言的内控。如果听说读写目标仅仅强调听说读写训练，不注重思维能力的训练和引导，必然导致学生听说读写能力发展滞后。日本在这方面，注重学生听说读写能力的培养，也十分注重学习过程、方式方法的引导，培养他们听说读写过程的思维意识和思考力，这是值得其他国家借鉴的。另外在听说内容目标上，不仅对倾听者做了详细的要求，对讲话者也有相应的要求，活动不流于形式化。在写作目标上面，日本课程内容目标中的写作文体多样，二年级要求写记叙文、说明文和信件；三、四年级写研究报告、请求公告和感谢信；

五、六年级开始学会运用图表来写作研究报告，学写诗歌、短歌、俳句、故事和散文。而我国写作目标中，一、二年级写话；三、四年级书信、便条；五、六年级写应用文。记叙文、说明文、散文在课标中没有提及，但是在教科书中有涉及，这也是我国课标不完善之处。另外从两国写作文本来看，日本更加注重实用性，与生活密切联系，写作来源于生活，也运用于生活。例如：书信、说明文和调查报告书写等。而我国写作向来关注四点：第一，表达自己的真切体验；第二，表达自己独特感受；第三，有创新；第四，独立写作。而对写作策略、写作方法的指导不足，基本写作技能、写作知识不足。如何讲究个性化的创新呢？这也是我国课标应该详细阐述指导之处。

3. 三维目标设立是否定固定思维，日本只提出目标和如何实施是否束缚师生能力自由发展的空间

我国课标的设计是从三个方面维度考虑的：知识技能、过程方法和情感态度价值观。三者相互融合，使整个课程目标设计完整全面。在这三个维度的设计指导下，各科教材也都从这几个角度出发。语文课程的任何一个文本解读都能跟这三个方面扯上关系，从某个角度看，它指导教师的教学，从另一个方面看，也是固定了教师的思维空间，使教师的思维都从这三个方向延伸发展。另外在课标的评价体系中，过程方法和情感态度价值观的评价标准很难用固定尺度来衡量。而日本没有这三方面的设计维度，只强调到达的目标和如何实施。在实施过程中的策略、方法、技能和过程的指导十分详细，提供了教师和学生足够思维空间去尽情挖掘文本的意义，这是值得我们思考的。日本重视过程和方法指导，虽然给师生解读文本提供了空间，但是也束缚了教师思维的自由发展。我们知道，一种能力的获得，并不是只有一种过程和方法，如果先固定了过程和方法，也就是限制了思维能力的发展。

除了以上几个方面外，我们还可以看出识字写字目标方面，日本没有我国详细，没有我国重视；日本课标阐述比我国课标具体细致；中国课标重视情感因素，日本重视事物客观规律的探讨；中国注重习惯的培养，日本注重态度的养成；中国课标要求量化，日本没有相应规定；中国母语教育教学提

倡"最近发展区",是超课标规定目标的教育等。这些都是思考之处,在此就不一一探讨了。

五、教材编写建议比较

(一) 中国现行小学母语课程标准中的教材编写建议

1. 中国现行小学母语课程标准中的教材编写建议分析

(1) 按照素质教育理念和时代育人要求,教材应力求体现新的学生观、教学观、课程观和教材观,培养学生实践能力和创新精神为重点,提高学生的综合母语素养作为目标,以适应现阶段教师和学生的实际需要,并且有利于教师专业能力素质的全面提高,有利于学生生动活泼地、主动积极地学习,最终促进学生身心健康全面发展。每一套教材都应该在继承和发展的前提下,满足现阶段社会和教材编写应依据课程标准,全面有序地安排教学内容,设计教学活动,并注意体现基础性和阶段性,关注各学段之间的衔接。

(2) 教材应体现时代特点和现代意识,关注现实,关注人类,关注自然,理解和尊重多样文化,有助于学生树立正确的世界观、人生观、价值观。

(3) 教材要注重继承与弘扬中华民族优秀文化和革命传统,有助于增强学生的民族自尊心和爱国主义感情。

(4) 教材应符合学生的身心发展特点,适应学生的认知水平,密切联系学生的经验世界和想象世界,有助于激发学生的学习兴趣和创新精神。

(5) 教材选文要文质兼美,具有典范性,富有文化内涵和时代气息,题材、体裁、风格丰富多样,各种类别配置适当,难易适度,适合学生学习。要重视开发高质量的新课文。

(6) 教材应注意引导学生掌握语文学习的方法,养成良好的学习习惯。课文注释和练习等应少而精,具有启发性,有利于学生在探究中学会学习。

(7) 教材内容的安排要避免烦琐,简化头绪,突出重点,加强整合,注重情感态度、知识能力之间的联系,致力于学生语文素养的整体提高。

(8) 教材的体例和呈现方式应灵活多样,避免模式化。设计的体验性活动和研究性专题要体现语文特点，内容适量，便于实施。

（9）教材要有开放性和弹性。在合理安排基本课程内容的基础上，给地方、学校和教师留有开发、选择的空间，也为学生留出选择和拓展的空间，以满足不同学生学习和发展的需要。

（10）教材编写应努力追求设计的创新和编写的特色。要重视现代教育技术在语文课程中的运用。编写语言应准确、规范。

从以上教材编写的建议看出：第一，从教材的整体知识架构上看，教材编写建议第一条就是注重基础知识和知识衔接问题，这一基础性和阶段性就是要全面有序地安排教学内容，设计教学活动，循序渐进，逐步提高；第二，从教材编写的目的看，教材编写的归宿点是要有利于培养正确的人生观、价值观和世界观，具有爱国主义精神、浓厚学习兴趣和创新精神的人等；第三，从教材编写的本身来看，在教材的选文、教材的价值、教材内容的安排、教材的体例和呈现方式、教材的开放性和弹性以及教材编写的设计和特色等都有相应的规定。

（二）日本现行小学母语课程标准中的教材编写建议

1. 日本现行小学母语课程标准中的教材编写建议分析

教材是学生学习的脚本，是教师教学的依据，是评价的准则。日本的教材建议也是跟学段内容目标一样采取总分的形式，首先阐述教材的目的是什么，再说明选择教材时应适当考虑的问题，怎么才能达到教材这一目标。以下则是要领的教材建议列举。①

（1）教材旨在协调地培养学生口语、听力、写作及阅读能力，培养他们爱好读书，养成阅读的习惯。根据学生的成长阶段，选择契合的话题或题材。此外，选择教材时，应充分保证学生能够实施第二点所列"A 口语/听力"

---

① ［日］文部省.小学、中学学习指导要领.http：//www.mext.go.jp/a_menu/shotou/youryou/main4_a2.htm.2008.

"B写作"和"C阅读"中这样的语言活动。

（2）选择教材时应适当地考虑到以下几点：

a.有助于增加对日语的兴趣和培养尊重日本语言的态度；

b.有助于培养沟通能力、思考和想象的能力和语感；

c.有助于培养公平和正确的判断能力和态度；

d.有助于培养一种科学的、逻辑的看法和思考方式，拓宽视角；

e.有助于他们构建美好的生活，培养坚强、正确的生存的意志；

f.有助于培养学生尊重生命和关心他人；

g.有助于培养学生热爱大自然，为美好事物心动；

h.有助于培养对日本传统和文化的理解和喜爱；

i.有助于培养日本人的认识力，热爱国家，渴望国家、社会的发展；

j.有助于培养国际合作的精神，理解世界风俗习惯和文化。

（3）关于第二点中对于每个年级分配的"C阅读"的教材的内容，协调性地收录了说明文类作品和文学作品等不同风格的文章。

（三）比较分析与启示

1. 中国是教材编写建议，日本是对教材的目的和如何选择做一定说明。通过以上两国教材建议的列举可以看出，中国课标中的教材建议主要从教材的编写依据出发，阐述其特点和要求，阐述了教材编写应该依据课程标准，体现现代意识和时代特点、基础性和阶段性等。而日本的教材建议，首先阐述教材目标和教材选择，教材旨在协调地培养学生口语、听力、写作及阅读能力，培养他们爱好读书，养成阅读的习惯，并根据学生的成长阶段，选择契合的话题或题材。此外，选择教材时，应充分保证学生能够实施第二点所列"A口语/听力""B写作"和"C阅读"中这些语言活动。教材目标是培养学生的听说读写能力，培养读书习惯。在教材选择上是适用于听说读写等语言活动的实施。

2. 中国关注教材本身怎么设计与编写，日本关注教材为培养什么人作为切入点。中国教材建议一、二两条阐述依据和特点。后面分别对教材的作用、选文、内容的编排、体例和呈现方式以及编写原则等进行规定阐述。我国课标教材建议考虑的是教材本身的设置，就是说明怎样设置的问题。而日本教材建议，以总分的形式，先阐述目标，后阐述教材的选择，更加关注教材应有的目的性和作用性，只要符合教材这些目的的，都可以作为教材的考虑对象。例如：在选择教材的建议时，十条规定都是以"有助于"开头。直接点明作用，不是太多地考虑教材本身的框架特点等。这样的教材建议说明日本教材的选择是为更好地关注"为培养什么样的人"服务。

3. 中国教材编写建议更加笼统，日本关注具体实施内容的细节，更具有实际操作性和可行性。从以上两点可以看出中国课标的教材建议比较笼统，仅仅抓住教材大的特点框架来考虑，而日本的教材建议，从总目标到如何选择教材完成目标，层次分明，重点突出，考虑细致，更加具有指导性和可操作性。例如：第七条规定"有助于培养学生热爱大自然，为美好事物心动"，在选择教材时，编者自然而然就会考虑选择有关描写大自然美好事物的文本，结合听说读写语言活动流程，来培养学生的听说读写综合能力。

第六章　中国与韩国小学母语课程标准比较

韩国地处东北亚的朝鲜半岛的南部，是与我国关系密切的友好邻国，深受我国儒家文化的影响。根据早期的历史记载，汉字大约在公元前 4 世纪传入朝鲜半岛，约公元 3 世纪开始流行。自汉字传入后，很多汉语词汇逐渐替代了纯粹的韩国语词，那时候韩国语基本上是用汉字来书写的。15 世纪（1443 年）在朝鲜王朝（1392—1910）第四代国王世宗（1418—1450 年在位）倡导并主持下，由一批学者创造了适合标记韩国语音的文字体系，当时把这些文字称作"训民正音"，意思是"教老百姓以正确的字音"，它由 28 个字母（现在使用 24 个字母）组成，以简单易学为宗旨。自从训民正音字母发明后，老百姓不但能准确地标记所有发音，而且便于学习和使用。韩文的发明让老百姓能够掌握规范的民族语言，推动了韩国政治经济文化的发展。

一、韩国母语课程的发展进程

（一）第一次课程改革（1954—1963）

以学科为中心，初建韩国教育体系。这次课程改革是在韩国人自己决定并制定课程开始的，旨在全面更新韩国的教育，实现全人教育的目标。将教学科目分为必修课和选修课，其中将韩国语、数学、体育等课程划分为必修课，而国语生活、话法等科目划分为选修课，目的是使学生在打好一般性知识基础的同时，能根据自己的兴趣与特长自主地安排学习生活①。

（二）第二次课程改革（1963 年—1973 年）

以生活为中心。这次课程改革围绕培养什么样的人的问题展开。由于美国的实用主义和进步主义教育为这次改革奠定基础，因此在韩国语学科上注重效益性，强调母语、数学等课程知识要接近生活实际，改变了过去偏重知识、脱离现实的弊端。②

（三）第三次课程改革（1973 年—1981 年）

以学问为中心。这次课程改革是在国际上苏美两国竞争日趋激烈，美国强调加强基础理论的教育与研究，以布鲁纳为首的美国知识结构主义思潮风靡全球，而韩国的经济正处于起飞阶段，需要开发足够的人力资源的背景下，提出加强国民伦理和国民精神的教育，强调自我实现与国家发展的协调统一。由于这次课程改革只是追随世界上"学问中心课程"的浪潮，忽略基本概念的理解和运用，将生活中心课程改为学问中心课程，改革并未完全达到预期的目的。

（四）第四次课程改革（1981 年—1987 年）

以综合课程改革为特色。这次课程改革是在韩国经济急速增长，经济结构由劳动密集型向资本、科技密集型转轨，发达国家实行技术保护主义政策背景下，韩国更加重视通过教育培养自己的各级各类高级人才，实行以培养国家经济发展急需的各类人才的第四次课程改革。这次课改强调系统的国民精神教育，并将国民精神教育的内容潜移默化地反映在国语课上。比如，在国语课程学习领域中重视文学教育，并单独设置文学领域，将体现国民精神教育的内容体现在相应的文学作品中。③

（五）第五次课程改革（1987 年—1992 年）

着眼未来发展。这次课程改革制定面向 21 世纪教育发展战略，以培养主

---

①林志永.运用任务型教学法的汉语语法教学指导方案［D］，浙江大学，2011：34.
②宋仙花.中韩高中化学教科书比较研究［D］.延边大学，2009：18.
③孙启林.韩国基础教育课程改革述评（下）.课程·教材·教法［J］，1993(11):59-63.

导信息化、开放化和国际化的高度发达的 21 世纪的具有主体精神、创造精神和有道德的韩国人为指导思想设置课程。以小学课程为例，在设置的整体结构上由科目活动和特别活动两大板块组成，科目活动在小学一、二年级又作为分科的国语和算术，作为合科的"我们是一年级生""正确生活""智力生活"以及"愉快生活"，三至六年级除国语和算术外，将其他科目分化为道德、社会、自然、实科、音乐、体育、美术。这次小学课程强调国语、算术这样的工具学科，以提高基本学力。

（六）第六次课程改革（1992—1997）

面向 21 世纪社会。这次改革的目标在于培养主体精神、创造精神和有道德的韩国人，主导 21 世纪的信息化、开放化、国际化的社会发展。[①]该目标的鲜明特色在于突出了学生的主体精神和创造精神。与第五次课程改革相比，第六次课程改革在韩国语课程方面的变化体现在高中国语科新设《讲演》，使课程内容实用化、生活化。

二、韩国小学母语课程标准的制定背景

进入 21 世纪，面对各国风起云涌的课改浪潮，在信息化、全球化、多元化的国际发展趋势下，科学技术迅猛发展，知识型社会和终身学习思潮对人才的培养提出了更高的要求。为了应对知识经济时代创新人才培养的挑战，韩国政府及时对基础教育课程进行改革、修订，制定和出台了一系列旨在革新教育弊端、促进教育改革发展、提升教育水平的政策措施。在 21 世纪韩国课程改革与修订的大潮流下，韩国国语课程与教学进入了一个新的发展时期。

1997 年 12 月 30 日，韩国政府发布了 1997—15 告示，韩国教育部决定从 2000 年开始实施第七次课程改革。这次课程改革在"培养主导 21 世纪全球化、信息化时代的自律的富有创造性的韩国人"的理念之下，对基础教育培养目标进行了重新阐述："在全面发展的基础上追求个性的人；建立以基本能力为基础，发挥创造性的人；以丰富的教养为基础，开拓前进道路的人；

---

① 孙启林.韩国基础教育课程改革述评（下）.课程.教材.教法［J］，1993（11）：59–63.

在对韩国的文化理解的基础上，创造新价值的人；以民主意识为基础，为共同体发展做出贡献的人。"①自 2000 年起，小学每两个年级为一组逐年实施新课程，初中和高中分别于 2001 年和 2002 年着手新课程的实施，并计划 2004 年实现基础教育的全面覆盖。2007 年 2 月 28 日，韩国教育部公布了《2007 年修订教育课程》，将高中作为课程改革的重点。2009 年 12 月 23 日，颁布了《初、中等学校教育课程总论》，并于 2011 年起陆续实施。2009 年小学课程的主要修订内容体现在课程的结构与内容的修订和课程的组织与实施的修订两个方面。中小学课程在课程结构上将现有的 10 个科目划分为 7 个科目群，即国语、社会与道德、数学、科学与实科、体育、艺术（音乐与美术）、英语。小学 1、2 年级的国语、数学、生活训导、智力生活和愉快生活等科目仍维持不变，但取消"我们是一年级生"这门课程，并在创意活动中开展适应性教育。在课程的组织与实施上，2009 年修订课程首先强化基础知识教育系统并有计划地学习每个学科最基本的要素，培养学生正确使用国语的能力。韩国的"第七次国语课程标准"的基本组成体系与第六次一致，由性质、目标、内容、方法、评价五个领域组成。韩国语课程的性质在很大程度上决定着韩国语的教育目标、教育内容、教育评价。因此，国语课程标准阐述本次课程的性质是"国语是养成可以创造性地使用韩国语，并在韩国语中渗透着韩国人生活点滴的能力和态度，以便在这个信息化时代培养准确又有效地使用国语，对未来充满希望的民族意识和陶冶健全的情操，为国语发展和国语文化表达做出贡献的学科"。②教育目标是选取教育内容的前提和教育评价的标准，是课程标准的核心内容。这次的国语课程目标，指出学生应该"熟知语言活动，语言和文化的基本知识，培养在各种各样的情境中活用国语的能力；充分熟悉、准确且有效地使用国语的原理及作用，以便能以批判性和创造性的方式对话和创作作品；对国语世界满怀兴趣地继续探究语言现象，培

①赖水随.韩国中小学公民道德教育及启示［J］.教学与管理（中学版），2007（09）：78-80.

②Proclamation of Ministry of Education and Human Resource Development.Korean Language Curriculum.2007：5.

养欲为国语的发展和国语文化创做作出贡献的态度"。①

三、课程标准的框架结构比较

（一）我国现行小学母语课程标准的框架结构

为了更有效地体现语文课程的整体性和阶段性，我国现阶段义务教育语文课程标准采取九年一贯整体设计，小学和初中采用同样的框架结构，在具体学段课程目标与内容有所不同，将义务教育阶段分为1—2年级、3—4年级、5—6年级、7—9年级四个学段，其中前三个学段分别对应于义务教育中小学阶段的低、中、高学段。现行的《新课标》的基本框架在坚持《实验稿》的基础上，进行了适当的添加与修改。综观整个课程标准，由前言、课程目标与内容、实施建议、附录这四个部分组成。

第一部分：前言。前言由导语、课程性质、课程基本理念、设计思路组成。首先，课标在导语部分强调了语言文字的重要性，是人类文化的重要组成部分，存在于人类生活的各个领域，有力地分析了当下快速进步的时代对人们的语言文字运用能力和文化选择能力提出了更高的要求，引出语文课程在九年义务教育中的重要地位。其次，在课程性质部分，开宗明义地阐述语文课程性质，即"语文课程是一门学习语言文字运用的综合性、实践性课程。义务教育阶段的语文课程，应使学生初步学会运用祖国语言文字进行交流沟通，吸收古今中外优秀文化，提高思想文化修养，促进自身精神成长。工具性和人文性的统一，是语文课程的基本特点"。再次，从四个方面表述语文课程的基本理念并提出相应的要求。最后从宏观的角度体现中国特色社会主义核心价值观的指导思想方针到微观角度体现语文课程具体领域的实施建议，介绍语文课程的设计思路。

第二部分：课程目标与内容。这一部分介绍了语文课程的总目标和分学段目标两个板块的内容。这部分内容占了语文课程标准文本的很大篇幅，是语文课程标准的主体部分。

①Proclamation of Ministry of Education and Human Resource Development.Korean Language Curriculum.2007：6—7.

第一板块是语文课程总目标。语文课程标准提出"语文课程应致力于学生语文素养的形成和发展"。[1]在总目标中将语文素养具体从知识与能力、过程与方法、情感态度和价值观这三个维度进行精炼概括的阐述,共分为十条。其中,前五条目标着眼于语文素养的宏观方面,前三条体现语文课程的人文性,侧重于"情感态度与价值观"维度,第四、五条强调"过程与方法"维度;总目标中的六至十条分别从识字、阅读、写作、口语交际和工具书的使用五个方面分项阐述有关语文知识和能力方面的目标。

第二个板块是语文课程分学段目标与内容。语文课程标准分四个学段提出了具体的阶段目标与内容,其中第四学段7至9年级是初中阶段(第四学段)的目标与内容。在这里笔者从纵横两个维度重点研究前三个学段的阶段目标与内容。从纵向上看,在总目标之下,将前三个学段设置为:1—2年级为第一学段,3—4年级为第二学段,5—6年级为第三学段,并分别提出"学段目标与内容"。从横向上看,每一学段的语文课程的学习分为五个领域,分别是识字与写字、阅读、写作(第一学段为写话,第二、第三学段为习作)、口语交际和综合性学习,并分别从这五个学习领域提出具体目标和要求。

第三部分:实施建议。这一部分分别就"教学建议""评价建议""教材编写建议"和"课程资源的开发与利用建议"这四个方面提出实施的原则、方法和策略,也为具体实施留下了发挥创造的空间。其中,在"教学建议"和"评价建议"部分,都是首先说明了教学和评价总的实施理念、原则、方法和策略,再进行识字与写字、阅读、写作(第一学段为写话,第二、第三学段为习作)、口语交际和综合性学习这五个学习领域具体建议的阐述。[2]

第四部分:附录。这部分由五个附录组成,具体为:附录1是优秀诗文背诵推荐篇目,共136篇(段),其中1—6年级是75篇要求背诵的诗歌,7—9年级61篇除了诗歌外,还选入了如诸葛亮的《出师表》、刘禹锡的《陋室铭》、欧阳修的《醉翁亭记》等在内的短篇散文,旨在供学生读背积累,视

---

[1]吴忠豪主编.小学语义课程与教学论[M].北京:北京师范大学出版社,2004:28.
[2]孙广超.中加小学母语课程标准比较研究[D].扬州大学,2013:29.

学生学习的具体情况选编入教材；附录 2 是关于课外读物的建议，要求 9 年义务教育阶段学生课外阅读总量至少达 400 万字，阅读的材料包括适合学生阅读的各类图书和报刊，具体为：安徒生童话、格林童话等的童话作品，《伊索寓言》、中国古今寓言等的寓言作品，各种中外古今历史、民族故事、成语故事、神话故事，鲁迅、冰心等的诗歌散文作品，《西游记》《水浒》《简·爱》等的长篇文学名著和适合学生阅读的科普科幻作品；附录 3 是语法修辞知识要点，具体包括：名词、动词、形容词等词的分类，并列式、主谓式等短语的结构，主语、谓语、宾语等单句的成分，并列、递进、因果等复句的类型和比喻、拟人、夸张等的常见修辞格；附录 4 是识字、写字教学基本字表，按音序排列共 300 字，字表中的字构型简单，重复出现，大多数字是其他字的结构组成部分，这部分字是 1—2 年级教科书中识、写字教学的重要内容，学好这些字利于学生在下一个学习阶段提高学习的效率；附录 5 是义务教育语文课程常用字表，共 3500 个字，根据其在当代各类汉语阅读材料中的出现频率和汉字教学的需要，分为字表一和字表二。字表一按音序排共 2500 字，字表二按音序排共 1000 字，其中字表一作为 5—6 年级识字、写字教学评价的依据。较之 2001 年《实验稿》，2011 年《新课标》新增加附录 4 和附录 5。

（二）韩国现行小学母语课程标准的框架结构

韩国十分重视基础教育的课程改革，把课程改革作为提高教育教学质量的一个中心环节，自建国以来共进行了七次课程改革。进入 21 世纪，韩国紧随时代变迁的步伐，与时俱进，及时修订课程。2007 年 2 月，韩国政府对第七次课改做了修订，并于 2009 年 12 月 23 日颁布了 "初、中等学校教育课程总论" （第 2009-41 号文件）再次对其做了修订和补充，并从 2011 年起陆续开始实施。韩国《国语科教育课程》 （2007 年修订版）在这样的背景下应运而生，其包括 "国语" "国语生活" "话法" "阅读" "文法" "文学" 六个方面。当前韩国实行 "六三三四" 的学制体系，即小学六年，初中三年，高中三年，大学四年。其中将小学一年级至高中一年级间的这十年设定为国民共同基本教育时间。在这期间，不以学校级别，而以年级制为基础建立具有一贯性的课程体系。对于母语课程而言，它是韩国国民必修的基本学科，称之为"国语课"。①现阶段《韩国国语课程标准》（2007 年修订版）采取中、小学十年一贯整体设计，分为 1—2 年级、3—4 年级、5—6 年级、7—10 年级四个学年组，其中前面三个学年组分别对应于国民共同基本教育小学阶段的低、中、高学年组。②小学部分与初中、高中一年级部分的结构框架相同，仅是在具体学段的课程目标与内容部分要求不同。综观整个课程标准共分为五个部分：

第一部分：韩国国语课程性质。分为四个方面，首先从韩国语课程工具性和人文性的角度阐明韩国语课程的目的。然后，在韩语课上循序渐进地培养学生创造性使用韩语的能力。其次，提出韩国语教学的要求。最后，将韩国语在小学阶段和中学阶段的不同要求具体明确地表述了出来。

第二部分：韩国国语课程目标。从语言学科的知识与技能、过程与方法、情感态度价值观这三个维度概括了韩国语课程的目标，即熟知语言活动，语言和文化的基本知识，培养在各种各样的情境中活用国语的能力；充分熟悉准确且有效地使用国语的原理及作用，以便能以批判性和创造性的方式对话和创作作品；对国语世界满怀兴趣地继续探究语言现象，培养欲为国语的发展和国语文化创造做出贡献的态度。③

第三部分：韩国国语课程内容。由两个板块组成：内容体系和各年级具体要求。其中内容体系包括听话、说话、阅读、写作、韩国语知识和文学常识等，并不涉及各年级的具体要求，对小学各阶段的具体要求则体现在"各年级的要求"之中。

第四部分：韩国国语教学方法。包括教学计划、教学操作，其中教学操

①郭春立.韩国母语教育探微 [J].现代教育论丛，2008（12）.

②关于 2009 年修订课程的理解 [S].首尔：首尔特别市教育厅，2010：9.

③Proclamation of Ministry of Education and Human Resource Development.Korean Language Curriculum.2007：6-7.

作含有教学方法和教学资料这两方面内容。

第五部分：韩国国语课程评价。评价仅是对学生的评价，内容比较细致，包括评价计划、评价的目标和内容、评价方法和对学生评价结果运用等多方面的内容。

（三）比较与分析

1. 中韩两国小学母语课程标准总框架的基本相同点

（1）宏观上主要内容一致

综观中韩两国小学母语课程标准，通过表1、表2，从宏观的框架上看，笔者发现中韩两国小学母语课程标准框架的主要内容一致，都包括了课程性质、课程目标、分级目标、教学方法建议和评价建议。这些内容都是课程标准必不可少的组成部分，对母语课程的教学起到指导和规范作用。

（2）微观上目标阶段体系划分相似

从微观上看，在母语课程目标体系中，中韩两国都重视对总目标和分年级（学段）目标与内容的阐述，虽然两国的划分方式不同，中国小学母语课程是以学段划分的方式将小学分为第一学段（1—2年级）、第二学段（3—4年级）、第三个学段（5—6年级）。2009年韩国修订课程把学年组、学科群的理念应用到全部年级和科目，对于现行小学阶段母语课程标准而言，即把两个年级作为一个学年组共分成三个学年组。韩国现行小学母语课程标准虽是用年级划分的方式将小学的一到六年级划分为六个学段，但由于年级组的划分，两国对每个学段的目标要求都规定得十分具体明确。

2. 中韩两国小学母语课程标准总框架的不同点

（1）中韩小学母语课程标准框架结构的精细度不同

中韩两国的小学母语课程标准都由五部分组成，其框架结构的精细度不同。中国的小学母语课程标准由前言、课程目标与内容标准、实施建议和附录组成，未明示"内容体系""国语知识"和"文学常识"，但是它的每个部分都设有子标题，因此涵盖的方面比较多。例如实施建议就包括了教学建议、评价建议、教材编写建议、课程资源开发与利用建议这四个方面。而韩国的小学母语课程标准是由课程性质、课程目标、课程内容、课程教学方法、课程评价这五部分组成，未明确"教学的总要求"，在"识写字"方面也未提出明确要求，只有在课程内容、课程教学方法、课程评价这三部分设有子目标，而课程目标只是从知识、技能、情感态度价值观这三方面进行课程总目标的概述。

（2）中韩小学母语课程标准的设计思路有差异

中韩两国小学母语课程标准的设计思路都体现语文课程的整体性、阶段性和连续性，各个学段相互联系，螺旋上升，最终全面达成总目标。但二者也存在明显的差异性，具体体现在以下四个方面：一是虽然两国在义务教育阶段都采用一贯整体设计，但是韩国国语学习是从小学一年级至高中一年级且为必修课，到高二高三将国语生活、话法、读书、作文、文法、文学等根据学生自己的需要跟能力设置为选修课，而我国义务教育阶段的母语学习是从一年级至初中三年级。二是宏观上的指导思想不同，韩国以"弘益人间"这样的理念为指导思想，而我国以"全面提高学生的语文素养"这一重要思想为指导。三是在学段目标与内容的设置上，我国从"识字与写字""阅读""写作"（第一学段为"写话"，第二、第三学段为"习作"）"口语交际"四个方面提出要求。课程标准还提出了"综合性学习"的要求，以加强语文课程与其他课程、书本学习与生活学习的联系，促进学生语文素养的整体推进和协调发展。而韩国国语课的教学每个学段都由听话、说话、阅读、写作、国语知识和文学这六个领域组成，并根据学段的不同提出相应领域的层级要求，未单独提出"综合性学习"的要求。四是在设计具体学段内容目标上，中韩两国小学母语课程标准都根据学段不同年龄学生的身心特征确立内容目标，力求体现循序渐进的课程原则。但我国没有更细地按六个年级制定标准，为学校和教材编写者细分年级、学期要求以适应具体对象，创造性地发展课程，留下了调整的空间。而韩国在学段具体目标上按六个年级制定标准，这使韩国小学母语课程标准在实施上有一定的局限性。

四、课程理念及总目标比较

(一) 中韩小学母语课程标准理念的比较与分析

1. 理念及小学母语课程理念概念界定

所谓理念，是指人们通过对具体事物的深层次认识后，形成的新的观念。顾名思义，课程理念就是指人们通过对课程的认识，形成正确的理念，进而形成明确的课程观念体系。课程标准的基本理念实质上就是课程设计的基本原则，它对课程的实施起着指导作用。由此可见，小学母语课程标准使用"理念"一词，重在为小学母语课程教育教学实践提供总的指导思想，具有导向性。

2. 中韩小学母语课程标准的理念

中韩现行的小学母语课程标准都采用整体一贯式设计，课程标准的理念并未将小学、中学分开阐述。因此，笔者将对中韩两国母语课程标准的整体一贯式的理念进行分析研究。中韩两国母语课程理念如下：

中国：(1) 全面提高学生的语文素养；(2) 正确把握语文教育的特点；(3) 积极倡导自主、合作、探究的学习方式；(4) 努力建设开放而有活力的语文课程。

韩国：(1) 基于人的整体和全面发展，培养具有完善人格和追求个性的人；(2) 以基本技能为基础，培养具有新思想、能够迎接新挑战的创造性人才；(3) 基于对文化素养和多元价值观的理解，培养能够追求有品质的生活的人；(4) 作为世界公民，培养具有关怀和分享精神并能参与社会发展的人。

3. 比较与分析

(1) 相同点

A. 均把提高母语素养放在首要地位

两国均将培养学生的母语素养作为这一时代的发展要求和学生发展的需要放在首位，注重学生能力的培养。"母语素养"是指学生比较稳定的、最基本的、适应时代发展要求的听说读写能力修养，以及在母语方面表现出来的文学、文章等学识修养和文风、情趣、价值观等人格修养。它的核心是母语能力，包含母语知识、语言积累、思想道德、思维方法、审美情趣、学习方法、学习习惯等的融合。我国《新课标》将全面提高学生的语文素养作为第一条基本理念凸显出来。①这一理念是语文教育教学改革深化的产物。韩国课标在理念中虽未像我国《新课标》一样将语文素养开宗明义地凸显出来，但理念中提到的"基于人的整体和全面发展，完善人格""基于对文化素养和多元价值观的理解，培养能够追求有品质的生活的人"等的要求体现了韩国母语素养。

B. 注重培养学生解决问题的创造性和强调学生的自主性

苏霍姆林斯基曾说过："在人的心灵深处都有一种根深蒂固的需要，这就是希望自己是一个发现者、研究者、探索者。而在儿童的精神世界中，这种需要特别强烈。"为了适应知识经济飞速迅猛发展的 21 世纪，中韩两国实现了教育理念的根本转换，都将以教育者为中心转换为以学习者为中心。我国的母语课标在理念的第三条就指出"学生是学习的主体，积极倡导自主、合作、探究的学习方式"，语文教学中的自主、合作、探究不只是一种学习方式，更是一种建立在现代学生观、学习观基础之上的崭新的语文教学理念。自主学习强调学生是学习和发展的主体，探究学习注重培养学生在解决问题方面的创造性。韩国在母语课标理念中指出的"自主生活能力""参与社会发展"等都体现了对学生解决现实问题自主性和创造性能力的培养。

（2）不同点

我国小学母语的课程理念是在现行的《义务教育语文课程标准》（2011版）中针对基础教育阶段母语课程的教育实践提出的一种理性规范，它是对语文教育规律的一种解释，针对性和可操作性强。而韩国小学母语课程理念并未在现行的《韩国语课程标准》（2007修订版）中明确体现出来，而是将课

---

① 温儒敏主编.义务教育语文课程标准解读（2011 年版）［M］.北京：高等教育出版社，2012：57.

程理念体现在对新课程改革下的总的人才培养目标的阐述，即培养主导 21 世纪全球化、信息化时代的自律的富有创造性的韩国人，在母语课程教学实践方面总的指导思想中欠缺理性规范。

（二）中韩小学母语课程标准的总目标比较与分析

1. 我国小学母语课程标准的总目标

在我国历年公布的语文教学大纲中，对应于"课程目标"这一项的是"教学目的"或"教学总要求"。现行的语文课程标准在第二部分第一板块提出语文课程的总体目标与要求，并明确课程目标从"知识与能力""过程与方法""情感态度价值观"这三个维度来阐明，这样设计着眼于语文素养的整体提高。在总目标中将语文素养具体划分为十条，为了方便研究，笔者从课程目标的"知识与能力""过程与方法""情感态度价值观"这三个维度，通过表格列出每个维度对应的总体目标与内容，如表1。

表 1　我国小学母语课程总目标

课程总目标 （课程目标从知识与能力、过程与方法、情感态度与价值观三个方面设计。三者相互渗透,融为一体。目标的设计着眼于语文素养的整体提高）		
知识与能力	过程与方法	情感态度价值观
7. 具有独立阅读的能力,学会运用多种阅读方法。有较为丰富的积累和良好的语感,注重情感体验,发展感受和理解的能力。能阅读日常的书报杂志,能初步鉴赏文学作品,丰富自己的精神世界。能借助工具书阅读浅易文言文。背诵优秀诗文 240 篇(段)。九年课外阅读总量应在 400 万字以上 8. 能具体明确、文从字顺地表达自己的见闻、体验和想法。能根据需要,运用常见的表达方式写作,发展书面语言运用能力	3. 养成良好的语文学习习惯,初步掌握学习语文的基本方法 4. 在发展语言能力的同时,发展思维能力,学习科学的思想方法,逐步养成实事求是、崇尚真知的科学态度 5. 能主动进行探究性学习,激发想象力和创造潜能,在实践中学习和运用语文	1. 在语文学习过程中,培养爱国主义、集体主义、社会主义思想道德和健康的审美情趣,发展个性,培养创新精神和合作精神,逐步形成积极的人生态度和正确的世界观、价值观 2. 认识中华文化的丰厚博大,汲取民族文化智慧。关心当代文化生活,尊重多样文化,吸收人类优秀文化的营养,提高文化品位 3. 培育热爱祖国语言文字的情感,增强学习语文的自信心

根据表 1 可以看出，为全面提高学生的语文素养，我国小学母语课程目标的知识与能力、过程与方法、情感与态度、价值观这三个维度，相互渗透，融为一体。

2. 韩国小学母语课程标准的总目标

基于作为韩国全民必修的基本课——韩国的国语课，目的是满足人的终身发展需要以及和谐发展所必须具备的基本素质。韩国教育部制定的《韩国语课程标准》（2007 修订稿）中明确列出"课程目标"，类似我国的总目标，并对韩国语课程目标分为两部分即总目标和对总目标阐述的具体目标。同样，以表格的形式列出韩国语课程总目标。

表 2　韩国小学母语课程总目标[①]

课程目标	1.完全熟悉有关韩语语言活动和文学的基本知识,以培养学生在各种各样的国语使用状况之下活用的能力
旨在全面地了解韩国语言活动和韩国文学的本质,综合考虑语言活动的脉络、目的、对象和内容,同时能正确、有效地使用韩国语,并正确了解国语文化,培养能力和端正态度,致力于国语的发展和民族语言文化的创造发展	2.熟悉正确有效的国语使用状态和作用状态,从批判的角度了解多种类型的国语资料,培养学生创造性地表达思想和情绪的能力
	3.怀着对国语世界的兴趣,继续探求语言现象,培养学生致力于国语发展的国语文化创造的态度

3. 比较与分析

（1）相同点

A. 两国课程标准中目标的陈述方式一致

两国课程目标表述方式均采用行为目标表述方式，描述知识、技能、情感态度价值观三维目标下的具体表现，即"动词"＋"名词或名词短语"的描述方式。以知识与能力目标为例，我国的课程标准在总目标中的六至十条，从识字、阅读、写作、口语交际和工具书使用这五大方面阐述语文知识和能力方面的目标，表述如下："学会汉语拼音。能说普通话。具有独立阅读的能力，学会运用多种阅读方法能具体明确、文从字顺地表达自己的见闻、体验和想法。"[②]这里的"学会""能说""具有""学会"都是行为动词，而

---

①Proclamation of Ministry of Education and Human Resource Development.Korean Language Curriculum.2007：6-7.

②中华人民共和国教育部制定.义务教育语文课程标准（2011 年版）[S] .北京:北京师范大学出版社,2012:6.

紧接着后面的"汉语拼音""普通话""独立的阅读能力"等是名词或名词短语。韩国的课标在知识与能力方面的目标表述上，也采用经典的行为目标表述方式，以上表列出的总目标第一条目标为例，即"完全熟悉有关韩语语言活动和文学的基本知识，用它来培养在各种各样的国语使用状况之下活用的能力"。在这里，不难看出"完全熟悉"是动词，紧接着动词后"韩语语言活动和文学的基本知识"是名词。中韩两国在目标上的表述方式，均体现了新时代教育倡导的"以学生为主体"的先进理念。

B. 均体现了母语课程目标的工具性和人文性

中韩两国现行的母语课程目标，与世界上绝大多数国家的母语课程相似，都体现了工具性和人文性的统一。

工具性是指满足日常生活和工作，人与人之间交往时所需要的基本语言知识和技能。而母语课程的工具性则体现在为了学会在生活、学习、工作以及文学活动中运用语言文字的目的上，体现在联系实际，提高效率学语文、用语文的过程中。如我国语文课程总目标中在知识与能力维度对口语交际提出"具有日常口语交际的基本能力，学会倾听、表达与交流，初步学会运用口头语言文明地进行人际沟通和社会交往"。韩国国语课总目标中的"全面地了解韩国语言活动和韩国文学的本质，综合考虑语言活动的脉络、目的、对象和内容，同时能正确、有效地使用韩国语"和分述目标中的"熟悉有关语言活动和语言和文学的基本知识，用它来培养在各种各样的国语使用状况之下活用的能力"，均具体体现了两国母语课程的工具性。

人文指人类社会的各种文化现象。母语课程的人文性由母语课程所学习的对象——语言的本质决定的。语言是交流思想的工具，社会交际的载体，通过语言传递的科学文化知识，具有一定的思想、情意内涵及审美等人文价值。韩国的国语课在总目标提出的"正确了解国语文化，培养能力和端正态度，致力于国语的发展和民族语言文化的创造发展"以及分述目标中的"培养创造性地表达思想和情绪的能力、怀着对国语世界的兴趣，继续探求语言现象，培养致力于国语发展的国语文化创造的态度"，主要体现的是对韩国母语课程的人文性上的追求。我国母语课程在三维目标中设置的"情感、态度、价值观",主要体现的也是对人文性的追求。比如表4列出的第3条"培育热爱祖国语言文字的情感,增强学习语文的自信心",以及第2条"认识中华文化的丰厚博大,汲取民族文化智慧。关心当代文化生活,尊重多样文化,吸收人类优秀文化的营养,提高文化品位",都注重了情感、态度、价值观的培养。

C. 两国课标中总目标的侧重点相同

根据表4、表5,不难看出《韩国国语课程标准》中列出的课程目标简明扼要,相当于我国《语文课程标准》提出的总目标。中韩两国的课标都强调了知识、技能和包含(态度、兴趣、批判性和创造性)的情感态度价值观。比如,我国的课标在总目标总述中,开宗明义地提出我国母语的课程目标是全面提高学生的语文素养,从知识与能力、过程与方法、情感态度价值观这三个维度进行设计,意在强调知识、技能和包含(态度、兴趣、批判性和创造性)的情感态度价值观。而韩国的课程标准在总述中也强调,"概括地了解语言活动与语言和文学的本质,综合考虑语言活动的脉络、目的、对象和内容,同时能正确适当地使用国语,并正确了解国语文化,致力于国语的发展和民族语言文化的创造发展"。[①]

(2) 不同点

A. 体现了两种不同的目标价值取向

中韩两国母语课程标准的总目标体现了不同的价值取向。韩国的语文课程总目标表现出个人本位价值取向,基于满足人的终身发展需要以及和谐发展所必须具备的基本素质,提出母语课程目标。比如,在总目标的总述中提出"课程目标旨在全面地了解韩国语言活动和韩国文学的本质,综合考虑语言活动的脉络、目的、对象和内容,同时能正确、有效地使用韩国语,并正确了解国语文化,培养能力和端正态度,致力于国语的发展和民族语言文化

---

①Proclamation of Ministry of Education and Human Resource Development.Korean Language Curriculum.2007:7.

的创造发展"。①强调以培养个人能力的发展，基于学生"全面地了解韩国语言活动和韩国文学的本质，综合考虑语言活动的脉络、目的、对象和内容，同时能正确、有效地使用韩国语，并正确了解国语文化，培养能力和端正态度"的基础上进而促进韩国国语与民族语言文化的发展。而我国的课程标准总目标明显地体现了社会本位与人本结合的价值取向，即培养学生适应社会发展的同时，关注学生的个性发展。比如在构成总目标的情感态度价值观这一维目标下，明确提出"在语文学习过程中，培养爱国主义、集体主义、社会主义思想道德和健康的审美情趣，发展个性，培养创新精神和合作精神，逐步形成积极的人生态度和正确的世界观、价值观"。②很显然，培养爱国主义、集体主义、社会主义思想道德教育属于培养学生社会本位的价值取向，在实现社会本位的价值取向上发展学生的个性。

B. 较之中国，韩国课标的总目标简明扼要

根据表4、表5对比可以鲜明地看出，较之我国，在所列的条目跟内容上，韩国的母语课标简明扼要，而我国课标设置的母语课程总目标详细具体。从条目上看，韩国的母语课标只有三条，而我国列出了十条。从总目标的内容上看，韩国的母语课标在设置总目标中只是笼统地概括韩国语课程在"知识""技能""情感、态度、价值观"上所要达到的要求，并未具体涉及韩国语课程"听力""说话""阅读""写作""国语知识""文学"这六个方面的要求。而我国的母语课标在总目标中设置的六至十条，分别从我国母语课程的五大领域：识字、阅读、写作、口语交际等五大方面明确阐述有关语文知识和能力方面的目标。比如在设置"识字领域"的总目标上，明确规定"认识3500个左右常用汉字。能正确工整地书写汉字，并有一定的速度"，

---

① Proclamation of Ministry of Education and Human Resource Development.Korean Language Curriculum.2007：7.

②中华人民共和国教育部制定.义务教育语文课程标准（2011年版）[S].北京：北京师范大学出版社，2012：6.

规定了认识的汉字数和对写字提出的要求，以及"阅读"总目标提出"背诵优秀诗文 240 篇（段）。九年课外阅读总量应在 400 万字以上"，都体现了我国母语课标在总目标的设置上详细具体。

五、课程目标与内容比较

（一）阅读课程目标与内容比较

1. 我国重人文性，韩国重实用性

尽管我国语文《新课标》在总目标中提出语文课程要体现工具性和人文性的统一，试图平衡长期以来语文价值取向的偏颇，但在阅读的具体的学段目标及内容中仍然偏重滋养人文精神和传统价值的文学类文本，而对于以获取和反思文本信息为主要功能的实用性文本不是概念模糊，界定不详，就是在涉及语文课程要体现工具性和人文性统一时，依旧重"文"轻"道"。而韩国在阅读内容选择上侧重对实用类文本的阅读。这点体现在中韩两国的小学阅读教材（教科书）收录的文章体裁和文章内容的差异上。在文章体裁的收录上，韩国的小学语文教材除了收录诗歌、散文、小说等基本体裁外，还收录了"介绍文""感想文""广告文""书评""游记""小幽默""传记"等总计达 28 种体裁的文章，体现了多样性和实用性，相对于我国的小学语文教材，其重点放在了对文学类作品的阅读如：诗歌、叙事性作品、童话、寓言、故事等的收录上，在体裁的选择上偏向人文性比较单一，缺乏实用性；在文章内容收录上，据有关调查显示：韩国小学语文教材选择的内容主题中，信息传达类占 34%，自我发展类占 28.7%，思想品德类占 13%，而中国小学语文教材内容主题比重占最大的是思想品德，占了 28.7%，自我发展占 19.7%，其中以爱国教育为主题的文章，中国占 21%，而韩国只占 2.9%。很明显，中国教材极其重视对儿童爱国主义和思想品德教育，而韩国更注重对儿童自我意识的发展和文章内容实用性知识的传播。

2. 阅读目标要求的侧重点不同

一个陈述得好的目标具有三个要素："一是说明通过教学后，学生能做什么（或说什么）；二是规定学生行为产生的条件；三是规定符合要求的作业标准。"①一个好的目标要求的描述由行为主体、行为动词、行为条件、行为结果构成。中韩两国的母语课程标准均关注到学生是学习的主体，在具体目标要求描述都显示学生在某一阶段应达到的阅读水平。但是，在具体行为动词的选择上，中韩两国却存在着较大的差异。以下以中韩两国小学母语课程标准中共有的诗歌阅读内容为例进行列表分析。

表 3　中韩小学母语课程标准中诗歌内容的比较

学段 / 学年组　　　国别	中国	韩国
第一学段 / 学年组（1—2 年级）	诵读儿歌、童谣和浅近的古诗，展开想象，获得初步的情感体验，感受语言的优美。要求背诵优秀诗文 50 篇（段）	一边听诗歌或歌曲一边探究语音，具体要求：找出有趣的话语，感觉语音，伴随诗歌或押韵的歌曲唱歌；唱或朗诵有生活感觉的诗歌，具体要求：背诵关注有意义或感情生活的诗歌，理解阅读节奏和曲调之间的差异
第二学段 / 学年组（3—4 年级）	诵读优秀诗文，注意在诵读过程中体验情感，领悟内容。背诵优秀诗文 50 篇（段）	有效地传达节奏、图像等的诗歌或歌曲，具体要求：回忆在阅读作品后的感受、对作品感受的组织、表达有关作品或文体的总的感受；背诵最喜欢的诗歌创造情绪，具体要求：理解作品的情感或情绪、选择最喜欢的诗歌并解释原因、在他人面前背诵最喜欢的诗歌
第三学段 / 学年组（5—6 年级）	诵读诗歌，大体把握诗意，想象诗歌描述的情境，体会诗人情感。受到优秀作品的感染和激励，向往和追求美好的理想。诵读优秀诗文，注意通过诗文的声调、节奏等体味作品的内容和情感。背诵优秀诗文 60 篇（段）	

（注：我国小学母语课标将小学每两个年级设置为一个学段，而韩国小学母语课标将小学每两个年级设置为一个学年组）

---

①皮连生.基础教育课程改革纲要的心理学基础［M］.上海：上海教育出版社，2004：35.

从以上列表可以很清晰地看出，我国的诗歌课程标准重视学生整体感知、领悟、体验和背诵，学生主要以吸收、内化诗歌知识为主。如，在第二学段提出，"诵读优秀诗文，注意在诵读过程中体验情感，领悟内容"。但在如何诵读、如何体验情感、如何领悟内容，以及体验和感悟到何种状态，表述得比较模糊。相比之下，韩国的诗歌课程标准要求明确，指导具体，操作性强，如，在第二学年组提出"背诵最喜欢的诗歌创造情绪，具体要求：理解作品的情感或情绪、选择最喜欢的诗歌并解释原因、在他人面前背诵最喜欢的诗歌"。在这里，运用"理解（understand）""选择（choose）""解释（explain）""在他人面前背诵"这样具体的行为动词，避免学生长时间无意义的摸索与感悟，也避免了教师"只可意会、不可言传"式的教学。

（二）写作课程目标与内容比较

1. 中韩两国均注重真实、有情感性地表达

写作是个体的有意义的精神劳动。学生写话和写作能力是通过主动的、积极的学习活动，在实践应用和反思过程中逐步形成和发展的。而我国以往的语文教学大纲在写作教学方面，过分强调文章的思想性，规定学生要在自己的作文中表达伟大的思想如爱国主义思想、歌颂美好祖国，而忽视写作应具有的作为注重真实、有情感性表达的功能，造成学生说空话、假话的现象。针对此弊病，现行新课标要求学生的写作要彰显学生创作的主体性，写真情实意的话。我国课标在"写作"（或"写话""习作"）阶段目标中分学段提出"写话"或"习作"要做到"我手写我心"的目标要求，如"第一学段，写自己想说的话，写想象中的事物，写出自己对周围事物的感想""第二学段，能不拘形式地写下见闻、感受和想象，注意表现自己觉得新奇有趣的或印象最深、最受感动的内容""第三学段，懂得写作是为了自我表达和与人交流"。韩国现行的母语课程写作目标同样也注重写作要是真实的，要有真情实感的表达，具体体现在课标中提出的"第一学年，能写下自己对周围事物的想法、写描述留下印象深刻的图片日记；第三学年，能对读到的诗文写下表达自己想法和情绪的文本"。

2. 我国强调写作兴趣，韩国注重写作策略

皮亚杰说："儿童是个有主动性的人，它的活动受兴趣和需要的支配，强迫工作是违反心理学原则的，一切有效的活动须以某种兴趣为先决条件。"兴趣是最好的老师，是推动学习活动的内部动机。我国新课标特别强调情感态度方面的因素，在习作教学的初始阶段把目标重点放在培养写作的兴趣和自信上，让孩子愿意写作、热爱写作，变"要我写"为"我要写"。新课标对此的相关表述体现在："第一学段，对写话感兴趣；第二学段，乐于书面表达，增强写作的自信心；第三学段，过渡到具有初步写作意识即懂得写作是为了自我表达和与人交流。"而韩国现行的母语课标针对写作文本的类型，提出要写具有传递信息、社会互动、说服力、情感表达的文本（text）[1]，并提出相应的写作策略。比如，韩国课标提出"第一学年组，要求规范写字的同时，能按要求写留下深刻印象的图文日记，揭示经历的日记；第二学年组，要求要有读者意识写实用的感谢信、影响他人的想法或行为的目的文本；第三学年组，提出写作要按照5W1H[2]的思考模式写新闻报道。

（三）听说课程目标与内容比较

1. 中韩两国都强调口语交际中的交际态度和素养

同属于亚洲地区的中韩两个国家，在历史不断发展的过程中，都深受儒家文化的影响。中国素有"礼仪之邦"之称，注重人与人交往的礼节性，与此同时，作为东方具有浓郁民族风情的"君子之国"——韩国，韩国人温文尔雅、彬彬有礼的风度和温良谦恭的文明形象给我们留下了深刻的印象，这与其注重礼仪教育密不可分。我国的课标提出"能认真听别人讲话""与别

---

①此处"文本"翻译自"text"一词，在韩国语课程标准中，text一词是指广义的含义即将语言、图表声音、图像，以印刷体的、口语的、视觉的或电子的形式，向某一对象传递信息和思想的沟通载体。

②5W1H分析法也叫六何分析法，是一种思考方法，也可以说是创造技法，是对选定的项目、工序或操作，都要从原因（why）、对象（what）、地点（where）、时间（when）、人员（who）、方法（how）六个方面提出问题进行思考，可使思考的内容更深化、科学化。

人交谈，态度自然大方，有礼貌""语气、语调适当""注意语言美"等都关注到了作为听众和表达应注重文明礼貌、尊重他人的态度。韩国的口语交际目标中提到了"以自然的方式听别人说话；在日常生活中恰当的时候互换问候语；注重保持好的姿势倾听；打电话时仔细听别人说话；考虑听者的情境，说赞美、拒绝或调解的话"等，要求学生既要做一个好的听话者也能因地制宜地做一个好的说话者。

2. 较之我国，韩国更注重媒介在口语交际中的运用

现代科技迅猛发展，母语课程与信息技术的关系日益密切。各种媒介信息、媒体文化充斥着生活的方方面面，对现代人的生活产生了巨大影响。对学生而言，则着眼于引导学生获得现代社会所要求的媒体素养。从韩国的口语交际目标中可以发现，现代媒体技术在口语交际中的渗透比较广泛。如"学生能够如实表达电影中的对话；观看动画演示时，理解半语言或非语言的表达；利用不同的媒介演示"等。由此可见，韩国在对学生听说能力进行训练时非常注重与媒介的结合，一方面运用多媒体演示文稿发表自己的观点、分享信息，另一方面通过多媒体的演示积累听说的语料。这在无形之中培养了学生运用媒介适应时代的听说能力。然而我国的口语交际目标很少涉及对媒介的使用要求，仅在第一学段提到"听故事、看音像作品"，与韩国相比，我国在媒介素养方面的重视程度还不够，应在课程标准听说目标中适当加入对培养学生媒介素养的要求。

六、评价建议比较

（一）我国现行的母语课程标准的评价建议

1. 评价导语。这部分开篇明确指出语文课程评价的终极目标，是"为了促进学生学习，改善教师教学。应准确反映学生的学习水平和学习状况，全面落实语文课程目标。改变过于重视甄别和选拔的状况，突出评价的诊断和发展功能"。这样，语文课标改变了把考查学生实现课程目标的程度作为评价首要目的的传统评价思想，将改进师生的教与学，突出评价的诊断和发展功

能作为评价的根本职责所在，体现了一切为了学生的发展的改革理念。为了全面落实新课改理念下的语文课程目标，以此揭示语文课程"评什么"和"怎么评"应遵循的原则。

2. 评价原则。（1）充分发挥语文课程评价的多种功能。语文新课标首先提出这一原则，是对评价功能的总的概述。改变以往过于重视甄别和选拔的功能，注重发挥评价的诊断、反馈和激励的功能。通过语文课程评价多种功能的发挥，全面考查学生实现课程目标的程度，及时改善师生的教与学，进而有效地促进学生的发展。（2）恰当运用多种评价方式。这一原则的提出，是体现"怎么评"的一个方面。新课标注重评价手段的多样性和灵活性，指出"形成性评价和终结性评价都是必要的，应加强形成性评价""要坚持定性评价和定量评价相结合，更应重视定性评价"。在强调兼顾形成性评价与终结性评价、定性评价与定量评价相结合时，对"如何加强形成性评价"和"如何将定性评价置于更突出的地位"分别提出了相应的要求。比如，如何加强形成性评价，课标提出"注意收集、积累能够反映学生语文学习与发展的资料，可采用成长记录袋等各种方式，记录学生的成长过程。对学生语文学习的日常表现，应以表扬、鼓励等积极的评价为主，采用激励性的评语，从正面加以引导"；如何将定性评价置于更突出的地位，课标提出"评价方法除了纸笔测试以外，还有平时的行为观察与记录、问卷调查、面谈讨论等各种方法。语文学习具有重情感体验和感悟的特点，更应重视定性评价。学校和教师要对学生的成长记录和考试结果进行分析，评价结果的呈现方式除了等级或分数以外，还可用代表性的事实客观描述学生语文学习的进步，并提出建议"。（3）注重评价主体的多元与互动。这一原则是实施"怎么评"的另一方面。新课标倡导实施评价要"注意将教师的评价、学生的自我评价及学生之间的相互评价相结合，加强学生的自我评价和相互评价"，改变了以往只有教师参与评价的倾向，使学生也能成为课程评价的主体，确立了学生是学习的主体的现代教学观。这将使学生能充分发挥主观能动性，加强学习反思，促使他们更主动地参与学习。此外，课程评价可根据需要与家长、社区、专业人员进行社会性互动，共同参与课程评价活动。

（4）突出语文课程评价的整体性和综合性。这一原则体现了评价语文课程"评什么"这一方面。整体性和综合性，主要包含两方面：一从内容上看，语文课程是一个整体，应将识字与写字、阅读、写作、口语交际和综合性学习这五大学习领域有机联系在一起，不能像以往那样只重视阅读与写作的评价；二从目标领域上看，语文新课标中课程目标提到从知识与能力、过程与方法、情感态度价值观这个维度予以设计，着眼于语文素养的整体提高，相应地在评价时要将这三维目标进行融合，整体、全面考查学生的语文素养，要避免以往只注重知识和技能的评价。

3. 具体建议。（1）阅读评价。课标中对阅读的方法和技能的评价分为：朗读、诵读、默读、精读、略读、文学作品的阅读、古诗文的阅读、课外阅读。课标对每一种阅读的方法和技能的评价提出了不同的考查要求。以朗读、默读评价建议为例，朗读与默读是阅读能力发展过程中两个重要方面，朗读是一种声读，默读是一种视读。它们二者存在着紧密的联系，朗读是默读的准备，默读是阅读发展的更高阶段。下表列举课标对朗读和阅读的评价要求。

表 4　我国小学语文课程标准中关于朗读、默读的评价要求

	总评价要求	具体评价要求	
朗读	能用普通话正确、流利、有感情朗读	朗读	从语音、语调和语气等方面综合考查
		根据阶段目标，各学段的要求有所侧重	第一学段:学习用
			第二学段:用
			第三学段:能用
		有感情地朗读	以对内容的理解与把握为基础,防止矫情做作
默读	从学生默读的方法、速度、效果和习惯等方面综合考查		第一学段:学习默读 第二学段:初步学习默读 第三学段:默读有一定的速度,默读一般读物每分钟不少于300 字

（2）写作评价。写作评价的目的不是简单地对遣词造句谋篇布局的技术性评价，而是促进学生写作能力的提高，促进学生全面协调发展的评价。[①]新课标指出："写作的评价，应按照不同学段的目标要求，综合考查学生写作水平的发展状况。"[②]比如，第一学段"写话"是学生学习书面表达初级阶段的"内容"和"方式"，因此要评价学生的写话兴趣；从第一学段的写话过渡到第二学段的习作起始阶段，要鼓励学生大胆习作；第三学段是第二学段习作的升华，要通过多种评价，促进学生具体明确、文从字顺地表达自己的见闻、体验和想法。

（3）口语交际。我国新课标口语交际较"实验稿"主要关注提高学生口语交际的参与意识、情感态度和表达能力，鼓励学生自信地表达。同时针对不同学段提出考查口语交际水平的基本项目，为日常评价确定了基本内容。比如，第一学段，考查学生口语交际的态度与习惯，鼓励学生自信地表达；第二学段，考查学生日常口语交际的基本能力；第三学段，考查学生学会倾听、表达与交流的能力。

（二）韩国现行的国语课程标准的评价建议

1. 评价的计划

韩国现行的《韩国语课程标准》在评价计划方面规定："A.评价计划利用适合知识领域的学习目标和学习内容的评价方法准确有效地评价学生韩语能力。B.评价方案评价学生的表达能力、理解能力、认知和情感因素，并且能使其同时发展。C.充分考虑评价的目标、时间、地点等因素，合理运用定性和定量、正式和非正式、间接和直接、选择性和实践性的方式，制订评价计划。D.确定评价计划时，需要注意五点：一是重点关注学习的过程和结果；二是将学习过程和评价联系起来的时候，也要进行评估；三是考虑韩语的使

---

①温儒敏主编.义务教育语文课程标准解读（2011 年版）[M].北京：高等教育出版社，2012：203.

②中华人民共和国教育部制定.义务教育语文课程标准：2011 年版 [S].北京：北京师范大学出版社，2012：30.

用，假定各种评估情形，综合知识领域并开展评估；四是提前通知学生评估的情形、方法和标准，使得最终的评估方法有利于韩语的学习；五是不仅要评估学生的能力，还要评估教学的方法和材料以及评估的工具等。"[①]

2. 评价的目标和内容

评价的目标和内容是《韩国语课程标准》评价的主体，是以课标中内容体系为参照标准，对韩国语课程的听话、说话、阅读、写作、国语知识、文学这六大领域分别提出的评价目标。比如：（1）设定"听话"领域评价目标在于关注到听到的事实，推理过程，批判地听，以及在听的过程中听的态度转变；（2）设定"说话"领域评价目标重点在于对"说"活动的积极参与，内容的生成及组织，并准确有效地表达；（3）设定"阅读"领域评价目标重点在于重视推理、批判和创造性阅读；（4）设定"写作"领域的评价目标重点关注积极参与"写"的活动、内容的结构，并准确有效地表达；（5）设定"国语知识"领域目标要重视理解、探讨语言知识，以及对语言知识的应用能力；（6）设定"文学"领域的评价目标时，重视对文学本质的理解、对文学的吸收能力及文学的创造能力。

为了保证评价与评估的信度和效度，更好地指导学生改进学习，韩国的国语课程评价不仅重视对评价目标的设定，也重视对评价内容的选择。对此给教师提供了以下策略：

1. 从每部分的学习内容中选择评价内容，并考虑不一样的言语层次和范畴。

2. 选择评估组成韩语能力因素的内容，评估获得这些因素的能力。

3. 选择评价内容，通过结合内容、对话、规定成就标准的知识、功能和上下文的短文。

4. 编写评价内容，重点关注有疑问的内容中的对话、短文，并处理这些问题。

[①]Proclamation of Ministry of Education and Human Resource Development.Korean Language Curriculum.2007：92-93.

3. 评价的方法

《韩国语课程标准》对韩国语课程评价方法的规定是："一、使用多样的评价方法和评价工具以符合评价的目的和评价的内容；二、除了老师的评价，充分发挥学生的自我评价和互评的作用；三、考虑一部分的特性，使用多样的评估方法如试卷测试（多选题、论述题）、调查问卷法、口头测试法、辩论方法、观察法等等；四、在评价韩语能力时，使用多样的评价方法，但也要尽可能地使用质性、非正式、直接、实践性评价法；五、如有需要，根据目的、内容和情况，综合并使用评价方法。"①

4. 评价结果的使用

韩国语课程重视对课程评价结果的使用，为此，课标对评价结果作了如下两点规定：

（1）评价的结果应被用来判断学生的成就水平和他们的韩语能力层次。另外，结果还应用于用来改善教学的方法、材料和评价工具。

（2）根据评价结果，通过分析影响教学的各种因素，并将分析提供给学生、老师、家长和其他与教育相关的人，使用评价结果提高学生韩语水平，并且规定和扩大评价结果的报告系统。

（三）中韩两国小学母语课程标准中评价建议的比较与分析

1. 中韩两国小学母语课程标准中评价的相同点

（1）两国均重视评价方式的多样性、灵活性

中韩两国现行的小学母语课标中对语文课程的评价都强调要运用多种评价方式，注意评价方式的多样性和灵活性。比如，韩国国语课课标在评价方法方面规定："①使用多样的评价方法和评价工具以符合评价的目的和评价的内容；②除了老师的评价，充分发挥学生的自我评价和互评的作用；③考虑一部分的特性，使用多样的评估方法如试卷测试（多选题、论述题）、调查

---

①Proclamation of Ministry of Education and Human Resource Development.Korean Language Curriculum.2007：95.

问卷法、口头测试法、辩论方法、观察法等等；④在评价韩语能力时，使用多样的评价方法，但也要尽可能地使用质性、非正式、直接、实践性评价法；⑤如有需要，根据目的、内容和情况，综合并使用评价方法。"①我国语文课标的"评价建议"在评价原则中强调兼顾形成性评价与终结性评价、定性评价与定量评价相结合，进行具体评价时提到，评价方法除了纸笔测试以外，还有平时的行为观察与记录、问卷调查、面谈讨论等各种方法，还要注重评价主体多元化与互动性，充分发挥学生学习的自主性。从以上列举部分可以看出，中韩两国母语课标在评价方式原则上的趋同，对语文课程的评价都是基于全面综合评价的基础上，对母语课程的不同层次和方面提出要灵活恰当地选择多种评价方式。这些都体现了现代语文课程评价方式多元化的理念。

（2）评价均立足于学生的发展

课程评价中首先要解决的根本问题是评价要立足于学生的发展。中韩两国母语课程评价都很重视对学生发展的引导。这首先表现在评价目标对学生情感态度评价的重视，例如中国课标的评价原则中提到，对学生语文学习的日常表现，应以表扬、鼓励等积极的评价为主，采用激励性的评语，从正面加以引导，注重学生对母语学习积极正面的情感引导。韩国的课标对具体学习领域中设定的"听话"领域，其评价目标在于关注在听的过程中听的态度转变的考查。其次，表现强调在评价主体性的变化，如中韩国课标鼓励学生互评、自评等方式打破了以往学生处于被老师单一评价的状态，提高了学生自主评价的积极性、主动性。再次，中韩两国的评价目标都重视对学生能力素养的养成。母语能力素养简言之是指体现在母语方面的听、说、读、写的能力。中国课标中具体评价建议针对我国母语课程的具体学习领域，提出相应的能力要求，比如，对口语交际的评价要注重提高对口语交际的认识和表

---

①Proclamation of Ministry of Education and Human Resource Development.Korean Language Curriculum.2007：95.

达沟通的水平。韩国课标设定"说"的领域评价目标时，重视对学生能否进行内容的生成及组织，并能准确有效地表达的考查。

2. 中韩两国小学母语课程标准中评价的不同点

（1）韩国的评价更注重对学生批判性、创造力思维的培养

与我国的课程标准相比，韩国的课程评价更注重对学生批判性和创造性思维的培养。具体体现在，韩国的《韩国语课程标准》在"评价的目标和内容"上设定"阅读"的领域评价目标时要注重对学生批判性和创造性阅读的考查；设定"听"的领域评价目标要注重对学生关注听到的事实、推理过程，带有批判性地听的考查；设定"文学"的领域评价目标要重视对文学的理解、接受及文学创造能力的考查。而我国课标并未在"口语交际""阅读""写作"等领域对学生批判性思维和创造性思维提出明确的要求，而是在阅读方面注重感悟和培养语感，在写作方面注重培养学生写作的兴趣。

韩国课标重视对学生批判性思维和创造性思维的培养，笔者归结为两方面原因。一方面是由于韩国教育界在反省韩国基础教育存在的弊端在于过多地强调知识的灌输与记忆，而不是强调创造性和批判性思维的培养。基于此，韩国第七次课程改革的核心为培养学生创造性和批判性思维，并将培养创造性以及创意能力成为统摄中小学各学科教学的中心目标。另一方面，在韩国语文教育界看来，学生的语言学习可以分为解释性、批判性和创造性三个层次。基于此，韩国国语课程标准提出，按照上述三个标准来评价学生的学习能力和成就水平。[①]

（2）中国课标的评价内容分学段具体细致

通过中韩两国课程标准评价中对具体学习领域评价的比较，笔者发现我国课标在评价具体学习领域上更加具体细致。比如，在具体学习领域，我国课标从"识字与写字""阅读""写作""口语交际""综合实践"这五方面分别提出具体的评价建议。以阅读的评价建议为例，遵循循序渐进的原则，

---

①刘海林.韩国国语课程评价的体系与特点述评.中学语文教学［J］.2008（12）：69-72.

先提出朗读的总要求是能用普通话正确、流利、有感情地朗读课文，接着在朗读的基础上分别阐述诵读的评价、默读的评价、精读的评价、略读的评价、浏览的评价、文学作品阅读的评价以及课外阅读评价的注意事项和评价原则。值得一提的是对精读的评价，按学段提出相应的考查重点，体现了课标设计的阶段性跟整体性，有力地指导了教师在实际教学评价中的侧重和把握。而韩国课标在具体学习领域上比较笼统概括地阐述评价的考查点，如阅读领域的评价，只是提出重视推理、批判和创造性阅读的评价，并未按年级提出相应的考查重点，这对教师实施评价只能是理念上的指导，在具体操作上对教师提出了更高的要求，具有挑战性。

七、韩国课程标准对我国的启发

（一）优化母语课程目标的层次结构

从目标层次的结构看，我国现行的小学母语课程标准采用"学段+领域"模式划分，将小学分为三个学段，每两个年级为一个学段，即第一学段（1—2年级）、第二学段（3—4年级）、第三学段（5—6年级），每个学段都包含五个领域：识字与写字、阅读、写作（写话、习作）、口语交际、综合性学习，每个领域下是具体的课程目标与内容，旨在阐明通过阶段性母语教学，学生能在相应阶段从知识与能力、过程与方法、情感态度价值观这三个维度达到应有的要求。这种按学段划分目标的方式在给教师留下足够的发挥空间的同时，也对教师的素质提出了较高的要求，需要他们能够将这些目标恰当地分解到每一个学年、每一个学期、每一个单元等。而正是分解的过程产生了很多的问题，影响了课程改革的效果。[①]在这一方面，韩国在小学阶段采用细分年级的方式，在每个年级下从韩国语教学的听、说、阅读、写作、文法知识、文学的这六大领域按"成绩等级+内容事例"模式划分。可见韩国的母语课程标准具有鲜明的层级划分，使目标更加细化、具体，更易操作，减少了教师

---

①张东兴.关于修订《语文课程标准（实验稿）》的几点建议［J］.教育实践与研究，2008（2）：25-26.

在摸索将课标具体到每一个学年、每一个学期过程中耗费的精力，有助于教师更有效地引导学生从较低的目标循序渐进朝着更高目标的发展。因此，我国的母语课标应借鉴韩国母语课标采用细分年级的方式，避免知识、技能、情感方面的断层，优化课标的层次结构。

（二）注重学生媒体素养的获得

韩国的语文课程标准很重视对科技进步和社会发展的研究，课程标准具有浓厚的时代气息，在课程标准的理念和具体目标内容中都体现出让学生适应时代发展，关注新技术的影响，适时将信息技术融入语文课程。比如，听说方面要求"利用不同媒体进行演示、利用媒体在朋友之间进行在线交流"，阅读方面提出"能阅读在报纸、电视、广播和互联网上的广告"，写作方面要求"通过不同的媒体进行文本的安排和概述"等。显而易见，韩国母语课标几乎在每个教学领域都强调学生媒体素养的形成，并根据年级循序渐进地提出可操作性的要求。

我国在新课标的总目标中提出"初步具备搜集和处理信息的能力，积极尝试运用新技术和多种媒体学习语文"，相对于旧版本的"初步具备搜集和处理信息的能力"要求有所提高。但在具体教学领域却没有足够的重视，比如识字与写字方面，旧版本中第二学段的识字与写字方面，提出"有条件的地方，可学习使用键盘输入汉字"，而新版本却把该条款替换成"写字姿势正确，有良好的书写习惯"。同样的，旧版阅读方面，第三学段提出"利用图书馆、网络等信息渠道尝试进行探究性阅读"，在新版中也不再强调。可以说，新版课标对学生媒体素养的要求过于空洞，这些要求远远满足不了信息社会对基础教育改革与发展的要求。因此，如何合理、有效地借鉴韩国的语文课程标准中对学生媒体素养的培养还需要进一步的探讨和研究。

（三）注重对学生批判性思维能力的培养

语文作为母语课程，体现学生语文素养重要能力之一的是学生批判性思维能力的发展水平。根据 2009 国际能力测试 PISA 显示，我国学生总体阅读水平世界第一，但与批判性思维相关的部分成绩较低，而韩国却偏高。与我国的课程标准相比，韩国的课程评价更注重对学生批判性和创造性思维的培养。具体体现在，韩国的《韩国语课程标准》在"评价的目标和内容"上设定"阅读"的领域评价目标时要注重对学生批判性和创造性阅读的考查；设定"听"的领域评价目标要注重对学生关注听到的事实、推理过程，带有批判性地听的考查；设定"文学"的领域评价目标要重视对文学的理解、接受及文学创造能力的考查。而我国课标并未在"口语交际""阅读""写作"等领域对学生批判性思维和创造性思维提出明确的要求，而是在阅读方面注重感悟培养语感，在写作方面注重培养学生写作的兴趣。因此，合理、有效地借鉴韩国的语文课程标准中对学生批判性思维能力的培养是有参考价值的。

（四）注重对学生写作策略的教学

从中韩两国小学母语课程标准中的写作教学内容与目标比较中，笔者发现我国强调对学生写作兴趣的培养，而韩国注重学生写作的策略教学。我国《新课标》特别强调学生情感态度方面的因素，在习作教学的初始阶段把目标重点放在培养学生写作的兴趣和自信上，让孩子愿意写作、热爱写作，变"要我写"为"我要写"。新课标对此的相关表述体现在："第一学段，对写话感兴趣；第二学段，乐于书面表达，增强写作的自信心；第三学段，过渡到具有初步写作意识即懂得写作是为了自我表达和与人交流。"而韩国现行的母语课标针对写作文本的类型，提出要写具有传递信息、社会互动、说服力、情感表达的文本（text），并提出相应的写作策略。比如，韩国课标提出"第一学年组，要求规范写字的同时，能按要求写留下深刻印象的图文日记，揭示经历的日记；第二学年组，要求要有读者意识写实用的感谢信、影响他人的想法或行为的目的文本；第三学年组，提出写作要按照5W1H的思考模式写新闻报道"。其中，5W1H是一种思考方法，也叫六何分析法，是对选定的项目、工序或操作，都要从原因（why）、对象（what）、地点（where）、时间（when）、人员（who）、方法（how）六个方面提出问题进行思考，可使思考的内容更深化、科学化。两国在写作方面培养的侧重点不同，导致两国在学生写作的能力上倾向也不同，韩国这种重视写作策略的方式使学生更能够用严谨的思维写实用性、议论性的文本，而我国在这方面却存在着欠缺。因此，我国现行的小学母语课标，在注重唤起学生写作兴趣的前提下应借鉴韩国母语课程标准中对学生用严谨的思维方式、写作策略的训练，写实用性、议论性文本。

第七章 中国与新西兰小学母语课程标准比较

新西兰是一个十分重视教育的国家，它的教育体制被认为是世界上最先进、最科学的教育体制。为了顺应新时代的转变，紧随新时代的步伐，不断更新教育观念，新西兰现行的母语课程标准主要包括《新西兰课程标准》和《新西兰1—8年级读写课程标准》，它们从《新西兰课程框架》的颁布、社会发展背景和教学实践背景等出发，提出了新的要求。

一、新西兰母语课程标准的制定背景

（一）新西兰现行母语课程标准的象征——"鹦鹉螺号"

新西兰课程框架的封面于1993年第一次出现鹦鹉螺开始，它已经成为新西兰课程一个熟悉的符号。在现实生活中，鹦鹉螺是一种海洋软体动物的螺旋壳，壳面呈现美丽的等角螺线，而等角螺线本身与黄金分割有着密切的关系。作为新西兰课程的标志，鹦鹉螺号含有八种不同颜色的等角螺线，分别代表新西兰的八门学习领域，主要有英语、艺术、科学、社会科学等。不仅如此，鹦鹉螺的等角螺线呈现出一种螺旋状，由内往外旋转上升，旨在通过八个不同领域的学习达到自身的完美结合，并不断扩大超越以适应社会的不断发展，成为世界合格公民。

(二)　《新西兰课程框架》的颁布

早在 19 世纪 70 年代，新西兰就创建"普及的、义务的和公费的"初等教育制度，且于 1989 年教育改革后颁布了《教育法》，对 6—16 岁的小学和初中阶段学生实施免费义务教育。①但在教育发展的进程中，一直没有全面的课程计划规定详细课程，仅仅通过一些教学大纲和指导方针从宏观的角度来制定，因此新西兰在 20 世纪 80 年代中期开始构建学校课程的完整框架。

著名商人布朗·皮康特（Brian Picot）领导小组于 1988 年发表《实现优秀的管理》，即皮康特报告，以及新西兰政府回应的《明日学校》，一般被看作新西兰教育改革的两个官方政策文件，也是扭转新西兰整个教育体系的两个最重要的文件，这两个重要的文件确立了教育改革的基本原则。②

自 1987 年新西兰宣布教育改革以来，新西兰政府制定并公布了一系列框架文件，如《未来的学校》《终身学习》，可以看出这次改革的广泛和深入。到 1991 年，教育部"成绩促进政策"的提出，目的是为提高基础教育质量和确保学生基本的科学文化水平，在此影响下的新西兰课程改革有了实质性的进展。因此，教育部于 1993 年正式颁布《新西兰课程框架》，今后新西兰的课程改革展现良好的趋势并一直在国际上享有盛誉。③

(三)　新西兰现行母语课程标准的社会发展背景

新西兰第一次集中改革课程是从 1992 年开始的，课程设置主要目的是为了让学生知道什么是能做的。自推出以来，社会变革的步伐一直没有放缓。首先新西兰的人口变得越来越多样化，新西兰是一个移民大国，移民人口占到 85.4%，主要由欧洲、亚洲、大洋洲等移民组成，其地域文化的不同使新西兰成为一个文化大交融的新型国家。为了应对多元文化并保持自身的文化特色，新西兰需要对课程作进一步的改革以适应新时期的要求；其次电子信

---

①杨万仁.方兴未艾的新西兰教育 [J].宁夏教育，2003（5）：52.

②赵菊珊.新自由主义与新西兰的教育改革 [J].外国教育研究，2001.

③祝怀新，陈娟.新西兰课程改革新动向——新课程计划草案解析 [J].基础教育参考，2007：37.

息技术的发展与应用，对新西兰人的学习和生活方式产生了巨大冲击，学生获取信息不再是一门技术，而是一项伴随终身发展的理念。电子学习将在学校、家庭、社区和职业活动的领域进行，学校的一切活动都要围绕这一中心。①最后工作场所的需求也更为复杂，新西兰的教育是为了培养适应世界的合格公民，是为未来职业的终身发展做准备的，教师不只是传授基本的学业知识，还需教会学生各种社会技能。为此，新西兰需要不断在探索中总结和规划教育，制定出适应新时期的新课程标准。此外，还有国外课程改革的启示等这些都将要求新西兰的教育系统必须应对这些挑战，因此，从 2000 年 2 月开始不断探索和修改课程。

针对上述背景，新西兰内阁经商议同意国家课程修正。参照组广泛代表开发过程的监督，包括学校试验、各方合作工作、网上讨论、调查相关国家研究，新的新西兰课程草案出版——2006 年咨询草案，并于 2007 年 11 月公布了《新西兰课程标准》（The New Zealand Curriculum），并定于 2010 年开始实施。

这部标准构成了新西兰基础教育阶段的整体课程框架和内容，框架内的计划是要保证所有年轻新西兰人具备知识、能力和价值观，并以成为 21 世纪的成功公民为目标。如今，这个框架的创建为新西兰的年轻人提供最有效和引人入胜的教学，并支持他们达到最高的标准，为新西兰将来课程体系的完善与发展奠定了基础。②在此基础上，新西兰于 2009 年颁布实施《新西兰 1—8 年级的读写课程标准》（The New Zealand Curriculum Reading and Writing Standards for years 1—8）。

---

①姜峰.新西兰信息与交流技术课程改革的最新动向——电子学习战略［J］.外国中小学教育，2010（4）：61.

②Ministry of Education New Zealand. The New Zealand Curriculum［s］.2010：4.

二、读写课程目标与内容比较

（一）新西兰现行母语课程标准的目标解读

愿景：自信、连接、积极参与、终身学习。

价值观：卓越；创造、调查和好奇心；多样性；股权和社会参与；生态可持续性；完整性；尊重。

关键能力：思考；运用语言、符号与文本；自我管理；与他人沟通；社会参与和贡献。

原则：高度期望；《怀唐伊条约》；文化多样性；全纳；学生如何学习；社区投入；一贯性；关注未来。

新西兰现行小学母语课程标准中没有专门论述课程总目标的部分，也没有像中国现行母语课程标准中按照三个维度进行表述，主要通过对新西兰课程标准的愿景、价值观、关键技能和原则等几个部分的整理，对新西兰现行母语课程标准的目标进行概括并总结出以下四点：

1. 落实以学生为中心，尊重学生

首先，新西兰现行小学母语课程标准的形成过程中，包括了学生结合自己的需求和喜好提出的要求，这一采纳就充分体现了新西兰课程改革的一大核心以人为本、以学生为本，是真正做到站在学生的角度考虑学生需要什么，并且真正将这一理念落实到社会发展和校园环境的每个细节中。比如，在公路上随处可见的"stop"交通指示牌，只要有学生过马路，就会有值班的学生将指示牌推开，所有的车辆都会停下来让学生先行。①另外，新西兰小学的每一处校园环境的布置也都以学生为中心，以学生的年龄特征和实际需要来创设适合的教学环境和活动场地。如，新西兰小学的教室墙壁四周、楼道两侧都贴满了学生的手工制作品，以彰显学生的个性，成为展示学生特长的小舞台。还有教室内的桌椅、地毯，学生的书包、文具等物品的摆放都是要有利

---

①王薇.新西兰基础教育的制度、特色及启示［J］.外国中小学教育，2013：19.

于学生活动的。桌椅设计轻便易于移动，摆放方式适合学生学习和游戏活动。课堂上，学生以各种舒服的姿势听课，或站着或坐着或倚着，学生自由发言。而课间的活动游戏更是丰富有趣，教师从不干预学生的游戏活动，学生可以做自己喜欢的事情。①

新西兰现行的课程标准中指出："平等、尊重所有民族的文化传统，并给予所有地区一样的教育支持，特别是给予弱势群体更多的保护和支持。"②新西兰认为学生天生就是不相同的，要求教师要了解不同学生的不同需要，并且能因材施教地帮助所有学生，让他们获得最优质的教育。

2. 注重能力，有利于学生全面发展

新西兰现行的课程标准中突出强调了培养学生的能力，确定了包括自我管理能力、交流能力、参与贡献能力、思维能力和运用语言、文字符号能力五个关键能力。③新西兰课程标准指出，人们使用这些能力生活、学习、工作并成为社区的活跃成员，这些关键能力的掌握比技能更复杂，是每一个学习领域的关键。成功的学习者将有能力去结合其他可用的资源，发现不同学习领域的知识和技能，并了解何时、如何以及为什么这样做。学生需要在越来越宽的范围和环境复杂的情况下挑战并训练这些能力。可见，这五方面的关键能力对于学生各方面的发展都是极其重要的，教育部要求学校和教师将这五方面能力贯彻到课堂教学之中，以提高学生的实际能力。

这五方面能力的提出，清晰体现了新西兰在学生发展方面的要求，全面总结了学生各方面的综合素养要求。在强调全面能力发展的同时，能够根据不同学生的性格特征及背景有所侧重，使学生既符合社会迅速发展的需求，又能满足不同学生发展具有差异的个性特征，开启学生的全面发展。

3. 讲究学习方式，注重在实践中学习

新西兰重视小学生积极参与社区活动，在互动中不断获得新知识和提升

①范华凤.新西兰小学的教育特色［J］.教学与管理，2008：60.
②Ministry of Education New Zealand. The New Zealand Curriculum［s］，2010：4.
③Ministry of Education New Zealand. The New Zealand Curriculum［s］，2010：12—13.

技能。新西兰现行的课程标准中指出："课程必须对学生产生意义，也必须将课程内容与学生生活加以连结，且鼓励社区与家庭的投入与合作。"①该标准明确要求在社区、学校、家庭，父母应该与学生的课外实践活动的开展积极配合，随着时间的推移，学生在实践中形成一种互动，一种人、事、物之间的互动，从而获得最佳的学习效果，提取最优的学习方式。

新西兰小学有四个学期，每一个学期都会有一个星期的时间安排校外实践，包括攀岩、游泳、丛林探险、野外求生等，每一种都是真正实践意义的活动。当然，活动前学校将安排具体的校外实践活动并将学生需要带的东西很详细地告知家长，家长可以放心。这样的实践性活动的目的主要是为生活做准备，是为了帮助学生将学校学习与未来生活之间建立联系。由于新西兰强调教学与实践相结合，教学与生产劳动相结合，因此学生的动手实践能力很强。同时，教师重视学生学习过程的体验，并从中学会解决问题的思路和方法。

4. 养成学生终身学习的意识、关注未来

新西兰现行课程标准中指出"关注未来"，提出这点主要是因为在新世纪需要我们认真地思考教育的未来，建设适合本国基础教育的课程体系，是学校教育能适应 21 世纪信息化、全球化的要求。标准中提出："课程是鼓励学生展望未来，探究未来的重要议题，如持续发展、公民素养、企业、全球化等。"②要想关注未来，就必须不断地学习，学习新知识、新技能。我们可以看到，新西兰现行课程标准的制定是为当前国际发展服务的，重视能力的培养，主张为终身教育做准备，要求自己符合国际水准。并且"标准"在关注国际化趋势的同时也关注本国的社会发展情况，要与时俱进，使学生融入国际化这个大都市里，培养学生终身学习的意义。

①Ministry of Education New Zealand. The New Zealand Curriculum ［s］，2010：9.

②中华人民共和国教育部制定.义务教育语文课程标准：2011 年版 ［S］.北京：北京师范大学出版社，2012：7-12.

新西兰小学除必修课以外，还为学生提供许多的选修课。学生可以依据自己的喜爱自行选择科目。比如语言课，很多学校就开设了毛利语、德语、日语、法语及汉语等。总之，新西兰课程奠定了学生终身教育的基础，使学生成功有效地参与到纷繁复杂的社会中去并与之竞争。

（二）中国与新西兰小学阅读目标与内容比较

1. 中国小学阅读的目标与内容

从表 1 中我们可以看出，语文课程标准对小学生各学段阅读能力要求的变化，主要总结以下几点：

（1）在阅读兴趣上，强调要从一、二年级开始培养，注重一开始的兴趣养成。

（2）在阅读方式上，首先是对普通话掌握的要求上看，从"学习用"到"用"，最后"能用"，循序渐进地掌握运用普通话朗读课文的技巧。三个学段都提出了"默读"的要求，分别是"学习""初步学会""有一定速度"，呈阶梯状的默读要求。在此基础上，提出第二学段"学习略读"，又提出第三学段"学习浏览"，逐步形成以"朗读""默读"为主，以"略读""浏览"为辅的四种阅读形式。

（3）在阅读能力上，①词句的理解方法和要求上，提出第一学段的"结合上下文和生活实际"和"了解"，第二学段的"联系上下文"和"理解""体会关键词句表情达意的作用"，第三学段"联系上下文和自己的积累"和"推想""辨别词语的感情色彩，体会其表达效果"，能够看出在词句理解的方式及要求上体现出鲜明的层次感，要求逐年加强，从借助图画阅读过渡到文字阅读。②篇章的理解、情感体验及交流讨论上，虽然第二、三学段都要求"体会文章思想感情"，但两学段的难易区分明显，第二学段注重"初步把握主要内容"和"复述大意"的要求；而第三学段试图在揣摩文章表达上提

---

①中华人民共和国教育部制定.义务教育语文课程标准：2011 年版［S］.北京：北京师范大学出版社，2012：7-12.

出要求，如"了解表达顺序""初步领悟基本表达方式"。值得一提的是，第三学段在阅读体裁方面提出了各式各样的要求，对叙事性作品、诗歌、说明性文章以及简单的非连续性文本四种文体归纳成一段话加以陈述，内容难度明显加深，对学生的情感体验及交流讨论的要求也逐渐提高。

表 1　中国现行小学母语课程标准阅读目标与内容①

第一学段（1—2 年级）	第二学段（3—4 年级）	第三学段（5—6 年级）
1. 喜欢阅读，感受阅读的乐趣。养成爱护图书的习惯 2. 学习用普通话正确、流利、有感情地朗读课文。学习默读 3. 结合上下文和生活实际了解课文中词语的意思，在阅读中积累词语。借助读物中的图画阅读 4. 阅读浅近的童话、寓言、故事，向往美好的情境，关心自然和生命，对感兴趣的人物和事件有自己的感受和想法，并乐于与人交流 5. 诵读儿歌、儿童诗和浅近的古诗，展开想象，获得初步的情感体验，感受语言的优美 6. 认识课文中出现的常用标点符号。在阅读中体会句号、问号、感叹号所表达的不同语气 7. 积累自己喜欢的成语和格言警句。背诵优秀诗文 50 篇（段）。课外阅读总量不少于 5 万字	1. 用普通话正确、流利、有感情地朗读课文 2. 初步学会默读，做到不出声，不指读。学习略读，粗知文章大意 3. 能联系上下文，理解词句的意思，体会课文中关键词句表情达意的作用。能借助字典、词典和生活积累，理解生词的意义 4. 能初步把握文章的主要内容，体会文章表达的思想感情。能对课文中不理解的地方提出疑问 5. 能复述叙事性作品的大意，初步感受作品中生动的形象和优美的语言，关心作品中人物的命运和喜怒哀乐，与他人交流自己的阅读感受 6. 诵读优秀诗文，注意在诵读过程中体验情感，展开想象，领悟诗文大意 7. 在理解语句的过程中，体会句号与逗号的不同用法，了解冒号、引号的一般用法 8. 积累课文中的优美词语、精彩句段，以及在课外阅读和生活中获得的语言材料。背诵优秀诗文 50 篇（段） 9. 养成读书看报的习惯，收藏图书资料，乐于与同学交流。课外阅读总量不少于 40 万字	1. 能用普通话正确、流利、有感情地朗读课文 2. 默读有一定的速度，默读一般读物每分钟不少于 300 字。学习浏览，扩大知识面，根据需要收集信息 3. 能联系上下文和自己的积累，推想课文中有关词句的意思，辨别词语的感情色彩，体会其表达效果 4. 在阅读中了解文章的表达顺序，体会作者的思想感情，初步领悟文章的基本表达方法。在交流和讨论中，敢于提出看法，做出自己的判断 5. 阅读叙事性作品，了解事件梗概，能简单描述自己印象最深的场景、人物、细节，说出自己的喜爱、憎恶、崇敬、向往、同情等感受。阅读诗歌，大体把握诗意，想象诗歌描述的情境，体会作品的情感。收到优秀作品的感染和激励，向往和追求美好的理想。阅读说明性文章，能抓住要点，了解文章的基本说明方法。阅读简单的非连续性文本，能从图文等组合材料中找到有价值的信息 6. 在理解课文的过程中，体会顿号与逗号、分号与句号的不同用法 7. 诵读优秀诗文，注意通过语调、韵律、节奏等体味作品的内容和情感。背诵优秀诗文 60 篇（段） 8. 扩大阅读面。课外阅读总量不少于 100 万字

（4）在诵读的内容要求上，从"诵读儿歌、童谣和浅近的古诗"到"优秀诗文"，诵读内容难度的加深；之后在诵读情感体验的要求上，从"感受"的低级体验到"领悟""体会"的高级情感体验，呈现出梯度的趋势。

（5）在标点符号的认识上，最初只是认识一些标点符号，如句号、问号、感叹号，到后来需要体会各符号之间的不同用法。

（6）量的增加，要求背诵的优秀诗文在三学段分别提出50篇（段）、50篇（段）、60篇（段）的要求；课外阅读三学段的要求是5万字、40万字、100万字。

2. 新西兰小学阅读的目标与内容

表2　新西兰现行小学母语课程标准阅读任务（要求）①

	年级	任务（要求）
Level1 （1—2年级）	一年级	学生能独立阅读绿色水平的文本
	二年级	学生能独立阅读蓝绿色水平的文本
Level2 （3—4年级）	三年级	学生能够独立阅读金色水平的文本，这些文本的阅读使他们满足课程的具体学习目标
	四年级	学生能够定位、评估文本中的信息和观点，他们产生问题并回答以满足课程的具体学习目标
Level3 （5—6年级）	五年级	学生能够定位、评估和整合文本中的信息和观点，他们产生问题并回答以满足课程的具体学习目标
	六年级	

根据表2中新西兰小学的阅读任务（要求），可以看出新西兰要求小学生在每一年级所要达到的阅读水平是有阶梯性的。一年级到二年级中提到的"绿色水平""蓝绿色水平""金色水平"指的是新西兰在小学一至三年级所规定的准备阅读系列的阅读文本的要求，这三年是新西兰小学生为满足新西兰课程学习目标的前期准备，起着桥梁的作用。学生从四年级开始（即三年级后期）规定阅读的具体要求，包括"定位""评估""整合"这三个具体

① Ministry of Education New Zealand.The New Zealand Curriculum Reading and Writing Standards for years 1-8［s］.2009：9-48.

要求。"定位"是指学生为特定目的搜索和查找与课程相关任务的信息和观点；"评估"要求学生根据阅读的目的去考虑文本的观点和信息，他们在总结文本观点和信息的过程中，判断自己知识和经验是否会增加新的观点和信息；"整合"要求每一个学生考虑如何将自己的知识和经验与文本的功能或结构连接，以扩展自己的个人知识来整合新的信息和观点，形成自己的思考。从新西兰小学阅读任务的整体来看，"独立"两字表明从一年级到六年级十分看重学生的自学能力，要求学生在自我探索中得到阅读能力的提升。

表 3 是对新西兰 1—6 年级学生的阅读内容所提出的具体要求，从表格中我们能发现新西兰提出的在 1—6 年级阅读内容要求的变化上主要有以下几点：

（1）在文本的语境和环境上，从"普遍熟悉""一些陌生""一些抽象"这几个词语中，我们发现学生阅读的文本在语境和环境上难度逐渐提高，从学生熟悉的日常生活用语和环境开始，到需要学生经过思考并联系具体事例才能理解的观点。

（2）在文本的词汇上，经历了这样的一个变化："熟悉的词语居多""一些不熟悉的""大量词汇是陌生的"，需要学生结合语境或插图来理解。

（3）在隐性文本和显性文本上，强调阅读中不仅应包括显性因素，也包括隐性因素。显性的内容学生一看便懂，但是对于一些隐性的内容则需要学生依靠文本推断、思考，从而明白其中的意义。

（4）在句式结构上，一年级的读物可能只有一两句话，二年级开始在句子长度和结构上就有了明显的变化，包括并列句和复合句以及两个以上从句组成复杂的句子。

（5）在语言视觉特征上，提出学生对于不能理解的内容希望获得文本中图表、文本框、插图、粗体字等的支持。联系文本的视觉语言和书面语言，解读文本的多层意义，通过培养学生视觉语言的运用，以达到目标过程中学生的语言探究能力和批判思维能力。

表 3 新西兰现行小学母语课程标准阅读文本（内容）①

	年级	文本(内容)
Level1 （1—2年级）	一年级	1. 普遍熟悉的语境和环境 2. 每一个文本都有一个文本格式,一个主要的故事情节或主题 3. 明确说明大部分内容,但也有一些隐性的内容 4. 支持插图,但可能不完全匹配 5. 句子可能超过一行,但不拆分词组 6. 许多高频词汇 7. 主题词和关键词可能是读者的口语词汇,并能通过上下文和/或插图支持 8. 一些视觉语言特征,如图表或文本提示框 9. 各种标点符号,包括语音符号和逗号以支持语法和含义
	二年级	1. 一些环境和语境能很容易地在学生的先验知识中找到 2. 显性内容和隐性内容的组合 3. 支持内容含义的插图并能提出新的观点或见解 4. 多样的句式结构,包括并列句和极少数的复合句 5. 熟悉的词语居多,对一些新的主题词和描述性语言能通过上下文和/或插图来理解 6. 一些视觉语言特征,如联系到词汇表的图表标签、插图、粗体文本的主题词 7. 对话的频繁使用和页面上的多个字符
Level2 （3—4年级）	三年级	1. 一些陌生的环境和语境以及时间和/或地点上的变化 2.（叙事文本）许多人物和事件以及一条以上的故事主线 3. 显性内容和隐性内容的组合 4. 一些页面不含插图 5. 观点和信息组织成段落 6. 多样的句式结构,包括复杂的句子 7. 一些不熟悉的单词和短语,通过语境或插图理解 8. 视觉语言特征,如标题、文本框、图表,能清楚地解释和连接正文 9. 频繁使用对话,其中一些原因没有明确,以及页面上的多个字符
	四年级	1. 一些抽象的观点,通过清晰的具体事例进行理解或是很容易联系到学生的先验知识 2. 一些地方的信息和观点是隐性的,但是能依靠文本附近的意义和很少或没有阅读目的的无关信息中很容易地推断出其意义 3. 一个简单的文本结构,如遵循可辨认和明文形式的结构 4. 一些并列句和复杂句,它由两个以上的从句组成 5. 一些含糊不清或不熟悉的单词和短语主要通过上下文或照片、插图、图表和/或书面解释的方式来理解 6. 其他视觉语言特征是支持观点和信息的,如文本框或地图 7. 修饰词语,如隐喻、明喻或拟人
Level3 （5—6年级）	五年级	1. 抽象的观点伴随着具体的例子,以帮助学生理解 2. 间接传达一些观点和信息 3. 确定与阅读目的无关的信息 4. 混合类文本,如包括一个复杂解释的报告
	六年级	5. 句子在长度和结构上有变化 6. 大量词汇是陌生的,由文本中的文字或插图来解释 7. 比喻和/或含糊不清的语言可以通过上下文的语境帮助学生理解 8. 解释或扩展文本的插图、照片、文本框、地图、图表、曲线图可能需要一些解释

①Ministry of Education New Zealand.The New Zealand Curriculum Reading and Writing Standards for years 1–8 ［s］. 2009：19–48.

（6）小学生以具体形象思维为主，三年级时提出"一些页面不含插图"，四年级开始提出"抽象观点"，都逐渐要求开始培养学生的抽象思维，可以看出新西兰十分重视学生思维能力的培养。

（7）一年级提出对标点符号的认识，四年级提出修辞手法的认识，都表明新西兰对于学生的阅读文本有非常具体的要求。

新西兰小学阅读进程：

（1）针对新西兰低年级阶段的阅读目标则更关注培养学生的阅读兴趣，提高学生的阅读能力和阅读技巧。阅读兴趣上首先要求学生能明白读物的内容，了解作者的写作目的，从而引发学生阅读的热情；在阅读能力的培养上，要求学生能够在阅读有困难的时候坚持下去，可以结合自己的原有知识或是读物的信息资源了解其中含义；阅读技巧上要求一年级的学生能够"有节奏地阅读"，二年级时则要求"要有表情和节奏感""注意语调和语法"。

（2）新西兰特别重视学生阅读能力的培养，这也是学生自我能力发挥的重要途径。在一到六年级的阅读进程中强调学生要自己发现阅读过程中出现的问题，不时地监控自己的阅读是否准确，是否带有感情，并进行及时的纠正。

（3）新西兰要求学生在阅读有困难的时候要采用理解策略，在老师的指导下，对文本中的人物、情节、观点等进行定位、解释、思考，而不再是单纯的阅读。

（4）在新西兰的小学阶段阅读进程中，随处可见"自信"二字，"自信地接受挑战""自信地使用策略""自信地调整困难"，可以看出新西兰小学注重学生情感价值观的养成，调动学生的积极性，提高学生的自信心，让学生成为自己学习的支配者。

（5）新西兰五年级和六年级的阅读进程虽然是一致的，但是总体上来说六年级学生的阅读要求更为严格，具体体现在：①六年级学生需要阅读更长的文本；②六年级学生要求阅读更加流利；③六年级的学生需要完成新西兰课程三级阅读水平；④六年级学生为不同阅读目的不同策略的选择上显得更加有效率。

3. 比较与分析

（1）相比于中国，新西兰重视阅读策略

关于审美观，中国更重视阅读过程当中的情感体验和抒发，旨在从各学段的阅读目标与内容中，如"获得初步的情感体验，感受语言的优美""体验情感，展开想象，领悟诗文大意""大体把握诗意，想象诗歌描写的境界，体会作品的情感"①等等，可以看出中国强调学生对文章的感性理解，希望学生在阅读中能领悟和体会一种不可言传，只可意会的神韵。新西兰则重视阅读过程的理性理解，要求学生通过各种理解策略来掌握阅读过程中所遇到的困难。浏览新西兰小学阅读阶段的目标与内容，我们会发现整个小学阶段都在提倡学生通过自己努力来学习，如运用他们的原有知识或上下文来理解，通过插图、文本框等来理解陌生的词语等等，这些都体现了新西兰要求学生能够理性地解决自己的阅读难题，突出自主探究的学习方式。

（2）新西兰的阅读文本更有选择性

新西兰是没有统一的阅读教科书的，只是提供参考教材，教师有较大的自编自选教材的权利。他们阅读课的选材注重趣味性，鼓励学生按照自己的速度选择适合自己水平的文章或自己喜欢的书来阅读。在新西兰小学阶段阅读文本的要求中学生的读物都是有次序的，他们不做硬性规定，只是提出学生在这一阶段的阅读文本需要包含的具体要求，增加了学生阅读的范围，学生根据自己的阅读能力或是年级来选择适合自己的读物，这类读物可以是科学类、文化类、地理类等等。四年级开始要求学生阅读的文本更具复杂性。例如，在新西兰读写标准第四年级中，提到学生阅读的文本要求有隐性的信息、一些并列句和复合句、一些隐喻或拟人等等，而在二年级中，要求阅读

---

① 中华人民共和国教育部制定.义务教育语文课程标准：2011 年版［S］.北京：北京师范大学出版社，2012：6-14.

的文本含有显性和隐性的结合、很少的复杂句、熟悉的句子居多等等，稍作对比就可发现，这些对文本的要求呈螺旋式上升状，让学生的阅读能力得到逐步的提升。中国也十分注重学生阅读文本的选择，教材的编写也考虑到学生身心发展的阶段性。但是这些都是从整体上考虑的，学生是独立的个体，从整体考量而不重视个体的发展是其不足，中国统一规定的教材则忽视了学生阅读兴趣的差异性，值得反思。

(3) 新西兰更注重学生批判性思维的培养

在新西兰现行小学母语课程标准中阅读部分可以看出，要成为成功的读者必须具备批判性的思维。他们要求思考文本中的观点和信息，考虑作者写作的意图、不同读者的视角以及文本对读者的影响。在新西兰现行的小学阅读课程标准中的阅读部分提到"显性和隐性的组合""不含插图的文本""抽象的观点"等等，这些都是在有意识地训练学生的思维能力，尤其是批判性思维。新西兰要求学生在阅读的过程中对自己进行监控，监控自己阅读是否发生错误，思考在发生错误的过程中如何纠正错误，从而提高学生独立思考的批判性思维能力。新西兰在1—3年级的阅读任务中提到"思考"，在4—6年级的阅读任务中提到"批判性思考"，可以看出新西兰十分重视学生思维能力的培养，提倡从小培养使之不断加强。当中国在现行小学阅读课程标准中指出阅读目标应倡导"能对课文中不理解的地方提出质疑"，可以看出这也是在提倡培养学生的批判意识，但是相比新西兰小学阶段一贯主张的批判性思维的培养还是远远不够的。

三、写作课程目标与内容比较

信息社会催生着"写作时代"的来临，通过细究国外课程标准关于写作的内容和具体要求，基本上可以明确：什么样的写作素养是时代的需要，什么样的思想深度是母语课程追求的目标，什么样的母语素养才能使自己的公民在全球竞争中处于有利地位。通过介绍中国和新西兰的写作要求，分析两国在小学写作目标与内容上的异同点，为中国小学母语课程的完善提供参考。

1. 中国小学写作目标与内容

表 4　中国现行小学母语课程标准写作目标与内容[①]

第一学段(1—2 年级)	第二学段(3—4 年级)	第三学段(5—6 年级)
写话	习作	习作
1. 对写话有兴趣，留心观察周围事物,写自己想说的话,写想象中的事物 2. 在写话中乐于运用阅读和生活中学到的词语 3. 根据表达的需要，学习使用逗号、句号、问号、感叹号	1. 乐于书面表达，增强习作的自信心。愿意与他人分享习作的快乐 2. 观察周围世界，能不拘形式地写下自己的见闻、感受和想象，注意把自己觉得新奇有趣或印象最深、最受感动的内容写清楚 3. 能用简短的书信、便条进行交流 4. 尝试在习作中运用自己平时积累的语言材料，特别是有新鲜感的词句 5. 学习修改习作中有明显错误的词句。根据表达的需要，正确使用冒号、引号等标点符号 6. 课内习作每学年 16 次左右	1. 懂得习作是为了自我表达和与人交流 2. 养成留心观察周围事物的习惯，有意识地丰富自己的见闻，珍视个人的独特感受，积累习作素材 3. 能写简单的记实作文和想象作文,内容具体,感情真实。能根据内容表达的需要,分段表述。学写读书笔记,学写常见应用文 4. 修改自己的习作，并主动与他人交换修改，做到语句通畅，行款正确，书写规范、整洁。根据表达需要，正确使用常用的标点符号 5. 习作要有一定的速度。课内习作每学年 16 次左右

根据表格 4 对小学阶段写作能力变化所提出的要求，总结以下几点：

（1）对于写作兴趣的培养，通常是在学生学习写作起始阶段来培养学生写作的兴趣，让学生喜欢写作，并在写作过程中培养学生的自信心；在写作目的上，从"写自己想说的话"到"愿意与他人分享"，强调学生真实情感的抒发，在获得写作成就感的同时，反过来也激发了学生的写作兴趣；在写作方法上，强调观察。眼睛是心灵的窗户，要培养学生有意识地发现美，捕捉事物的特征，在此基础上，充分发挥学生丰富的想象力，用自己的独特视角进行有创意的表达。

（2）在积累写作素材时，"运用阅读和生活中的词语"是第一学段的要求，"新鲜感的词句"是第二学段的要求，而第三学段则建议"积累习作素

---

①中华人民共和国教育部制定.义务教育语文课程标准：2011 年版［S］.北京：北京师范大学出版社，2012：6-14.

材"，提出在写作中运用学习、生活中所积累的语言素材等，让学生真正做到学有所用、学以致用。

（3）在标点符号的使用上，逐渐学会使用常见的标点符号。

（4）在文体要求上，第一阶段并无提出，第二学段也只提出"简短的书信、便条"，从第三学段才开始提出具体明确的要求，总体呈现淡化文体的要求。

（5）在修改作品上，从第二学段才开始明确提出，从自己慢慢学会修改作品到能主动与他人交换修改，注重个体内省和外部世界的沟通，为提高学生的写作水平制定了一些具体的操作环节。

（6）第二学段开始提出习作的次数——"每学年16次左右"，对各学段的课内习作的次数做出了规定。在习作速度上，第三学段才做出要求，也展现了教育部开始意识到学生小学语文写作的基础性要求，这是为了培养学生以适应社会需要而提出的能力要求。

2. 新西兰小学写作目标与内容

表5　新西兰现行小学母语课程标准写作任务（要求）①

	年级	任务（要求）
Level1 （1—2年级）	一年级	学会独立地写一些简单的文本
	二年级	能明白他们写作的目的,并独立地写简单的文本
Level2 （3—4年级）	三年级	学生将会独立编写适合于各种不同的课程目的文本
	四年级	学生将会独立撰写在课程上有广泛用途的文本,包括记叙、描写、叙述、报告或是解释观点和信息
Level3 （5—6年级）	五年级	学生将会独立撰写在课程上有广泛用途的文本,包括记叙、描写、叙述、报告、议论及解释观点和信息
	六年级	

根据表格5中关于新西兰小学阶段写作任务的描述，总体上看新西兰小学生的文本写作任务越来越严格、具体。从年级划分来看，一年级只要求

---

① Ministry of Education New Zealand.The New Zealand Curriculum Reading and Writing Standards for years 1–8 ［s］. 2009：19–48.

"写一些简单的文本"，在写作格式、写作文体上并未提出要求；二年级要求写作不只是随心所欲，为写作提出的目的，这个目的是符合学生身心发展的规律的，是属于个体的愿望；三年级在写作目的上提出"适合于各种不同的课程"，使写作的目的遵循更加具体的要求，是属于国家的愿望；四年级和五、六年级在写作的文体上都提出了具体的要求，只不过五、六年级相比较于四年级扩充了"议论"这一写作文体。综观一至六年级学生写作任务，"独立"一词贯穿六个年级的写作任务，可以看出新西兰十分重视学生独立人格的培养，发展学生的个性，使学生的写作能力在自我的锻炼中得到逐步提升，以满足新西兰课程的写作要求。

新西兰现行的小学写作课程标准中在学生的文本写作上重点强调"创造"这个词，可以说"创造"成为新西兰小学写作目的与内容的灵魂。学生根据自己不同的写作目的以不同的方式"创造"文本，这些方法的范围可以从记下一些单词到起草、编辑和发布书面文本。从表6中可以看出，一年级对小学生提出写作的要求是十分简单的，在写作结构、写作词语的运用上并没有特别说明，在写作内容上要求学生写一些日常熟悉的词语或句子，主要是让学生对写作产生兴趣。二年级之后要求学生的写作内容要与课程主题或任务相关，要求满足特定课程的学习目标。从二年级开始一直到六年级，小学开始重视学生在写作上的具体要求，要求写一些简单的句子到写一些复杂的句子，包括句子长短、句式结构等都要求有明显的变化。对学生写作中词语的要求不再是单调的口语或是一些简单的连词如"和"的运用，而是要求使用"名词""形容词""动词"等，要求词语的使用能够清晰地表明自己写作的观点和信息，符合特定的写作目的。从四年级开始，新西兰对小学生在写作的"语法"上也做出了相关的规定。语法在写作中承担着重要的角色，在一个长句子中语法使用的恰当与否关乎一个句子读起来是否流利、语序通顺。当然语法也是写作中学生较难把握的一个重点，虽然四年级就提出语法的使用，但是在要求上并不十分严格，如四、五、六年级提出"大部分语法正确"，让学生对写作充满动力，也为学生的写作留有充分的余地。

表 6　新西兰现行小学母语课程标准写作文本（内容） ①

	年级	文本（内容）
Level1 （1—2 年级）	一年级	1. 一个观点、回答、意见或议题 2. 几个句子（包括一些复合句中的简单连词如"和"） 3. 一些关键的个人词汇和高频词汇 4. 在作者的口语或是阅读自己作品时遭遇困难，尝试转换单词
	二年级	1. 与课程主题相关的经验、信息和／或观点，被一些（大多数是相关的)细节和／或个人说明所支持 2. 主要是简单句和复合句在开头有变化 3. 正确使用简单的连词 4. 主要是个人内容的词汇，以及词汇和短语主要来自于他们所知道的口语词汇和语言 5. 在多样性和精确性上尝试一些形容词、名词和动词的使用
Level2 （3—4 年级）	三年级	1. 内容大多数是与课程主题相关的一些经验、条款的信息和／或观点，包括的细节和／或评论 2. 符合他们写作目的的基本结构 3. 主要是简单句和复合句在开头和长度以及简单连词的使用上有变化 4. 尝试一些复杂的句子 5. 一些具体的词汇是适合文本的内容的
	四年级	1. 内容大多数是相关的课程任务，涵盖了一系列的观点、经验或条款信息，并包括主要观点所支持的细节和／或评论 2. 语言和简单的文本结构适合他们和读者的目的 3. 主要是简单句和复合句在开头、结构、长度上有变化，他们大多数语法正确 4. 尝试一些复杂句 5. 单词和短语，尤其是名词、动词、形容词和副词能够清晰地表达观点、经验和信息
Level3 （5—6 年级）	五年级	1. 内容经常是与课程任务相关的，并包括主要观点所支持的细节和／或评论 2. 语言和文本的整体结构是适合他们和读者的目的 3. 小组讨论的段落
	六年级	4. 简单句和复合句是正确的语法和大部分语法正确的复杂句子 5. 单词和短语包括特定主题的词汇符合主题、语域和目的

新西兰小学生的写作进程：

（1）写作策略上，新西兰在小学二年级强调学生使用"规划策略"，将自己的观点准确地表达出来。当然这种规划策略随着学生年级的升高而有了

---

①Ministry of Education New Zealand.The New Zealand Curriculum Reading and Writing Standards for years 1–8 ［s］. 2009：19–48.

更高的要求，在三年级时提出学生使用规划策略创造出语言。五、六年级则需要学生借助流程图的建构进行规划。

（2）从新西兰一年级开始就强调"反馈"，足以显示"反馈"在新西兰小学生写作过程中的重要性。通过反馈，学生对自己写作的文本进行修改以满足各年级的写作要求。虽然每个年级都强调反馈，但是每个年级学生对反馈所做的回应在程度上有所不同，从简单的"增加或减少内容或改变标点和拼写"，到"独立修改和编辑的文本具有明确的意义，并增强影响力"。

（3）写作中常常会有拼写、语法、标点符号使用错误，新西兰要求学生能够独立地采取可行的措施进行校对，如"在他们以前的写作和其他资源中找到并确认拼写是否正确""借鉴有关单词和句子的结构和使用课堂资源来发展他们的知识，如初级词典""适当地使用计算机或打印机"，这些措施的使用是建立在学生能力发展上的。

（4）新西兰从三年级开始要求学生的写作能够公布，学生文本公布媒体的选择取决于读者和他们的写作目的。公布的目的主要在于通过与外界的交流与互动中使自己写出更加完善的文本，这种自我反思与外界反馈的完美结合将鼓励和支持学生在各种适当的媒体公布自己的作品。

3. 比较与分析

（1）两国写作的文体要求不同

从整体上看，中国对小学生写作文本要求的提出并不是十分详细具体、有层次性和深入性，关于在第二学段、第三学段中分别提到的"能用简单的书信、便条进行交流""能写简单的记实作文和想象作文"和"学写读书笔记，学写常见应用文"，这些建议对于学生的写作并没有提出更为具体深入的要求。而具体的写作文体分类要求到初中阶段才提出来，如写记叙文，简单的说明文、议论文。新西兰对于小学写作的文本类型却与中国正好相反，新西兰小学十分重视写作的文体，小学一年级就开始有意识地慢慢培养学生在写作方面的能力，三年级提到学生写作要满足不同课程文本的目的，四年级开始要求"学生将会独立撰写在课程上有广泛用途的文本，包括记叙、描写、叙述、报告或是解释观点和信息", 五、六年级增加"议论", 要求作品的发展、组织和文体要适合于任务、目的和观众。可以看出新西兰对于小学阶段学生写作文本的要求是广泛的, 在文体类型上强调多样性, 旨在培养学生的写作能力以满足新西兰"标准"。

(2) 两国对作文修改的要求程度不同

作文的修改是学生完善并提高写作技能的关键性环节, 应当受到重视。中国与新西兰在作文修改上有着明显的区别, 中国以教师的细致批改为主, 学生的自我修改为辅。而新西兰则强调学生的独立发现并修改写作文本中的不足, 并结合外界的交流和沟通, 通过反馈使得学生更好地完善自己的作品。中国在第二学段 (3、4 年级) 才开始提出了修改作文中明显错误的词句, 与他人交流写作心得。而新西兰在一年级时便提出自己修改作文, 如"重读他们的作品""通过修改来回应反馈, 如增加或删减内容或改变标点和拼写"。这样的修改是建立在学生独立完成的基础上的, 需要学生运用已有的知识经验或周边的工具独立发现写作过程中存在的问题。然而新西兰不仅强调学生的自我反思, 还同样强调外界的反馈, 主要体现在新西兰要求学生写作文本的公布。强调写作文本的公布是新西兰小学写作的一大特色。学生写作文本的公布是为了更好地与外界交流和互动, 成为小学生独立修改作文的另一补充。同时, 提倡和鼓励学生公布自己的作品也是为了更好地保护学生的写作成果, 并提升学生写作的自信心。新西兰从三年级开始提倡学生能够通过各种适当的媒体公布自己的作品, 如"在各种适当的媒体上公布他们的写作, 这取决他们的写作目的和读者""对各种媒体的出版做出适当的选择, 包括数字媒体和视觉媒体"。新西兰的小学生可以在自我反思和外界反馈的双向渠道中, 获得写作能力的提升。可以看出, 中国和新西兰两国对写作文本的修改在其程度的重视上存在着较大的差异。

(3) 相比于中国, 新西兰更加重视学生的写作能力

中国的写作标准强调学生的兴趣, 认为只有学生喜欢写才能写得好。而新西兰的写作目标则更为关注学生写作策略的学习和指导, 并没有过多地强

调写作的兴趣。新西兰低年级学生在写作时，经常在写作中插入画画来表达自己不会用语言表达的写作想法，写作完成之后，学生会独立检查，使用红色钢笔将他不确定的地方划上线条标出来。新西兰学生是用英文写作的，要求学生能够运用不同的单词，能够有充分的语言素养。比如，在新西兰写作标准的示例中，第一年级一篇作文《在周末》，学生在写作时，运用到了连词"但是"作为转折点；第二年级《为什么白天和黑夜》，学生使用到复合词"和"来连接一个句子。学生通过不断学习新的词语，在教师指导下不断在写作中激发想象思维进行创造，这样做可以使学生的写作能力获得不断提高。这些写作内容都是来源于生活实践，而且与学生的日常生活密切相关，这必然会激发学生的写作动力。新西兰在学生小学阶段的写作过程中，不断提醒学生要独立思考自己写作文本的意义，并通过不断的修改使得文本更加清晰、富有影响力，值得中国反思并借鉴。

四、课程评价建议比较

（一）中国现行母语课程标准中的课程评价

从中国现行母语课程标准的评价建议中，我们可以看到评价的基本目的是："为了促进学生学习和改善教师教学。语文课程评价应该准确反映学生的学习水平和学习状况，全面落实语文课程目标。"文中主要对中国语文课程的评价建议应遵循的总体理念进行以下四点划分：

1. 充分发挥语文课程评价的多种功能

中国在现行母语课程标准的评价建议中指出语文课程评价应具备多种功能，主要囊括了检查、诊断、反馈、激励、甄别及选拔等等，在具体语文教学评价的过程当中要突出它们的作用，不能纸上谈兵，要在实际运用中发挥其功效。当然，在中国语文课程评价标准所具备的众多功能中，我们尤其要重视运用诊断、反馈、激励这三种功能。诊断是检测目前的课程是否适合学生所拥有的知识，以及能否清除学生在学习过程中所产生的障碍，通过诊断形成反馈信息，及时做出改进，因此在具体语文课程评价中要得到重视。除此之外，语文课程评价必须转变教师以往特别注重甄别和选拔这两种功能的思想，使教师能够以发展的观点看待学生，而不是把学生仅仅看作一个时期或阶段的产物。实现语文课程评价多种功能的运用，能够全面检查学生在达到课程目标上所能实现的程度，从而提高学生的学习成果和效率，改进教师的教学方法和策略，不断完善课程设计并改善教学过程。

2. 恰当运用多种评价方式

中国一般是以学生的考试成绩作为评价一个人优劣的方法，学生没有展现自我的机会，每天只会忙碌于各科的学习中，所以中国必须改变以前较单一的评价方式，重视多种评价方式相结合，恰当评价学生所取得的进步。为此，语文课程评价方式要遵循多样化的原则，评价中主要是采取形成性评价和总结性评价、定性评价和定量评价两两相结合的方式。形成性评价一般是贯穿在学生的学习中，不是作为一段学习效果的评价，而总结性评价则是对学生一个时期或阶段进行的总结性报告。另外，定性评价旨在评价学生除考试成绩以外的日常表现等，而定量评价则侧重于评价学生考试成绩，这两两相结合的评价方式能够考虑到学生发展的全面性。

在评价各种方式上，评价的客观性和深刻性是有差异的，相比总结性评价和定量评价，语文课程的评价方式应更加注重形成性评价和定性评价。在形成性评价的过程当中，评价者应该结合被评价者学习和成长的过程，不能从单一的方面并以学生的一方面成绩做出总结性的评价，可以通过成长记录袋等各种方式，不断收集、积累能够反映学生日常表现的资料。学校和教师分析学生的成长记录袋和考试结果时，其评价结果也可以有多样性，可以是书面的，也可以是口头的；可以用分数表示，也可以用等级来表示；还可以选用有代表性的客观事实描述学生的进步。当然在评价方式的设计上也提出了严格的要求，要具有实用性，摒弃烦琐、片面的形式。

3. 注重评价主体的多元与互动

在教学过程当中，母语课程评价强调多向交流、互动的评价主体，主要包含教师和学生的相互评价、学生之间的相互评价、学生对自我的评价，平等重视由知识、能力、态度、情感组成的评价体系,对学生评价的焦点应该从关注学生学习的能力向关注学生参与、互动和情绪状态等方面进行转移,以便获取更好的教学效果。这种由教师和学生双方组成的多元评价系统,将有利于学生进行多角度、全方位学习信息的沟通,有利于将学生学习的主体地位放在更加突出的位置,是为提高教学效率,让教师因材施教的更好支持,一切都是为了学生的全面发展,使学生能够成为学习的主人。

可以看出现行母语课程标准中要求的评价主体不再是只注重教师主体地位,新时代评价主体需要的是多方面的合作、协调,当然这其中不仅包括以教师、学生为主的评价方式,还应当考虑社会各个方面的评价主体,比如了解学生的家长、学生成长的社区以及专门从事评价的人员等等,他们应该适当参与到评价中去,这样做主要是为了取得除教师和学生以外的社会各界能够给予学生语文学习的更多重视与支持。

4. 突出语文课程评价的整体性和综合性

语文课程评价的整体性和综合性主要体现在以下两个方面,一是语文课程学习的五个领域,分别是识字与写字、阅读、写作、口语交际和综合性学习。这五个方面是现行母语课程标准中不仅是学段目标与内容的具体划分,详细指出学生在每一个学段学习领域上所要达到的学习要求,是对学生提出的最基本的要求。而且每一学段的学习领域都是个整体,学生五个领域的学习是不能分开的,在教学中有识用、读写相结合的要求,因此评价要从整体入手,而不能单个评价学生语文课程学习的五个领域。二是三维目标的综合,包括知识与能力、过程与方法、情感态度与价值观。这三个目标是相互交融的,知识与能力是基础性目标,情感态度与价值观是终结性目标,它们作为一个整体是相互联系和促进的。这样的课程评价避免了以往单从知识、技能两个方面评价的劣势。

(二) 新西兰现行母语课程标准中的课程评价

新西兰在现行母语课程标准中指明评价的主要目的是提高学生的学习和

教师的教学，这一点与中国现行母语课程标准中提到的观点不谋而合。新西兰现行母语课程标准指出学生和教师根据评价所提供的信息进行思考，学校考虑如何收集、分析和使用评价信息以有效地满足学生的学习和教师的教学。①新西兰在评价的过程中应满足以下四点要求：

1. 重视评价的甄别与发展功能

新西兰的评价方式也十分重视总结性评价和形成性评价的结合，然而为了学生的学习与成长，新西兰在教学实践中对小学低年级的评价方式形成性评价占据主体地位，主要是因为小学低年级的学生拥有无限发展的可能，我们必须予以重视和保护。新西兰的课程评估主要是被用来甄别学生的学业成就，这就要求学校的管理者必须将总结性评价和形成性评价结合起来，将他们的这种评价方式应用于同年级之间。除此以外，教育行政当局还应当进行横向比较，比如说在学校之间、地区之间进行的比较，另外一些媒体也会将全国各地区间的数据做出精确的统计，以方便进行比较，找出优劣。这些比较的结果不仅成为教师评价自己教学水平和学校管理者评选或淘汰教师的依据，也作为独立于教育系统之外的教育督导监控全国各级学校教学水平的立足点。位于新西兰的众多学校中，将会多多采用学期考试这种方式对学生的学习情况和教师的教学情况进行考察和分析，而且新西兰每年都会以标准的试卷形式举办中学毕业升学考试。这种评估的力度十分可靠且有效，所以不管是学生的学业成绩还是教师的教学评估都会拥有法律效力的维护，同时也会是学生进入更加高级学校参与学习的主要根据。

2. 对学生的评价以质性评价和形成性评价为主

新西兰评价工具的研发依赖于教师团体和教育咨询部门的开发，其研发评价工具的主要目的不在于比较学生的学业，而是着重检查各种水平的学生成就。目前，新西兰的评价标准由原来的五个等级水平细化为八个等级水平，教育部不断鼓励和支持教师和学校在对学生和教师的评价上使用新的标准，

_____

①Ministry of Education New Zealand.The New Zealand Curriculum [s] .2010:39.

如今学校通常使这些目标再划分为三级水平以方便检验学生的学习目标的完成情况。在新西兰小学高级阶段的年级里，教师会根据新西兰课程学习的要求，每年都会检验学生达到学习目标的情况，主要是根据新西兰教育研究咨询机构编制的学业成绩测试卷，关键的是新西兰学校并不会以这样测试的优劣来作为决定报告的依据，也不会作为一次总结性的评价考试，这种标准测试旨在考查学生的阅读技巧、学业方面是否进步。

3. 融合三方评价主体

新西兰基础教育拥有广泛的评价主体，主要涵盖国家、各州、各学区、社会民间机构、各级学校，涉及面极广。当然，各个评价主体并不是单独行动或是各自为政，它们作为评价主体的唯一目的是为促进学生的学习和成长，所以它们在评价的过程中要进行恰当的沟通，用全面的方式正确评估学生进步性，可以看出它们所担的责任也较大。根据评价主体的性质可以分成三种——自我评价、内部评价、第三方评价。这里的自我评价就是学生对自己的评价，内部评价主要是由学校、教师等组成的评价体系。而第三方评价主体作用的发挥具有很重要的作用，比如说教育督导，它是独立于教育部之外的存在，直接由隶属于国会的教育检查办公室实施，主要是评估全国基础教育，向国会负责，同级学校之间的比较是其主要的评价内容，并进行个别化指导。从新西兰所拥有的评价主体可以看出，它们虽分属不同的机构，却能各自独立运转，一起构成一个全方位的评价体系，它们分工明确，每个主体都有自己擅长的方面，可是并不代表它们是独立的一分子，评价主体之间的相互交叉可以保证评价的客观性和有效性。

4. 评价工具和手段多样化

新西兰的评价资源十分丰富。教育部委托大学开发各级各类的评价工具，为大部分学校提供评价资源，如奥克兰大学评价小组为 5 至 7 年级的教学开发的评价工具，以光盘的形式免费发放给了全国各个学校。还有的教育机构根据学校的要求也致力于编写各种水平和层次的评价项目，如新西兰教育研究咨询部开发的许多项目都是免费为评价 2 至 5 年级的英语、数学的，学生和教师可以通过网络下载后使用。这些评价工具具有很大的实用性和科学性，极大地方便了学校的自我评价和教师的教学评价。①

（三）比较与分析

1. 两国的评价范式转换速度不同

中国在评价范式的转换上虽然已经意识到传统评价所存在的弊端，但是在真正的实践中，各评价主体虽谴责传统评价方式的不足，但又离不开传统。如，中国重视用常模的方式解释评价结果；认为质性不实，习惯用量化评定评价对象的表现；中国的评价脱离现实生活，不与情境牵涉；中国的评价钟爱于检验个人水平，不进行合作；中国的评价处于静态，缺乏动态指导等等。这些都足以说明中国的评价还处于探索阶段，还没有成为真正为了教学的评价。从新西兰现行母语课程标准中总结出来的课程评估可以看出，其基础教育评估范式的转化是符合自身发展的需要，也适应世界发展的脚步。作为转型的关键期，新西兰主要从三个方面进行转型——常模参照到标准参照、量化表征到质性描述、情境无涉到情境关联。

由此看来，新西兰的教育评估是走在中国教育评估前面的，因此中国不仅要加快基础教育评价范式的转换，尽早确立质性评价、动态评价、情境评价等现今评价范式的主动性地位，而且在确保速度的同时要保证教育评价的发挥能真正有利于学生的发展。

2. 两国评价主体多样化不同

中国的评价主体强调教师和学生之间的多重评价，多发生在教师和学生、学生自己以及学生和学生之间评价主体的发挥，而新西兰在中国评价主体的基础上，还强调国家、各州、民间机构等评价主体作用的发挥。譬如新西兰教育监督的工作主要是由实施教育检查的办公室相应人员负责，它对学校学生学业成绩的评价是以外部评价的身份存在的，是隶属第三方的存在，但是教育检查办公室每一次对学校开展的评价应该是建立在学校自我评价的基础

①金建生.新西兰基础教育评价研究［J］.外国教育研究，2008（5）：27.

上的，根据学校在自我评价阶段所获得的信息进行外部评价；新西兰教育部督查办隶属政府，属于自我评价，对各州教育事业的全方位进行评价；各学区督导员则属于内部评价，主要是对各学区基础教育的课程、教学、考试进行的评价等等，可以看出新西兰评价主体多元化的发挥，不仅有利于教师从多种来源中获取和解释信息，而且教师能够运用专业判断评价学生的学业成就，从而抓住学生的长处，增加并维持学生的信心。中国虽然也重视外部评价主体的作用，但不及新西兰外部评价主体的专业、深入，因此中国应该不断加强评价主体机制的完善。

3. 新西兰的评价过程更加透明、公正

新西兰对学生学业成绩进行评估的操作标准必须是透明、公开的，能够便于社会各界人士的监控和督查。如果说自我评价和内部评价有失公允，那么新西兰的第三方评价机制的引入便是新西兰与中国评价的重要区别。这独立于教育体系之外的第三方确实十分重要，其独立性以及处在活动之外的特点都决定了评价的公正性，成为自我评价和内部评价的有力支撑和补充。此评价过程体系设计要通俗易懂，主要围绕学校进行三方面内容的设计，包括学校擅长做的事、学校需要改进的地方、学校接下来要做的工作。评价的报告应该立足于讲究评价事实的基础上，需要结合政府和公众以及学校的意见，还要充分考虑学生之间的差异，评价的范围要与有关国家利益结合起来，保证评价工作顺利进行。通过公正、透明的评估后形成的评价报告，它的公布在改善新西兰基础教育质量等方面，为新西兰的董事会、学生家长、学校教师及其他相关人员提供了让人可信赖的信息资源。虽然中国每年对学校进行评价，但其评价的过程和反馈结果的报告并未向外界公布，这使得评价的透明性和公正性受到削弱。正是由于新西兰第三方评价效能的最优化发挥，使得教育考察的范围变深、变广，而中国基础教育评价在这方面非常欠缺，一些民间机构和大学等的评价基本上没有开展工作。

五、新西兰课程标准对我国的启示

(一)传承中国优秀文化,融合世界多元文化

目前,世界各国经济、政治已趋于一体化,文化、意识等也越来越形成共识,而各国母语课程在多元文化的冲击下,在传递和创新等方面面临着诸多的矛盾和冲突。面对各民族文化的优势,母语课程应在保持本国文化特色的同时,积极融合各国文化之长处,做到融合以紧随世界文化发展的趋势。基于此,中国文化在拥有自身独特的魅力的基础上,首先需要积极引导学生认识和体会本国的优秀文化,感受本民族文化的博大精深,然后尊重和吸收世界各国文化。"中国现行的母语课程标准,在文化取向上就强化在母语教育中坚持民族立场与国际视野相结合的理念和价值追求。珍视母语课程的独特价值,坚守中华文化根基,培养社会主义公民。比如,新课标中增加了文本上的新分类,在"实用性文章"中增设了"非连续性文本"的内容,显然这是为了适应当今世界人才发展的明智之举。①

中国在坚守中华文化的同时也应借鉴其他各国文化的特色,每个国家都有其自身的优点和缺点,需要我们不断地探索以求取精华,使本国与之融合。而新西兰国家由于自身历史发展的特殊性,拥有多元文化。英语文化不断与土著文化和其他文化融合而形成了成熟的社会经济基础。新西兰在多元文化期间,政府依据尊重歧异与机会均等的原则,积极推动对不同文化知识的了解、不同社群之间的接触、不同文化背景的人之间的交流互动,以达到多元文化的融合乃至社会的和谐与共同发展。②新西兰国家兼容文化的做法以及新西兰本身的文化特色都值得中国学习借鉴,这样的国家才能传递出一种新时期文化的大开放、大综合。

---

① 金荷华.2011 年版义务教育语文课程标准的国际透视 [J].连云港师范高等专科学校学报,2013(3):56.

② 齐放.新西兰的多元文化与教育特色 [J].广东教育,2010(4):64.

（二）提倡阅读文本多样性的选择，扩充学生的阅读面

新西兰教育部也专门制定了达标标准，即每一个年级的孩子需要达到何种教育标准。所以每个学校会依据教育部的标准来因材施教。[1]在新西兰的阅读标准内可以看出，学校根据每一年龄层次的学生的阅读文本都提出了具体的要求，包括一个阅读文本应该包含几个句子、几个陌生的词汇等等，这些规定使得学生能够在自己的水平内进行阅读。当然这样做，学生可以看自己所喜欢的读物，可以看各种不同类型的文本，包括报纸、杂志、海报、图表、地图、光盘等等一系列只要是在学生阅读水平范围内的读物，学生阅读文本的选择面更宽了，所吸取的知识面也就更广了。

纸质阅读文本不足以满足学生对世界的好奇心，一些电脑、电视、光盘等电子产品所提供的生动形象的阅读是纸质阅读文本所不能替代的。为此，中国在保有纸质阅读文本的同时，要不断探究其他渠道的阅读形式，扩大学生的阅读范围，使得学生在不同类型文本的阅读中，领会文本中深刻的人文精神，获得正确的人生观、世界观、价值观。

（三）注重写作创新思维的培养，关注学生个性的养成

在写作过程中，新西兰一年级时就要求学生重读自己的文本，能够修改出自己文本中有错误的地方。强调写作过程中规划策略的运用，学生能够运用规划策略组织自己的语言，使自己的写作能够规范，语法能够正确。当然，新西兰要求学生的写作题材是十分广泛的，你可以写文学，也可以写科技，只要是学生擅长的都可以进行写作创新，这就让学生的个性得到了充分的发展，学生只写自己喜欢和突出领域里的作品。新西兰学生的写作较之于中国还有一个特色，就是新西兰学生的写作在第三年级开始要求在各种适合的媒体上公布，希望社会各界人士能够对学生的写作文本做出反馈，学生回应这样的反馈并能够独立地思考自己写作中存在的不足，根据自己已有的经验或

---

[1]爱丽斯.新西兰：没有课本的学校教育［J］.梅州日报，2012.

是查资料的办法来修改。①

中国在小学阶段就需要对学生写作策略和方法进行指导，抓住学生个性的表达，逐步实现有创意的写作要求。同时，中国还要注重学生独立意识的培养，让学生在自己写作锻炼的过程中得到能力的真正提升，从而善于写作。

①Ministry of Education New Zealand.The New Zealand Curriculum Reading and Writing Standards for years 1–8［s］.2009.

第八章 中国与爱尔兰小学母语课程标准比较

英语是爱尔兰共和国（EIRE）的官方语言。由于在当时，爱尔兰处于英国殖民的统治下，导致了历史上的爱尔兰大饥荒。这场大饥荒消除了一种生活方式和一种语言，即凯尔特语言的几乎消亡，从而使得英语在爱尔兰国家中的使用率得到提升与扩展。12世纪初，由于英语的传入，爱尔兰的知名作家首先开始使用英语作为创作语言。爱尔兰国人普遍开始说英语是从16世纪开始的。通过英国的语言文化传输，从19世纪初期开始，爱尔兰当局政府宣布所有的学校都必须使用英语教学。①因而当时间延续至19世纪末的时候，能说英语的爱尔兰国民比率上升至85%左右，可以说英语在这个时期的普及率非常之高。

一、爱尔兰小学母语课程标准的制定背景

20世纪初期，爱尔兰政府开始重视国内的教育改革发展及其长远规划，因而于1904年宣布实施双语教育教学政策。双语即英语以及爱尔兰语，这个计划被称为"1904—1922年双语计划"。虽旨在通过这项教育运动来复兴爱尔兰语，但也在很大程度上带动了爱尔兰国内英语的学习与发展，学校教学使用英语的普及率愈来愈高。到了此计划的末期，即1922年底，经调查，全国

---

①张社列.爱尔兰英语漫谈［J］.《英语知识》，1996（1）.

约有 75% 的学校普遍实施英语教学。[①]1922 年，爱尔兰国家宪法明文规定：英语是爱尔兰的官方语言，从法律层面上确立了英语在爱尔兰国家的地位与重要程度。此项法律明文的颁布，使得爱尔兰国民开始进一步的接受英语的使用，国内调查显示所占比率已达到 82%。从 1920 年至 1940 年，爱尔兰国家开始强化英语教学教育政策，其中尤其以小学为主要试验田。国家发起了"教师培训项目"。在招收教师的同时，注重对教师的各项培训活动。如新教师的职前培训、在职教师的假期培训。培训中包含多种提高性措施，还倡导教师教学之中的英语使用能力，旨在增强爱尔兰国内教师的整体素养。因此在 40 年代后，英语教育开始兴起。到了 1980 年，全科使用英语教学的小学数量增长迅速，从初始调查的 100 多所，上升至 600 多所。而部分学科使用英语教学的小学效果则更为明显，从近 200 所小学直接扩展为将近 1000 所。英语教育开始在爱尔兰国内兴起，开展得轰轰烈烈。在 20 世纪 60 年代，爱尔兰为了充分融入国际社会，发展国家经济，大力倡行英语这门国际通用语言，使得英语在国内更加普及。因而当时的爱尔兰政府不得不大力提倡使用英语，努力提升英语在本国的地位。并在教育方面，尤其是初等教育方面，普及英语课程，传授英语知识文化。从 20 世纪 70 年代起，爱尔兰政府开始大力增加教育投入，尤其是英语教育的投入，从资金方面再到招生方面，国家公共英语教育开支的排名，位列西方发达国家第二。爱尔兰政府的一系列扩大母语教育措施，旨在更好地与国际接轨，培养更多更好的新人才。

新世纪之初，英语已经基本在爱尔兰全国普及。爱尔兰初等教育课改明确指出，要以 2005 年出台的《爱尔兰小学英语课程标准》为标准，阐述在母语课程设置中，学生终身学习所要具备的各项基础内容，培养学生全面的"听说读写"能力，阅读、写作以及口语交际方面面面俱到。更注重激发学生自主学习的潜能，强调活动中的合作意识，大力增强学生与社会的联系，拓

[①]韩春杰.爱尔兰双语教育研究 [D].江苏：南京师范大学，2006.

宽学生在校的视野。此外，还重视评价在课标之中的重要地位，通过对评价理念的充分倡导，推进均衡交流性评价，有利于学生母语运用能力和情感想象力的更好发展。为最大化地促进教师与学生双边的发展提供标准依据。可以看出，爱尔兰课改是以普及英语、与国际接轨为旨趣的。从爱尔兰现行小学英语课程标准的制定背景来看，爱尔兰政府正充分意识到英语的重要性程度。由于过去几世纪中英国的统治权集中在爱尔兰，因此全国各地都长期使用英语教学，以至英语已成为全国大多数地区多数人的母语。以往英语作为母语，在爱尔兰普及程度不够高，令学生得到英语学习的"广度"存在局限，甚至在对吸收"知识的广度"时出现障碍。此外，爱尔兰是多语言国家，如盖尔语、英语等语言国内都通用，因此不同地区是以不同语言教学，会造成同一国内部沟通困难，影响国家凝聚力。

二、课程基本理念比较

（一）中国现行小学母语课程标准的基本理念

全面提高学生的语文素养；

正确把握语文教育的特点；

积极倡导自主、合作、探究的学习方式；

努力建设开放而有活力的语文课程。

（二）爱尔兰现行小学母语课程标准的基本理念

1. 强调听说读写并重及其相互联系

爱尔兰现行小学母语课程标准在基本理念中，首先强调听说读写并重及其相互联系，目的在于：第一，发展学生对语言产生积极的学习态度和欣赏观念，包括讲话、阅读及写作。第二，创造、培养并保持学生表达交流的兴趣。第三，发展学生积极参与听与讲关系中的能力。第四，发展学生听说读写的能力。第五，发展学生的认知能力以及在口头语言、写作和阅读中清晰思考的能力。第六，促进学生独立阅读与写作的能力。第七，在口语、阅读和写作中加强学生的情感、想象和审美的发展。

2. 强调语言的发展性功能

爱尔兰现行小学英语课程标准还注重强调语言的发展性功能。由于英语的普遍性影响，它不仅与语言学习有关，更是与语言的学习过程相关。在获取语言技能、发展语言运用能力这个过程中，学生的性格及潜力等关键因素得到了培养。例如，学习一个新单词，或扩展一个已知词的多义，可以带来更多的词汇延伸。这可以与儿童的熟知事物相挂钩，扩展并加深他们的理解能力。同样的，尝试去表达情感和想象力方面的经验，可以将儿童的情感和直觉注入语言之中，这就不仅可以深化儿童的知识，更能深化世界的知识。

为了表达这些原则，课程被分成了四个方面：一是接受语言；二是使用语言的能力和信心；三是通过语言发展认知能力；四是通过语言发展情感和想象力。我们可以看出：前两条，接受语言和使用语言的能力和信心主要是以语言学习为首要目标。而后两者，通过语言发展认知能力和通过语言发展情感和想象力，主要是促进学生的各方面发展。

3. 注重信息通信技术的运用

能够使用信息通信技术，同样也对加强学生的语言发展有益。因此，爱尔兰现行小学英语课程标准的基本理念也着重突出了这一点。这是发展阅读、理解和信息检索技能的重要资源。这种文字信息处理的设备不仅能够鼓舞并帮助儿童起草、编辑、改写文字，更强调了这其实就是写作中的本质部分。因为语言在任何课程领域中都需要通过信息通信技术进行教学，这与学生在校内的成长和发展密切相关。此外，这也与当今信息化社会的发展背景息息相关，突出了课标基本理念的与时俱进与不断创新，在以学生为本的前提下，与当代社会相契合，努力促进现代学生的发展。

4. 注重评定的功效

爱尔兰小学英语课标认为评定在英语教学中是必不可少的一部分，并且在其他课程领域中也是一样重要的。评定能够丰富学生的学习经历，为学生、教师、父母以及他人提供有用的信息。评定需要在合适的评定范围内，通过相关评估手段，成为一个连续性的、逐渐稳定的结构过程。

（三）分析与比较

1. 两国都注重母语课程工具性和人文性的统一

我国语文课程标准在基本理念之中，就将其放在最重要的位置上阐述。新课程标准指出：语文首先是一种交流工具，因此工具性在此得到了充分的体现，工具性体现在要求强调学生书面性知识的掌握，具体如学生的听说读写能力，对字词句的掌握，对标点符号的使用，对口语方面的交际，对学习资料的信息搜集等方面。而基于工具性的基础之上，语文还具有人文性的特征，即引导学生循序渐进地进行自主、合作、探究的学习方式，培养学生应用能力、审美能力和探究能力的发展与进步，两者缺一不可。[①]

同样的，爱尔兰的课标所阐明的基本理念，也体现了对工具性与人文性的重视。如"发展学生对语言产生积极的学习态度和欣赏观念，包括讲话、阅读及写作""促进学生独立阅读与写作的能力""注重信息通信技术的运用"体现出工具性一面。而"发展学生的认知能力以及在口头语言、写作和阅读中清晰思考的能力""在口语、阅读和写作中加强学生的情感、想象和审美的发展"则体现出了人文性的一面。课标指明，语言学习是一项综合性的过程，它很难将其口头语言、阅读和写作技能以及情感态度相分离。这些功能紧密相连，每一个都能以大量的方式影响着其他功能，以此来形成一个完整的语言学习过程。

2. 中国倾向于革除原有语文课程的弊端

中国现行小学母语课程标准将四大基本理念作为出发点，也就是从四个宏观的角度提出的实质性理念要求，涉及学生的角度、语文学科的角度以及课程学习的角度等。较之于爱尔兰，我国课标的理念更是倾向于革除原有语文课程的弊端这一特性。

以往的传统教育为应试教育，重结果，是被动理解型的灌输式教育，这

[①] 李猛.试论语文工具性与人文性的统一［J］.观察与思考，2002（4）.

种教育具有封闭的特性，不利于学生的主动发展。现行的小学母语课标基本理念中渗透出：要注重实施素质教育，重过程，这是一种主体体验型的探究式教育，这种开放式教育使得学生充分具备主动、轻松，视学习为快乐的活动，富有创造精神的优秀特点。

新语文课程标准提出，要改变原先语文教育之中只重知识、只重成绩、只重表面的学习。现在要转向注重技能与能力的运用，并且能够处理好学生知识与能力的关系，培养学生最终获得正确高尚的价值观。从而可以看出，我国语文课程的基本理念体现了革旧出新的特点，这正是在革除原有弊端的基础上，不断深化理念所取得的实质性突破。

3. 爱尔兰强调遵循语言习得规律

爱尔兰小学英语课程标准的基本理念，强调听说读写并重及其相互联系，并注重学生的语言发展性功能，强调循序渐进的学习，即要遵循学生语言习得的规律。较之于中国，爱尔兰的英语课程是分为四大方面的，而每一方面都分成三个小单元内容，促进学生口头语言、阅读以及写作每个面的不断发展。每个小单元都包含了详细的课程内容，并且注意避免重复特定的内容。由于学生语言的特性，课程的单元会采用一级升一级的循环模式，其中一些还会涉及活动性经验。

尤其是爱尔兰课标的理念中还特意注重信息通信技术的运用。"能够使用信息通信技术同样也对加强学生的语言发展有益。这是发展阅读、理解和信息检索技能的重要资源"。时代的快速发展，要求我们启用新的学习方式，这也是当代学生新的语言学习习惯与手段。间接体现了当代小学基础教育中，学生的信息化学习规律，体现了爱尔兰小学母语课标理念的与时俱进。

较之于中国，爱尔兰更为强调遵循语言习得的规律，这在一定程度上贴近了学生主体，充分考虑了学生的语言学习特性，通过把握学生语言学习规律，进一步促进了学生小学英语的学习发展。

三、课程标准的框架比较

(一) 中国现行小学母语课程标准的框架

我国现行小学语文课标，从框架结构上来看简单明了，一目了然，却又面面俱到。整体框架是分为四个部分来阐述的。分别为前言部分、课程目标与内容部分、实施建议部分以及附录部分。前言部分是语文课程的一个定性环节；课程目标与内容部分为中心环节，以三大维度为梯度加以阐述；实施建议部分是从建议的角度，完善巩固课标的实行；附录部分则是有关重要工具性知识的展列。

(二) 爱尔兰现行小学母语课程标准的框架

爱尔兰义务教育分为四个阶段时期，分别为幼儿班、一至二年级、三至四年级以及五至六年级。其中幼儿班属于学前教育阶段，而剩下的 1—6 年级则属于小学教育阶段。

爱尔兰小学英语课程标准在之前的基本理念以及总目标的阐述之下，按照一至二年级、三至四年级以及五至六年级三个学段，提出了学段所需达到的目标内容。学段所需达到的目标内容都是从"接受语言""使用语言的能力和信心""通过语言发展认知能力""通过语言发展情感和想象力"四个维度提出具体要求的。四个方面再进一步细化，扩展为口语、阅读与写作这三个具体方面。课程标准的最后一部分内容是"评价"。对评价的作用、评价的内容、评价的工具以及评价的方法都做出了详细的阐述，是课标中必不可少的重要内容，是有效教与学的核心所在。

(三) 分析与比较

1. 课程目标维度的差异

两国现行小学母语课程标准的框架都是按学段划分编制的，按照一至二年级、三至四年级、五至六年级三个学段，每个学段依次展开课程的目标及其内容。

在课程目标维度方面，中国现行小学语文课程目标及其内容是分为三大维度，即"知识与能力"维度、"过程与方法"维度和"情感态度与价值观"维度。并且将这三大维度体现在了五大领域之中，即识字与写字、阅读、写作、口语交际和综合性学习。①而爱尔兰则是直接分为四大维度，即从"接受语言""使用语言的能力和信心""通过语言发展认知能力""通过语言发展情感和想象力"这四大维度出发，通过详细阐述要求与内容，来相应地达到爱尔兰小学英语每个学段需要达成的目标。

虽然两国小学母语课标在课程目标上具有维度性的差异，但是其出发点却具有一致性。同样是通过目标维度的陈述，旨在完善各国的小学母语课程标准，同样追求当代小学阶段学生的充分全面发展，同样为当代教师与教育者提供针对性的、逻辑性的目标范本。

2. 与爱尔兰相比，中国还列出了"综合性学习"领域

与爱尔兰相比，中国小学现行的语文课程标准列出了"综合性学习"这一重要领域。之所以提出这样的概念，是源于现代社会对人才的需求能力逐步地加高。现代人才需要具备丰富的知识量，健全的技能，更要有适应社会的心理与生理素质。在小学语文课程中，加入"综合性学习"领域，不仅有利于学生在语文学科素养的全面飞速提升，更能够冲破学科的界限，提前培养学生适应生活与社会的能力。此外，在实施建议中，课标也具体涉及了"综合性领域"，并与时俱进地提出了网络对于"综合性学习"的重要联系与支持，这不仅体现了我国小学语文课标框架的完整性，更是足以证明"综合性学习"在我国现行小学语文课标中的重要性。

"综合性学习"可以说是我国语文课标的一大特色。首先，它的属性是一类实践性较强的活动。其次，它的所属范畴是语文学科。再次，它的延伸范围，不仅仅是局限在语文学科，而是与其他学科课程紧密挂钩。因此，它的内容十分丰富，方法多样化，实践性体现在学习过程的每一个方面，效果也尤为突出，是我国当代语文课程与教学中的全新概念，既不能完全将其理

---

①方智范.关于语文课程目标的对话（一）［J］.语文建设，2012（1）.

解成一种教学，也不能完全意义上认为其就是一种全程活动。而是要辩证统一地看待这一领域。充分把握"综合性学习"所具有的学科性、综合性、开放性、实践性与自主性五大特征。而爱尔兰现行的课标框架，虽然也呈现出完整化、体系化，但却没有"综合性学习"这一项要求，可谓是我国课标的一大特色。

3. 与中国相比，爱尔兰更注重课程的评价

评价在爱尔兰英语课标中的地位尤为重要，课标中的第三部分，全部都在叙述评价，详细阐明了评价的作用、评价的内容以及评价的各类工具。爱尔兰在本国母语课标框架中，将课程的评价放于一个重要的位置，可见国家对其的注重程度。评价首要目的是为了检验国内小学生在英语学习中所学知识与能力的达成程度。以课标中的课程目标为参考基准，在此基础之上，通过评价结果的反馈情形，教师及时依据现行课标，调整教育教学行为。以教师为导向，监督并督促学生以更好的母语学习方式来融入母语教育之中。

爱尔兰小学英语课程中，课标将评价看作是一种教学方法，用来指导学生进行良好的英语教学。也是一种教学手段，用于调控学生学习过程中的一系列问题状况。更是一种学生成长的记录，即通过对学生评价的记录，不论是过程中的评价，还是结果性的评价，都有利于掌握学生学习发展的脉络与状况。注重课程评价，积极运用课程评价，是能够促进学生母语能力的相对深入发展。从这方面看，我国在课标框架之中，课程评价体系还远不如爱尔兰的翔实具体，这具有深远的借鉴意义。

四、学段目标与内容比较

（一）阅读目标与内容比较

1. 我国阅读目标与内容的列举

《小学语文课程标准》（2011 版）3—4 年级阅读目标与内容：

1.用普通话正确、流利、有感情地朗读课文。

2.初步学会默读，做到不出声，不指读。学习略读，粗知文章大意。

3.能联系上下文，理解词句的意思，体会课文中关键词句表情达意的作用。能借助字典、词典和生活积累，理解生词的意义。

4.能初步把握文章的主要内容，体会文章表达的思想感情。能对课文中不理解的地方提出疑问。

5.能复述叙事性作品的大意，初步感受作品中生动的形象和优美的语言，关心作品中人物的命运和喜怒哀乐，与他人交流自己的阅读感受。

6.诵读优秀诗文，注意在诵读过程中体验情感，展开想象，领悟诗文大意。

7.在理解语句的过程中，体会句号与逗号的不同用法，了解冒号、引号的一般用法。

8.积累课文中的优美词语、精彩句段，以及在课外阅读和生活中获得的语言材料。背诵优秀诗文 50 篇（段）。

9.养成读书看报的习惯，收藏图书资料，乐于与同学交流。课外阅读总量不少于 40 万字。

2. 爱尔兰阅读目标与内容的列举

第二学段（3—4 年级）

在"接受语言"维度中，发展阅读策略，学生应当：能够在阅读不熟悉的文本时，使用多个策略。如：发音、语法、语境。能够通过参考文字部分，如前缀和后缀，学习认识不熟悉的单词。能够继续自我阅读纠正错误。能够变成越来越独立的读者。能够理解文本和插图之间的关系。能够在聆听老师的朗读中，提升听力技能。

在"使用语言的能力和信心"维度中，在阅读中寻求快乐与信息，学生应当：能够在教室和学校图书馆中获得大量的书籍。能够使用校外的图书馆设施。能够为了寻求愉悦感，增进信息量，选择个人阅读材料并发展个人阅读品味。能够体验不同类型的文本。能够定期接触各种各样的诗歌和韵文。能够发展基本的信息检索技能。如：使用目录、文章标题和索引；解读图表的信息；快速阅读。能够有效地简单地使用字典。如：找出单词；找出单词的意思；拼写检查；找出单词的发音。

在"通过语言发展认知能力"维度中，发展学习的兴趣、态度和思维能力，学生应当：能够不断参与听力和默读活动。能够一口气读完短文，在阅读中体验成功。能够通过阅读探索新的兴趣和观点。如：诗歌、非小说、报纸文章。能够独立阅读书籍。能够寻求推荐书籍阅读，并将书籍推荐给其他人。能够继续使用信息技术，增加动机阅读，增强阅读发展。能够了解书籍的结构和术语，如：封面、书脊、说明、献辞、目录、介绍、页面、章节。能够通过使用藏书量充足的学校教室和图书馆，发展定位查找和处理技能。能够为了处理叙述性、解释性和具象派的阅读材料，继续发展理解策略。如：同化（我学到了什么），推论（我能得出什么），推理（我可能得出什么），分析（细节是什么，它们是怎么样聚集起来的），预测（接下来会发生什么），评价（我怎样认为），总结（我应该怎样给出一个简要的中心观点）。能够运用既定惯例知识，帮助表达与领悟理解。如：粗体；标点符号；大写字母。能够在阅读各类文体时，做好记录。如：坚持列出已读书籍的阅读列表；坚持在笔记本中写书评。

在"通过语言发展情感和想象力"维度中，对文本做出回应，学生应当：能够在面对越来越多的具有挑战性的阅读材料时，深化发展自己的回应能力。如：讨论、诗、写作、戏剧、视觉艺术、运动、跳舞。能够参与对书籍的讨论。如：背景、情节、人物、主题、最喜欢的作者。能够谈论选择的书籍以及选择的原因。能够了解并对阅读品味的不同进行讨论。能够和其他学生分享回应，在成人的帮助下培养一群读者。能够通过阅读班级的小说，共享观点与回应。能够带着感情大声阅读。

3. 分析与比较

（1）两国都注重培养学生的阅读兴趣与信心

中爱两国现行的母语课程标准，在阅读目标中，都极其注重培养学生的阅读兴趣与信心。我国的现行小学母语课标，在阅读目标部分中提出了一系列的阅读措施,以加强学生对语文阅读的兴趣。更在各学段中提出了更为翔实、确定性的目标要求,如:第一学段要求"喜欢阅读,感受阅读的乐趣";第二学段则要求开始感知阅读的作品,进行初步的交流,体会作品中的语言及意境美;第三学段要求更加提升,能够对阅读作品进行分辨,对于优秀类作品,感受其意境与精神,并产生积极向上的情感体验,内心的理想世界能够从作品中得到共鸣。①这体现了我国在小学阶段对于母语阅读兴趣的循序渐进式培养。

爱尔兰的英语阅读目标中,与中国阅读目标相似,也极为重视对学生阅读兴趣与信心的培养。课标分学段提出:第一学段要求"能够通过朗读,与观众分享一个文本。能够找到信息并与他人分享";第二学段则要求"能够为了寻求愉悦感,增进信息量,选择个人阅读材料并发展个人阅读品味。能够体验不同类型的文本";第三学段更是直接要求"能够通过阅读,满足个人兴趣爱好"。

培养小学生的阅读兴趣,树立小学生的阅读信心是极为重要的手段。只有学生积极地想去阅读,主动地学会阅读,才能称之为真正意义上的阅读。在当代小学母语课标中,要注意各种阅读方法的运用与探索,引领孩子带着阅读的兴趣和信心,通过阅读来感受母语学科所带来的积极体验。

(2)爱尔兰强调更丰富的阅读策略

较之于中国的笼统性陈述,爱尔兰强调更为丰富的阅读策略。尤其体现在阅读策略用语方面。中爱两国的母语阅读目标中,动词的使用有所不同。我国使用的动词常为:理解、掌握、领会、体味、感受等,这些动词,人文性的特征意味较浓,但是词性较为抽象,不易操作测评。而爱尔兰的阅读目标中使用较多的是"辨别、辨认(identify)""理解(understand)""讨论(discuss)""识别(recognize)""运用(use)""解释(interpret/

①陆怡.小学生语文阅读过程中学习行为的研究 [D].上海:上海师范大学,2013.

explain）"等行为动词，相对于中国而言，爱尔兰在阅读策略方面更具有操作性，有利于发展学生的阅读需求。①

具体到爱尔兰每一学段的阅读策略：第一学段中要求学生能够在阅读不通顺的状况下，进行阅读自我纠正错误。能够通过与学生的发展相适当的阅读材料，发展阅读技能。能够根据不同的文本目的调整自己的阅读方式。第二学段是能够继续自我阅读纠正错误。能够变成越来越独立的读者。能够理解文本和插图之间的关系。而第三学段则是能够通过细化提炼词汇识别技能的不同点，以此熟练词汇识别。能够接触更大范围的叙述性、说明性和具象性文本。由此可见爱尔兰母语课标中阅读策略的丰富程度之高。

（3）爱尔兰更注重学生自主选择材料的多样性

爱尔兰小学母语课标，在其具体的阅读目标之中，更注重学生自主选择材料的多样性。阅读倡导作品文选的多样，旨在为学生提供更多的优秀作品，从而发展自身的阅读能力。而爱尔兰不仅重视阅读材料这一方面，更是强调学生的自主选择性，其实质就是一种主动阅读、优异阅读。

我国的《语文课程标准》（2011版）中提出的阅读文本主要包括：古诗、寓言、童话、故事、图书资料、报刊等。②相比较而言，爱尔兰的英语课程标准在阅读目标中，学生能够涉及的阅读文本材料更为丰富多样化，选择面大大增加。文本领域主要包括：杂志、报纸、小说和非小说书、其他学生写的书、相关的收藏和爱好资料、参考资料、诗歌选集、图画书、诗歌、戏剧、故事以及部分信息材料，如：表格信息等。在文本选择的广度方面来说，爱尔兰更胜一筹。并且宽度决定深度，在学生自主选择诗歌、戏剧等方面的文本材料时，能够更加自觉性地去了解诗歌、戏剧类文本，从而通过搜集相关信息资料，拉近学生与文本之间的距离，建构对于文本的深入阅读理解。因而，爱尔兰更为注重学生自主选择材料的多样性。

---

①②郭海萍.中澳两国小学母语课程标准比较研究［D］.江苏：扬州大学，2013.

爱尔兰的英语课标中，学生通过多样化的自主选择材料，阅读各种不同的文学作品，不仅能够拉近与当代社会生活的距离，学会阅读的新技能方法，更可以让学生通过文本的阅读，体会所要感悟的人文精神与情怀，从而获得情感与思想层面上的启迪。

（4）爱尔兰更注重学生积极的文本反应

通过对爱尔兰小学母语课程标准中阅读领域的研究，不难发现爱尔兰对学生积极文本反应的重视程度之高。这与当代国外的一个著名理论有着紧密的联系，即"读者反应理论"。读者反应理论强调：在阅读时，读者才是真正的中心。阅读教学中应当多加引导读者与作品进行交流沟通，建构属于读者自身的情感体验。从作品的生成性意义中，对作品产生共鸣与思考。爱尔兰注重学生积极的文本反应，就是对"读者反应理论"思想的积极贯彻，有利于学生独特、个性化阅读思维的形成与培养。因此，爱尔兰尤为重视学生对于文本反应的积极性。

在爱尔兰现行小学母语课标中，注重学生在阅读中积极的文本反应，就是要求学生能够在"通过语言发展情感和想象力"这一维度中，对文本做出主动而又积极的回应。体现在课标的各个学段中，如：能够对故事里的人物和事件作出回应。能够与教师和他人经常参与关于阅读书籍的非正式讨论。能够谈论选择的书籍以及选择的原因。能够通过阅读班级的小说，共享观点与回应。能够通过讨论、写作，对诗歌和小说产生回应等等。从深层次把握与"读者反应理论"的理论联系，并且以母语课标的形式进行相应的规定，从各方面锻炼了学生对文本的积极反应。

（二）写作目标与内容比较

1. 我国写作目标与内容的列举

表 4　《小学语文课程标准》（2011 版）3—4 年级习作目标与内容

（1）乐于书面表达，增强习作的自信心。愿意与他人分享习作的快乐。

（2）观察周围世界，能不拘形式地写下自己的见闻、感受和想象，注意把自己觉得新奇有趣或印象最深、最受感动的内容写清楚。

（3）能用简短的书信、便条进行交流。

（4）尝试在习作中运用自己平时积累的语言材料，特别是有新鲜感的词句。

（5）学习修改习作中有明显错误的词句。根据表达的需要，正确使用冒号、引号等标点符号。

（6）课内习作每学年16次左右。

2. 爱尔兰写作目标与内容的列举

第二学段（3—4年级）。

在"接受语言"维度中，创造并培养写作动机，学生应当：能够体验在促进写作的教室或环境中学习。如：图书馆、写作角、写作室、他人的写作选集、名画、海报。能够观察教师指导的不同写作风格，如：写个人经历、写信、写一个描述。能够将个人阅读作为写作的内驱力。能够书写故事，探索各种流派。能够为了愉悦感重读他人作品。能够为选择的观众而写作。能够选择写作作品的主题和形式。能够对写作接受和给予积极的回应。能够体现写作价值。如：建设性的评论、被人展示、加入文选集、被人大声地阅读。

在"使用语言的能力和信心"维度中，发展独立写作的能力和信心，学生应当：能够定期写作，并逐渐扩展专心写作的持续时间。能够在一段时间内参与写作。如：一个星期；几周的时间里；一个学期。能够体验语言活动的异同，作为写作的准备。能够学习使用问题，作为扩大和发展故事的手段方法，如：谁？在哪里？什么时候？为什么？什么？如何？假如？能够给故事中的观点和事件排序。能够发展书面语言和口头语言之间不同点的意识。能够学会修改，重新拟定写作，如：阅读；与老师讨论商议；与班级其他同学讨论商议。能够在修改和编辑过程中，学习使用范围更广、更为精确的标点符号。能够在修改和编辑过程中，学会使用增加语法的精确度。能够为了改善拼写，学会使用一系列帮助策略，包括使用近似的拼写。如：词典；单词列表；词搜索；拼写检查；字谜；正规字模式。能够以清晰的链接脚本，体现文章的流畅性。能够通过使用信息技术，帮助提升写作技能，如：文字处理器。能够定期选择自己的写作主题。能够选择只为自己而写。能够在与教师和他人协商之后，决定为哪类受众而写作。能够根据写作的目的和写作的受众而决定写作质量。能够通过合作写出班级活动记录。如：一个话题；一个主题；一个时间表。

在"通过语言发展认知能力"维度中，能够在写作中明确思考，学生应当：能够写出有难度的各类文体。如：故事、日记、已学到的记录、报告、信件、通知、选单、列表。能够阅读一个故事，并用自己的话将其写下来。能够阅读一段叙述或说明的文章，并加以概括。能够写出一个想法，并向他人解释。能够写出他/她为什么会觉得某观点具有吸引力。能够写出在其他课程领域所感悟的观点。能够写出完成特定任务的说明指导。能够列出针对某个特定主题的问题，并分先后次序排列。能够写一个句子，并通过添加更多的想法来详细说明。能够通过起草、重新起草，针对某个特定想法或主题，扩大和阐明他/她的想法。

在"通过语言发展情感和想象力"维度中，通过写作发展情感和想象力，学生应当：能够在写作中表达自己特殊的回应。能够通过日记的形式，写出经历和感受。能够通过即兴戏剧，写出对其的体验感受。能够创造故事和诗歌。能够以书面的形式写出扩展的故事。能够写出在故事中最喜欢的时刻、最喜欢的人物和事件。能够书面表达对诗歌的回应。能够书面表达个人对阅读的回应。能够使用他/她自己的作品和其他人的作品，作为刺激写作的内驱力。

3. 分析与比较

（1）两国都注重学生写作的技能训练

两国在写作目标方面的共同点在于：都尤为注重学生写作的技能训练。主要表现在：写作标点符号、写作要求、写作素材收集、写作修改等具体方面，着力训练学生的写作技能。

我国语文课程标准在写作目标中，着眼于对学生写作技能训练的培养。在一至二年级的第一学段之中，对学生提出了正确规范掌握写作标点符号的需求。接着在三至四年级的第二学段则还是强调标点符号的重要性，并且提出要在标点符号灵活运用的基础之上，能够根据积累的阅读素材选择合适的文体写作，能够针对自我的习作进行大致修改，具体到词与句范畴。五至六年级的第三阶段则提出了小学写作中最高的要求，需要每位学生能够主动进行写作修改，做到没有错字、没有错词、语句流畅。还要求学生能与其他同学就写作进行交换修改。在他人的写作中得到相应的启发，以此促进自身写作水平的不断提高。此外，关于写作的书写方面，课标也做出了明确的规定。学生的写作技能从起初的标点符号，到自主的修改习作，其最终的目的是培养学生的写作技能。

爱尔兰也同样注重学生写作的技能训练。在课标中体现为：第一学段要求"能够选择不同的写作主题。能够探索不同类型。能够理解标点符号的规定，有助于使写作意思更清晰"。到了中年级的第二学段，要求"能够选择写作作品的主题和形式。能够学会修改，重新拟定写作"。而到了高年级的第三学段，就开始要求"能够观察教师如何提高写作水平。如：起草、修改、编辑。能够在自己的写作中，观察到语法、标点和拼写的规定。能够使用字典和辞典，来扩展和发展词汇和拼写"等。这充分体现出爱尔兰对学生写作技能训练的高度重视，并对不同学段的学生提出不同层次的写作技能要求，间接地丰富了学生的母语素养。

（2）爱尔兰更注重学生写作动机的多样化

较之于中国小学母语课标中对学生写作兴趣的笼统阐述，爱尔兰更为注重学生写作动机的多样化。这一点是非常难能可贵的。

首先，写作动机必须具有目的性，极其强调"由读而写"的动机策略。如课标中写道：能够使用阅读中所习得的词语。能够与老师或其他人交换意见后，重新阅读，重新写作。能够将个人阅读作为写作的内驱力。能够通过阅读，学会修改，重新拟定写作。能够通过阅读一个故事，用自己的话将其写下来。能够写出在阅读故事中最喜欢的时刻、最喜欢的人物和事件。能够书面表达对个人阅读的回应。能够在阅读和写作中，探索语法和句子结构的可能性。其次，写作动机必须具有交际性，营造好的写作环境与氛围。如课标中明确指出：学生应当能够体验鼓励性写作的氛围环境。能够体验在促进写作的教室或环境中学习，如图书馆、写作角等。

因此，爱尔兰课标倡导，在小学的英语写作教学过程中，要通过由读而写、以读促写，营造良好的写作氛围，逐步提升小学生对写作技能与方法的熟练掌握与运用，从而提高学生的整体母语综合能力。

（3）爱尔兰更注重诗歌戏剧类文体的写作

一直以来，由于爱尔兰的历史传统与文化背景，尤其是爱尔兰文艺复兴运动，使得爱尔兰的英语文学非常重视诗歌以及戏剧等体裁。因此，爱尔兰在小学基础教育阶段，就极力倡导并支持诗歌、戏剧类的发展，以此来传承国家的宝贵文化遗产。在爱尔兰小学母语课程标准的写作目标中，就着重体现了这一点。如：能够通过参加戏剧演出活动，写出自己的情感体验。能够写出各类文体，如故事和诗歌。能够书面表达出对于故事和诗歌中喜欢和不喜欢的事件和人物。能够通过即兴戏剧，写出对其的体验感受。能够创造故事和诗歌。能够书面表达对诗歌的回应。能够表达和分析他人对诗歌的反应。能够以书面形式，分析诗歌的不同解释。能够写出关于诗歌和个人经验之间的关系等等。

由于诗歌戏剧是写作之中的特殊性文体，爱尔兰现行小学英语课标要求教师在教学之中，注重这类文体的引导，加深学生对这类文体的兴趣与爱好。通过系统性的诗歌、戏剧写作学习，并在其他文体写作教学之中潜移默化地贯穿诗歌、戏剧，以达成国家写作目标中特色写作的要求。由于我国文化精粹丰富多彩，这非常值得我们国家去借鉴爱尔兰这类思想，在基础教育中打下坚实的基础，以此来传承和弘扬我国优秀的民族文化。

（三）口语目标与内容比较

1. 我国口语目标与内容的列举

《小学语文课程标准》（2011 版）3—4 年级口语目标与内容

（1）能用普通话交谈。学会认真倾听，能就不理解的地方向人请教，就不同的意见与人商讨。

（2）听人说话能把握主要内容，并能简要转述。

（3）能清楚明白地讲述见闻，说出自己的感受和想法。讲述故事力求具体生动。

2. 爱尔兰口语目标与内容的列举

第二学段（3—4年级）。

在"接受语言"维度中，发展对口语的接受能力，学生应当：能够学习体会教师所教的难度高的词汇和句子结构。能够将故事或是叙述听下来、背下来、录下来，并轮流解释阐述。能够在执行一个特殊任务或过程中，给予并遵循指令。能够越来越明白以下事物的重要性：手势、面部表情、语气、可听度以及和他人交流时阐明的清晰性。能够使用模拟表演来传达想法、反应、情感、心愿和态度。能够对录音带、录像带和电影剪辑中的音乐、音响效果和非语言线索影响进行讨论。

在"使用语言的能力和信心"维度中，发展使用口头语言的能力和信心，学生应当：能够体验学习环境，轮流给予发言讲话的机会，以此来宽容对待他人所提出的观点。能够在活动中积极发起对话，并主动与他人交流回应。能够对相关的主题展示自己的逻辑观点。能够分先后次序总结想法。能够与教师讨论单词、词组和短语的含义和起源。能够在阅读和写作中认识新单词，并了解单词的含义。能够进行同义词和反义词的游戏。能够在不运用必要的专业语法知识前提下，熟悉单词的功能。如：名词、动词、形容词、副词、代词、介词。能够在每日的班级学校大环境中以及即兴式戏剧中，践行共同的社会职能。如：为班级或同学介绍他人；致以谢意；表达赞成和反对；从事简单的商业交易；表示关怀；提问问题，引出观点和感受；表达支持；指点方向。能够列出当地的语言表达。能够利用即兴式戏剧重塑有名的人物形象。能够对当地的说书人进行聆听、讨论和回应。

在"通过语言发展认知能力"维度中，通过口语学习发展认知能力，学生应当：能够讨论直接影响自身生活的问题。在校内、在校外、在其他领域的课程，能够对阅读过的故事展开讨论，预测事件的未来，并得出可能的结果。能够针对不同的问题，对可能的解决方案提出讨论。能够讨论已知的特别话题或经历，以此作为遇到新概念的基础。能够讨论事件的原因和影响，并预测出可能的结果。能够听一个演讲，讨论并决定哪个是最重要的要问的问题。能够学习如何使用基本的关键问题。如：为什么？如何？在哪里？什么时候？什么？假如？能够在班级中演讲关于自己的特殊兴趣。能够证明个人好恶。能够提出一种观点，试图说服其他人支持它。能够通过即兴戏剧，探索历史事件。能够通过即兴戏剧，探索对他人观点的反应。

在"通过语言发展情感和想象力"维度中，通过口语学习发展情感想象力，学生应当：能够向班级或小组描述日常经历，并与他们一起讨论。能够讨论故事、戏剧、诗歌中喜欢的时刻、重要的事件和精彩的人物。能够表达对故事中事件和人物的反应。能够讨论对诗歌的反应。能够向班级或小组创作故事，并在比较各个提出的问题之后能进行重述。能够通过即兴戏剧，表达情感和态度。能够通过即兴戏剧，创造和维持想象力。能够通过即兴戏剧，对诗歌有所回应。能够将故事戏剧化。能够体验和享受语言的趣味方面。如：猜谜语和讲笑话；尝试有趣的话语；玩猜字游戏；阅读并聆听幽默的文学；构成押韵和诗句；欣赏文字如何互相影响——一个词语如何可以触发一个幽默的反应。

3. 分析与比较

（1）两国都注重学生口语交际态度和能力的培养

通过以上对中爱两国母语课程标准中口语交际目标与内容的列举，我们发现，两国都非常注重学生口语交际态度和能力的培养与运用。

我国的口语交际目标指出，学生要能够使用文明语言，在口语沟通中，注重交流的语态、态度与方式，能够成功地与他人交往互动，如讲述故事力求具体生动。学生还要能够在口语交际过程之中，具备充分的话语权，对口语情境中出现的问题或状况，教师能够给予充分的交流机会与场合，使得学生能够积极投入到口语交际之中，并抒发自己的想法与建议，就不同的意见与人进行商讨。课标中还要求学生与人交流时能尊重和理解对方等等，这些都一一体现出了现代社会对公民口语交际素质的要求，因而课标对学生的口语交际态度和能力进行了相对应的培养。

同样的，爱尔兰在口语交际目标中，也要求学校、教师以及学生能在现行课标的指引下，不断提高口语交际的地位，着力体现学生的口语交际能力，培养学生良好的口语交际态度。例如："能够体验学习环境，轮流给予发言讲话的机会，以此来宽容对待他人所提出的观点""能够在活动中积极发起对话，并主动与他人交流回应""能够在真实和想象情境中，体验执行不同的社会功能""能够在每日的班级学校大环境中以及即兴式戏剧中，践行共同的社会职能。如：为班级或同学介绍他人；致以谢意；表示关怀""能够讨论直接影响自身生活的问题""能够对老师提出的论点作出回应"等，都强调了口语交际态度与能力的并重。

（2）较之于中国，爱尔兰在口语交际的听说内容规定上更为具体

爱尔兰在口语交际的听说内容规定上更为具体，这样就能更好地联系学生的生活实际。爱尔兰在现行小学母语课程标准中口语目标与内容的列举中，相较于中国，爱尔兰对学生口语交际的听说要求更高。具体规定表现在：要求学生能够多听故事，并做出回应。能够辨听声音，并做出回应。能够通过模拟表演表达不同的情感情绪和反应，并能解释他人的情感和反应。能够对多种多样并合适的押韵曲目、诗词进行听、阅读、学习和背诵。能够将故事或是叙述听下来、背下来、录下来，并轮流解释阐述。宽容对待他人所提出的观点。能够向班级或小组描述日常经历，并与他们一起讨论。能够听取他人的表达、反应、意见和解释，并能复述或总结。能够听作者阅读和讨论他们自己的作品。能够就一主题进行自由而又自信的交谈等等。这些都体现了爱尔兰对小学母语口语交际听说内容方面的关注与重视。

（3）爱尔兰式口语特色——即兴戏剧表演

爱尔兰在母语标准中融入戏剧活动表演，和本国的政治文化背景是分不

开的。在口语交际中贯穿着戏剧活动，充分体现了本国文学特色。[1]在小学母语口语交际目标中，多次涉及即兴戏剧——"能够通过练习和使用即兴戏剧，表演更多复杂的社会功能角色，从而获得相关能力""能够通过即兴戏剧，创造和维持想象力""能够通过即兴戏剧，对诗歌有所回应""能够通过即兴戏剧，表达情感和态度""能够通过即兴戏剧，探索对观点的反应""能够通过即兴戏剧，探索历史事件""能够利用即兴式戏剧重塑有名的人物形象""能够通过即兴戏剧，探索和表达意见的冲突""能够通过即兴戏剧，探索历史脉络"等等。

在口语交际中强调即兴戏剧，不仅体现出爱尔兰戏剧的深远历史，让学生能够在即兴戏剧中学习领悟到口语交际的学习技能，更能加强学生表演性功能的深化与发展，有利于学生认知能力和情感想象力的发展。

五、评价建议比较

（一）中国现行小学母语课程标准的评价建议

1. 充分发挥语文课程评价的多种功能

为了实现课程计划目标，语文课程评价具有多重功能属性。不仅将重点功能置于筛选和选择上，更是面面俱到，从最初的检查性功能属性开始，到形成中的诊断性功能，抑或是相互性反馈的功能，都体现出了语文课程评价的全面有效性。在教师教学中，我们还要重点把握激励性这一重要功能特征，通过评价促进学生从理性学习到热爱学习，督促教师不断完善教学计划与流程。只有多种功能协调有效运用，才能最终提高我国小学语文学科的教学效率。

2. 恰当运用多种评价方式

我国语文课程评价不仅具有多重功能的属性，更是具有多样的评价方式。具体来说，我国当前课标提倡四种主要方式的结合使用，即形成性评价的方

---

[1]万俊.国内爱尔兰戏剧运动研究综述［J］.文学综述，2012（3）.

式以及终结性评价的方式、定性评价的方式以及定量评价的方式。可以采用激励促进的方式，对学生的学习采取全程的跟踪观察，并及时进行反馈指导。学生的档案袋记录也是评价方式多样化的具体表现。

在课标中特别提及了每种评价方式的适用范围。即评价中各种方法不具有随意性，应当根据教学实践情形、根据学生实际学情，因材施教式地使用好各类教学评价方式。并注重使用时的有效性，发挥评价方式的最大化效率。

3. 注重评价主体的多元与互动

我国小学语文课标明确指出，课程评价的主体是多元化的。需要摒弃之前教育旧理念的思想，认为学生才是唯一的评价主体。结合当代教育观，我们重新审视了评价在课标之中的重要性，并且意识到教师、家长等主体都应纳入评价的主体范畴之内。只有加强主体的多元化，才能如课标所说，进行更加深入的互动与交流。

当然，互动的过程还是要以学生为最为重要的主体。学生应在教师的教学引导下，逐步学会自主的评价，与他人的相互评价。并在评价之后，能够根据评价结果，进行相关反思，这样才能使学生得到全方位的发展。

4. 突出语文课程评价的整体性和综合性

我国现行小学母语课标指出，在语文课程评价之中，要注重语文课程目标的整体性和综合性，全方位考察学生的语文素养。[①]整体性体现在内容方面，即语文学科的五大基本目标中，都应贯穿课程评价。而综合性则是体现在理念方面，即语文课程的三大维度的综合。只有将整体性与综合性全面涵括，才能凸显我国语文课程的评价效应。

5. 具体建议

在评价建议中，最后一项内容便是"具体建议"。我国课标从识字、阅读、写作、口语交际、综合性学习五个具体方面，提出了建议与意见。具体建议的提出，其实质上是从基础内容做起。对每个学段具体目标设定一定的

---

①刘春文.语文课标"评价建议"部分修订前后的对比［J］.语文建设，2012（7）.

建议，表面上看是一种"限定约束"，即对每个目标都渗透出国家的教育思想、教育理念。在充分理解课标的基础上，再细看具体建议，则是一种"放大"，评价的内容充实，在每个具体目标中，都给学生评价的空间留有很大的余地。评价的方法也十分多样，可以从某类方法延伸至另一种方法，并相互结合，促进学生学业的发展，激发相关的潜能性。同样，具体建议给教师也带来了更好的发展，可以为教师教学提供具体内容的指导，并锻炼教师对自身教学行为的分析与思考能力。

（二）爱尔兰现行小学母语课程标准的评价建议

1. 关于评价的作用：为什么评价

评价可以用来监督学生语言发展的效率，以及使用学习英语的效率。它为教师提供了很好的途径方法，去识别个体学生的需求，并能够修改课程内容，创造出新的学习情境，采用教师策略，从而促进学习效率的提升。这样使用的话，评价在学生的发展中就起着重要的作用了。它还能被用来指出特定学生中的学习困难区域。这其中也包括了一般通用语言发展的缺陷，从而无法获得语言技能。这些方面中，最重要的是读写能力的获得。那么，在识别小学生在英语学科之上是否存在上述的语言问题时，评价就起到了诊断性的重要角色。

带着形成性与诊断性的目的，教师使用评价，可以构造出学生在课程四大单元中累积的语言发展体系。这将有利于学生的发展，并以此作为基础，向教师、父母以及其他人报告。这就是评价的总结性使用。教师还可以利用评价去鉴定他/她对学生课程的调整情况。这包括了对课程内容的效率与平衡度的监督，还有对那些被用于提高学生语言和读写能力发展的策略、情境、资源的监督。总之，评价可以帮助教师为学生制订最有效率的学习体验计划。

2. 关于英语课程的评价：应该评价什么

英语课程的评价是对学生在课程的四大单元中所取得成功的检验。它包括了对单元中所设想的更广范围的学习，并不单单局限于对传统意义上语言技能的评价，尽管它们仍然是评价过程的核心部分。

英语课程的总体目标在于，让孩子学习语言，并通过语言进行学习。因此，评价应该集中在每一大单元所设想的学习活动中。

首先，接受语言：为了测定学生对语言的接受能力，打个比方，教师要重视学生自身能力，鼓励学生投入到适合的听说关系中去，去回应非语言线索，去寻找指示、理解观点、欣赏语言使用的不同方式。

其次，使用语言的能力和信心：使用语言的能力和信心是通过对学生口语、阅读以及写作技能的检验来评价的。口语能力是按照学生学习的成功能力来衡量的。如：学生听说的能力、展示想法的能力、轮流开始并总结对话的能力以及使用语言执行社会职能的能力。学生参与阅读的成功度能反映出他/她对阅读技能与策略的掌握能力、理解与回应文本的能力以及自身阅读范围的宽广度。学生的写作能力应当通过以下事物来检验。书写清晰，话题范围的表现性强，各式各样的体裁，拥有不同的观众，对语法、标点符号和拼写规定的合理掌握。

再次，通过语言发展认知能力：学生通过语言发展认知能力的程度将从其专注并明确细节，使用语言去详细描述、证明和解释观点，并讨论解决问题方法的能力上得到体现。很显然，还能从学生对观点进行讨论、辨析、概括、证明，并使用问题的能力中得到体现。学生使用理解策略去重构文本意义的能力，和学生使用信息检索技能去获得新信息的能力，都将成为学生认知能力发展的重要指标。

最后，通过语言发展情感和想象力：学生情感和想象力的发展可以通过表达情感、反应和计划表现出富有想象力想法的能力得到检验。当然，其他指标也具有可行性，如：能对小说和诗歌有所回应，并能将这二者与个人体验紧密相连；个人对文学著作所反应的质量程度以及能够写出故事与诗歌的能力。

3. 关于评价工具：如何评价

以上的学习活动范围（仅仅是课程所包含的摘要信息），必须要以多样的评价工具为先决条件。这样才能形成一个连续统一体。从低度结构化形式的评价，到高度结构化的方法。并将包括：教师的观察；教师设计的任务和测试；作业样品、作品集和计划；课程简况；诊断性测试；标准化测试。

学生在参与到英语课程中时，这六方面的每一方面，都对个体学生的进度和其水平成就起着监督促进的作用。这六方面合在一起使用，就构成了一个多维性的策略。能够让教师确定特殊的学习需要，并设计出合适的教学策略。

第一，教师的观察。教师的观察这个评价形式，教师大多数都会使用到。它包括了对学生真实学习过程的日常监督。为了检验学生在获取与掌握不同知识技能与观念时，所达到的不同成功程度，教师在教的过程中，会不断调整他们的教学方法，并调整修改学习的情境。大多数的教师观察是详细而又直接性的，并且未被记录下来。然而，有时为了特定的学习需要，适当地做一些简单记录也是很有效的。这对教师在任何时刻都能顾及考虑到班级、群体和个人的发展进步，是有进一步帮助的。并且，教师的观察还可以看出教师们短期和长期教学策略的计划。

第二，教师设计的任务和测试。教师设计的任务和测试，这种评价具有更深层次的维度。它产生于学生参与课程中，用于检验学生完成各项任务测试的表现。例如，学生能够进行写作的自我修正程度，就显示出了他/她对拼写、语法和标点符号的掌握程度。同样的，在对一个文本讨论之后，教师便可让学生总结概括。接下来再对学生的各种总结进行评价，并最终评价出学生概括技能的掌握水平。这将为制订未来工作的计划而提供坚实的基础。当教师为了检验学习而设置了测验，这项评价检验就更具有计划形式了。它将从特定学习活动中直接产生出现，并确确实实成了这其中的一个部分。作为选择，它表现为不同类型的测试形式。教师设计并检验学生对概念的掌握，或是他们运用某些技能的能力。比如说，教师可以进行一项写作测试，目的是为了检测学生使用一些高度理解能力的技能。同样的，让高年级学生针对一个既定话题写作，并要求不能重新改写，将会显示他们独立写作的能力。

教师日后将有机会频繁地使用任务和测试，作为评价学生在所有课程单元中进展的手段。

第三，作业样品、作品集和计划。通过审阅个体学生在班级中的作业样品，我们可以将学生在英语课堂中不同区域的表现累计记录下来。出于评价的目的，学生具有代表性的作业样品可以被更好地利用，这其中包括了一些最好的作业示范。在英语课程中，这样的作品集涵盖了以下的内容，如：学生个人写作的样品记录、学生个人阅读的记录与其对阅读做回应的记录、口语展示的记录、读写诗歌的记录以及已完成项目的记录。问题的可管理性，将会是决定学生功课应当包括多少的重要因素。虽然在英语这门课程中，不存在什么问题。这是因为作品集主要是书面形式记录而组成的。然而，由于学生会在其他课程领域中有相同的作品集，这样问题就会多起来了。很显然，这种情况下会因学校而异。而作品集的性质、规格大小和管理将会是学校规划的重要因素。无论如何，这类问题还是需要处理的。作业样品和作品集将促进学生在一段时间内的发展，还能促进教师与家长之间的交流讨论，以及教师与涉及语言活动与学习的人们的交流讨论。

第四，课程简况。教师对学生进展做连续性的日常观察，可以通过学生简况而更正式的组织好。这需要对关于学生语言学习和通过语言进行学习的学生成绩、行为及态度做简要语句描述。这将针对不同的能力水平而使之标准化，用于检查学生有关表现的个人能力。至于英语课程，它将反映学生在四大单元中的进展度。使得教师可以为每个个体学生创建学习简况，为其进步做一个参考记录。能够理解与学生能力相关的语句陈述或描述，如自左向右，自上而下的语言逻辑方向；能够维持一段对话；能够使用目录和索引来检索信息；能够概括想法、总结观点。以上这些陈述都能被确立等级为：确定的、发展的或者还未确定的。

第五，诊断性测试。教师能够通过日常的班级观察，轻易认出学生在语言发展的个别方面出现的问题。对那些在相对的年龄中，语言发展严重低于所设标准的学生，进行早期的筛选测试，目的是为了建立起学生学习的困难等级。比如，可以使用阅读差异分析，来获取关于学生阅读能力更为详尽的信息。阅读差异分析就是当学生在阅读相关文本片段时，记录下学生的失误，并修改更正，当作他们阅读理解发展阶段中的重要指标。这些筛选仅次于诊断性测试，将确定出精确的难度属性。适当的辅导与支持，能够将学生的语言学习潜力提升到最大化。在评价的过程中，明确学生是否具有语言障碍，或是否具有普通视听力。尽管具有最佳的教学与支持，出现这类问题情况的学生，在面对学习困难时，应当尽早去合适的诊所做专业心理评价或药物治疗。

对学生的语言难点做早期鉴定与筛选是很重要的。根据建议，其最佳时间应是四年级的第二学期早期，因为这个时候大多数的学生已经开始获得了基本阅读技能。教师应当重视关键变量，如：年龄、语言能力、体能、学生入学前登记记录以及为了预防阅读或语言上的失败，而决定进行干预介入式的诊断性测试结果。这将产生磋商讨论，其中包括班级教师、前班级教师、补习教师、校长以及家长在内。家长是学生问题识别初级阶段中尤为宝贵的资源信息。学生的成就与发展应当被定期观察，任何补救干预中的变动都是必要的。

对学生学习难点的评价是必不可少的，它被看作是形成性的，因此，适合于满足个体需求的计划发展。重要的是，教师与家长能够识别出学生所在的不同等级。学生的成就与发展并不是一定非得符合规范标准，而是根据个体的自身力量与能力进行改变。对合适范围内评价工具的使用，能够显示学生优点与缺点的区域。而同样重要的是，那些天赋不足的学生也应当能够从适合他们需求的学习计划中获益，让他们明白，自己也能够充分发挥出潜力。

第六，标准化测试。这些测试在学校都已得到了广泛的应用。有常模参照评价，或是标准参照评价。传统上都与阅读、理解和写作技能紧紧相连。在评价学生对这些技能掌握的同时，教师可以进行测量，这种测量力可以与年龄相关，也可以与标准化百分量表相关。这样就可以对学生的特定语言技能的表现程度做量化评价。并且在使用更多相对不太正式的评价工具时，要明确稍微不精确的评价标准。标准化测试可以促进教师监管检验学生的精确度与准确性，并且能够帮助他们确认个体学生的需求，以及他们所需要的学习目标。在学校学习期间，并且作为一个更广泛的评价过程的一部分，学习计划和班级计划应当能够定期促进学生的标准化测试。

4. 关于评价的理念：均衡评价

评价的主要功能就是为教师提供学生语言发展的状况。这能够让教师不断创造学习情境，并设计出适合个体学生需求的教学策略。教师评价中，很大一部分都在使用少结构化的方法，这是教学过程中不可分割的一部分。观察、教师设计的任务与测试、作业样品和作品集的使用——这些评价方法，就其性质而言，是主观性的。因此，针对更为广泛的教师经验，教师适当减少他们的条件与标准是很重要的。此外，教师的讨论、校内职业培训发展等等，也能够为教师提供更广阔的视角，并为这些评价形式提供更多的客观性参考标准。

在使用多结构化的评价方法，以及记录平时的评价结果的时期，保证最少的"学生与教师牵涉时间"尤为重要。尤其是在课程描述的设计上，应当尽量花费最小的气力，更容易地记录下最大化的信息。此外，在学生接收关于任何语言发展的信息之前，都要确保学生之前必须具备相应的测试经验，这一点也是极为重要的。

5. 关于评价结果的运用：记录和沟通

通过使用合适范围内不同的评价工具，教师能够检验监控学生的语言发展。如果这个检验过程有效的话，那么采用易接近的方式去记录相关信息就很重要了。这与在其他课程领域里的评价也是相配的。这将促进校长、其他员工教师以及家长的继续交流。它还将帮助教师从家长中得到相关反馈，这样能够使教师为个体学生计划出更有效的语言学习方案。

学生档案卡就是重要的记录与沟通方式。即在一段时间内，老师可以构建一个全面的资料，构成一个关于个体学生语言发展的总结性记录，并将定期地调整与更新。这将有利于教师决定出长期的学习策略，并能够保证学生在一年又一年中发展的一致性。它还能够促进对学生的累计评价，以及促进家长与学校方的交流沟通。

（三）分析与比较

1. 两国都注重评价方式和工具的多样化

教育评价是一个动态的过程，在这个过程中针对教育对象以及教育现象，进行相应的评价与反馈判断，在课标之中具有重要的地位。两国都十分注重评价方式和工具的多样化。这可以在学生学习成绩上得到相关的反映。不仅是知识层面的获益，评价的多样化方式和工具，还能充分挖掘出学生各方面的潜能。我国的基础教育新课改，将"教育评价"提上议程，大力正视并发展这一体系方面的改革，以学生全面发展为总目标，旨在促进这类评价体系的形成与发展。我国倡导恰当运用多种评价方式，坚持定性评价和定量评价相结合，形成性评价和终结性评价相结合。此外，我国语文学科中的评价方法也多种多样。除去常规性的测验评价方法外，还可以采用问卷调查法、讨论法、观察法以及面谈交流法。课标之中特意提及的成长记录袋，也不失为一种优良的评价方法。

爱尔兰也极为注重多样化的评价方式和工具，认为必须要以多样的评价工具为先决条件，这样才能形成一个连续统一体。从低度结构化形式的评价，发展到高度结构化的方法。这其中包括：教师的观察；教师设计的任务和测试；作业样品、作品集和计划；课程简况；诊断性测试；标准化测试等多种评价方式和工具。突出了评价方式和工具的作用，侧面反映出了评价在课标中的重要地位。

2. 两国都注重评价的发展性功能

两国都尤为注重评价在课程与教学方面的发展性功能。具体来说，就是在评价内容对象上，将学生的语言认知能力与情感态度相结合，通过发展性评价，培养学生母语运用能力和情感想象力的发展与提升。

我国在评价建议中，强调要充分发挥评价的导向作用和激励作用以及改进作用。为了更加科学地评价学生，更加及时地发现学生，更加有力地促进学生的发展，大力倡导在教学过程中对学生进行档案袋评价。在我国小学语文教育中，学生在学习语文知识的过程中，其各个方面的具体表现都应值得学校教师密切关注。因而采用评价的方式对学生而言，是一种调控与监管的有效手段。在评价时，应当以积极性质为首要方式，避免消极性评价给学生带来不好的教学影响。鼓励的评语可以贯穿评价的始终，教师全程应当对学生加以引导与支持，并积极给予反馈。这样，才能彰显评价在课程方面的发展性功能，体现国家对此的重视程度。

爱尔兰也重视学生的发展性评价。爱尔兰的小学语文评价是注重一个完整的评价过程体系的。在这个体系中，评价不是一成不变的。爱尔兰母语教育反对固化的评价，倡导多评价、好评价和及时评价。评价理论要体现在多变的教学情境当中，并善于动态性地运用评价，生成动态性的评价结果。课标认为评价可以用来监督学生语言发展的效率，以及使用学习英语的效率。可以帮助教师为学生制订最有效率的学习体验计划。通过评价，发展学生的语言认知能力，在其基础之上，循序渐进地将评价重点转移到情感态度价值观领域，使得学生的情感和想象力可以通过发展性评价得到检验。因此，也凸显了爱尔兰国内对于母语教育之中评价发展性功能的充分重视。

3. 爱尔兰更注重评价结果的运用

与我国相比，爱尔兰在现行小学母语课程标准的评价建议中，尤为注重评价结果的运用。我国注重评价的功能、评价的方式、评价的主体以及评价的理念。但是对于评价结果的运用，在课标之中未能有详细的阐述。在这一点上，爱尔兰可以给我国的课标改进提供新思路与新想法。

爱尔兰注重评价结果的运用。其中均衡评价以及记录和沟通最清晰地体现了这一点。均衡评价中，在使用多结构化的评价方法，以及记录平时的评价结果时，应当做到花最小的气力，更容易地去记录下最大化的信息。记录与沟通中，学生档案卡就是重要的记录与沟通方式。老师可以构建一个关于个体学生语言发展的总结性记录，并将定期调整与更新。关于评价结果的恰当运用，还能够促进校长、其他员工教师以及家长的继续交流。这样能够使教师为个体学生计划出更有效的语言学习方案。因而，爱尔兰的评价建议更注重评价结果的运用。

六、爱尔兰课程标准对我国的启示

（一）课程目标表述应更加具体明确

在语文教学中，调动学生所有的感官，眼看、耳听、口读、手写，不仅可以提高记忆的保持率，而且可以促进理解，增强语言的表达能力。爱尔兰英语课标尤为注重课程目标的明确性表述。具体来说，就是注重其母语课程的听说读写教学。它的最终目的在于帮助每一个学生都成为成功的母语语言学习者，这就意味着学生既要掌握母语语言知识，又能熟练应用母语语言。研究爱尔兰小学英语课标的理念，我们不难发现，其表述方式相较于中国，更为具体实际。以爱尔兰小学母语课标中的具体文字为例：学生在口语方面应发展使用口头语言的能力和信心，在阅读方面应在阅读中寻求快乐与信息，在写作方面应发展独立写作的能力和信心，应当通过语言发展认知能力，发展情感和想象力。在写作中强调由读而写、读写结合。具体来说，就是在写作中要求学生能够使用阅读中所习得的词语。能够与老师或其他人交换意见后，重新阅读，重新写作。能够将个人阅读作为写作的内驱力。能够通过阅读，学会修改，重新拟定写作。能够通过阅读一个故事，用自己的话将其写下来。能够书面表达对个人阅读的回应。能够在阅读和写作中，探索语法和句子结构的可能性等。这些都验证了爱尔兰在听说读写目标方面的具体化表述。

虽然我国在课程目标的陈述方面也非常翔实，并积极重视培养学生的听说读写能力，但在表述的详细程度上远不及爱尔兰。由于之前过分追求"应试教育"，造成不良影响，直到现在，我国教育仍然不时出现"应试教育"的倾向。体现在小学语文学科上，就是强调各类语文测验、语文考试等，并且此类测验与考试主要是针对笔头上的，而非口头上的。知识方面看似掌握得非常齐全，但是一旦涉及能力方面的检测，就体现出了强烈的不平衡性。[①]体现在"听说读写"的能力目标上，就是过分重视"读写"目标，而片面轻视"听说"目标。这种片面性导致了学生的"听说读写"能力仍然是低水平的。尤其在听说能力培养方面，现行小学语文课程标准中没有具体的教学实施要求和安排，对听说训练的要求不明确，并缺少具体的训练内容和方法，不利于小学语文教学之中有效进行全面训练的能力发展。

因此，结合爱尔兰现行的母语课程标准，我们得出启示：课程目标表述应更加具体明确。应重视母语教学中听说读写能力的基础性地位，并在表述方面应当做到更为具体化。在目标的阐述方面，要做到不断细化深入，不浮于表层。可以在课标中提出要优化课堂教学，培养学生的阅读能力；注重实际操练，培养学生写的能力；以听促说，以读促说，培养学生听说能力。在表述上可以增加具体内容，如注重专项训练，开设听写课，听写生字难词、听报告记要点等。可以同时进行两种或两种以上能力的有机结合训练。或是为了培养兴趣，提高教学效果进行听说读写的综合性训练。在课标表述中应做到注重听说的基础性内容，明确听说和读写的地位是平等的，处理好听说和读写的关系。做到按照学段的具体学情，不同年级采用不同方式的"听说读写"训练，并在训练中注重学生这四种能力的实际运用。这样才能够更好地完善我国小学语文课标之中的课程目标。

（二）课程目标应强调语言发展与情意发展的紧密联系

在爱尔兰的小学英语课程标准中，在具体表述方面，阅读目标方面，要求学生能够在阅读中寻求快乐与信息，能够通过成功的阅读，探索不同的态度和情感，增强自信心。口语目标方面的即兴戏剧特色，要求学生能够通过即兴戏剧，创造和维持想象力，表达情感和态度。通过口语学习发展情感想

---

① 陈海燕.初中语文积累的策略研究——以华漕中学的实践为例 [D].上海：华东师范大学，2010.

象力，能够在活动中积极发起对话，并主动与他人交流回应。能够通过模拟表演来传达想法、反应、情感、心愿和态度。甚至在课标的评价建议方面，也重视将学生的语言发展与情意发展紧密联系，通过发展性评价，培养学生母语运用能力和情感想象力的发展与提升。

我国课标注重学生在语言运用中认知能力的发展，同样也注重情感价值观的发展，从课标所阐述的三大维度即可看出。但是在陈述目标时，只看学生外在，忽略学生内在。具体来说就是侧重行为的变动，却疏漏了学生相应情感价值观的变化。或是意志性目标与思维性目标相分裂，仍然存在观念各自独立、缺乏联系的缺陷，表述不够科学化、具体化以及联系化。

因此，爱尔兰的小学英语课程目标可以给我国一些明确性的启示。我国应吸取他国课标之长处，在目标表述方面，应当不断加强语言运用与知情发展相结合的理念，紧密联系学生的语言发展与情意发展。语文课标中认知目标与情感目标的结合是互相辅助、缺一不可的。在语言运用中，认知目标中始终伴随着情感，情感目标总是带有认知的成分。学习从根本上来说是学生内在心理的变化过程，课标在表述目标时，首先要明晰地阐述学生内在的心理变动，同时还要列举反映这些内在变动的外在行为特征。这样的目标陈述既应涵括工具性的认知实质，也应统筹好人文性的情感因素，更应落实语文能力培养，让目标散发语文味。从语言运用、认知发展和情感态度价值观发展三方面入手，相互联系，相互渗透，将课程目标进一步细化，并且不断拓展深度，加强各自联系，凸显目标的学科性，体现目标的联系性，突出目标与教学的一致性，把握目标的发展性，增强目标的操作性。只有加强重视语言与情意发展的紧密联系，我国的小学语文课程目标才能不断地进行自我调节，进而深化发展。

（三）课程目标应强调学生语文实践的自主性和开放性

在爱尔兰，其母语课标将学生的地位放置在最高处，倡导以学生为主体，一切为了学生的发展，非常注重学生语文实践的自主性和开放性。对于学生的发展，从各方面评定，尤其在小学阶段，放飞学生的个性是课程目标的首位。首先，在爱尔兰的课程标准之中，对英语这门课程做了详细的介绍说明，认为"英语语言学习是一项综合性的过程"。其次，课标还特别提出了要发展学生听说读写的能力，让学生在口语、阅读和写作中加强情感、想象和审美的发展。并且提出教学实践的观念，要求爱尔兰的现行学校与母语教师，要充分营造英语实践的情境与机会，让学生多接触实践活动。再次，爱尔兰课标的理念中还特意注重信息通信技术的运用，认为有利于学生的语言发展，是发展阅读、理解和信息检索技能的重要资源。这是根据时代的快速发展，要求学生适应新时代信息化社会的要求而采用的新的学习方式。学生在英语学习实践之中，自主性和开放性得到了最大化的发展，素养得到了综合化的提升，充分体现了终身化学习的目标与要求，为爱尔兰的现代化人才培养提供了广阔的空间。

我国提倡"素质教育"的实行已有一段年限，相对应的教学改革也推进了不少。然而从全国范围内看，素质教育的呼声很高，但实质上仍然是应试教育为主导的现状。[1]只重视语文学习，不重视语文实践，是与我国新课标所倡导的新理念背道而驰的，因而违背了学生自然发展的规律，不利于学生个性的培养与发展。学生缺乏在语文实践活动中的自主性与开放性，是我国现阶段教育工作存在弊端的集中表现。这样就带来了消极性的后果，即限制了学生自主能力的充分发挥，学生的个性难以飞扬，难以发展，面对语文实践性活动，自主适应性较落后，因而所培养的学生难以适应现代的工作要求和社会发展。

因此，这是跨入 21 世纪的中国教育理应解决的问题，应当努力提倡强调学生语文实践的自主性。我国当代小学母语课标，首要宗旨就是全面提升学生的语文素养，尊重学生，倡导学生自主地进行学习研究，引导学生不断开发其潜在的能力，最终培养学生自主个性的飞扬。提供语文实践，为学生营

---

①张海波，田春玲. 素质教育改革中几个理论问题的争鸣［J］. 哈尔滨学院学报，2001（4）.

造一个发展自身自主化精神的良好平台。学生的思维能力、探讨能力和实践能力等才能得以重视。要改变我国"应试教育"局面，就应从课程改革入手，重视培养学生的自主性能力，通过自主性的学习，培养新时代的创造性人才。使学生学会主动开放性学习，在语文实践中充分展示自我，真正还给学生发展的空间。我国应深入强化学生语文实践的自主性与开放性，在语文实践方面凸显出多元化、多维度的特征。力求做到内容丰富、形式多变，以顺应现代社会对人才的高标准要求。在自主性方面，要着力发挥学生的学习自我观念感，培养学生自主学习的能力，激发终身学习的潜能与意识。在开放性方面，要在语文实践中给学生的学习提供自由的空间，让学生在语文实践中要有机会自己思考、自主判断、勇于质疑、乐于表达，使学生的自主品质在语文实践的过程中凸显出来。

（四）课程评价应注重多元性与弹性发展的需求

爱尔兰在课标中注重评价的过程性，评价的弹性更大，并尤其强调评价形式的多元化、评价者的多元化。学校、家庭和学生本人都可以参与到评价中，而过程性评价尤其得到重视。由于爱尔兰在母语评价方法方面的丰富性以及评价内容方面的全方位性，因此，学生完全可以在评价中根据自己的兴趣和社会发展的需求，提高个人的综合性素质，以适应未来信息化社会的发展需要。这与我国小学阶段的评价体系完全不同，我国比较侧重于期中、期末的考核成绩。此外，爱尔兰还注重评价的弹性发展，在其课标中的评价环节，特意提出了均衡评价这一说法，即在合适范围内，让教师不断创造学习情境，合理恰当地使用评价工具，使用多结构化的评价方法，设计出适合个体学生需求的教学评价策略。教师应当重视教学中的关键变量，充分认识到：学生的成就与发展并不是一定非得符合规范标准，而是根据个体的自身力量与能力进行改变。这样充分体现了爱尔兰国家在母语评价体系方面的多元性与弹性发展。

而我国当前的小学语文课程评价，与当代国际先进的课程评价相比还存在较大的差距，这就给我们提出了迫切的具体要求。长期以来，我国在小学语文评价方面，主要都是以教师或是家长群体中的他评为主，从而忽视了学生群体间的自我评价和互相评价。并且，我国目前的教育评价体系还存在着一定的弊端，如评价方法相对简单、评价标准过于单一、评价技术稍显落后等，这些弊端都需要我们努力克服。因此，改革课程评价的内容、方法以及标准，促进评价建议的多元性与弹性发展，是促进学生健康成长的重要制度因素。

因此，我国可以充分借鉴爱尔兰课程标准中关于评价的有效规范举措，从多元性以及弹性角度出发，尝试从两大方面建立起评价体系。一方面是要从形式上做到多样性，笔试测试不是唯一的评价途径，教师还可以通过其他途径继续评价分析，如综合性的观察、学生之间的相互交流与探讨、语文教学之中的实际性操作以及学生语文作品的公开展示等。另一方面，是要从评价对象上做到多元性，如以教师评价、学生互评、学生自评以及家长评价方式进行评估，只有老师、学生、家长都通过认可，结合这三方的客观评价，才能更为全面地去评估学生的学习情况。目前，要尝试改变学生学习的现状，就应该根据语文课程内容的特性，采用不同的学业评价手段与方式，把过程性评价充分吸收纳入到语文教学的总评价体系之中。学校应根据目标多元、方式多样、注重过程的评价原则，为学生建立成长记录手册，并确保手册的动态效应与弹性效应，从综合性的角度体现学生各方面的能力水准，如合作能力、创新能力、交际能力、动手能力等等，使得评价更为客观准确而又全面。因此，在进行教育课程评价改革的过程中，应随时保持科学的态度与公正的准则，形成知识与能力并重的全面化、多元化、弹性化的评价，充分注重多元性与弹性发展的需求。

第九章　中国与芬兰小学母语课程标准比较

2000 年和 2003 年的 PISA 测试结果显示芬兰学生的阅读能力世界排名第一，2006 年的 PISA 测试结果显示芬兰学生的阅读能力世界排名第二，2009 年的 PISA 测试结果显示芬兰学生的阅读能力世界排名第三，2012 年的 PISA 测试结果显示芬兰学生的阅读能力世界排名第六。不仅教材与辅具的选择范围很广泛，教师更有绝对的自主权去选择更适合协助孩子的阅读内容、范围与进度，也会倾听并支持孩子的想法。同时，采取交互式教学，学生通常会和老师一起选择有兴趣的青少年文学、杂志报章等等。学校与老师更不间断地以阅读为终生兴趣，去导引、鼓励学生，并和图书馆与各个推广的协会组织，一起举办不同的形式活动，让学生和亲子的阅读更加生活化。可以 说，芬兰教育世界领先。

一、芬兰小学母语课程标准的制定背景

从 20 世纪 20 年代早期颁布的第一个公共教育法规开始，教育在芬兰公共服务中一直都是最优先的考量，提高教育品质与加强教育公正性是芬兰教育政策的核心主旨。[1]20 世纪 70 年代，芬兰首次颁布了国家级别的《基础学

---

[1]Pasi　Sahlberg 著，涂馨予译，芬兰教育理论与实务第二章芬兰教育改革概述 [M]，台湾：教育资料馆，1999.

校课程框架》。1983 年的《综合学校法案》与 1984 年的《综合学校法令》更为详细而具体地对课程科目进行了规定。与此同时，《地方学校管理法案》积极鼓励在国家课程框架下开发具有特色的地方课程，以促进学生了解所在地区的环境、社会问题、经济、工业、文化生活以及社区发展的需求等，几年下来却成果寥寥。20 世纪末，芬兰政府进行了一场教育立法综合改革，将以往的机构立法转变为更加简明、集中的职能立法，并制定了 8 部新法案，取缔了原来的 26 部法案。新法案更加注重对教育目标、内容、水平、教育形式、学生权利与责任等方面的规定，提升了地方与教育机构的独立决策权。小学与初中的划分也在这场立法改革中得以取消，赋予了学生自主择校权。随着社会与教育的发展，法案自身不断得以补充修订，目前最新版本为 2010 年修订版。自 1999 年起，《基础教育法案》便成为基础课程标准制定的法律依据。目前，最新版本的课程标准是 2004 年 1 月 16 日生效的《基础教育国家核心课程 2004》，是由芬兰国家教育委员会依据《基础教育法案》制定的国家级别课程标准，依据该核心课程开发的地方课程于 2004 年 8 月 1 日开始推出。《基础教育国家核心课程 2004》仅提供有关学前教育、1—9 年级基础教育的全国课程框架（不包含高中），在此基础上教育提供者负责地方课程的准备与开发。地方课程的相关规定必须符合基础教育的教育教学目标、符合《基础教育国家核心课程》提出的课程目标与课程内容，以及其他相关教育要素。《基础教育国家核心课程 2004》不仅仅规定了各学科课程标准，而是对基础教育的方方面面都做了详尽的说明。①

　　芬兰的地方政府、学校和教师对于课程设置、教材选择、课时安排等具有相当的自主权。与我国现行课程设置相比，芬兰基础教育课程设置具有"弹性"，芬兰国家教育委员会规定义务教育的核心课程设置，包括母语与文学（芬兰语、瑞典语或萨米语）、外语（英、法、德、俄等）、公民学、环境

---

　　①曹一鸣主编，十三国数学课程标准评介（小学初中卷）[M]，北京：北京师范大学出版社，2012.

科学、宗教或伦理学、自然科学（数学、物理、化学）、健康教育等 19 门，其中健康教育是 2004 年新加入的核心课程科目。同时强调中央、地方、学校，教师、学生、家长在课程制订中的积极作用，地方政府和学校在义务教育阶段可以决定选修科目的数量、类型、教学形式，学生家长有权决定学生选修哪些科目。2004 年的基础教育课程改革强化了国家标准与指导，出台了新的课时标准。在义务教育小学阶段，除规定每年各门核心课程的最低标准为 132 个课时之外，小学和初中阶段学校可以自行安排的学时占总学时的百分比分别为 10% 和 20%。学校还给学生专设学生顾问，提供关于学习技巧、选修课和初中学习计划的相关咨询服务。①

二、课程标准的总体框架比较

（一）中国现行小学语文课程标准的总体框架

《义务教育语文课程标准（2011 年版)》主要由四个部分构成，它们分别是：前言、课程目标与内容、实施建议以及附录。其中，前言部分包括课程性质、课程基本理念和课程设计思路，课程目标与内容部分包括总体目标与内容、学段目标与内容，实施建议部分包括教学建议、评价建议、教材编写建议和课程资源开发与利用建议。另外，附录部分包括附录 1 优秀诗文背诵推荐篇目、附录 2 关于课外读物的建议、附录 3 语法修辞知识要点、附录 4 识字写字教学基本字表、附录 5 义务教育语文课程常用字表。

（二）芬兰现行小学语文课程标准的总体框架

芬兰现行小学语文课程标准并非独立的文件，而是国家核心课程标准中众多科目中的一个。《基础教育国家核心课程 2004》共有十大章节，分别为课程的结构和内容、基础教育的指引、教学的执行、学习支持、特殊教育、不同文化和语言群体的教学、课程标准、学生评价、特别教育、附录。《基础教育国家核心课程 2004》中的 7.3 节专门规定义务教育阶段的语文课程标

---

①李雪垠，芬兰基础教育模式成功因素探析 [J]，基础教育参考，2006（2）.

准，内容包括课程目标、核心内容和评价标准三大部分。另外，语文科目中的字母表、标点符号、语言等级认定标准、基础教育学时分配表等都在附录中。

第一部分前言规定了芬兰小学语文教学的基本任务是激发学生对语言、文学和互动的兴趣，语文教学必须培养学生各种情况下所需的互动技能和语言文学知识。第二至第四部分是芬兰小学课程目标的主体部分，都是按照课程目标、核心内容和评价标准这三个维度进行阐述。第一学段的课程目标、核心内容和评价标准围绕互动能力、阅读写作能力、文学和语言，充分体现了语文既是学习的对象也是学习的工具。第二学段语文的主要教学目标是基本语言技能的学习，同时还要进行流利的阅读和写作技巧的学习，阅读理解的深化，以及信息获取能力的增强。与中国的字母表相比，芬兰的字母表比较简单。芬兰字母表部分分为打印体与手写体，由 29 个字母组成，包括大写与小写。语言等级认定标准为语言学习、教学和评估提供了可靠的参考依据。语言等级认定标准分为 A1 （A1.1 A1.2 A1.3）、A2 （A2.1 A2.2）、B1（B1.1 B1.2）、B2（B2.1 B2.2） 和 C1 这十个级别，对听力理解、口语交际、阅读理解和写作这四项的评价进行了详细的建议与指导。

（三）分析与比较

1. 都强调语文课程的人文性与工具性

中芬两国课标都强调语文课程的人文性与工具性，注重语言文字的学习与应用。芬兰课标中指出"语文是一个信息化、人文性与工具性相统一的学科，需要语言学知识、文学研究和通信科学知识"。中国课标也明确说明"语文课程是一门学习语言文字运用的综合性、实践性课程。工具性与人文性的统一，是语文课程的基本特点"。两国课标的涉及面都较广泛，从人文性与工具性出发力求使学生全方位发展，体现了我国素质教育的精神，丰富了语文课程的价值追求，使学生在语文知识与能力、过程与方法、情感态度与价值观等方面和谐发展，特别重视学生的言语实践。

2. 都突出培养学生的道德责任感

课程标准中包含丰富的德育内容，语文教育不仅是教育学生一些可测量的语文知识、语文技能，还要教育学生热爱祖国、热爱生活、热爱科学、保护环境等道德责任感。在学习语言文字、尊重学生个性、符合学生身心发展规律的同时，强调了对学生道德责任感与社会化的培养，为社会建设提供所需的创新型、实践型人才。中国课标积极回应了当代社会对于引领学生价值观方面的要求，通过课程实施为学生树立正确的价值导向。

3. 与中国相比，芬兰课标内容简短却不够精炼，重点不是很突出

例如在前言方面，芬兰语文课标只有简短的四小节内容，主要讲了语文教学的任务及教学中学生要达到的目标。内容看似简短，但是还不够精炼，对教学任务的规定不是很明确。与中国课标中的前言相比重点不明确。中国语文课标在前言部分介绍得相对详细，包括课程性质、课程基本理念和课程设计思路三大内容。其中，课程基本理念提炼了四大点：（一）全面提高学生的语文素养；（二）正确把握语文教育的特点；（三）积极倡导自主、合作、探究的学习方式；（四）努力建设开放而有活力的语文课程。这四点内容简约系统、思路清晰地概括出了中国语文课程的基本理念。

中国课标中有对语文课程性质的表述，这帮助我们更好地理解与把握语文课程的真谛。然而，芬兰课标中却没有该点。为了方便理解与把握得更加合理、更加深刻，芬兰课标还应该对语文课程性质进行更加明确与完善的阐述。

三、课程标准的价值取向比较

（一）中国现行小学语文课程标准的价值取向

中国向来是个注重民族感情与文化认同感的国家，中国基础教育重视传统伦理道德教育、重视对学生逻辑思维能力的训练、重视对学生基础知识和基本技能的培养。中国现行小学语文课程标准尤为重视培养语文素养，重视继承与发扬中国传统文化；同时，课标也非常重视培养学生的实践创新能力

与合作探究精神。中国小学语文课程标准价值取向为：

> 全面提高学生的语文素养；
>
> 正确把握语文教育的特点；
>
> 积极倡导自主、合作、探究的学习方式；
>
> 努力建设开放而有活力的语文课程。

(二) 芬兰现行小学语文课程标准的价值取向

芬兰基础教育的基本价值观念是人权、平等、民主、个性化、环境保护、支持多元文化，即提倡建立全纳教育理念。基础教育培养责任感、提高社区意识，并尊重个体的权利和自由。无论是教育政策还是教育管理体制，都渗透着全纳教育的基本价值观念。教学的基础是芬兰文化，然而特殊民族、区域特色、民族语言、两种国家宗教、作为土著居民的萨米族，以及少数民族必须考虑在内。不同文化的相互交融使得芬兰文化日益呈现多样性。教学要考虑这种多样性，帮助学生既要形成对自身文化的认同，也要融入芬兰社会以及全球化世界。教学还应促进包容和跨文化理解。基础教育促进区域公平和个体公平。教学既要考虑学习者的多样性，同时又要确保性别平等。无论是在社会、就业，还是家庭生活中，均赋予女性与男性平等的权利与义务。在教学中教师和学生的关系是亲密的、平等的，也因为芬兰的基础教育实行小班化教学，教师得以因材施教，通过个性化的教学促进学生的成长发展。芬兰教育管理体制实行分权制，体现了信任、发展、平等。在芬兰基础教育中，学科教学不会局限在某一宗教宗派，而是保持着政治中立。在地方基础教育课程中，教育的基本价值观也应该予以明确，与基础教育的目标和内容要相互结合，并渗透在日常活动中。①

(三) 分析与比较

1. 都重视培养学生的实践创新能力与合作探究精神

---

① 曹一鸣主编，十三国数学课程标准评价（小学初中卷）［M］，北京：北京师范大学出版社，2012.

语文课程是实践性课程，培养学生的语文实践能力的主要途径也是语文实践，应通过读写等大量的语文实践来体会并掌握运用语文的规律。两国都重视培养学生的实践创新能力与合作探究精神，合作学习的目的不仅是培养学生的主动求知的能力，而且要发展学生在合作过程中的人际交流能力。中国课标中明确提出要积极倡导自主、合作、探究的学习方式，通过教学内容、教学方式、评价方式的选择，既充分考虑也有助于实践创新能力与合作精神的培养。同时，对学生实践创新能力与合作探究精神的培养明确地显示在芬兰的每个学段课标中。芬兰课标提出培养学生在实际交际情境下的互动技能，通过多样化的阅读和写作获得实践共享并处理自己的学习体验。

2. 都强调对传统文化的吸收，认同本国文化

各国都要求学生通过语文课程的学习，了解本国文化，养成爱国主义精神。中国在树立学生正确的价值标杆方面一直都坚持不懈，提出要正确认识语文教育的特点，坚守着我国民族文化的根基。课标明确提出要激发、培育学生热爱祖国语言文化的思想感情，提高学生的道德修养。芬兰课标指出要帮助学生认同本民族文化，融入芬兰，走向世界。

3. 都体现了教育公平

捷克教育家夸美纽斯主张"把一切知识教给一切人""让一切人掌握一切科学知识"。中国课标渗透着全面提高学生的语文素养这一价值观念，也就是说语文学习是面向全体学生所进行的，促使学生形成最基本的语文素养，促进学生的全面发展。芬兰课标在多元文化背景下明确指出要考虑到每个学生学习进度的差异性，同时又要确保性别平等，力求建立一个完善的全纳教育体制。

四、课程总目标与学段目标比较

（一）总目标比较

1. 中国现行小学语文课程标准中的总体目标

课程目标从知识与能力、过程与方法、情感态度与价值观三个方面设计。

三者相互渗透，融为一体。目标的设计着眼于语文素养的整体提高。

（1）在语文学习过程中，培养爱国主义、集体主义、社会主义思想道德和健康的审美情趣，发展个性，培养创新精神和合作精神，逐步形成积极的人生态度和正确的世界观、价值观。

（2）认识中华文化的丰厚博大，汲取民族文化智慧。关心当代文化生活，尊重多样文化，吸收人类优秀文化的营养，提高文化品位。

（3）培育热爱祖国语言文字的情感，增强学习语文的自信心，养成良好的语文学习习惯，初步掌握学习语文的基本方法。

（4）在发展语言能力的同时，发展思维能力，学习科学的思想方法，逐步养成实事求是、崇尚真知的科学态度。

（5）能主动进行探究性学习，激发想象力和创造潜能，在实践中学习和运用语文。

（6）学会汉语拼音。能说普通话。认识3500个左右常用汉字。能正确工整地书写汉字，并有一定的速度。

（7）具有独立阅读的能力，学会运用多种阅读方法。有较为丰富的积累和良好的语感，注重情感体验，发展感受和理解的能力。能阅读日常的书报杂志，能初步鉴赏文学作品，丰富自己的精神世界。能借助工具书阅读浅易文言文。背诵优秀诗文240篇（段）。九年课外阅读总量应在400万字以上。

（8）能具体明确、文从字顺地表达自己的见闻、体验和想法。能根据需要，运用常见的表达方式写作，发展书面语言运用能力。

（9）具有日常口语交际的基本能力，学会倾听、表达与交流，初步学会运用口头语言文明地进行人际沟通和社会交往。

（10）学会使用常用的语文工具书。初步具备搜集和处理信息的能力，积极尝试运用新技术和多种媒体学习语文。

2. 芬兰现行小学语文课程标准中的总体目标

语文教学的基本任务是激发学生对语言、文学和互动的兴趣。教学必须基于社会性语言：当一个人学习使用社会性语言时所需要的社会交往知识

（即学会运用口头语言文明地进行人际沟通和社会交往）。教学也必须建立在学生的语言和文化的技能和经验基础上，而且必须提供多元化的沟通、阅读和写作的机会，通过这些，学生建立自己的身份和自尊。我们的目标是使学生成为积极的道德责任的传播者和参与文化、融入社会并影响社会的读者。

在语文教学中，学生学会走进他人的观念世界，并形成自己的观念世界；他们获得的不只是分析现实的方法，还有挣脱现实、构建新世界、走进新语境的可能性。

语文是一个信息化、人文性与工具性相统一的学科，需要语言学的内容，文学研究和通信科学。语文学科的基础是一个广义的文本概念：文本是进行口语和书面的，富有想象力的和事实，语言、形象、声音和图形或者是这些类型的组合。教学必须在考虑学生的母语的基础上：对于学生来说，语言既是学习对象也是学习工具。语文教学的任务是系统地发展语言为基础的学习和交往能力。

母语的学习涵盖了广泛的语言区域和任务。教学必须发展互动技能以及在要求越来越高的语言使用和交际的情况下的需要的语言文学知识。

3. 分析与比较

中国小学语文课程标准中的总体目标分为十点列出，芬兰的总目标未分条列出，而是分为五段列出。但是中芬两国的总目标在内容数量上相差不多，体现了两国各自对语文课程的注重点，但阐述得都不是很详细具体。

（1）都注重培养学生对语文学习的兴趣

中国总体目标中提出培育热爱祖国语言文字的情感，增强学生学习语文的自信心。芬兰总体目标提出要激发学生对语言、文学、互动的兴趣。

（2）都体现了"从做中学"的教育理论

中芬两国总体课标中都体现了教学应该使学生从做中学、从经验中学的教育思想。同时，也渗透着个人本位论的教育理论，充分体现了对学生个人价值实现与发展的重视。中国总体目标中指出学生要在实践中学习语文、运用语文。芬兰总体目标指出教学必须建立在学生的语言和文化的技能和经验基础上，必须提供多元化的沟通、阅读和写作的机会，通过这些途径使学生建立自己的身份和自尊。

（二）学段目标比较

对中芬两国的学段目标进行分析与比较，首先得对中芬两国学段的划分进行分析与比较，在此基础上才能更加科学、更加系统与完善地分析与比较中芬两国的学段目标。

中国现行小学语文课程标准中的学段目标。

第一学段（1—2年级）。

（一）识字与写字

1. 喜欢学习汉字，有主动识字、写字的愿望。

2. 认识常用汉字1600个左右，其中800个左右会写。

3. 掌握汉字的基本笔画和常用的偏旁部首，能按笔顺规则用硬笔写字，注意间架结构。初步感受汉字的形体美。

4. 努力养成良好的写字习惯，写字姿势正确，书写规范、端正、整洁。

5. 学会汉语拼音。能读准声母、韵母、声调和整体认读音节。能准确地拼读音节，正确书写声母、韵母和音节。认识大写字母，熟记《汉语拼音字母表》。

6. 学习独立识字。能借助汉语拼音认读汉字，学会用音序检字法和部首检字法查字典。

（二）阅读

1. 喜欢阅读，感受阅读的乐趣。养成爱护图书的习惯。

2. 学习用普通话正确、流利、有感情地朗读课文。学习默读。

3. 结合上下文和生活实际了解课文中词句的意思，在阅读中积累词语。借助读物中的图画阅读。

4. 阅读浅近的童话、寓言、故事，向往美好的情境，关心自然和生命，对感兴趣的人物和事件有自己的感受和想法，并乐于与人交流。

5. 诵读儿歌、儿童诗和浅近的古诗，展开想象，获得初步的情感体验，感受语言的优美。

6. 认识课文中出现的常用标点符号。在阅读中体会句号、问号、感叹号所表达的不同语气。

（三）写话

1. 对写话有兴趣，留心周围事物，写自己想说的话，写想象中的事物。

2. 在写话中乐于运用阅读和生活中学到的词语。

3. 根据表达的需要，学习使用逗号、句号、问号、感叹号。

（四）口语交际

1. 学说普通话，逐步养成讲普通话的习惯。

2. 能认真听别人讲话，努力了解讲话的主要内容。

3. 听故事、看音像作品，能复述大意和自己感兴趣的情节。

4. 能较完整地讲述小故事，能简要讲述自己感兴趣的见闻。

5. 与别人交谈，态度自然大方，有礼貌。

6. 有表达的自信心。积极参加讨论，敢于发表自己的意见。

（五）综合性学习

1. 对周围事物有好奇心，能就感兴趣的内容提出问题，结合课内外阅读共同讨论。

2. 结合语文学习，观察大自然，用口头或图文等方式表达自己的观察所得。

3. 热心参加校园、社区活动。结合活动，用口头或图文等方式表达自己的见闻和想法。

2. 芬兰现行小学语文课程标准中的学段目标

芬兰小学语文课程标准和我国的小学语文课程标准一样并没有分年级阐述，而是划分了学段对相应的课程目标、核心内容和评价标准进行规定。下面是芬兰学段目标的具体描述。

第一学段（1—2年级）

一、二年级语文教学的关键任务是继续学生在家庭教育或者学前教育中接受过的语言学习。教学内容包含与学生日常生活息息相关的口语交流和书面交流，涵盖了语言的所有领域，满足了学生个体语言学习的需要。教学要考虑到不同学生的不同学习进度。

【课程目标】

（一）学生的互动能力将提高

学生将——

习惯学校的互动环境；

学会认真倾听；

学会提问和回答问题，并联系自身的知识、经验、思想和观点；

发展他们的整体语言和肢体表现。

（二）学生的阅读写作能力将提高

学生将——

学习阅读和写作的基本方法和必要概念；理解实践的重要性和经常阅读写作的重要性；

发展他们的阅读和写作能力，包括媒介素养，以及在信息技术化学习环境里的沟通能力；

学会以读者和作家的身份观察自己；

逐步学会运用正规的书面表达方式写作。

（三）学生将形成文学和语言的关系

学生将——

在听和读的过程中开始熟悉语言的书面形式；他们的想象力、词汇量、表达的范围将丰富，将获得思考和表达的材料；

学会选择感兴趣的阅读材料，并阅读与能力相等的书籍；

养成检查语言所表达的意义和形式的习惯；

习惯使用如语音、字母、音节、词语、句子、标点符号、标题、文章和影像的概念。

【核心内容】

（一）互动能力

大量的学校互动场景中，一对一，小组讨论和班级讨论中进行口语和书面语表达的训练；

耐心专注地倾听，理解对方的观点和意图；

讲述见闻，通过即席讲话、叙述、表演和戏剧进行复述转述，在其他文科中也能使用这些技能。

（二）阅读和写作

多样化的日常阅读和写作。

通过小组讨论，分析印刷文本和电子文本。

对发音和字母进行足够的相应练习。

练习标准的书面语和口头语。

单词识别，从短单词向长单词、不熟悉的单词进展；从大声朗读向默读循序渐进。

介绍和应用提高阅读理解的策略。

将演讲分为单词、音节、语言；练习手写体。

书写字母的形式，学习印刷体的大写字母和小写字母、手写体，并组合字母（见附录一的字母表、数字和标点符号）。

学会正确的握笔，正确的书写姿势，手眼协调，会用电脑打字。

在语音和句子层面进行拼读：调节单词间的间隔，每行间的分词，姓氏和句子的开头要将首字母大写，句末加标点以及在学生自己的文章里使用。

学生通过观察，体验，观点和想象进行写作，强调文章内容和创作的乐趣。

（三）文学和语言

文学和其他文本，学生听老师读，观看插图，逐步自己阅读。

在阅读经验和一般主要的经验下阅读和对待书籍；文学作为创造性活动

的推力。

文学的讨论，与概念的主要特征、设置和情节相关联；将阅读与自己的生活、以前阅读的、听过的和观察过的事物相联系。

学习如何使用图书馆。

观察语言以及它的形式和意义。

3. 分析与比较

（1）目标数量分布和详略程度存在差异

中国课程标准的学段目标从纵向比较，第一学段共有 25 条目标，第二学段共有 27 条目标，同时，第二学段相比第一学段对阅读和习作这两个部分更加注重。第一学段"阅读"只有 7 条目标，第二学段提高到 9 条目标，第二学段比第一学段增长了 29%。第一学段"写话"只有 3 条目标，而第二学段"习作"增加到了 6 条目标，第二学段与第一学段相比增长了 100%。第二学段与第一学段相比提高的目标还有"综合性学习"目标，第一学段"综合性学习"有 3 条目标，第二学段增加到 4 条目标，第二学段与第一学段相比增长了 33%。随着年级的递增，中国课标第一学段与第二学段中的"口语交际"所占比例发生了明显的变化。第一学段"口语交际"有 6 条目标，而第二学段却降到了 3 条目标，第二学段相比第一学段降了 50%。"识字与写字"也从第一学段的 6 条目标降到第二学段的 5 条目标，降了 17%。

表 1　中国学段目标数量分布和内容详略表

目标	第一学段		第二学段	
	条目	所占比例	条目	所占比例
识字与写字	6	24%	5	19%
阅读	7	28%	9	33%
写话(习作)	3	12%	6	22%
口语交际	6	24%	3	11%
综合性学习	3	12%	4	15%

　　芬兰课程标准的学段目标都是分为目标和核心内容这两个部分阐释的，核心内容对目标进行更加深入的分析，起着具体化、引导性的作用，目标与核心内容两部分各有千秋、缺一不可。芬兰课程标准的学段目标从纵向比较，第一学段共有 31 条目标，第二学段共有 41 条目标，第二学段相比第一学段增长了 32%。从横向看，芬兰课标第一学段的目标分了三个维度：互动能力、阅读和写作、文学和语言；第二学段的目标有四个维度：互动能力、阅读、写作、文学和语言，与第一学段相比，将阅读和写作由一个整体目标拆分为两个单独的目标。第一学段的"阅读和写作"只有 4 条目标，第二学段的"阅读"和"写作"共有 7 条目标，总的来看，就"阅读"和"写作"第二学段比第一学段增长了 75%。另外，互动能力、文学和语言这两个维度的目标在第一学年与第二学年数目保持相同，都是 4 条目标。

表 2　芬兰学段目标数量分布和内容详略表

目标	第一学段			第二学段		
	条目		所占比例	条目		所占比例
互动能力	4	3	23%	4	3	17%
阅读	4	11	48%	4	5	22%
写作				3	7	24%
文学和语言	4	5	29%	4	11	37%

　　(2) 学段目标维度划分各有特色

　　中国课程标准的学段目标分为五个维度，即识字与写字、阅读、写话（习作）、口语交际、综合性学习。芬兰课程标准的学段目标分为目标和核心内容这两个部分，其中，目标部分分为互动能力、阅读、写作、文学和语言四个维度；核心内容部分分为互动能力、阅读、写作、信息处理能力、语言的任务和结构、文学和其他文化六个维度，信息处理能力、语言的任务和结构、文学和其他文化可以归为文学和语言，因而也可以大致归为互动能力、阅读、写作、文学和语言这四个维度。比较中芬两国课程标准学段目标的维度划分，可知既有共性，也存在区别。共性在于都有阅读、写作，区别在于中国对识字与写字进行了单独强调。芬兰虽没有单独强调这一点，但在阅读和写作目标中强调了识字与写字。识字与写字是语文学习的基础，如果学生不识字、不写字就无法阅读和写作，口语交际也会受到很大的影响。

五、评价建议比较

中芬两国现行小学语文课程标准中的评价建议都包含了两个部分，即总体评价建议和具体评价建议。以下简要列举了中芬两国现行小学语文课程标准中的评价建议，并适当进行分析与比较。

（一）中国的评价建议

总体建议：

语文课程评价的根本目的是为了促进学生学习，改善教师教学。语文课程评价应准确反映学生的学习水平和学习状况，全面落实语文课程目标。应充分发挥语文课程评价的多重功能，恰当运用多种评价方式，注重评价主体的多元与互动，突出语文课程评价的整体性和综合性。要根据不同年龄学生的学习特点，按照不同学段的课程目标，抓住关键，突出重点，采用合适方式，提高评价效率。语文课程评价应该改变过于重视甄别和选拔的状况，突出评价的诊断和发展功能。

具体建议：

A. 识字写字的评价（略）；

B. 阅读的评价。

阅读的评价，要综合考查学生阅读过程中的感受、体验和理解，要关注其阅读兴趣与价值取向、阅读方法与习惯，也要关注其阅读面和阅读量，以及选择阅读材料的能力。重视对学生多角度、有创意阅读的评价。语文知识的学习重在运用，其概念不作为考试内容。

能用普通话正确、流利、有感情地朗读课文，是朗读评价的总要求。根据阶段目标，各学段的要求可以有所侧重。评价学生的朗读，可从语音、语调和语气等方面综合考查，评价"有感情地朗读"，要以对内容的理解与把握为基础，要防止矫情做作。

诵读的评价，重在提高学生的诵读兴趣，增加积累，发展语感，加深体验和领悟。在不同学段，可在诵读材料的内容、范围、数量、篇幅、类型等方面逐渐增加难度。

默读的评价，应从学生默读的方法、速度、效果和习惯等方面综合考查。

精读的评价，重点评价学生对阅读材料的综合理解能力，要重视评价学生的情感体验和创造性的理解。第一学段可侧重考查对文章内容的初步感知和文中重要词句的理解、积累；第二学段侧重考查通过重要词句帮助理解文章，体会其表情达意的作用，以及对文章大意的把握；第三学段侧重考查对文章表达顺序和基本表达方法的了解领悟；第四学段侧重考查理清思路、概括要点、探究内容等方面的情况，以及读懂不同文体文章的能力。

略读的评价，重在考查学生能否把握阅读材料的大意。浏览的评价，重在考查学生能否从阅读材料中捕捉有用信息。

文学作品阅读的评价，着重考查学生感受形象、体验情感、品味语言的水平，对学生独特的感受和体验应加以鼓励。第一学段侧重考查学生能通过朗读和想象等手段，大体感受作品的情境、节奏和韵味；第二学段侧重考查在阅读全文基础上对重要段落和语句的细致阅读，具体感受作品的形象和语言；第三、第四学段，可通过考查学生对形象、情感、语言的领悟程度，以及自己的体验，来评价学生初步鉴赏文学作品的水平。

评价学生阅读古代诗词和浅易文言文，重点考查学生的记诵积累，考查他们能否凭借注释和工具书理解诗文大意。词法、句法等方面的概念不作为考试内容。

要重视学生课外阅读的评价。应根据各学段的要求，通过小组和班级交流、学习成果展示等方式，了解学生的阅读量和阅读面，进而考查其阅读的兴趣、习惯、品位、方法和能力。

C. 写作的评价（略）

D. 口语交际的评价（略）

E. 综合性学习的评价（略）

（二）芬兰的评价建议

1. 总体建议

一至二年级期末良好表现的评价标准：

（一）学生的互动技能将得到发展，这样他们——

习惯于用口语表达自己的想法，知道如何将自己观察到的事物和自身的经历归类使听众能够有规律可循；能够适应日常情况下的交流，他们能够理解老师的和其他学生的口头叙述和讨论，在说话或讨论时争取让别人理解自己，对自己所听到的也有自己的想法和问题；专心练习表达。

（二）学生的阅读和写作技能将得到发展，所以他们——

已从最初的阅读阶段发展到基本技能再一次增强的阶段；他们能流利阅读符合他们年龄的读物；阅读时，已经开始考虑他们是否理解所阅读的内容；他们能够从阅读中得出结论；也能够通过写作表达自己，以使他们能够解决日常生活中需要写作的情况；他们也能够在他们的写作中使用想象力；手写时能够连接字母，在计算机上也能创建原始文本；能够毫无错误地书写简单和熟悉的单词，已经开始使用标点符号和句子开头的大写字母。

（三）学生与语文的关系会成形，这样他们——

寻找一些合适的和令人愉快的阅读材料，他们将利用阅读能力去获得快乐和查找信息；至少读过一些适合他们的阅读能力的儿童书籍；他们的媒体素养足够使他们理解针对他们年龄阶段设计的节目；能够观察他们年龄段的语言特点；分析字的拼音和音节结构会感到鼓舞，能够按字母顺序排列字母，并使用字母顺序；当谈到语言和文字时已经习惯使用学到的概念。

2. 具体建议

芬兰语文评价建议中的具体建议以语言等级认定标准的形式呈现出来，语言等级认定标准是芬兰关于语言能力的一个量表，包括在欧洲语言学习、教学和评估的共同参考框架中。语言等级认定标准分为 A1 （A1.1 A1.2 A1.3）、A2 （A2.1 A2.2）、B1（B1.1 B1.2）、B2（B2.1 B2.2）和 C1 这十个级别，对听力理解、口语交际、阅读理解和写作这四项的评价进行了详细的建议与指导。

阅读理解 A1.1

1. 熟悉字母，但对文本理解不足。

2. 认识少量熟悉的单词和短语，可以联系相应的图片。

3. 在非常可预测的情况下，理解陌生单词的能力非常有限。

阅读理解 A1.2

1. 可以理解现实需要的名称、标志和其他简短的文本。

2. 在重读文本的条件下，可以识别简单文本里的特定信息。

3. 在非常可预测的情况下，有一个有限的能力去理解陌生单词。

阅读理解 A1.3

1. 可以阅读熟悉的和一些不熟悉的单词。能理解处理日常生活和日常活动或给予简单说明的短消息。

2. 可以找到短文（如明信片、天气预报）里的具体信息。

3. 即使简短的文本段落的阅读和理解也是非常缓慢的。

阅读理解 A2.1

1. 能理解包含最常见词汇的简单文本（私人信件、简短的新闻、日常用户说明）。

2. 能理解一些文本段落的要点和细节。可以定位和比较具体的信息和根据上下文做非常简单的推论。

3. 即使简短的文本段落，阅读和理解起来也是缓慢的。

阅读理解 A2.2

1. 能理解信息的要点和一些细节，包括相当苛刻的日常语境下的一些章节（广告、信函、菜单、时间表）和实际文本（用户说明、简短的新闻）。

2. 能轻松地从结构清晰的文本段落中获得关于熟悉话题的可预测的新的信息话题。可以根据不熟悉单词的形式与内容推断出它们的意思。

3. 经常会需要重读和参考材料来理解文本。

阅读理解 B1.1

1. 能够在毫无准备的情况下阅读几页各种熟悉题材的文章（表、日历、课程、烹饪书），抓住要点、关键词和重要细节。

2. 能够从有关熟悉主题的文本里抓住其要点、关键词和重要的细节。

3. 对文本的细节和无关日常生活的主题可能缺乏理解。

阅读理解 B1.2

1. 可以阅读许多不同主题的几段文字（新闻报道、手册、用户指南、简单的文献），也可以处理一些在有关个人关系的实际情况下需要推理的文本。

2. 为了完成特定的任务可以从几页文本中定位并整合信息。

3.长文本的一些细节和细微差别可能尚不清楚。

阅读理解 B2.1

1. 能对自己的领域或主题的文本（报纸上的文章、短篇小说、通俗小说和非小说类、报告和详细说明）独立阅读几页。这些文本可能是有关抽象的、概念的或职业的主题，包含事实、态度和观点。

2. 能够识别文本的意思和作家的意图，在长文本中定位不同的细节。可以快速识别文本的内容和新信息的相关性来决定是否值得深入研究。

3. 只会在理解长文本里的习语和文化典故时遇到困难。

阅读理解 B2.2

1. 能够独立阅读几页各种题材的复杂文本（日报、短篇小说、小说）。其中一些可能是不熟悉的或只是部分熟悉，但都与个人相关领域有关。

2. 可以识别作者的态度和文本的功能。可以定位和组合复杂文本的多个抽象细节。能理解要点，足以概括或改写要点。

3. 困难只发生在长文本里的低频习语和文化典故中。

阅读理解 C1.1

1. 能够详细理解各种领域内的冗长而复杂的文本。

2. 能够适应他/她的适当的阅读风格。能够批判性地阅读、评估文体的细微差别，并识别文本中作者的态度和隐含的意义。可以对复杂文本的多个抽象细节定位、组合和总结，并从这些总结中按要求得出结论。

3. 最苛刻的细节和惯用的段落可能需要重读或使用参考材料。

（三）分析与比较

1. 芬兰十个级别评价指标，体现标准的弹性化

芬兰十个级别评价指导标准，可以说是全面、具体、多方位地体现了芬兰课程标准的弹性化，尽可能地考虑到了学习芬兰语文时的各种问题与结果。有助于课标评价实施的科学性和完善性，有利于促进教师的发展和学生的进步。基本做到了将课程理念教学实践化，而不是像传统的课程评价，仅仅是提出一种课程评价的思想。相比而言，中国课程评价过多执着于课程评价实施的原则、实施的功能等教育思想理念之上，缺乏将教育思想理念教学实践化。

2. 芬兰的评价建议可操作性强

芬兰课标总体建议分学段对互动技能、阅读技能、写作技能以及与语文的关系等方面做了提纲性建议。在具体建议中，按照不同的等级，对总体建议提出的几大方面做出了详尽的建议，具有很大的参考价值。相比中国的课程标准，虽然在具体建议中，部分做出了分学段较为具体的评价标准，但很多提出的建议缺乏详尽的说明和具体标准，使得在实际教学过程中缺乏可操作性。

3. 芬兰的评价建议贴合时代进步

21 世纪已经是计算机互联网技术蓬勃发展的时代，正确引导并培养学生在计算机等电子设备上阅读和写作的兴趣，应作为新课标改革的一个方向。芬兰课标多处提到学生对计算机和互联网的使用，注重培养学生信息检索、

整理的能力，中国课标评价标准中并未体现对这一点的重视。

4. 芬兰的评价建议着眼于课外生活

这主要体现在：芬兰课程评价建议学生能够通过写作表达自己，以使他们能够解决日常生活中需要写作的情况。这条关注了学生的写作能力在日常生活中的应用。芬兰课程评价建议媒体素养足够使学生理解针对他们年龄阶段所设计的节目。这条关注了学生课外通过媒体进行自我学习。相比之下，中国课标评价仅局限于课堂内，对学生课堂外和生活中关注不足。

5. 中国的评价建议突出汉语文化特色

中国课程标准具体评价建议中提到了拼音、识字、写字，对中国汉字的教学评价作了具体建议，这是汉语不同于印欧语系的地方。另外，在阅读方面还做出了对古汉语阅读和赏析的评价建议，这也充分体现了汉语文化特色。

6. 两国都突出了课程评价的整体性和综合性

首先，从内容上看，两国语文课程评价都不忘语文课程的整体性，评价时要从识字与写字、阅读、写作等全面进行。其次，强调形成性评价与总结性评价、定量评价与定性评价等综合实施，全面反映出学生语文学习、课程实施的状态与水平，全面确保评价的科学性与有效性。

7. 中国评价范围广泛，芬兰评价内容翔实

中国课程标准的评价建议包括了对识字写字、阅读、写作、口语交际以及综合实践等方面的建议，而芬兰课程标准的评价建议基本上围绕着听力理解、口语交际、阅读理解和写作这几个方面进行。中国课程标准的评价建议比芬兰的多了对识字写字和综合实践的指导，但是这并不意味着芬兰的评价建议就不科学。中国评价范围广泛，芬兰评价内容翔实，芬兰课程标准的评价建议有自己独特之处。芬兰课程标准评价的总体建议和具体建议详细地列出了芬兰小学语文课程评价的几乎所有标准。中国课程标准评价建议阐述了语文课程评价时应该遵循的准则和评价应发挥的功能。

六、芬兰课程标准对我国的启示

(一) 学习语文，重在运用语文

中国课程标准可适当借鉴，当下许多中国学生只会写作文，而在日常生活中一些常用的应用文却写不好。他们学习了语文，却可悲的不会运用语文。例如，一些新入职的大学生写不好一封得体的电子邮件，这是很值得深思的问题。芬兰的义务教育所关注的不仅仅是知识的传授，更重要的是培养学生的思维与能力、对社会文化的认同、终身学习的意识以及建设社会的责任感。芬兰教育的成功不在于课程标准将知识界定得如何明确，而是细致地规定了如何确保所有的学生享有公平的高质量教育。[①]我们凭借语文思维和想象，凭借语文学习和工作，凭借语文继承与发展文化。因此，在学习语文的同时，运用语文，这才是真正的学会语文。

(二) 适应社会发展，体现时代性

21 世纪已经是计算机互联网技术蓬勃发展的时代，正确引导并培养学生在计算机等电子设备上阅读和写作的兴趣，应作为新课标改革的一个方向。芬兰课标多处提到学生对计算机和互联网的使用，注重培养学生信息检索、整理的能力，培养信息时代下学生应具备的基本能力。正如芬兰课标所说，"学生在计算机上创建原始文本，将利用他们的阅读能力去获得快乐和查找信息"。一些网络用语和流行语的广泛使用必然对语文课程产生一定的影响，语文课程标准应加大对网络用语和流行语的重视力度。因此，语文课程标准应努力紧跟时代前进的步伐，适应社会的发展，应对变化的挑战，从源头上培养学生的语文实践能力和社会适应能力。

(三) 关注媒体素养，形成正迁移

中芬两国都重视了媒体素养，如中国课标提出"积极尝试运用新技术和多媒体学习语文"，正确利用新技术和多媒体的影响能够对语文学习起到积极

---

①曹一鸣主编，十三国数学课程标准评价（小学初中卷）[M]，北京：北京师范大学出版社，2012.

的促进作用，产生触类旁通的语文学习效果。中国课程标准提出了学生要形成自主学习的能力，学生面对形式各异的媒体内容，能够主动地选择、学习与吸收。关注媒体素养从社会角度出发，媒体自身也要受到相应的制约，加强对不规范语言的惩治，从源头上减少对语文学习的消极影响，降低负迁移发生的概率。

各国都重视培养学生利用媒体搜集信息和处理信息的能力，但是重视媒体多写能力还不够，我们应该积极参与媒体，也就是应该关注媒体读写能力的培养，不仅会读，更要会写、能参与。

（四）理念的行为化，提高目标操作性

芬兰课程标准每个学段都另设了相应的评价标准，增强了学段目标的可操作性，有利于学生合理掌握重点，正确学习语文。中国课标提出要使学生具有独立阅读、日常口语交际和搜集处理信息的能力，但就其具体实施的要求与规范却不够详细具体。

我们应该根据本国学生身心发展实际状况和课程实施的实际状况，通过对学生日常生活经验的实证分析，对学生是否形成课程标准所期待的各项要求的实证分析来判断课程标准的可行性、操作性，进而修改并完善课程标准，使课程标准行为化，提高课程标准的操作性。

第十章　中国与新加坡小学母语课程标准比较

新加坡，作为东南亚的一个面积不大的移民国家，在 1819—1959 年期间隶属于英国殖民地，1959 年成为自治邦，1963 年加入马来西亚，1965 年脱离马来西亚独立建立共和国，其历史发展可谓一路坎坷，而华文教育也正是在这沉浮不定的历史激流中经历了漫长的发展期。中国与新加坡两国现行母语课程标准的比较，有助于加深对我国《修订稿》的理解与思考。

一、新加坡小学母语课程标准的制定背景

（一）20 世纪以前的华文课程标准

殖民地时期，政府出于自身利益的考虑，一味强调英文学校的创办与教学，并不开办华文学校，当时以华语或华人方言为媒介语的学校，都是由华人社团自行设立的，上课方式仿效当时中国的教育制度，"当时的一切都是我国式的，教师和教科书均来自我国，可说新加坡的教育，是我国教育制度的再现。"①殖民地末期，新加坡华人积极参加反殖民地政府的抗争，终于在 1956 年政府出台的《各党派华文教育委员会报告书》为华文教育赢得了公平对待的权利，也为新加坡日后的双语教学奠定了政策基础。1959 年，新加坡成为自治邦以后，允许各种族的语文源流自由发展，华文教育也在其中不断

---

① 臧慕莲.新加坡的华文教育［J］.八桂侨史，1994.

复兴。1965 年新加坡独立建国，1979 年《吴庆瑞报告书》、1992 年《王鼎昌报告书》、1999 年《李显龙副总理政策声明》等文件的公布，使新加坡逐渐统一了教育源流，在确定以英语为主要学习语的同时，强制性地要求各种族对其母语的学习。华人在新加坡人口中占据的庞大比例，使得华文教育一直得到重视，华文课程及其相关的指导文件也在其中不断地得到完善与发展。

（二）20 世纪的华文课程标准

20 世纪七八十年代，中国的改革开放所带来的经济蓬勃发展，使新加坡政府意识到华文教育的重要性。于是，1991 年，新加坡政府设立了以时任副总理王鼎昌为首的"华文教学检讨委员会"，负责检讨学校的华文教学工作，《王鼎昌报告书》因此而生。这一文件对华文教学提出了将"华文第二语文"改为"华文"，将"华文第一语文"改为"高级华文"，以消除华文被许多学生和家长看成"次等"语文的观念；将以往到了小学四年级才学习的汉语拼音提前教导，以方便学生华语的学习；要扩展高水平的语文特选课程，以更好地培养一批华文精英；要更换已经沿用 10 年的华文教材，使得华文教材能符合当前的语文教学趋势，并强调语文教材内容应多样化，多选用一些民间故事、历史故事、神话、诗歌等十几项改进建议。所以，1993 年的《小学华文课程标准》受此影响，特别强调语文（华文）的实用功能、语文和文化的密切关系，重视华文教材的编写工作，主要表现为：在课标中明确高级华文和华文课程的主要区别，主张修读高级华文的学生须精读 60 条成语，修读华文课程的学生须精读 50 条成语；提出学校可根据学生的家庭用语情况，自行决定从小学二年级下学期或小学三年级开始教学汉语拼音；强调教学目标要兼顾语文技能训练（听、说、读、写）以及华人文化与传统价值观的灌输；列明语文选材的原则、选材范围和生字表说明，以供教材编者参考等。

（三）21 世纪的语文课程标准

2002 年的《华文课程标准》虽然颁布的时间是在 21 世纪初，但它所体现的思想内容、所回应的教育教学问题都源于 20 世纪末。

1993 年的课程标准一经颁布，收到的社会反响和实施的效果都很不错，新华文教材的编写工作也进行得有理有条。但是，新加坡国家特殊的以英语为主体的多语言环境，使得新加坡华人的家庭用语越来越趋向于英语，这使得华文的习得与应用大大减弱，而由此一来，华文教材的难度就显得太大了，"超出了他们的子女所能应付的范围"①。另外,全球化趋势以及知识经济的发展，为很多新加坡精英提供了到外地发展的机会，这就带来了"国家归宿感"的问题。由此，1997 年时任总理吴作栋、时任副总理李显龙针对这些变化，对华文课程进行了调整与重订。1999 年《李显龙副总理政策声明》的出台，意味着新加坡新一轮华文教育改革的施行，新一套华文教材的编写，2002 年的《华文课程标准》应运而生。主要表现为：认真贯彻通过华文教学训练学生听说读写语言技能以及灌输华人文化和传统价值观的目标，同时调低了华文课程的难度，以适应新加坡家庭语言环境改变的事实。

进入 21 世纪初期，虽然上一轮的华文改革才刚刚施行，但新加坡的华文教育又面临一次重大的改革契机。于是《小学华文课程标准 2007》出台。

（四）新加坡现行的标准：《小学华文课程标准 2007》

新加坡双语教育的政策，一直是使华文课程与教学面临挑战的重要原因。因为新加坡以英语为官方语言，为大多数国民的工作用语的社会语言环境，让华人家庭用语迅速地朝着"脱华入英"方向发展。有调查显示，1988 年，约有 20% 的小一新生的家庭主要用语为英语；1999 年，这个数字增长了一倍，达到 43%；2004 年，小一新生中，来自华英两种家庭语言背景的学生人数不相上下。这些数据说明，修读华文课程的学生中，有一部分是来自华人家庭却不以华语作为他们母语的，对于他们来说，华语是一门与自身的生活实际相脱节的"外语"，在现实生活中缺少甚至没有运用的环境，学起来并不

①陈之权.大题小做——新加坡华文课程与教学论文集［M］.南京：南京大学出版社，2011.

容易；而另一部分学生，他们来自华人家庭并且以华语为家庭主要用语，所以在入学之前就具备了基本的华语口语能力，学习华文对他们而言是件轻松的事。所以，很显然，以一套统一教材来施行的华文课程并不能有效顾及不同语言背景、语言起点的学生的学习需要与实际差异。因而，为顺应华裔学生家庭语言背景日益复杂的趋势，同时尽早为亚洲经济时代到来所需的华文人才的培养做好准备，新加坡教育部于2004年初成立了以王庆新为首的"华文课程与教学法检讨委员会"，全面检讨现行的华文课程与学校里的华文教学，以便为不同能力、不同语言背景、不同学习需要的学生"量身定做"一套适合他们的华文课程，并采取有效的教学策略培养学生学习华文的兴趣。

首先，参与制定与考察的成员。委员会的成员以前线教师、教育部官员、学校校长、大学教授为主，下设教材、教学法与教师培训、评估与测试三个小组，深入探讨当前华文课程教学存在的问题并提出改进建议。教育部也邀请中国内地和香港地区的语文课程与教学法领域的学者组成专家团，安排他们访问新加坡的学校，到华文课上听课，并与华文老师和学生面谈，以了解华文教学情况，提出改革建议。教育部也委托专业调查公司全面收集社会人士、学生以及教师对当前华文教学的意见，供委员会作提呈建议时参考。委员会也认真听取了华文媒体、宗乡组织、教师专业团队、商贸机构的意见，尽量考虑各界人士所关心的问题。这是一次对于华文教育所进行的历史性反思，官方对这次课改所投下的资源与力度是历代华文课改当中最大的，而这轮课改所要完成的任务也是最艰巨的。

其次，修订的依据与内容。修订的主要依据是在上述成员的努力下而于2004年11月15日公布的《华文课程与教学法检讨委员会国会白皮书》。《白皮书》的主要内容是建议为不同语言背景的学生制定不同的学习进度，以"量身定做"的方式设计小学阶段的华文课程，即将小学华文课程分成核心课程（Core Modules）、预备单元（Bridging Modules）、强化单元（Reinforcement Modules）以及深广单元（Enrichment Modules），并在不同的阶段以不同的组合方式供学生学习。除此之外，《白皮书》还建议要注重华文的实用功能；

要编写既实际又能激发学生兴趣的教材；要以资讯科技强化华文教学，要改进考试方式，强调综合语言能力的考查和校本评价；要提高华文教师的素质，多提供进修的机会；要增加学校里运用华文的机会；鼓励社会参与，努力营造学习华文的社会环境等等。

此外，以时任内阁资政李光耀为代表的新加坡政府高层也早在《白皮书》正式颁布之前就明确指出华文和华文学习的重要性，明确了本次课改的基本思路，即坚持英文为新加坡的主要语言，"但新加坡华文教学必须配合我国经济实力迅速崛起的国际局势，在保持一般国人的基本华文水平的同时，允许部分国人以华文作为主要用语，以便把握我国最终成为世界重要经济体后所涌现的机会"。这是新加坡执政当局一贯的务实思想，带有强烈的功利主义，但恰恰促进了华文教育的发展。

于是，在《白皮书》、新加坡政府高层的基本思路下，结合新加坡"理想教育成果"的教育目标，"重思考的学校、好学习的国民"的教育方针和"创新与企业精神""少教多学"等教育理念，2007年的《小学华文课程标准2007》公布，新的小学华文教材也在当年推出。

二、课程标准的框架结构比较

(一) 中国《修订稿》框架结构概述

《修订稿》与《实验稿》一致，继续采用九年一贯整体设计，较好地体现了义务教育母语课程的整体性和阶段性，主要包括四个部分的内容：

第一部分：前言。高度概括了九年义务教育阶段语文课程的作用、地位及性质，也对课程的基本理念、设计思路作了阐述。

第二部分：课程目标与内容。分为总体目标与内容和学段目标与内容两部分。先就学生语文素养的全面提高，整合"知识与技能、过程与方法、情感态度与价值观"的三维目标，提出十条总体目标与内容；再以年级为序，将义务教育阶段的母语学习分为1—2年级、3—4年级、5—6年级、7—9年级四个学段，并分别从"识字与写字""阅读""习作（第一学段称'写话')""口语交际""综合性学习"五个方面提出具体的目标与内容要求，是该课标最重要的部分之一。这些要求，在表述上采用陈述性的语句和"学习""初步学会""有初步的……能力""学会""能""喜欢""有……的愿望""对……有兴趣""乐于运用""敢于""懂得""认识""了解""掌握""努力养成""逐步养成""养成""主动""积极""尝试""结合""借助""诵读""阅读""默读""复述""简单描述""简要讲述""注意""观察""背诵""积累""体会""初步感受""初步领悟"等词语，对培养、形成学生在知识与技能、过程与方法、情感态度方面的目标，进行了阶段性、顺序性、连续性的描述。该部分是我国母语课程的框架，是整个课程标准结构的重要组成部分。

第三部分：实施建议。实施建议包括"教学建议""评价建议""教材编写建议""课程资源开发与利用建议"四个部分。教学建议和评价建议都是以先呈现指导性的原则，再从"识字与写字""阅读""习作（第一学段称'写话'）""口语交际""综合性学习"五个方面给出具体建议的形式来编排的。

第四部分：附录。该部分虽然不是课程标准的正文部分，却有其自身的作用。主要包括：优秀诗文背诵推荐篇目（仅推荐古诗文，1—6 年级为 75 篇诗歌）、关于课外读物的建议、语法修辞知识要点、识字、写字教学基本字表、义务教育语文课程常用字表。

（二）新加坡《小学华文课程标准 2007》的框架结构

新加坡现行小学母语课程标准包括六个章节，每个章节在文字说明的基础上，又相继呈现了数张"结构示意图"，以便于读者的整体把握与浏览。

第一章，"前言"，包括四点内容，表述都非常简要。第一点，用两句话表述了国家"理想教育成果"、教育方针、教育理念。第二点，对华文课程的地位与作用的表述，强调应注重母语教学"保留传统文化"，但"华文课程仍应配合我国（这里特指新加坡）的双语政策"。第三点，交代小学华文课程标准修订的原因"为了贯彻当前的教育方针""进一步提高华文课程的教学质量"。第四点，小学华文课程实施时间上的安排。

第二章，"课程理念"，分为六点阐述。1.兼顾语言能力的培养与人文素养的提高。2.注重华文的实用功能。3.遵循语言学习的规律，提高学习效率。4.重视个别差异，发掘学生潜能。5.培养积极、自主学习的精神。6.发展学生的思维能力。

第三章，"课程总目标"，说明该总目标以"理想教育成果"为宗旨，以"核心技能与价值观"为基础，兼顾国民教育、思维能力、资讯科技、社交技能和情绪管理的学习等方面拟定而成，包括培养语言能力（包括听说、识字与写字、阅读、写作、语言技能的综合运用）、提高人文素养（包括价值观、华人文化、关爱意识、审美情趣）、培养通用能力（包括思维能力、自学能力、借助资讯科技进行学习的能力、社交技能与情绪管理能力）三大方面。在文字表述之余，还在本章的最后出示了一张"课程总目标图示"，清晰呈现了这三大方面的关系与核心所在。

第四章，课程架构，即上文所说的"母语课程的框架"。新加坡小学华文课程分为奠基阶段（小一至小四）和定向阶段（小五至小六）。依据学生的能力，奠基阶段开设华文课程和高级华文课程；定向阶段开设华文课程、高级华文课程和基础华文课程。语言能力弱的学生学习基础华文课程，语言能力中等的学生学习华文课程，语言能力强的学生学习高级华文课程。为照顾学生家庭语言背景的不同和学习能力的差异，自 2007 年起，各华文课程的教材内容也一改以往的"课文模式"，采用颇具灵活性的"单元模式"（Modular Curriculum Structure），包括核心单元、导入单元、强化单元、深广单元、校本单元等，在不同等级的华文课程中，这些教学单元有不同的组合，以构成教学内容。

第五章，分项目标。新加坡小学华文课程的分项目标是与"语言能力、人文素养、通用能力"这三方面的总目标相对应的，是对总目标的扩充与具体化。语言能力总目标下，先将学生的语言等级分为三级，处于小一至小二华文、小一至小二高级华文的学生为一级；小三至小四华文、小三至小四高级华文、小五至小六基础华文的学生为二级；小五至小六华文、小五至小六高级华文的学生为三级。每一级学生的语言能力都从"听说""识字与写字""阅读""写作""语言技能的综合运用"五个方面提出具体要求，主要包括"态度与习惯"上的要求和"听说、识字与写字、阅读、写作、语言技能的综合运用"五方面能力上的要求。人文素养总目标下，对各级华文学生，从"价值观""华人文化""关爱意识""审美情趣"四个方面提出的具体要求。通用能力总目标下，也是针对全体华文学生，从"思维能力""自学能力""借助资讯科技进行学习的能力""社交技能与情绪管理能力"四个方面提出的具体要求。这些要求，在表述上，采用表格的形式，以陈述性的语句展开描述，用"喜欢""喜爱""愿意""乐于""学会""能""对……感兴趣""认识""了解""培养""初步养成""养成""具备""熟悉""尝试""主动""积极"利用""关爱""关心""热爱""尊敬""感受""欣赏"等词语，对培养、形成学生的知识能力、过程方法、道德情感做阶段性、顺序性、连续性的描述。

第六章，实施建议。新加坡《小学华文课程标准2007》的最后一个章节，包括"教材编写建议""校本教材编写建议""教学建议""评价建议""教学资源开发建议"五部分的内容。华文课程标准结构简图可以说是对该课标目录的补充性示意图。它由上至下简要列出了课程架构、课程总目标、课程理念的核心内容，构成了一个小椭圆。这三大核心内容又被教材、评价、教学三项内容包围，构成了一个大椭圆，这包围的结构表示这三项内容与三大核心内容的紧密联系。最后在大椭圆的左、右下角，分别标注了"社会支援""家庭支援"的字样，像是两只支撑起整个大、小椭圆的敦实有力的脚。

（三）分析比较

1. 中新小学母语课程的框架异同

我国小学母语课程的框架主要集中在现行课标的第二部分，新加坡的小学母语课程框架则主要体现在该国现行课标的第四章和第五章。

（1）源于语言背景、课程理念的母语课程的分类不同

新加坡的小学母语课程——小学华文课程，分为三类：华文课程、高级华文课程、基础华文课程。这三类华文课程是小学阶段整个华文课程的不同分支，目的在于"为来自不同语言背景、具有不同语言能力的学生提供不同的选择"，是新加坡国家"量体裁衣式"教学的一种体现，深得好评。深入考察新加坡的这一分类有其历史的必然性。

首先，新加坡的语言背景复杂。它是以马来语为国语，英语为行政语言，将华语、泰米尔语、马来语等各民族的母语作为各自的第二语言来学习的特殊国家。华人在工作、教学等正式场合，甚至在某些华人家庭中都以英语为交流语言，华语的地位非常尴尬，曾有一位新加坡校长就因为将华语作为某次推广"讲华语"政策的会议用语而受到了处分。华人只有在家庭中或偶尔与朋友、同学交谈时才有机会讲华语，2004 年的《华文课程与教学法检讨委员会报告书》呈现的某些数据也正说明了这一问题（见表 1）。这就使得新加坡华人的华文水平呈现出不同的趋势，不得不施行不同起点的小学华文教育，使"语言能力中等的学生修读华文课程，语言能力较强的学生修读高级华文课程"。

表 1 新加坡华人小学学生家长与子女交谈用语①

家长在家中和子女交谈用语(%)	小二	小四	小六
英语	25.7	23.5	21.5
双语(英语 + 华语)	33.0	27.42	29.6
华语	37.3	44.8	44.1

其次，新加坡华文课程理念中明确提出"注重华文的实用功能""重视个别差异，发掘学生潜能"。21 世纪，随着中国经济持续快速发展，中国成功加入 WTO，并成功申办了 2008 年奥运会，中国的崛起在全世界范围内掀起

①新加坡教育部.华文课程与教学法检讨委员会报告书 [M] .2004.

的中国语言文化热，使得新加坡这个"实用主义"至上的国家意识到华文在当前和未来的重大实用性，便更加重视培养能实际运用华文的学生。而要培养出能实际运用华文的学生，就必须要承认、尊重并重视学生的个别差异，并因材施教，对不同的学生施与不同的适合他们的华文教育。所以，在小学入学时，他们可以根据自己的能力选择华文课程或高级华文课程；在小四结束时，依据考试评定他们在五、六年级所学的华文课程类别，使整个小学阶段的华文学生都能受到既适合自己，又能在原先基础上不断提升自己的华文教育。

我国的小学母语课程，即指"小学语文"课程。虽然"小学语文课程"这一名称曾经多次变化，小学语文教材在全国各地的版本也有差异，但都没有使"小学语文"课程出现像新加坡一样的分类现象。这主要是因为我国的小学母语课程自诞生以来，一直作为一门传承民族文化、体现时代要求的重要科目，历史受到重视与选用，这就在不经意间使其在历史的潮流中始终保持着独一无二、无可替代的地位。但是，从尊重个性差异的角度来讲，我国《2011修订稿》中虽然也提到了要"尊重学生的个性发展""个性解读""学生自己的感受"，但这些提法往往止于文字层面，很难在实践教学中真正做到尊重个性、因材施教。因此，新加坡对华文课程的分类，对于中国来讲还是有一定的借鉴和启发意义的。

(2) 源于学生母语水平的等级划分标准不同

我国的小学母语课程，按学生所在年级，将整个小学阶段的母语课程分为三个学段：第一学段1—2年级、第二学段3—4年级、第三学段5—6年级。虽然各学段的课程目标与内容呈螺旋上升、循序渐进的形式，但并不排除第三学段学生的母语水平还停留在第二学段、第二学段学生的母语水平还停留在第一学段这样的现象存在。在新加坡，按照国家"教育分流"思想的指导，将小学六年的华文课程划分为"奠基阶段""定向阶段"两大阶段，其中，奠基阶段，按年级划分，又分为第一阶段1—2年级和第二阶段3—4年级。这样的划分，虽然有其一定的科学、借鉴之处，但不得不说也存在着中国"学段划分"易于出现的弊端。

两国课程标准在进行目标和内容方面的表述时，也分别表现出了一种等级划分。我国的小学母语课程标准在"第二部分 课程目标与内容"中，依旧是采用上述按年级来划分的"学段划分"形式，分别对三个学段的具体目标与内容做出了要求。新加坡则在"第四章 分项目标"中，将学生所在年级与学生的华文水平相结合，借此作为标准进行等级划分。总的来说，是将华文等级分为三级，处于小一至小二华文、小一至小二高级华文的学生为一级；小三至小四华文、小三至小四高级华文、小五至小六基础华文的学生为二级；小五至小六华文、小五至小六高级华文的学生为三级。这样的划分标准，比起将"年级"作为划分标准，更加地科学、合理，考虑到了学生的实际水平与需求。

(3) 源于灵活性与开放性的教材模式的不同

我国的小学母语课程以母语教材中的一篇篇课文为主要内容，虽然课标提出，教师可以结合教材，合理组织、选用课内外的文章，也可以相应地适当开展一些语文综合性活动，鼓励教师进行母语课程资源开发与利用，但小学母语课程始终还是以围绕教材的"课文模式"为主要教学内容。新加坡在1956年以前，一直仿照我国母语课程（教学大纲）来制定自己的华文课程标准，这在一定程度上也就借鉴了我国教材的"课文模式"，但在2007年，新加坡的教材开始施行"单元模式"，包括每个华文学生必须学习的"核心单元"、帮助学生加强华文基础、做好学习核心单元准备的导入/强化单元、学校根据自身情况合理选择内容的校本单元、和提供给"既有能力又对华文感兴趣的学生"的深广单元。其中，70%—80%的课时用于核心单元的教学，20%—30%的课时用于导入/强化单元或校本单元或深广单元的教学。这种单元模式为学校为华文课程的教学提供了较强的灵活性与开放性，使其更切合学生的实际，促进学生的发展。

(4) 源于整合性的课程目标板块的不同

我国小学母语课程标准的目标是从"知识与技能""过程与方法""情

感态度与价值观"三大板块为基础，并整合这三大板块在"识字与写字"
"阅读""习作（第一学段称'写话'）""口语交际""综合性学习"五个方
面提出具体的目标与内容要求。这五个方面中的每一个方面都有机地涵盖了
"知识与技能""过程与方法""情感态度与价值观"这三大目标板块。

　　新加坡的小学华文课程标准也有三大目标板块，为"培养语言能力"
"提高人文素养""培养通用能力"，但并没有像中国一样将这三大目标板块
整合，共同致力于学生语文素养的全面发展。而是在这三大目标板块之下，
又分别列有几点其涵盖的具体的能力，如语言能力包括"听说能力、识字与
写字能力、阅读能力、写作能力、语言技能的综合运用能力"及"形成这五
个语言能力时的态度与习惯"；人文素养包括"价值观、华人文化、关爱意
识、审美情趣"；通用能力包括"思维能力、自学能力、借助资讯科技进行学
习的能力、社交技能与情绪管理能力"。这样在三大目标板块之下分别表述的
形式，一定程度上不利于华文学生语言能力、人文素养、通用能力的相互联
系和共同提高。

　　2. 中新小学母语课程标准的结构异同

　　课程标准的结构，是课程标准整体上的一个框架，像"目录"一样给予
读者一目了然的指引，便于整体上的把握。

　　（1）中新小学母语课程标准的结构相同的部分

　　两国课标在内容安排上有不少相仿的地方，如都介绍了母语课程的基本
理念、总目标、各阶段目标、对教材编写、教学、评价和教学资源开发利用
的实施建议（见表2）。

　　（2）中新小学母语课程标准的结构不同的部分

　　在相同部分之外，中国小学母语课程标准还明确阐释了母语课程的性质，
将标准的第四部分设置为"附录"，给出了优秀诗文背诵推荐篇目、关于课外
读物的建议、语法修辞知识要点、识字、写字教学基本字表、义务教育语文
课程常用字表等补充内容，以更好、更具体全面地促进课程总目标的达成。

新加坡则在"第四章 课程架构"这一章节上彰显了特色，这主要与其"量体裁衣"式的教育理念、定向分流的教育制度等因素有关。当然，新加坡在表述方式上，较之中国，比较偏重"图文结合"的形式，在第三、四、五等重点章节中，都将文字描述与结构图并用，清楚阐释各要素之间的关系，便于读者从横向、纵向上的比较研读。

表2　中新小学母语课程标准的结构异同表

	课程性质	课程基本理念	课程设计思路	总体目标	学段目标(分项目标)	课程架构	教学建议	评价建议	教材编写建议(包括校本教材编写建议)	课程资源开发与利用建议	附录
中国	√	√	√	√	√		√	√	√	√	√
新加坡		√		√	√	√	√	√	√	√	

三、课程的基本理念比较

（一）中国的课程基本理念

我国《修订稿》提出的课程理念为：

全面提高学生的语文素养；

正确把握语文教育的特点；

积极倡导自主、合作、探究的学习方式；

努力建设开放而有活力的语文课程。

（二）新加坡的课程理念

新加坡《小学华文课程标准2007》所提出的课程理念，共有六条：

兼顾语言能力的培养与人文素养的提高；

注重华文的实用功能；

遵循语言学习的规律，提高学习效益；

重视个别差异，发掘学生潜能；

培养积极、自主学习的精神；

发展学生的思维能力。

（三）分析比较

1. 均强调语言能力与人文素养的共同提高

首先，中新两国在课标理念中均明确地强调要提高母语语言能力和人文素养。中国《修订稿》一方面强调全面提高学生的语文素养，并从识字写字能力、阅读能力、写作能力、口语交际能力、正确运用语言文字五大方面对学生的语言能力提出明确要求；另一方面，要求注重语文课程丰富的人文内涵对学生精神世界的深远影响，使学生在优秀文化的熏陶感染之下，提高自身思想道德修养和审美情趣，树立正确的人生价值观，对学生的人文素养做出了要求。新加坡《小学华文课程标准2007》对此的表述则更加明确，在课程理念的第一条直接指出，华文课程要"兼顾语言能力的培养与人文素养的提高"，认为"华文课程应为学生打好语文基础，培养学生的听说能力、识字与写字能力、阅读能力、写作能力和综合运用语言技能的能力。华文课程还应强调华人文化的传承及品德情操的培养，以提高学生的人文素养"。

其次，两国在对"语言能力"与"人文素养"的关系认同上也是一致的。中国通过对语文课程性质的界定，提出语文课程"工具性与人文性的统一"，并将其作为语文课程的基本特点，在语文教材编制、语文课堂教学等多方面体现两者的关系。新加坡则用"兼顾""共同"等词语，表明两者的重要性及相互促进、相互制约的密切关系。两国都认为要在母语语言能力培养的过程中，借助教学内容、教师引导等方式，提高学生的人文素养；与此同时，在学生人文素养不断提升的过程中，通过对汉族文化（华人文化）的扩大认识与加深了解，能激发学生语言学习的兴趣、提高或逐渐内化学习动机，从而有效促进学生汉语（华文）能力的提升。

其实，将语言能力与人文素养并济，是对学生内外兼修这一要求的说明，是在强调学生语言能力发展的同时，注重母语课程对学生的人文影响，为学生逐渐形成正确的价值观、遵守社会伦理道德、传承并弘扬中华民族优秀文化传统打下基础，使其在当前"道德缺失""价值观混乱""多元文化冲击"的社会环境下，能坚守自己的正确信念，努力成为德才兼备的好学生、好公民，为国家的稳定与发展贡献自己的力量。

2. 均遵循语言学习的一般规律与特点

语言学习的一般规律与特点，分为两个方面，一是语言本身的规律与特点，二是学习的一般规律与特点。中国《修订稿》通过强调"语文课程丰富的人文内涵""大量的语文实践""关注汉语言文字的特点""（语文）综合性学习"来说明要遵循语言本身的规律与特点；又通过强调要"引导学生丰富语言积累，培养语感，发展思维，初步掌握学习语文的基本方法，养成良好的学习习惯"以遵循学习的一般规律与特点。新加坡《小学华文课程标准2007》则从提高学习效益出发，明确提出要"遵循语言学习的规律"，指出华文课程要"在培养学生听、说能力的基础上，加强读、写能力的培养。在教学过程中，应在学生已有的语文基础上，开展综合性语言学习活动，让学生在实践中学习语言，培养语感"，强调学习要循序渐进、新旧联系，在听说读写练习及综合性的实践中更好地学习、运用语言。

中新两国对"遵循语言学习的一般规律与特点"的强调，一方面是出于提高学生语言学习效益的考虑，另一方面也在潜移默化间将学习的一般规律、原则授给了学生，让学生逐渐形成适合自己的高效的学习方法，养成良好的学习习惯，有助于其终身学习意识的形成与能力的持续发展，可谓一举两得。

3. 均提倡自主、合作、探究的学习方式

中国《修订稿》明确提出要"积极倡导自主、合作、探究的学习方式"，还特地要求"教学内容的确定，教学方法的选择，评价方式的设计，都应有助于这种学习方式的形成"，并建议采用"综合性学习"来促进、推进这一学习方式的有效实施。新加坡《小学华文课程标准2007》也明确指出要正确认识学生与教师之间的关系，开展相应的实践活动，以"倡导自主、合作、探究的学习方式""培养积极、自主学习的精神"。

其实，"倡导自主、合作、探究的学习方式"是当前国际社会对人才质量需求的反映，是20世纪末以来各国教育改革的主要趋势之一。但中新两国在小学母语科标准中积极倡导这一教学方式，其根本原因是对"自主""合作""探究"这三个词语的准确认识与清楚界定。一方面，"自主""合作""探究"各有侧重。"自主"强调要尊重学生的主体地位，调动学生学习的主动性、积极性；"合作"重视学生合作意识、合作能力的培养形成；"探究"则尤其关注探究的过程、注重学生的点滴进步与综合发展。三者从不同方面做出要求，促进学生的进步和发展。而另一方面，"自主""合作""探究"又是相互联系的。"自主"是"合作""探究"的基础与前提，学生的"合作""探究"只有在学生主体地位充分凸显，学生自身自觉、主动的情态下，才丰富多彩、有意义和有成果。

4. 均注重语文课程的开放性

努力建设开放而有活力的课程，是本次课程改革的侧重点之一，也是《修订稿》的特色之一。语文课程的开放而有活力，主要表现在语文课程的教学手段、跨学科的学习、课程的开发与管理上。其中，"语文课程的教学手段"，要求将现代科技手段运用到教学中去，通过图片浏览、视频播放、音乐渲染等方式达到更好的教学效果；"语文课程跨学科的学习"，要求将语文学科与其他学科相联系，通过对某一个问题的解决或某一课题的研究等形式，开展相应的综合性学习活动，让学生将多学科的所学运用于实践，并在实践中深化所学，收到较好的效益；"语文课程的开发与管理"，则是指采用国家、地方、学校三级管理的体制，允许地方和学校针对当地、本校的自身情况对语文课程的内容、教材、活动、实施等诸多方面进行开发与管理，使语文课程在各地的实施有一定的弹性和特色之处。

新加坡《小学华文课程标准2007》课程理念中提到的，有关华文课程的开放性和活力则主要表现在华文课程的资源、综合性语言学习活动、重视个别差异上。这里，"华文课程的资源"与中国一样，不仅仅局限于华文课本与教学辅导用书，还包括来自家庭、学校、社区、网络资讯等多方面的资源，是学生无时无刻不在学习母语的情境中；"综合性语言学习活动"是指基于学生已有华文基础之上开展的与生活实际或其他内容相结合的有关听、说、读、写的综合性活动，是要让学生在实践中学习语文；"重视个别差异"则从不同层次的华文课程类型、不同侧重的教学内容以及不同的教学策略、多样的教学方法、多元的教学活动等诸多宏观的或相对微观的方面保证了华文课程的开放性与活力。

5. 两国在学生发展模式上的差异

新加坡领土面积的狭小，物质资源、人力资源的缺乏，以及学生之间加大的差异，使得这个国家只有以有限资源"应用最大化"来解决问题，体现到教育上，则主要表现为注重"教育分流"，采用"精英教育"制度，以尽可能多地为各行各业输送优质人才。而且，在《小学华文课程标准2007》中也明确地提出了要"重视个别差异，发掘学生潜能"，并通过对华文课程的分类、分阶段和因学生水平而异的"单元模式"和"让教师针对学生的需要，采取不同的策略，开展多元的教学活动，发挥学生的潜能，让学生体验成功"，来为学生的个别发展、潜能发展创造条件，充分体现了"尊重差异""各显所长"的学生发展模式。

而中国教育，自蔡元培正式倡导"德、智、体、美、劳"五育并举以来，就一直重视学生的全面发展，在本次《修订稿》课程理念中也多次直接提到或间接体现促进全体学生"全面发展""和谐发展"的要求。加之在升学、就业上，通常采用形式单一的考试制度和片面、统一的评定标准筛选学生，使得中国的教育在总体上呈现出一种所有学生在各种能力上"齐头并进""整齐划一"的发展模式。虽然，《修订稿》中也提出要尊重学生的差异，及其"在语文学习过程中的独特体验"，但并没有过多地具体阐释与说明，可操作性并不明显。

6. 两国在能力发展要求上的差异

在学生的能力发展要求上，中新两国小学母语课程标准有共同之处，即都非常强调识字写字能力、阅读能力、写作能力、口语交际能力及其综合运用的能力。但除却这些听、说、读、写、用的能力之外，新加坡《小学华文课程标准2007》的"课程理念"中还特别提出要强调学生的"思维能力""想象力""创造力""分析问题、解决问题的能力"等通用能力的培养，而对于这些能力，中国《修订稿》的"课程理念"中仅有三处简单的表述：要"培养语感，发展思维""语文课程应特别关注汉语言文字的特点对学生识字写字、阅读、写作、口语交际和思维发展等方面的影响""充分激发他们的问题意识和进取精神"。其实，从这三处表述中亦可看出，中国对学生的思维能力、分析问题解决问题的能力还是重视的，但这种重视度远远不及新加坡。

因为新加坡整个的教育体制都是注重学生的终身学习、终身发展的，强调将"思维能力""想象力""创造力""分析问题、解决问题的能力"等通用能力，作为学生生活、学习必备的能力，在每一门学科中渗透性地着重培养。具体到其小学母语课程来讲，这些"通用能力"是与"语言能力"相比肩的能力，华文课程要注重"语言与思维的相互促进"、共同发展。

四、课程目标与内容比较

（一）中国《修订稿》的目标与内容

1. 总体目标与内容

母语课程总目标与内容共有十条，从"情感、态度与价值观""过程与方法""知识与能力"三个维度设计阐明。

第一，"情感、态度与价值观"的目标，主要体现语文课程的人文性。比如，第1条"培养爱国主义、集体主义、社会主义思想道德和健康的审美情趣，发展个性，培养创新精神和合作精神，逐步形成积极的人生态度和正确的世界观、价值观"，第2条"认识中华文化的丰厚博大，汲取民族文化智慧。关心当代文化生活，尊重多样文化，吸收人类优秀文化的营养，提高文化品位"，第3条"培育热爱祖国语言文字的情感，增强学习语文的自信心"，以及第4条中"逐步养成实事求是、崇尚真知的科学态度"等都注重对学生积极、正确的情感、态度、价值观的培养，给予了人文性高度的重视与强调。

第二，"过程与方法"的目标。总目标的第3条直接提出要"养成良好的语文学习习惯，初步掌握学习语文的基本方法"；第4条提出要"学习科学的思想方法"；第 5 条则更明确地提出要"进行探究性学习，激发想象力和创造潜能，在实践中学习和运用语文"，并且将这一要求贯穿于识字与写字、阅读、写作（第一学段称"写话"）、口语交际和综合性学习的各项目标之中。

第三，"知识与能力"的目标。总目标的 6—10 条从识字、阅读、写作、口语交际和工具书使用五个方面分项阐述有关语文知识和能力方面的目标。比如，第 6 条"学会汉语拼音。能说普通话。认识 3500 个左右常用汉字。能正确工整地书写汉字，并有一定的速度"；第 7 条中"具有独立阅读的能力……发展感受和理解的能力。能阅读日常的书报杂志，能初步鉴赏文学作品，丰富自己的精神世界。能借助工具书阅读浅易文言文。背诵优秀诗文 240 篇（段）。九年课外阅读总量应在 400 万字以上"；第 8 条"能具体明确、文从字顺地表达自己的见闻、体验和想法。能根据需要，运用常见的表达方式写作，发展书面语言运用能力"；第 9 条中"具有日常口语交际的基本能力"；第 10 条中"初步具备搜集和处理信息的能力"等等。

2. 学段目标与内容

中国现行小学母语课程标准紧紧围绕"知识与能力""过程与方法""情感、态度与价值观"三个维度，将课程内容分为"识字与写字""阅读""写作""口语交际""综合性学习"五个方面对小学语文的三个学段做出具体的要求。

（二）新加坡《小学华文课程标准 2007》的目标

1. 总目标

新加坡华文课程是以"理想教育成果"为宗旨，以"核心技能与价值观"为基础，兼顾国民教育、思维能力、资讯科技、社交技能与情绪管理的学习等方面，从而拟定课程总目标，包括培养语言能力、提高人文素养、培养通用能力三方面。

第一，培养语言能力。语言能力包括听说能力、识字写字能力、阅读能力、写作能力、语言技能的综合运用能力五方面内容，要求"能听懂日常生活中的一般话题、儿童节目、简单的新闻报道等；能以华语与人交谈，能针对日常生活话题发表意见；能阅读适合程度的儿童读物，能主动利用各种资源多阅读；能根据图意或要求写内容较丰富的短文，能在生活中用华文表达自己的感受；能综合运用听、说、读、写的语言技能进行学习，与人沟通"。

第二，提高人文素养。人文素养主要包括价值观、华人文化、关爱意识、审美情趣，要求"培养积极的人生态度与正确的价值观；认识并传承优秀的华人文化；关爱家人，关心社会，热爱国家；热爱生活，感受美，欣赏美"。

第三，培养通用能力。通用能力主要包括思维能力、自学能力、借助资讯科技进行学习的能力、社交技能与情绪管理能力，要求"发展思维能力，能发挥想象力和创造力，具备分析问题、解决问题的能力；具备基本的自学能力，能运用所学的知识；能借助资讯科技进行学习，与人沟通；具备社交技能与情绪管理能力，能对自己有一定的认识，并能和周围的人建立良好的关系"。

这里需要注意的是三者的关系。新加坡《小学华文课程标准2007》中，用图示代替文字，出示了三者的关系（见图1）。由图可见，新加坡小学华文课程的三大总目标，本为各有侧重的三个方面，但又在诸多方面紧密联系。一方面，要求在培养"语言能力"的同时，注重华文课程对学生的熏陶感染作用和潜移默化的影响，使学生的"通用能力""人文素养"得到不断的发展与提高；另一方面，"通用能力""人文素养"的发展，使学生的思维能力、问题意识、自学能力以及对待学习的情感态度等得到了提升与加强，这就有利于学生"语言能力"的进一步发展与提高。所以说，新加坡小学华文课程总目标是以"语言能力"为核心，"通用能力""人文素养"两者为重要支撑的，它们既互惠互利，又互相制约的关系，构成了华文课程目标的整体性与全面性。当然，图中还可以看出，"语言能力"作为总目标的核心能力，又以"听说能力""识字写字能力""阅读能力""写作能力"的各自培养及这四方面语言技能的综合运用能力为核心，是整个小学华文课程教与学的重要内容。

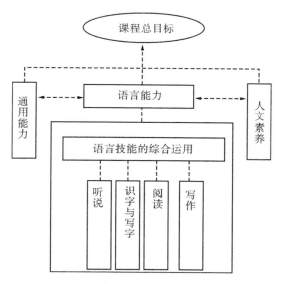

图 1 新加坡小学华文课程总目标结构示意图

2. 分项目标

新加坡小学华文课程的分项目标是与"语言能力、人文素养、通用能力"这三方面的总目标相对应的，是对总目标的扩充与具体化。语言能力总目标下，先将学生的语言等级分为三级，处于小一至小二华文、小一至小二高级华文的学生为一级；小三至小四华文、小三至小四高级华文、小五至小六基础华文的学生为二级；小五至小六华文、小五至小六高级华文的学生为三级。每一级学生的语言能力都从"听说""识字与写字""阅读""写作""语言技能的综合运用"五个方面提出具体要求，主要包括"态度与习惯"上的要求和"听说、识字与写字、阅读、写作、语言技能的综合运用"五方面能力上的要求。人文素养总目标下，对各级华文学生，从"价值观""华人文化""关爱意识""审美情趣"四个方面提出的具体要求。通用能力总目标下，也是针对全体华文学生，从"思维能力""自学能力""借助资讯科技进行学习的能力""社交技能与情绪管理能力"四个方面提出的具体要求。

（三）分析比较

1. 均注重多视角的综合运用

紧紧围绕着"知识与技能、过程与方法、情感态度与价值观"的三维目标，中国课标展开了对总体目标和内容以及各学段具体目标和内容的陈述。从这一点可以看出，中国课标目标和内容所呈现的视角绝不仅仅是单一的。在"知识"的选择上，一方面需要依据传统的视角，筛选出我国文化遗产中最重要、最需要保持的精华；另一方面需要结合当前社会科技发展的实际情况，选择出适合学生学习、了解的知识要点。在"技能"的形成上，不仅注重操作技能而且强调心智技能，而这正是行为主义视角、认知主义视角的综合体现。在"过程与方法"中，强调学生的亲身经历、独特体验和自主建构，是经验主义视角、学科结构视角、建构主义视角、行为主义视角的融合；强调对学习方法的掌握与运用，亦然。在"情感态度与价值观"中，人本主义的理念则更为突出。而在学段目标与内容上，一些具体要求的列出，如"听故事，能复述大意"是行为主义视角下的产物，"能复述……和自己感兴趣的情节"则更多地体现了人本主义的关怀……如此等等，都体现了我国多视角的综合运用。

新加坡也是如此，不管是在"培养语言能力""提高人文素养""培养通用能力"这三大总目标与内容，还是各阶段在"听说、识字与写字、阅读、写作"方面的分项目标与内容，它都处处体现着多教育目的和内容视角的综合。它强调学生要能听懂日常生活中的一般话题，并作出适当的反应，这是行为主义视角的体现；强调能"认识到观察、想象对口语表达有帮助"，并在具体情境中多加运用与训练，这是认知主义视角和建构主义等视角的体现；强调允许选择自己喜欢的、感兴趣的学习内容，则又反映了是人本主义的视角。

2. 均注重"母语知识与能力"与其他方面的整合

中国现行的小学母语课程目标，相较于过去"双基"（基础知识和基本技能）的要求，则更注重"知识与能力"与"过程与方法""情感、态度与价值观"的整合，强调三维目标的相互渗透、互为整体，让学生在语文学习的过程中，既获得了语文知识、语文能力，又使自身的人文素养得到了提升，还掌握了学习的一般规律、常用方法，为其终身学习奠定了基础。新加坡的总目标也强调"语言能力"与"通用能力""人文素养"的相互促进、共同发展，小学华文课程总目标结构示意图就以图示的形式清晰呈现了这一思想。它们都要求在"母语知识与能力"的教学过程中，渗透"人文素养"，发展"思维能力"，既使中新两国的小学母语课程目标呈现出"整合性"的特征，又有利于学生的全面发展，为以后更好地学习、工作、生活奠定了基础。

　　3. 较之中国，新加坡更加注重通用能力的培养

　　中国三维目标体系下的"通用能力"，比如总目标第 4 条要求"在发展语言能力的同时，发展思维能力"、第 5 条"激发想象力和创造潜能"、第 10 条"初步具备搜集和处理信息的能力，积极尝试运用新技术和多种媒体学习语文"等，就是要结合学生的身心发展状况与特点，力求在语文课程中促进学生的全面发展，以尽可能多地为学生的其他学科的学习、日常的生活做好准备，提供益处。但是，与新加坡的"通用能力"比起来，中国的"通用能力"是微不足道的。

　　作为新加坡三大总目标之一是"通用能力"，要求"发展思维能力，能发挥想象力和创造力，具备分析问题、解决问题的能力；具备基本的自学能力，能运用所学的知识；能借助资讯科技进行学习，与人沟通；具备社交技能与情绪管理能力，能对自己有一定的认识，并能和周围的人建立良好的关系"。概括来说，新加坡的"通用能力"主要包括"思维能力""自学能力""借助资讯科技进行学习的能力"和"社交技能与情绪管理能力"四方面的能力。"思维能力"为学生各学科的学习、日常的生活提供更清晰的思考，更好更快地分析问题、解决问题；"自学能力"是学生终身学习的基础，是学以致用的重要起始阶段；"借助资讯科技进行学习的能力"一方面要求学生在信息爆炸的时代背景下与时俱进，及时更新自己的信息储量，另一方面要求学生能借用现代化信息技术，具有搜集、处理、运用信息的能力，提高自己学习的效益；"社交技能与情绪管理能力"则是从心理学的角度，要求学生积极、

正确地认识自我、沟通他人，促进自身人格的良好发展，为和谐的个体生存环境、群体生存环境创造有利的条件。

虽然新加坡重视"通用能力"，是其一贯的"务实"思想的体现，但是"通用能力"本身确实有其积极的意义，尤其是在当前这个知识爆炸、注重创新的时代环境下。

4. 较之中国，新加坡更注重课程的因材施教

我国的课标虽然也在强调要顾及学生的差异性，因材施教，但统一化的步调，并不有利于这一理念的落实，相反，新加坡本着要"向来自不同语言背景的学生提供更切合学生实际的、'量身定做'式的华文教育"的信念，对这一思想做出了许多的思考与努力，在其小学华文课标中就有很明显的体现，那就是对华文课程的分阶段和分类别。首先在分阶段上，新加坡将小学华文课程分为奠基阶段（小一至小四）和定向阶段（小五至小六），奠基阶段又可分为第一阶段（小一、小二）和第二阶段（小三、小四），然后对各阶段的学生做出不同的教学目标和内容的要求。在分类别上，新加坡按照学生的能力，在奠基阶段开设华文课程和高级华文课程；定向阶段开设华文课程、高级华文课程和基础华文课程。在这过程中，强调语言能力中等的学生修读华文课程，语

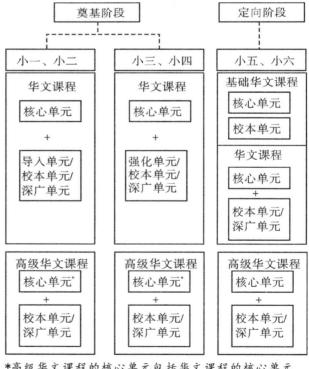

*高级华文课程的核心单元包括华文课程的核心单元和深广单元。

图2　新加坡小学华文课程架构图

言能力较强的学生修读高级华文课程，语言能力较弱的学生则修读基础华文课程。（见图 2）

5. 相对中国，新加坡更加注重课程的弹性

新加坡小学华文课程的分阶段与分类别是充分考虑学生间个别差异的表现，但在同一阶段、选修同一种类华文课程内部，新加坡的小学华文课程尤其注重课程的弹性，主要表现在以下两个方面：第一，兼顾基础知识与深广拓展；第二，为校本课程留下了空间。

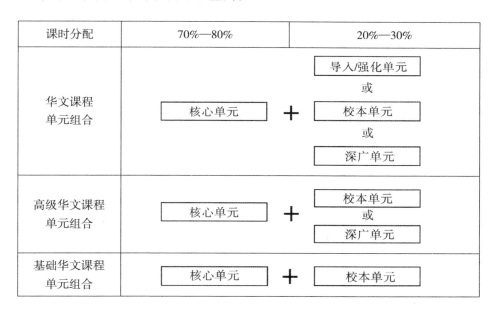

图 3　新加坡小学华文课程"单元模式"课程分配图

从新加坡课程标准中我们可以看到，不管是选修华文课程、高级华文课程还是基础华文课程，学生的学习内容都至少由两大单元组合而成，具体如图 3 所示。图中的"核心单元"是指所有修读华文课程的学生都必须学习的单元，授课时间占总课时的 70%—80%。其余 20%—30% 的授课时间，"学校可根据学生的情况"，选用"导入/强化单元""校本单元"或"深广单元"。其中"导入单元"是供较少接触华文的学生在小一、小二阶段学习的内容，目的是为学生进入核心单元的课程做好准备；"强化单元"是在小三、小四

阶段，向需要额外帮助的学生提供的学习单元；它们都在教学应安排在核心单元的教学之前。而"校本单元"是指依据学校切实需要及具体情况而开设的教学单元，学校对该教学单元的定位上，可以是"采用部分导入/强化单元或深广单元教材"而进行的针对性教学，也可以是"利用核心单元教材，丰富教学活动"的教学，还可以用作自行设计的教材的教学活动，以丰富学习内容。最后，"深广单元"是针对那些既有能力又对华文感兴趣的学生而进行的教学单元，它的教学安排在核心单元的教学之后。

五、教学与评价建议比较

（一）中国的教学建议与评价建议

1. 教学建议

我国的教学建议有五条，其中前四条是理论性的指导说明，是对教学的整体建议，第五条则是从"关于识字、写字与汉语拼音教学""关于阅读教学""关于写作教学""关于口语交际教学""关于综合性学习""关于语法修辞知识"六个方面切入的具体的教学建议。

教学建议第一条"充分发挥师生双方在教学中的主动性和创造性"，这是对教学过程中学生主体、教师主导的地位的说明，强调教师作为"平等中的首席"，在教学过程中要积极激励学生的学习兴趣，培养学生自主学习的意识和习惯，引导学生掌握语文学习的方法，为学生创设有利于自主、合作、探究学习的环境。而且，为了更好地教学，教师自身也应注意吸收新知识，不断提高自身的综合素养，进行创造性的教学。第二条"教学中努力体现语文的实践性和综合性"，强调应努力营造语言运用的情景，使学生在大量语文实践中学习语文、提高语言能力。第三条"重视情感、态度、价值观的正确导向"，语文是文道统一的辩证结合体，它在传授知识技能以外，也相当注重学生内在的思想观念、高尚的道德情操、人生态度等，语文教育应通过熏陶感染，使学生形成正确的积极的人生导向。第四条"重视培养学生的创新精神和实践能力"，创新能力与实践能力是新世纪人才高质量人才的衡量标准，语文教学应在学习过程中，注重激发学生的好奇心、求知欲，发展学生的思维，培养想象力，开发创造潜能，提高学生发现、分析和解决问题的能力，提高语文综合应用能力。第五条"具体建议"。具体建议是遵循学生生理、心理以及语言能力的发展的阶段性特征，对不同内容的教学内容提出的具体的教学策略的建议，这部分内容是《实验稿》所没有的，是《修订稿》的一大亮点。

2. 评价建议

评价建议中明确指出"语文课程评价的根本目的是为了促进学生学习，改善教师教学"，所以在课程评价的功能上，相对于它筛选、甄别的功能，更强调评价的检查、诊断、反馈、激励等功能。而且为了更全面地评价学生，在评价方式上提出要"恰当运用多种评价方式"，将形成性评价与终结性评价、定性评价与定量评价相结合；在评价主体上，强调评价主体的多元化，让学生的同学、朋友、家人、教师以及他本人都参与进来；在评价内容上，更是不再局限于知识、技能的评价，而将涵盖在"语文素养"中的内容都作为评价的内容。除此以外，我国的评价建议与教学建议一样，也在《修订稿》中增加了"具体建议"，包括"关于识字与写字的评价""关于阅读的评价""关于写作的评价""关于口语交际的评价""关于综合性学习的评价"五个方面。

（二）新加坡的教学建议与评价建议

1. 教学建议

新加坡小学华文课程的教学建议有五条。第一条"以教学目标为导向"，强调为取得理想的教学效果，教师必须针对教学目标，把握教学重点，找出学习难点，采用丰富多样的教学材料和教学方法，设计相应的教学活动，帮助学生有效地学习。第二条"照顾学习差异、学习兴趣"，强调教师必须了解学生的差异，采用灵活多元的教学法因材施教，并多鼓励，多赞扬，让学生体验成功和学习的乐趣，建立自信。第三条"促进互动、自主的学习"，强调在教学中，教师应鼓励学生建立学习群体，发挥互助精神，开展互动学习，建立勇于发问、乐于参与、积极分享的学习风气，培养学生自主学习、主动探究的精神。第四条"增加语言实践的机会"，强调在课堂内外对听、说、读、写四种语言技能是综合运用的。第五条"重视情感教育"，即在教学过程中，教师应通过熏陶感染、潜移默化，让学生得到启发，以培养积极的人生态度和正确的价值观，提高学生的人文素养。

2. 评价建议

评价建议也有五条。第一条"针对教学目标，拟定评价计划"，提出教师必须针对教学目标，配合教学重点，拟定评价计划，安排多元化的评价活动，让学生从多方面展现不同的能力。第二条"注重评价促进学习的功能"，强调评价除了要重视学习成果，也要重视学习过程，并要给予学生正面、具体的评价与反馈。第三条"重视综合性评价，体现真实性"，强调对学生在听、说、读、写四种技能上的全面的评价。第四条"加强高层级评价"，提出教师在评价学生语言能力的同时，也要重视评价学生的认知能力，分析问题、解决问题的能力，以促进学生思维能力的发展。第五条"重视激励学生"，强调教师对学生的学习表现应以赞赏为主，从正面引导，鼓励学生积极向上。

（三）分析比较

1. 均注重体现课程理念、实现课程目标

教学过程是实现课程目标的主要手段，其中体现着一定的教育教学理念，而教学评价则是促进教学过程不断改进、学生学习不断取得进步的有效手段，所以，课标中的"教学建议"与"评价建议"必然是围绕着课程的理念而展开的，唯一目的就是实现教育目标，促进学生发展。所以，中新两国不约而同地在"教学建议"与"评价建议"中体现了课程的理念，直接导向课程的目标。如中国"充分发挥师生双方的主动性和创造性"这一教学建议就较好地体现了"积极倡导自主、合作、探究的学习方式"这一课程理念，因为只有在充分发挥师生双方的主动性和创造性的前提下，学生才有可能以自主、合作、探究的方式进行学习，最终达到发展思维、具有创新能力的教育目标。再如新加坡"注重评价促进学习的功能"的评价建议，就明确了评价的根本目的，即完善教学过程，促进目标达成，推动学生发展。

2. 均注重评价的正面激励功能

评价的根本目的是促进学生的发展，所以评价过程本身也应该有利于学生的发展。对于小学生而言，一方面，从人格发展来讲，根据埃里克森的观点，他们中的多数人处于人格发展的第四阶段，即"勤奋感——自卑感"（6—11 岁），该阶段的发展任务是培养勤奋感，发展顺利者会具有求学、做事、待人的基本能力，而发展障碍者会缺乏生活基本能力，充满失败感，也就是说，小学教师应努力帮助学生获得求学、做事、待人的基本能力，建立他们对生活、学习、自我的自信心，避免学生失败感、自卑感的产生与积极引导；另一方面，从小学母语教育的基础性来讲，小学阶段的母语学习是学生将来学习、工作、生活的基础，影响学生未来的发展，因而，小学教师应努力帮助学生打好基础，为他们的发展与成长做好奠基工作。而这种种因素，反映在评价上，则是主要要以激励性的语言，从正面积极地评价学生。

从中国、新加坡的小学母语课程标准来看，显然地，两国对此有一致的观点，因而才在课标中强调"应重视激励学生"，宜多用激励性的评语多赞赏、肯定学生的努力，建立他们的自信心，并从正面引导、鼓励学生向上。

3. 较之新加坡，中国的教学建议和评价建议具有更强的可操作性

中国义务教育语文课程标准《实验稿》与《修订稿》的主要差异之处，就是《修订稿》增强了课标的可操作性，体现在教学建议和评价建议上，则是分别增加了"具体建议"这一条。其中"教学建议"的具体建议从"关于识字、写字与汉语拼音教学""关于阅读教学""关于写作教学""关于口语交际教学""关于综合性学习""关于语法修辞知识"六个方面切入，而"评价建议"则是从"关于识字与写字的评价""关于阅读的评价""关于写作的评价""关于口语交际的评价""关于综合性学习的评价"五个方面着手，与各学段教学内容的划分具有整体的一致性。另外，在"具体建议"明确陈列之余，课标还一再强调教学与评价都应遵循学生身体、心理以及语言能力发展的阶段性特点，结合不同教育教学内容的内在规律，以合适的方法、

策略对学生进行教育与评价，力求学生最大程度上的发展。这些"具体建议"与"强调"，既具有一定的弹性，又便于教师的参考实践。

但是在新加坡课标的评价建议上，除了理论性、宏观上的指导性说明，再无其他。这就势必需要教师对其进行自身的解读与体悟，尤其有益的地方，却也是极其花费时间与精力的，而且教师自身的解读也可能出现误差，缺少参照的标准。

4. 较之新加坡，中国的评价建议还注重评价主体的多元化

相对于过去评价内容、评价方式、评价主体的狭隘，20世纪下半叶以来，教学评价尤其强调评价内容的全面化、评价方式的多样化以及评价主体的多元化。我国新世纪的语文课程标准，结合自身的切实需要，合理吸收了这一国际化趋势，在评价建议中提出要多主体、多方式地对学生进行全面而综合性的评价，并明确强调"语文课程评价应该改变过去过于重视甄别和选拔的状况"，在纸笔测试以外，还要注意运用"平时行为的观察与记录、问卷调查、面谈讨论等各种方法"对学生进行评价。此外，在评价的主体上，应注意将教师的评价、学生的自我评价及学生之间的相互评价相结合，而且要特别加强学生的自我评价和相互评价，以促进学生的主动学习和自我反思。而且，根据实际需要，还可让学生家长、社区、专业人员等适当参与评价活动，以促进学生全面健康的发展。

而新加坡，在强调评价的多功能、多方式、全面性以外，并没有特别强调评价主体的多样化，还是注重由"教师……给予学生正面、具体的反馈"，由"教师……评价学生的语言能力"。我国的教学评价，虽然在众多评价主体中，仍是以教师为主要的评价主体，但学生自我评价、学生互相评价、家庭社会参与评价的意识觉醒，为行动的最终践行提供了有力的推动，也为全面、真实地评价学生跨出了有效的一步，而这无疑是极其有利于教学、有利于学生发展的。

六、新加坡课程标准对我国的启示

（一）坚持文与道的统一，强调母语课程的实践性

新加坡是个多种族共存的移民国家，但它并不忽视各种族对其优秀的历史、传统文化、风俗习惯的继承，相反，它通过强制性的要求各种族后裔子女必须修读各自的母语这一手段，来促进他们对传统文化的传承与发扬。新加坡为什么要这么做？试想，如今的新加坡完全有能力解除这一强制性要求，让学生将更多的时间用在英语的学习上，而且这在某种程度上是顺应了国民，尤其是学生的内在呼吁。但是新加坡政府坚持了自己的做法，这背后的原因是什么？答案除了新加坡的"务实"思想，还有更多，而这其中最突出的就是母语课程"文道统一"的实质。

任何一门母语课程，它都以语言文字为载体，向学生输送着一定的思想内容。而汉语（华文），它作为历史悠久、源远流长的中华民族的语言文字，更是承载着丰富的优秀传统与思想内容，有了它就相当于间接地触摸了中国的历史。因而，在教学中，语言文字的学习是必要的，因为它是我们日常交际的必备工具；但是语言文字所传载的思想内容也是重要的，因为它是中华文化的源流。而语言文字的习得需要在实际情景中对听、说、读、写能力的综合运用，文化的流传也需要在实际运用中得到不断的发展，所以我国的母语课程应该坚持文与道的统一，并让学生在不断的实践中综合运用，形成较强的母语语言能力，即是要坚持"工具性与人文性的统一，是语文课程的基本特点"和"语文课程是一门学习语言文字运用的综合性、实践性的课程"的思想观点，并不断地在教学中实践开来。

（二）注重课程的综合视角，全面促进学生的发展

每一种课程的视角都代表了一种教育学生方式，它既取决于课程开发的目的，也取决于学生的实际。常见的课程的理论视角有传统的视角、经验主义的视角、学科主义的视角、行为主义的视角、建构主义的视角等，它们各有不同，却又不互相排斥，可以综合地应用于某门课程的开发中。从《修订

稿》和《小学华文课程标准 2007》中可以看出，我国和新加坡的小学母语课程开发的视角并不单一，而是包括传统视角、经验主义视角、学科结构视角、行为主义视角和建构主义等视角的综合视角。具体来说，在教育目的上，母语课程担负着继承和弘扬中华民族优秀文化和革命传统的使命；在课程内容上，强调螺旋上升、逐步深化的编排体系；在师生关系上，注重教师的多样化角色，让学生在充满人文关怀的环境中学习；在教学形式上，强调语文课程的实践性，语言文字的运用能力；在教学过程中，遵循学生身心发展的规律，注重促进学生思维能力的发展，努力培养学生的独立学习能力；在教学评价上，在注重定量评价的同时，定性评价也正得到越来越多教师的青睐，使得过程性评价与终结性评价相结合，对学生做出相对全面的评价，有效促进他们的和谐发展。

综合使用多种课程开发的视角，可以避免单一视角的片面性，有助于更好地促进学生的发展，这是母语课程应该始终坚持，并不断发展的。

（三）重视通用能力的培养，加强课程的现实功能

所谓"通用能力"，顾名思义，是不局限于某一件事或某一领域的，在众多情境中会经常使用的能力，它以心理学意义上的"一般能力"为基础而向情商、智商、逆商等方面拓展的能力。一个"通用能力"较强的人，能够较快地融入新的群体，并以自身的能力而很快地在生活、工作、学习等多方面进行"游刃有余的活动"。

新加坡一贯的"务实"思想，使得它们在《小学华文课程标准 2007》的课程目标中明确提出要"培养通用能力"，强调在"语言能力"和"人文素养"提高的同时，也注重学生的思维能力、问题解决能力、自学能力、运用资讯科技的能力、社交技能、情绪管理技能等"通用能力"的培养。这就意味着教师要在教学活动、学习方式、评价方式等多方面都做出努力，以便于这一能力的形成。而中国，虽然也强调着"情感态度与价值观"的正确导向，但在通用能力方面依旧缺乏重视，导致很多教师眼中的"好学生"，并不能与班级同学融洽相处，成了只会死读书的"乖孩子"。因而，"通用能力"应引

起我们的关注，它是将来学生应对更广阔的学习、生活的必备工具，对人的一生有着极大的影响。

（四）关注学生之间的差异，加大母语课程的弹性

新加坡《小学华文课程标准2007》中对华文课程的分类、分阶段以及不同学习单元的组合，让人印象深刻。它让华文语言能力中等的学生修读"华文课程"，而在这些语言能力中等的学生内部，它为基础薄弱的学生在核心课程的基础上，提前提供导入单元或强化单元的学习，为他们打下基础，从而能在核心单元的学习上能与其他同学一样地出色；核心单元学习之后，它还为学有余力并对华文感兴趣的学生提供深广单元的教学，让他们有进一步提高的空间。语言能力中等的学生是这样，语言能力较强的学生则是另一种异曲同工的方法，即直接修读"高级华文课程"，在"高级华文课程"教学的内部，与"华文课程"一样，它为基础薄弱的学生提前补差，为能力强的提供扩展的空间。而新加坡华文课程考虑到的学生差异并不只有这些，它还出于中学要分流的实际情况，在小四结束时，筛选出部分基础薄弱的学生，让他们在小五、小六两年中学习"基础华文课程"，以保证他们华文课程的基本要求，使得这些学生尽管以后可能不会很是出众，但华文"绝不是他们拖后腿的原因"。此外，在课程的弹性上，70%—80%的课时将用于"核心单元"的教学，这是硬性的规定，必须要执行；而剩余的20%—30%的课时则交由学校"根据各自的情况"，任意选用一种单元进行教学。凡此种种，都是新加坡切实从学生差异出发而制定出的方针政策，确实能有效地帮助学生得到尽可能大的发展。

而中国，虽然没有新加坡学生家庭用语语言源流的差异性，不用将刚入学的小一新生按能力"分班"，但是学生之间的差异确实是存在的，尤其是随着年级的不断上升，学生之间的差异表现得越来越明显。但是，对于这样的差异，我国的做法是什么呢？依然是在人数众多的班级中进行统一化的教学，课堂依然是部分学生的舞台。对此，如果仿效新加坡，也将我国的小学语文课程按等级分类，或者设置多种"教学单元"，那么很可能会邯郸学步，贻笑

大方，但是中国母语课程设置及教学的现状确实在很大程度上忽视了学生的差异性，并不利于学生个体的发展。

（五）突出学生的主体地位，推进课程评价、学习方式的变革

对于如上所述的差异性，突出学生的主体地位，推进课程评价、学习方式可以成为解决问题的一个方法。但是突出学生"主体地位"这一理念的强调，除了蕴含着注重学生差异的内涵，更主要的是针对教师为课堂主体，对学生进行"知识灌输"的传统教学方式而提出来的。它很大程度上从建构主义的观点出发，认为学生是学习的主人，他们不是空着脑袋进课堂的，他们在日常生活和以往的学习中，已经形成了丰富的经验，这些经验是儿童新知识的"生长点"。在教学过程中，教师利用好这些"生长点"，进行适当的讲解与引导，学生就能通过自主学习，将那些知识处理或转换成自己的知识。当然，学生的已有经验的差异性，使得他们对问题的理解也是不同的，所以这时就需要通过合作学习、探究学习，来让学生看到那些与他不同的理解，从而促进学习的进行。而在这众多方式的学习中，教师的评价也应该从学生主体出发，看到每个学生的点滴进步与发展变化，从而做出具体的正面的激励性的评价，这样使学生既得到了关注与反馈，增强了自信心，又有利于学习的发生。

我国和新加坡的母语课程标准的制定组工作组员们，显然是清楚地认识到了这些，所以他们都强调学生在学习中的主体地位，强调评价方式的多样化、评价主体的多元化、评价内容的全面化，强调合作学习、探究学习、自主性学习等学习方式的重要作用，积极提倡教师为学生的进步与发展留出尽可能大的空间与可能。这是我国新世纪课改的变革之处，也是需要广大教师在反复实践中发展出个人特色的地方，需要加大推行度，以切实促进学生的发展。

第十一章　中国与南非小学母语课程标准比较

南非政府在整合专家给出意见和实际情况下，决定将现行的《R—9 年级国家课程声明（修订版）》和《10—12 年级国家课程声明》综合简化为一套课程政策文件《南非 R—12 年级国家课程声明（2012 年版）》。它在南非教学中代表了一种政策声明，具体包括《R—12 年级所有正式科目的课程与评估政策声明》《R—12 年级国家课程声明计划与升学要求的国家政策》以及《R—12 年级国家评估草案》三部分。其中每一科目的国家课程与评估政策声明相当于各个具体科目的课程标准，如本文所研究的对象就是母语为英语的小学英语课程标准。《课程与评估的政策声明》（CAPS，Curriculum and Assessment Policy Statement）计划将在 2014 年之前完全替代现行的《科目声明》《学习计划指南》和《学习评估指南》三个文件。该课程标准也是基于南非多年的基础教育改革的经验和教训的基础，借鉴国外课程标准制定的先进性的理念和科学的开发程序，是对之前颁布的多部课程标准文件的更新和发展。

一、南非小学母语课程标准的制定背景

在 1994 年民主南非废除白人政府长期实行的种族隔离制度之后，南非进入一个百废待兴的历史转折点，国家政治、经济、文化教育事业等诸方面开始了彻底的重建和改革。为了消除南非旧政府的"班图教育"给南非社会带来的巨大破坏力和消极影响，民主南非开始陆续制定和颁布了一系列振兴国

家教育事业的重大举措、政策和法律。南非新政府把《重建与发展项目白皮书》（White Paper on Reconstruction and Development Program me，RDP）作为国家未来发展的基本国策，旨在动员全社会，以彻底根除种族隔离制度所带来的后果，创建一个民主、平等和无歧视的自由国度。随后，南非政府颁布了众多具有法律权威的教育文件，如《教育与培训白皮书》（1995 年）、《南非资格局法案》（1995 年）、《国家资格认定框架法案》（1996 年）、《南非学校法》（1996 年）等。这些相关法律法规全面规定了国家对教育诸领域的明确政策要求，体现了南非新价值理念下的国家课程标准，重视国家基础课程，强化国家核心课程的地位，使南非学校课程设置合理化、科学化与规范化。

为了使课程更具指导性和规范性，提高教学水平，南非政府计划从 1995 年至 2000 年，在全国学校内实施新的课程。并于 1997 年颁布了第一个全国统一实行的具有课程标准性质的文件，即《课程 2005》。该课程标准原定于 1995 年颁布，但由于新政府上台所面临的政治、经济、文化等种种困境，使其不得不采取适度妥协的态度，使得原有的治国策略无法有效实施，这也包括教育领域。同时，南非国内学者对教育改革中出现的消极方面进行大肆抨击，认为新政府的课程改革没有抓住改革中本应该引起国家重视的点，如对过去课程的反思、对未来课程的规划、知识的组织和教授等问题①。最终由于政府资金不足、师资缺乏及南非各学校总体情况差距较大等各种各样的现实境况，导致新课程的实施时间被一再推迟，并最终定于 2005 年在南非 R—9 年级全面采用新课程，这次改革在南非教育史上被称为《课程 2005》改革。《课程 2005》是基于结果本位的基本教育理念架构起来的新课程体系，课程标准设定的出发点是以学习者为中心，提倡学习者的主体性，目标内容是教学

---

①Michael Cross, Ratshi Mungadi, Se pi Rumania（2002）.From policy to practice：Curriculum reform in South Africa education ［J］.Cooperative Education，VoL38，No.2，pp.171-187.

②龙秀.《民主南非基础教育课程改革研究》［D］.浙江师范大学硕士毕业论文，2013.

后学习者的学业结果所达到的最低标准与要求②。南非新课程实施后根据课程改革委员会对实施效果的调查研究，发现《课程2005》在课程改革的过程中出现了很多亟须解决的问题，如课程标准语言的晦涩难懂、内容烦琐以及对于教学时间分配的忽视等，因此南非政府决定对《课程2005》进行相应的修订和完善①。作为对《课程2005》修缮的结果，针对学前到初中阶段的国家课程标准《R—9年级国家课程声明（修订版）》应运而生。该版的课程标准是对原有课程标准的继承和发展，坚持以结果为本位的教育原则，缩减了课程学习领域，明确课程教学时间计划，对课程标准设置的原则、一般目标等做了详细的说明②。数年后，南非在原有的高中课程标准的基础上于2007年颁布了新修订的《10—12年级的国家课程声明》。

二、课程理念比较

（一）中国小学母语课程的理念

1. 全面提高学生的语文素养

全面提高学生的语文素养作为新时期教育观念变更与发展的结果，成为课程标准明文规定的第一条基本课程理念。其中"语文素养"重在综合，要求中小学生掌握最基本的听说读写知识与能力，满足社会发展的需要，陶冶学生的情操，培养学生的审美情趣，在语文学习过程中表现出浓厚的学识修养和完善的人格修养。受我国传统教育观念的影响，我国语文课程的教学活动从来都是一味地追求教育平均化和统一化，重教师的"授"而轻学生的"受"；重视"书面知识"而轻视"知识运用"；重视知识的"死记硬背"而轻教学方法的"灵活多变"，使得语文教学活动死气沉沉、毫无创新，从学校毕业的学生就像刚从工厂车间下线的商品，整体划一、呆若木鸡。为了纠正传

---

① 《2005South Afriean Currieulum forthe Twenty First Century》HTTP：//edueationpwv.gov.za/a.

②Department of Education（DOE）（2002）.Revised National Curriculum Statement Grades R–9（Schools），South America.

统语文课偏重语文基础知识与基本能力的传授，促进学生全面发展，课程标准明确指出语文课程除了关注学生的"双基"教育外，也应该同样重视和强调学生自身的审美情趣、思想品德、行为习惯、学习方法等方面的培养，使学生在学习结束后能够拥有较强的语文知识的综合运用能力和实践能力。

2. 正确把握语文教育的特点

课程标准指出"语文课程是实践性很强的课程，应该着重培养学生的语文实践能力"。义务教育语文课标在前言部分已经明文提出了语文课程学习的基本要求：要求学生应掌握语文课程的基本知识与能力，特别强调了基本听说读写能力的掌握，在生活学习中能够灵活运用语言文字进行有效的沟通与交流。在语文课标目标与内容部分，尤其是在语文课程实施建议部分做了相应的调整，凸显语文知识的实际运用，增加了课标内容的操作性，便于语文实践活动的开展。如课标的各学段目标具体规定了识字与写字部分的基本要求之外，还在教学建议部分明确提出识字教学过程中的重要事项，同时课标又以附录的形式给出了识字与写字的内容范畴和要求，减少语文识字与写字教学的盲目性和模糊性。

3. 积极倡导自主、合作、探究的学习方式

语文课程标准明确指出学生才是语文学习的真正主人。课程标准积极贯彻新课程倡导的教师角色理念，教师不仅是在传授语文知识，评价学生，更应该是在激发学生的学习动机，引导和组织学生的学习活动，突显学生在语文学习活动中的主体地位，强化学生作为学习主人的实际意义。因此，课程标准由之前偏重学生的整体要求开始向关注学生间的个性差异过渡，大力提倡自主、合作、探究的新型学习方式，深入挖掘课堂教学的积极因素，增强师生间的有效互动，积极进行师生角色的转化，重视学生的创新精神和实践能力，以学生发展文本，实现教师与学生之间的真正的平等对话。语文课标中的综合性学习是基于语文学科及与其他学科交叉的统合性而采取的旨在转变学生学习方式的一项重要举措。综合性学习强调学生学习的自主性，重视学生主动参与的合作态度、实践操作能力，是以学生实

际生活中的问题为研究主题而开展的学习活动。无论从其构成内容、教学形式，还是对象特点、目标要求，自主、合作、探究的学习方式都是完成综合性学习任务的最佳选择。

4. 努力建设开放而有活力的语文课程

开放而有活力的语文课程是以学生的生活经验为依托，为满足学生的成长需要而把语文课程与社会要求融为一体的，既强调语文教育的生活意义，又强调语文生活的教育意义。①语文课程的建设既要继承和发扬我国传统语文教育的积极因素，重视优良文化的吸收、感悟，又要时刻关注当今时代发展的要求，借鉴外来优秀文化的精髓，扩展现代语文课程学习与运用的视野。除此之外，语文课程的建设还应充分考虑到学科间的密切联系，特别重视把现代科学信息技术引入到语文课程的学习中，增加语文课程学习手段的多样化，提高语文教学的效率。整合各种潜在的语文课程资源，逐渐放宽课程资源的开发权，鼓励各地区、学校根据自身情况，因地制宜地开发可利用的地方课程资源和校本课程资源，尽可能满足不同地区、不同学校、不同学生的需求，增加语文课程的创新性、灵活性。语文课程建设也应秉承开放性观念，避免故步自封，不断适时地自我调整，与时俱进，使语文课程的资源开发逐渐发展成为一套既相对稳定又灵活多样的课程资源开发机制。

（二）南非母语课程的理念

南非政府根据年级所构成的学习阶段的具体情况因地制宜地设计 R—12 年级所有正式科目的课程标准，在《南非 R—12 年级国家课程声明（2012 年版）》第一部分明文规定了南非所有正式科目的课程标准所必须遵循的 7 项基本原则，而没有为每一个科目单独设定。但综观南非小学英语课程标准，仍然体现出以下设计理念：

1. 确保过去的教育失衡被纠正，为所有人提供平等的受教育机会

---

① 白玉波.我国义务教育《语文课程标准》与美国（马萨诸塞州）–《英语语言艺术课程标准纲要》的比较［D］.西北师范大学硕士论文，2004.6：6-7.

南非新政府面临的是前任白人政府留下的因长期实行"班图教育"而导致国家教育一片狼藉的现状，教育资源区域之间、城乡之间的巨大鸿沟；不同种族，特别是白人与黑人之间接受教育质量的悬殊差异；国家教育制度的自身缺陷，教育部门鱼龙混杂；政府管理杂乱无章，教学质量低下……这些现象使得南非社会充满了抱怨指责之声，教育改革势在必行。新政府通过制定教育法律法规，整合教育部门，颁布一些惠民促教的福利政策手段，保证公民的教育权利，追求现代教育的公平，推进南非民主化的进程。"确保过去的教育失衡被纠正，为所有人提供平等的受教育机会"成为课程标准设计的基本理念之一被进一步推广。

2. 强调学生学习的主体性和主动性，培养学生个性

由于南非整个国家的在职教师数量严重不足，教育观念的陈旧老套，教学设备的原始落后，大部分教师在教学活动中处于主宰地位。教师以传统的灌输式教学方式为主，学生的学习方式以机械记忆、死记硬背为主，学生只是一贯被动接受，毫无学习的主动性、积极性，由此可知南非课程教学水平的低下以及师生关系的紧张程度。针对此情况，新的南非英语课程标准根据学生的年龄、心理特点以及实际的学习背景制定了不同年级的各个学科的详细可行的课程目标，强调学习者的主动性、参与性，如听故事要求学生做出不同的反应；积极参与班级讨论；角色扮演；多样化的评价形式等培养学生的个性等。

3. 课程标准内容与评价紧密结合

南非课程标准还有一个显著特点就是课程标准的内容与课程的评价紧密结合，相互促进。南非课程的直接目的在于塑造学生成为一名具有课程基础知识和基本能力的合格公民，为终身学习打基础的知识和能力，提高全民族素质，所以课程标准内容的选择和要求应具有基础性、有限性和具有发展性。[①]与此同时，南非课程标准还制定了各年级课程评价指标，如在基础阶段每个年

---

①陈旭远.课程与教学论［M］.北京：高等教育出版社，2012.

级的各个学期的具体教学标准之后都紧接着列出了具体的正式评价或非正式的课程评价指标；在中间阶段则把课程评价作为一章单独列出，并附加了正式评估认知水平表、评估计划表、考试试卷构成表等一系列内容，使得南非课程评价与课程目标内容联系紧密，充分发挥课程评价的自身价值，足以证明南非政府对课程评价指导作用与地位的重视。

4. 母语教学要体现社会与环境正义原则

南非新课程是南非政府经过 17 年努力改造原有课程的结果，从开始建构民主课程开始，它就体现以下民主价值：解决过去的矛盾，建立一个拥有正义、开放与民主的体现人民意志的统一的主权国家。南非民主政府清楚地认识到教育在实现这些民主价值的过程中扮演着重要角色，于是把"体现社会与环境正义的原则，实践南非国内共和国宪法中明确规定的人权；国家课程标准正视社会差异问题，并保持对贫困、不平等、种族、语言、年龄、残疾等因素的敏感"作为课程标准修订的基本准则，将这些民主、平等、公平的民主意识作为课程标准修改的基本价值观渗透于课程教学的方方面面。南非作为一个多民族国家，在长期的历史发展中形成了各具特色、绚丽多彩的历史文化，这些是一个国家性格特征和精神财富的积累。在课程目标内容的选择上要继承南非本国优秀的历史文化遗产，发扬南非独有的文化传统，同时关注现代社会的发展变化，吸收他国教育改革的长处，扬长避短，趋利避害，最终提供一种与其他国家在质量、广度和深度上相媲美的教育。

5. 以结果为本位的理念渗透于课程标准的各个方面

南非课程标准是围绕"以结果为本位"的理念整体设计的。所谓的"结果为本位教育"就是从本国出发，向欧美教育发达国家学习的重要体现，它是指围绕一个明确的结果——我们希望所有学生在离校时所展现出来的东西来集中和组织学校的全部项目和教学活动。也就是师生根据课标所罗列的一系列学习结果组织课程教学与实践，南非政府希望利用以"学习结果为本位、为基础的课程标准指导教师的教授和学生的学习，彻底消除歧视性教育政策所带来的消极影响，最大程度上促进南非教育的公平"。南非课程标准正是以此理念贯穿于课程标准制定的过程中，以结果为本位的设计理念无不渗透于南非课程标准的各个部分之中。

（三）分析比较

1. 课程标准都重视教育的公平性，为学生提供平等的受教育机会

真正的民主教育，应是指根据多数人的需求满足多数人愿望的教育。我国义务教育语文课标强调语文学习的对象为全体学生，培养学生最基本的语文素养，南非课标修订的首要原则是能够纠正过去教育的失误和不平衡，为所有人提供平等的受教育机会。从两国课程理念的表述可知，两国都认识到教育公平的重要性，摒弃教育中的排斥性、隔离性，并在课程标准制定的过程中始终坚持教育平等、公平的原则，字里行间无不渗透着一种接纳所有学生，满足学生不同要求的现代教育所提倡的全纳教育理念。它以教育是一种人权为主导思想，认为教育是为所有人的教育，每一个人都有平等受教育的权利，而不管其他方面的差异。[1]新中国成立以来，我国为改变旧中国不平等的教育现状，在教育的发展历程中始终坚定教育正义、公平、公道，为每个学生提供所需的基本语文素养。而南非政府极其注重教育的平等性是由于1994年之前的南非教育是专门为有钱有势的白人群体服务，占南非人口数量最多的黑人则被隔离于政府教育政策服务对象的范围之外。因此，南非民主政府上台后排除万难，打破传统的隔离式教育，使南非所有适龄儿童都有受教育的权利与机会。两国在追求现代教育的民主、平等的背景下，在21世纪新一轮的教育课程改革的浪潮中，教育理念与之相契合的全纳教育逐渐被两国认识、接受与采纳，两国都根据各自的国情对全纳教育理念进行本土化改造，使其逐渐落实在包括课程标准修定等在内的教育改革实践的各个方面。

2. 课程标准都注重国家优秀文化与历史遗产的继承与发展

文化、民族、种族、语言和信仰的多样性在世界大多数国家都存在，例如中国和南非。在文化多元化的国家里，缺乏统一性的多样化会导致文化独

---

①黄志成.国际教育新思想新理念 ［M］.上海:上海教育出版社，2007.

裁主义和霸权主义，缺乏统一性的多样性则会导致文化的割据和民族的分裂①。由于两国众多民族在语言、文化、信仰等方面拥有与众不同的特色，造就了一个兼具文化多样性和统一性的大国文化特色。因此，两国为了实现文化多样性与统一性的完美平衡，在各自国家的教育改革过程中特别偏重对本国各具特色的文化历史遗产的继承与发扬。中国的课程标准在前言的综述部分和课程理念的分条阐释部分都特别提到"语文课程对继承和发扬中华民族优秀文化传统和革命传统，增强民族凝聚力和创造力，具有不可替代的优势"。南非课标在其修订的所有课程的课程理念中也明确提出"承认南非丰富的历史和文化遗产是培养和促进宪法所体现的价值的重要因素"。两国课程标准都有自身丰富多彩的历史文化，突出文化历史遗产在促进现代社会的民主价值方面具有独一无二的积极影响与作用。

3. 课程标准都积极倡导学习方式的变革，凸显学生学习的主体性

在教育学意义上，学习方式泛指各种学习为本的教与学组织实施方式。它是师生组成学习共同体，为使学生主动参与学习过程，根据具体科目主题的内容，选择各种可能的有效策略和方法，让学生习得知识、形成经验并建构知识经验的意义与价值。②现代学习方式是以学生为教学活动的主体，依据学生的心理发展水平、认知水平和学习规律等设计的科学有效的教学活动策略，关注学生的兴趣与个性差异，引发学生学习的内在动机，满足学生自身的学习需求……这些相对于传统的死记硬背的学习方式具有得天独厚的优势，对课堂教学质量的提高具有举足轻重的作用。因此，随着人们对现代学习方式的广泛研究和开发，以探究学习、合作学习、发现学习等新型现代学习方式亦如雨后春笋般流行于现代课程的教学活动中，并被广大师生所接受及运用。各国在课程改革中都非常重视提倡新型的学习方式在教学实践中的有效运用。中国和南非亦是如此。我国课程标准在课程理念的最后一条提出要

①James A.Banks 著，荀渊译.文化多样性与教育：基本原理、课程与教学［M］.上海：华东师范大学出版社，2009.
②黄浦全.现代课程与教学论［M］.北京：人民教育出版社，2011.

"积极倡导自主、合作、探究的学习方式"。南非课程标准的内容也体现了强调学生的主体地位，反对传统教学中的死记硬背，积极提倡主动性学习与批判性学习。

4. 两国课程标准理念陈述对象不同导致课标的表述存在较大差异

我国课程标准是九年一贯整体设计，课程标准理念的设定对象是小学到初中阶段的语文课程，南非课程标准原则制定的对象则是针对南非学前到高中阶段合法学校所有正式科目，两者在课标修订的对象上的不同导致了两国课标制定的理念差异明显。在课标理念的陈述方面，我国课程标准从全面提高学生的语文素养、正确把握语文教育的特点等四个方面提出了语文课程理念，为了读者对课标理念的进一步理解和把握，在每条理念下方又用2—3段文字对课程理念做了简明扼要的阐释，篇幅占前言部分的一半左右，内容清晰明了，具有明确的指导性与规范性。而南非课标则只是在课标简介部分引用了南非所有科目课程标准制定的总原则，用一句一条形式简洁明了地给出所有课程标准制定的原则，全部陈述只有短短的七句话，没有任何内容的具体阐述，当然也没有针对小学英语而提出的课程设计理念。可见虽然两国都附有课程标准的制定原则，且都认为科学合理的课标理念是制定课程标准的前提和基础，这些理念都潜移默化地渗透在课标修订的各个方面，只是不同在于中国课标的理念就是具体科目具体说明，而南非课标理念则是针对所有学校所有正式科目制定的整体性的概括式说明，对于具体科目的课程标准制定的课程理念只是渗透于课程标准之中，并没有单独列出与阐述。

5. 两国课标对母语课程人文目标取向的关注程度不同

特级教师于漪认为各民族的语言都不仅是一个符号体系，而且是该民族认识世界、阐释世界的意义体系和价值体现。就是说，母语不但有鲜明的工具属性，而且有特色的人文性。由于母语课程是一门人文课程，它不仅致力于培养学生的语言文字的运用能力，而且对学生人文素养的形成和发展的作用也是不言而喻的，世界各国对这一点也是基本认同的。因此，母语课程除了担负着培养学生语言运用能力、掌握基础知识外，也承担着提高学生思想道德修养、健全学生人格的任务。我国的语文课程历来重视人文性，并在课程标准前言部分明文规定语文课程的性质"工具性与人文性的统一，是语文课程的基本特点"。除了在课程标准理念部分明确陈述外，人文性被渗透于各年级的学段目标与内容、教学建议等部分，如辨别词语的感情色彩，体会其表达效果；体会课文中关键词句表情达意的作用；重视情感、态度、价值观的正确导向……这些表述无不体现出我国对语文课程人文性的关注。而南非课程标准在英语课程人文性的阐明与我国有所不同。一方面，南非课程标准的设计理念没有直接提到英语课程的人文性，只是通过课程标准中"承认南非丰富的历史和文化遗产是培养和促进宪法所体现的价值的重要因素"间接地体现出人文性目标，这一概括性目标针对南非学校所有正式课程。另一方面，南非各个阶段的英语课程标准以"听力与口语""阅读和浏览""写作"等几个方面展开，但这些细致化的目标性系列只明确规定了国家对学生的知识、能力的最低要求，并未提及有关品格和德育方面的要求。由此可见，两国在对课程人文目标处理的方式不尽相同。我国课标明确清晰阐述了语文课程人文性目标，而南非则把课程人文性目标做了隐性化处理，融入英语课程的教学活动中，虽不见其形，但却是无处不在，如影相随。两国依据各自的考虑，对课程目标的人文性的表述采取了不同的模式。但无论采用哪种方式，两国对于母语课程肩负培养母语运用能力和陶冶精神以利学生发展的双重任务这一点都是一致的。

三、课程标准的结构框架比较

（一）中国课程标准的结构框架

我国教育部制定的《义务教育语文课程标准（2011年版本）》主要由四大部分构成：前言、课程目标与内容、实施建议以及附录。

第一部分：前言。一方面，综合概况了语言文字对当今社会各领域的重要作用，并论述了语文课程的多重功能和意义。另一方面，高度阐述了语文课程的性质、课程基本理念、课程设计思路。

第二部分：课程目标与内容。由十条总体目标与内容和四个学段目标与内容构成，是课程标准的主体部分。总体目标与内容是以知识与能力、过程与方法、情感态度与价值观三个维度为理念逐条展开设计，前半部分侧重语文课程的过程与方法和情感态度与价值观两方面。后半部分重视学生在语文学习过程中所需要掌握与运用的基本语文能力和知识。各学段目标与内容则从识字与写字、阅读、写话/写作、口语交际和综合性学习五个方面提出学生需要达到的目标要求。

第三部分：实施建议。实施建议由教学建议、评价建议、教材编写建议和课程资源开发与利用建议构成。教学建议和评价建议都包括五条，其中前四条都是对语文课程教学过程中的整体要求与建议，最后一条是针对不同教学内容和不同学段学生的特点提出的具体教学建议与评价建议。教材编写建议主要对教材编制的理念、选文要求、内容安排等提出了十条建议。课程资源开发与利用建议则分别阐述了语文学习过程中的课堂教学资源、课程资源的开发和利用四条综合建议。

第四部分：附录。由五个部分构成：附录1是《优秀诗文背诵推荐篇目》，要求不同学段学生要背诵的古今优秀诗文，具体包括诗文的篇目和篇数。附录2是关于课文读物的建议，对适合学生阅读的各类图书和报刊的举例声明。附录3是列举包括词的分类、短语结构、复句形式等语法修辞知识要点。附录4是《识字、写字教学基本字表》，附录5是《义务教育语文课程常用字表》。

（二）南非课程标准的结构框架

南非小学阶段的《课程与评估政策–英语（母语）（2012年版）》由四个相分不相离的阶段英语课标构成，即基础阶段（R—3年级）、中间阶段（4—6年级）、高级阶段（7—8年级）以及10—12年级的英语课程标准。其中，基础阶段和中间阶段类似于我国学前班和小学阶段，高级阶段和10—12年级相当于我国的初中和高中阶段，文件依据相似的结构框架对不同阶段制定具体而详细的目标。

第一部分：前言。课标的前言部分是南非教育部长的寄语，包括国家构建民主课程的价值体现和新课程标准制定过程简介两个部分。

第二部分：课标的介绍。这一部分由课标制定的背景概述、南非课程一般目标和学科时间分配构成。课标用三句话简短地阐述了课标的产生背景，而概述部分则详细阐明课标的制定过程，包括国家课程声明替代原有课程声明文件的具体说明，课标制定过程中政府为完善课标质量，优化工作效率而颁发和实施的一系列政府政策性文件，以及课标最终稿的内容组成与课标的使用范围。南非课程的一般目标包括课标实施的目的、原则、培养能力和管理上的整体要求四部分。同时，课标以表格的形式清晰明确地罗列出各阶段不同年级各科目学习所需的时间安排。

第三部分：语言的介绍。这部分主要是为教师能更有效地利用课标开展教学活动而提供的必要说明和阐释。具体包括每学期要教的内容、教学时间的安排指南、正式和非正式评估建议及每个年级推荐的资源列表等。

第四部分：英语技能的内容和教学计划。课标根据学习者不同的认知水平、心理特点以表格的形式给出了各个阶段各不相同的具体指标系列。这一部分是南非英语课程标准的具体目标与内容规定，也作为与我国语文课程标准比较研究的重点部分。

首先，课标从不同阶段的不同方面概述各年级的教学内容与策略。基础阶段从听力和口语、语音、阅读和浏览、书写、写作五个方面入手，而中间阶段则从听力和口语、阅读和浏览、写作和呈现、语言结构和惯例四个方面呈现。

其次，课标附加了各阶段语言课程学习可能使用的教学资源表。基础阶段资源列表位于每个年级日常教学计划要求之后，并从听力和口语、语言等五个方面分别列出教学所需要的各类文本、玩具、乐器或电器等教学辅助资源。而中间阶段提供的资源表主要呈现了教学活动中可能使用的各种文本类型。并附加4—6年级每学期两周时间内各类文本使用的计划安排表、文本类型的总结表、各年级文本长度规定表以及学习者需掌握的词汇量表。同时，课标又对教学计划中每两周文本使用的计划中的不同文本间的联系性，文本使用的序列或顺序，规定和推荐的各类文本类型及数量做了具体的说明。

最后，各年级每学期日常教学计划与要求。基础阶段从课程技能的五个方面以表格的形式清晰明了地给出了每个学期的教学内容、日常教学活动的开展过程、教学时间的建议以及评估活动的指标。同样，中间阶段每两周教学计划表从课程技能的四个方面具体有序地罗列了教学需要达到的一系列目标与要求，这部分内容相当于我国各学段语文课程标准的具体目标与内容。

第五部分或第六部分：母语评估或术语表。两阶段最后部分都附属了术语表，但中间阶段比基础阶段多一个部分——母语评估，基础阶段的母语评估隶属于第二大部分里的日常教学计划与要求。而中间阶段则把母语评估单独列为一部分，并对评估、正式评估和非正式评估的概念、目的进行阐释，为四到六年级教学活动所开展的评估提出相关建议。除此之外，课标还给出母语正式评估计划的所占晋升和年终考试的比例，母语正式评估的六项具体要求，正式评估必须满足的一系列认知水平表。评估计划又包括科目的要求、考试构成部分、详细的正式评估计划表、年级学校基础评估和考试评估计划表以及每种考试试卷构成建议框架表。接下来课标又介绍了记录和报告、记录和报告的编码和百分比表。最后对评估任务的审核过程中的注意点做相应的说明以及提供两个评估需要参考的政策文件。

（三）分析比较

1. 两国课程标准结构构成部分的趋向性

从两个课标的整体编排来看，课程的分目标与内容都位于课标的中间位置，且用了大量篇幅来描述，可见两国政府都极重视具体课程标准的指导作用和重要地位。两国课标均陈述了母语课程的一般目标（总目标）、课程理念。我国小学语文课程标准从识字与写字、阅读、写话或习作、口语交际和综合性学习五个角度阐述目标与内容，南非课标则从听力和口语、语音、阅读和浏览、写作和呈现、语言结构和惯例等方面分别规定了学习者应达到的最基本课程目标要求。可以看出两国对母语课程的听、说、读、写等课程基本技能的重视，显示出两国对于母语课程的基本构成要素和学习者需要掌握的基础语言能力具有一致性和协同性。现代教育积极提倡学习者在课程学习中的主动性和主体地位。两国课标都吸收当今先进的教育理念，课程标准的设定都是以学习者的自身生理、心理特点和认知水平为起点，同时从学习者的角度陈述课程目标。另外，两份课程标准在课程目标的语言表达上更多地使用一些行为性动词，如使用、诵读、模仿等动词，或具体陈述了写作步骤、阅读过程等，使课标的表述更具操作性，方便课标使用者更好地理解和运用。课程评价是两国共同的关注点，两份课标都给出了明确细致的评价建议，都重视评价方式和评价主体的多样性。

2. 两国课程标准结构构成部分的不同性

两国课程标准的制定都依据于本国的教育背景和基本国情，其不同点也显而易见。第一，两国课标的总的篇幅长度差距较大。我国课标总共有46页，而南非课标却有240多页，由此可知，两国课标在具体内容的表述上差距甚大。第二，我国课标前言部分具体阐述了语文课程的性质、课程理念和课标的设计思路，而南非课标没有直接提及英语课程的性质、理念等，前言部分只是引述了南非教育部长的一段寄语，而在课程标准的介绍部分给出了国家课程的基本原则，但并不像我国课标那样所针对的只是语文这一门课程，它是指R-12年级，即学前到高中所有正式课程应遵循的原则。第三，两国课标在设计方面还有一个显而易见的不同点，那就是关于课程的时间的安排。我国课标没有给出详细的课程时间计划表，有的也只是在教学的具体建议中一句带过，如每天的语文课安排10分钟的写字课。而南非课标则以表格的形式清晰明了地为课标的使用者提供了R—12年级所有不同学科课程的周教学时间计划表和R—3年级母语课程的周教学时间安排表。第四，我国语文课标把一到九年级划分成四个学段，在总目标的指导下，根据各学段学生的身心特点和知识背景，分别设计各学段的课程目标与内容。这种整体与部分相融合，且各部分之间相互联系，螺旋上升的设计思想体现了语文课程的逻辑性以及学生学习的认知规律。而南非课标则把R—3年级、4—6年级分为课程的基础阶段与中间阶段，课标依据不同阶段学习者的特点，因地制宜地制定各阶段的课程目标与内容。第五，我国课标各学段目标与内容部分增加了语文课程的综合性学习，并在语文课程标准的各个阶段目标中给出了综合性学习的具体形式和内容，如观察大自然、参观校园、对身边的问题组织讨论、专题演讲等，它体现了语文学习的跨学科特点，让学生在现实的语文综合性实践活动中提高语文知识掌握与运用，而南非课标没有类似的要求。第六，我国课标有实施建议，具体由教材编写建议、课程资源的开发与利用建议、教学和评价建议四个部分组成，而南非课标只有母语课程评价建议。

四、课程目标与内容比较

（一）总目标比较

1. 中国课程标准的总目标

我国语文课程总目标与内容是围绕知识与能力、过程与方法、情感态度与价值观三个目标维度设计的。总目标共十条，并且按照一定的逻辑顺序排列。第一条是关于道德情操、创新与合作精神等方面的要求，第二条是对继承和发扬中华民族文化，尊重文化多样性的要求，第三条是有关学生对学习语言文字的态度、方法等要求，第四条和第五条是对学生的思维发展、科学态度的形成以及想象力和创造潜能开发等领域的要求。总目标中的第一到五条侧重于情感态度与价值观、过程与方法方面的要求，第六条到第十条则从知识与能力的目标维度综合概述了对语文知识与能力的具体要求。其中第六条到第九条是对汉语拼音、阅读、写作与口语交际四个方面提出的总要求，最后一条总目标是要求学生学会使用语文常用工具书，灵活运用现代信息技术以及能够综合处理信息。

2. 南非课程的总目标

南非在课程标准的概述部分从宏观和微观两个层面分别提出针对南非学生所有正式课程的一般目标。宏观方面是有关学生的就业、继续教育、自我实现等方面的目标，微观方面是有关课程完成后学生所应达到的整体能力的要求。具体如下：

（1）R—12年级国家课程声明表达和体现了南非学校学习的知识、技能和价值观。这一目的确保学生能以一种对自己生活有意义的方式掌握和运用知识与技能。不仅要促进课程本土化，同时要满足全球化的需要。

（2）R—12年级国家课程声明具有以下目的：

①不论学生的社会背景、种族、性别、体能或智能，使学生具备自我实现和作为自由公民参与社会所需的知识、技能和价值观；

②提供接受高等教育的机会；

③促进学习者从教育机构到工作环境的转变；

④为雇主提供关于学生能力充分的资料。

（3）R—12年级国家课程声明使学习者具有以下能力：

①发现和解决问题，用批判性和创造性思维做出决策；

②能独立或作为团队成员进行有效的工作；

③负责并有效地组织和管理自身及其活动；

④收集、分析、组织和批判性地评估信息；

⑤在各种不同模式下使用视觉符号和语言技能教学有效交流；

⑥合理使用科学技术，对环境和他人健康负责；

⑦认识到世界是一个相互关联的，解决问题的背景并非孤立存在的。

3. 分析比较

（1）两国均注重母语课程的学科主义和人本主义，但重视程度不同

各国课程目标的设定都在追求更适合本国利益的价值追求，中国和南非也不例外。两国母语课程总目标都在课程标准的最前面开门见山地直接呈现给读者，用来表明课程标准对学生的课程学习的整体要求以及所体现的不同的课程与教学的价值取向。综上两国母语课程的总目标的内容分析可知，两国在课程与教学的价值取向都体现了学科取向和人本主义的综合。我国课程总目标的最后五项从汉语拼音、阅读、写作等领域提出了学生需要掌握的基本的语文知识和能力，南非也要求学生掌握参与社会所需的知识、技能和价值观，这些都体现了课程教学要引导学生掌握人类积累的文化科学知识，使

其具备参与社会的知识与能力。我国总目标要求在语文学习过程中，培养学生的爱国主义、集体主义、社会主义思想道德和健康的审美情趣，增强学生学习语文课程的自信心，养成良好的语文学习习惯。南非一般要求学生对环境和他人健康负责，认识到世界是一个相互关联的，解决问题的背景并非孤立存在的等。两国都认为课程在培养学生的品德、价值观等方面发挥着巨大作用。差异之处在于两国对人本主义和学科主义的重视程度有所不同。我国总目标对学科主义和人本主义的价值取向是均衡看待，综合应用。而从南非课程目标的具体表述来看，基本上体现了对学生有效解决问题能力、合作学习能力、信息处理能力等方面的要求，这些更多是学科主义的理论的体现，对以人本主义为直接价值取向的课程指标没有直接涉及。

（2）两国都着眼于母语课程学习的宏观层面，但其设计维度不同

我国语文课程标准是九年一贯整体设计，即它是针对小学到初中阶段的语文课程而设计的目标，包括语文课程总目标与学段目标。南非的课程标准是十三年一贯设计的，即南非学前到高中阶段，课程总目标是综合考虑南非所有正式课程的特点，整合而形成的，是对学生在学校所学习的所有课程的不同阶段的整体要求，南非把不同课程的总体要求设置成一个统一的大的总目标，所有课程共享一个总目标。两个课程总目标都是立足于课程的宏观层面，体现母语课程目标的整体性、联系性、阶段性，只是目标的设定对象不同。两国课程总目标均从课程的纵向结构与横向结构出发修订课程目标，但课程目标的设计维度差异明显。我国把知识与能力、过程与方法、情感态度与价值观三个维度有机融合在一起，并渗透在汉语拼音、识字、阅读、口语交际、写作和工具书的使用等板块目标中，课程目标制定的思路采用先总后分的方式。首先提出语文课程学习情感态度与价值观方法的要求，然后针对不同学习板块提出具体的知识与能力要求。当然，这种侧重点不是绝对的，如第三条对语言文字情感态度的要求，但"初步掌握学习语文的基本方法"又属于过程与方法的要求。南非没有明确提出课程目标设定的维度，但分析

具体目标的内容可知，南非课程目标也选取了不同维度进行目标设定。南非一般要求中的第一大条和第二大条是课程学习对社会、学生就业、继续教育等方面的意义，是对课程宏观意义的陈述。而第三大条中的七项具体要求则从课程学习的微观层面，提出发展学生能力、责任心的目标要求。整体看来，南非课程总目标设定也大致遵循总分的思路，但总目标只是涉及了知识与能力、情感态度与价值观两方面，没有过程与方法相关内容的直接体现。两国在课程总目标的设定结构和内容陈述差异显著，主要因为两国在课程与教学研究的理论水平、公民受教育程度、政府教育政策等教育背景的不同。它们都是两国政府根据各种母语课程的性质、特点，根据国家对未来人才规格的需求趋势精心设计具有本国特色的课程总目标，既契合两国所倡导的教育理念，立足于本国教育的国情，又积极地参与教育的国际化和全球化。

（3）两国都重视母语课程的实践性，关注学生创新能力的培养

学习语文课程的一个基本的重要目标就是通过语文实践活动培养学生运用语文知识解决实际问题的能力。我国总目标的第五条明确提出"学生能够主动进行探究学习，在实践中学习和运用语文"的目标。南非课程标准的总目标中也同样有类似要求，如发现和解决问题的能力；负责有效地组织和管理自身活动；在各种不同模式下使用视觉符号和语言技能教学有效交流等。南非课程密切关注学生生活经验，培养学生处理问题能力、口语交际能力、信息处理能力以及合作能力。现代人才的标准不再仅仅是看谁掌握知识的多寡、难易，而是拥有科学有效地获取知识的方法和能力，以及在更新和运用知识过程中所体现的创新精神和能力。创新型人才已成为现代教育培养目标的主流趋势之一。因此，两国课程标准在总目标中都重视学生创造潜能的开发。我国语文课程总目标特别指出，教师在教学过程中要鼓励学生主动进行探究性学习，发展学生的想象力和创造潜能。南非一般目标中也要求发展学生"发现和解决问题，用批判性和创造性思维做出决策"的能力。两国都希望在母语课程的教学过程，能鼓励学生主动探究学习，批判性思考，培植学

生的主动意识、创新意识①。

(4) 两国课程总目标的关注范围既重叠又各具特色

两国课程总目标涉及课程学习的方方面面，其中既有两国教育关注的共同领域，又有各自教育所追求的不同方面。两国总目标都非常重视教育均等、文化多样性，课程基础知识和技能的掌握，学生创新潜能的开发等内容，接纳所有学生满足不同需求的"全面教育"，促进不同文化相互平等交流的"跨文化教育"。这些教育思想与理念渗透于课程目标各个部分，是两国都已经关注的领域。较之于中国，南非课程总目标还提到了"对环境和他人健康负责""用批判性和创造性思维做出决策"。由于环境问题已成为人类所要面临的最严重问题之一，为了唤起人们对环境保护意识，各国把对学生的环境教育作为重要的学习内容。作为南部非洲最大的发展中国家，环境问题也已成为国家发展所关注的重要领域，因此，南非政府为了培养公民的环境保护意识，把其写入所有课程的总目标，引导学生转变观念，充分认识到人与自然的相互关系，提高环境保护意识并付诸行动②。除此之外，培养学生的批判意识、批判思维也是南非教育的特色之一。南非积极倡导学生在课程学习过程中理性分析，科学判断，对知识进行深层次的加工、理解，对课程有一种批判意识。重视环境教育，培养学生的批判意识也是中国教育所关注的重要方面，但对这些领域的重视基本上都停留在大的方针政策或宣传口号上，没有切实有效地落实在教育实践方面，课标也没有相关方面的内容。

(二) 分目标比较

1. 听说课程目标比较

我国课程标准把对学生的听说能力要求表述为培养学生的口语交际能力，它是现代公民进行有效交流，传递信息，处理问题的必备能力。它具有即时性和交互性的特点，听说过程中的神态、语气可以拉近人与人之间的距离，

---

①杨久俊、姚娘强.小学语文新课程教学概论［M］.南京：南京大学出版社，2005.

②黄志成.国际教育新思想新理念［M］.上海：上海教育出版社，2009.

比书面语言更具亲切感。从南非课标罗列的听说能力目标与内容可以看出其对学习者英语听力能力的关注。既然两国课标都把培养学生听说能力作为各年级母语课程标准中的首要部分列出，可见两国对母语课程听说目标的重视。

2. 中南两国听说目标的内容

我国小学 1—2 年级语文口语交际的目标与内容：

1. 学说普通话，逐步养成讲普通话的习惯。

2. 能认真听别人讲话，努力了解讲话的主要内容。

3. 听故事、看音像作品，能复述大意和自己感兴趣的情节。

4. 能较完整地讲述小故事，能简要讲述自己感兴趣的见闻。

5. 与别人交谈，态度自然大方，有礼貌。

6. 有表达的自信心。积极参加讨论，敢于发表自己的意见。

南非小学英语听说目标与内容：

一年级：

1. 听故事并表达对故事的感受。

2. 听指令和通知并做出适宜的反应。

3. 不打断别人的讲话，连续地听，轮流说，为弄清楚而提问。

4. 愉快地听，并对图画、字谜、笑话做出反应。

5. 说一说每一个的经历和感受。

6. 讲一个开始、中间和结尾都类似的故事。

7. 回答封面和开放性问题。

8. 不同情况下的角色扮演。

9. 参与班级讨论。

10. 使用术语，如标题字母、句号、句子。

二年级：

1. 听故事和诗歌并回答高级点的问题。

2. 听一个复杂的指令并做出适宜的反应。

3. 不打断别人的讲话，连续地听，表示对说话者的尊重，提问并评论你所听到的话。

4. 说一说个人的经历，一般的新闻或消息。

5. 讲一个开始、中间和结尾都类似的故事。

6. 表达对所听故事或诗歌的感受并说出理由。

7. 制作自己的歌谣。

8. 不同情况的角色扮演。

9. 参与讨论，参与小组工作汇报。

10. 使用术语/条件，如名词、形容词、动词、代词、介词、逗号、问号、段落。

（1）两国听说目标均重视社会交际礼仪的规范和自信的培养

口语交际中的听说礼仪虽然不能直接构成交际能力，但它对交际效果具有很大影响。不同国家在交际礼仪和交际习惯方面因文化背景的差异而各不相同，但整体来说大同小异。比如：不要随意打断他人的讲话，要认真、讲礼貌，抵制不文明的语言，尊重和理解对方等。南非听说目标要求学生"不打断别人的讲话，要接受和尊重他人的说话方式，表示对说话者的尊重"。这些明文规定既强调了提高学生的听说能力，又提出了增强学生口语交际的社会适应性要求，进一步要求学生掌握在社会交往中所需要的一般礼仪和习惯，根据交际对象的不同因地制宜地调节自己的语言，强化语言交际的效果。在注意语言礼仪的同时，也应积极增强学生交际的自信心。特别是在中国，学生表达往往比较含蓄，怕出错，不敢开口，易紧张，不自信，所以在课标口语交际目标有关自信心方面提出了具体指标，如"态度自然大方礼貌""具有与人表达与交流的自信心""敢于发表自己的意见"。南非也要求学生"听指令和通知并做出适宜的反应""恰当地表达自己观点并说明理由""为弄清楚而提问"。信心的缺乏，致使学生没有足够的勇气在公众场合发言，发言的机会就会减少，而缺乏发言的实践机会，又反过来阻碍表达能力的提高。因此，设法增加学生表达与交流的机会，积极鼓励学生勇于发表自己的看法和意见，使学生具有表达与交流的基本文明礼仪，增强学生表达与交流的自信心，提高学生母语课程的口语交际技能，是中南两国在有关学生听说能力培养方面的共同追求。

（2）两国听说能力的培养均注重口语交际的情景性与互动性

能力作为一种心理倾向，只能通过个体的实践操作才能获得。口语交际能力的培养要尽量结合具体情境中的口语实践活动开展，重视交际的互动性，为学生提供尽可能多的表达实践机会，在实际交际活动中逐渐形成良好的语言习惯和交际态度。①因此，两国对学生听说能力的培养均提倡在具体的交际情境中进行，让学生承担有实际意义或生活价值的交际任务。两国课标都明确指示了听说活动的具体任务与对象，如我国在口语交际中的"听故事、看音像作品"；南非听说目标中的"听故事、诗歌，参与讨论、演讲，角色扮演等"，这些目标体现了听说能力必须通过大量的各种形式的实践、操作、体会，才能习得和掌握。

（3）南非听说目标的内容表述较之于我国操作性更强

两国都意识到听说能力的培养离不开口语交际的实践，在目标内容表述上简单扼要，并使用了"说""用""讲"等动词系列，使课标的使用者更容易把握和理解。但比较两国的听说目标内容的表述，明显可以看出南非听说目标的表述较之于我国操作性更强。南非各年级听说目标不仅规定了口语教学的内容，而且还明确规定了口语交际内容的具体练习形式。比如一年级口语交际的练习形式主要有：听故事、指令，对图画、字谜、笑话做出反应，说自身的经历或讲故事；二年级的表达方式在一年级固有的形式上增加了"提问并回答问题，评论，说出感受，参与讨论"。南非课标对各个年级口语表达要求的提高主要通过不同的口语练习的形式体现的。比如一到三年级口语交际的练习形式主要有：听故事或诗歌，表达感受，回答具有不同水平的

①曹明海，李洪先.语文课程与教学论［M］.济南：山东人民出版社，2005.

问题；听指令或图画、字谜、笑话并做出适宜的反应；评论你所听到的话；讲述自身的经历或新闻与故事；参与讨论并汇报等，而四到六年级的听说练习方式除了继承一到三年级那些常见的基础练习方式外，还进一步增加了"复述，回忆，反思，辩护，辩论，演讲，采访"等听说能力的高级训练方式。这些训练方式既突出了各年级的口语实际形式的重点，又体现了不同年级之间口语教学的坡度，听说目标难度的增加体现在这些具体的口语练习方式的变化之中。这些明确的听说练习方式具有很强的操作性和实际意义，为广大一线教师的教学开展提供了便利。

（4）南非重视能力培养但不忽视言语知识传授与现代媒体技术运用

从两国课程标准的目标取向来看主要都集中于语文能力方面的培养，听说目标的内容安排也不例外。目标内容的设定侧重于培养学生倾听、表达和应对的能力，初步掌握日常生活中基本的口语交际能力。只是南非在重视听说能力培养的同时还兼顾语言知识的教学，一年级听说目标内容中的"使用术语，如标题字母、句号、句子"；二年级"使用术语/条件，如名词、形容词、动词、代词、介词、逗号、问号、段落"；三年级"使用术语/条件（掌握的语言知识），如主语、动词、对象、问题、声明、命令、同义词、反义词、感叹号"；四到六年级在实际口语交际中使用"正确的格式、词汇、语言惯例、语音、语气、语速""讲话时的姿势与手势"以及"分享概念的理解"等，这些是有关听说技能的知识以及英语词汇、表达符号等语法方面的知识要求。南非把语言知识的教学落实到语言能力的培养过程中，有利于学生对语言知识的运用与掌握。而中国在口语交际部分没有提及有关语文知识的目标内容，只是笼统含糊的规定了语文口语能力的培养目标。众所周知，现代教育媒体能综合处理声音、图形、文字等多种信息，集视、听等各种感官技术于一体，教学内容不受时空的限制①，能有效地激发学生的学习兴趣，改变过去教师口讲面授的单一教学方式，形成灵活多样的课堂教学形式，提高课

①王洪录.现代教育技术［M］.北京：高等教育出版社，2011.

堂教学效率。随着现代媒体技术在课堂教学活动中发挥的作用越来越大，世界大多数国家以把媒体技术的有效利用作为课程标准中一项不可或缺的目标加以确定。南非在四到六年级听说目标的最后一项就提到"选择合适的视频、音频或其他的视听媒体，如图表、海报、图片等"，而我国口语交际的目标与内容中没有提及任何有关媒体技术，更别提对其在口语教学中的运用了。

（二）阅读课程目标与内容比较

1.中南两国阅读目标的内容

我国小学1—2年级语文阅读目标与内容：

1.喜欢阅读、感受阅读的乐趣。养成爱护图书的习惯。

2.学习用普通话正确、流利、有感情地朗读课文。学会默读。

3.结合上下文和生活实际了解课文中词句的意思，在阅读中积累词语。借助读物中的图画阅读。

4.阅读浅显的童话、寓言、故事，向往美好的情境，关心自然和生命，对感兴趣的人物和事件有自己的感受和想法，并乐于与人交流。

5.诵读儿歌、儿童诗和浅近的古诗，展开想象，获得初步的情感体验，感受语言的不同语气。

6.有表达的自信心。积极参加讨论，敢于发表自己的意见。

7.认识课文中出现的常用标点符号。在阅读中体会句号、问号、感叹号所表达的不同语气。

8.积累自己喜欢的成语和格言警句。背诵优秀诗文50篇（段）。课外阅读总量不少于5万字。

2.分析比较

（1）南非阅读目标相比中国更侧重于阅读方法的教学

两国政府都认为培养学生良好的阅读行为与习惯，形成学生个性化的阅读能力，最重要的一点就是教授学生阅读方法，使其掌握基础的阅读方法与技巧，学生能够根据自己的需要有目的地选择并阅读文本。我国阅读目标详细地规定了各学段学生所应该掌握的基础阅读方法。如第一学段的阅读目标

表 1　南非小学英语阅读目标与内容

一年级	二年级
早期阅读技能 ·发展书本的操作技能（正确拿书和准确翻页） ·根据图片的信息构编自己的故事，也就是"读图片" ·读来自周围环境的印刷标志、标签和其他单词 ·识别自己和同龄人的名字 ·形成基本印刷品的概念包括： 一本书的概念 单词和字母的概念 方向感：从前到后；从左到右；从顶到底 师生分享阅读 ·阅读大图书或其他的增补本 ·用图片和书的封面预测这个故事是关于什么的 ·讨论故事，确定故事的主旨和角色 ·给故事中的事件排序 ·识别故事中的原因和影响 如小女孩遇到了麻烦因为她砸碎了一扇窗户 ·根据阅读的内容给出观点 ·基于段落内容的阅读回答开放性问题 ·解释海报、图片和简单图表的信息，如一本日历 小组指导阅读 ·和教师一起在阅读指导小组中大声阅读自己的书，也就是整个小组阅读相同的故事 ·阅读时会利用语音，上下文线索，结构分析和常用词 ·更加流利的阅读和表达 ·阅读时，在单词识别和理解方面要进行自我监督 ·出声阅读时要展示标点符号的理解 搭档阅读／独立阅读 ·读自己的习作，并开始纠正里面的错误 ·独立阅读那些曾在分享阅读期间读过的书、简单图画故事和来自教室读书角的书	师生分享阅读 ·阅读大图书或其他增补本（如小说和非正式小说，诗歌和歌曲） ·利用视觉线索，也就是图片和书的封面来预测这个故事是关于什么的 ·识别你所读内容的关键细节 ·表示是否喜欢这个故事并证明你反应的合理性，例如我不喜欢这个故事因为…… ·基于文本的阅读回答高级问题，例如你的观点是…… ·讨论故事中所表现出的不同文化 ·介绍图片或其他印刷媒介的内容，例如照片、日历、广告、报纸和杂志、图片、海报 小组指导阅读 ·和教师一起在阅读指导小组中根据自己的水平默读或出声阅读小说和非正式小说，也就是整个小组阅读相同的故事 ·阅读时会利用语音，上下文线索，结构分析和常用词和理解技巧去理解 ·利用正确的发音提高阅读流利性和速度 ·阅读时使用自我纠正策略 ·阅读时，在单词识别和理解方面要自我监督 搭档／独立阅读 ·读自己和其他人的习作 ·大声读给搭档听 ·独立阅读简单的小说和非小说书、诗歌卡片、漫画 ·玩读书游戏和完成填字游戏

与内容要求学生能够联系学习生活和结合文章的上下文理解词语的意思，能利用课文中的插图进行相关阅读；第二学段则又强调联系课文的上下文和生活经验理解重点词语的意思，同时要求学生能够利用字典、词典等语文工具书理解词句的意思，初步学会默读、略读；第三学段在前面要求的基础上进一步提出学生应掌握浏览的阅读方法捕捉所需信息。我国语文阅读目标内容

主要包括语文知识与能力、阅读方法、情感态度三个方面的内容。其中，语文知识与能力、情感态度的培养仍占我国语文课程教学的大部分时间，而在现实的语文课堂教学中涉及的语文阅读方法的教学还是寥寥无几。南非的阅读目标与我国的阅读目标在阅读方法上差异显著。南非的阅读指导不同于中国，它主要侧重于阅读方法的教学和指导，而不是解读文本的思想内容。综观南非整个阅读目标可以发现，整个阅读目标系列渗透着各种各样的阅读方法，因为南非英语课程标准中的每一年级都列出学生应该掌握的阅读方法和技巧，比如二年级应该传授给学生的阅读策略主要有"利用视觉线索，也就是图片和书的封面来预测这个故事是关于什么的""基于文本的阅读回答高级问题""阅读时会利用语音、上下文线索、结构分析和常用词和理解技巧去理解"等。

（2）南非阅读文本类型更加多样化，激发学生的阅读兴趣

由于多样化类型文本具有生动活泼的语言，适合于儿童的阅读心理，所以两国均注重文本类型的多样性，激发儿童阅读的兴趣，培养学生的阅读信心。具体言之，我国课标只给出了一到二年级语文的课程学习所涉及的阅读文本类型：寓言、儿歌、儿童诗、浅近的古诗和童话；三到四年级的语文课程的阅读文本类型主要有叙事性作品和优秀诗文两类；小学高年级学生的文本类型则趋于多样化，具体要求学生阅读叙述性作品、诗歌以及非连续性文本。而南非阅读目标内容中所提到的文本类型较之于我国更加丰富多样。阅读目标内容明文规定各年级师生在不同教学活动中可能使用到的文本类型，比如在一到三年级分享阅读活动中使用的大图书或增补本、诗歌、歌曲、报纸文章、戏剧、对话和电子图书或电脑文本，在小组指导阅读活动中使用的小说和非正式小说以及在独立阅读部分所使用的简单的小说和非正式小说、诗歌、杂志、漫画；四到六年级的阅读文本则主要包括民间传说、短篇小说、戏剧和诗四种类型。两国都是根据阅读理解的质量和深度以及学生个性化阅读的需要呈现不同类型的文本，循序渐进地引导学生阅读更加复杂、有挑战性的文本，不同之处仅在于南非阅读体裁更加多样，学生阅读选择的范围更广。

(3) 我国阅读目标重视文本的感悟，实践指导性较低

我国阅读目标的内容要求引导学生通过阅读文章，关心文章中人物命运和喜怒哀乐，勇于发表自己的阅读感受和想法，体会文章所表达的思想感情，追求美好的情境，关心自然和生命等。这些目标内容是对三维目标中的情感态度与价值观的高度还原，它要求学习者在阅读活动中关注自己的情感体验，唤起学习者对阅读文本思想内容的思考，有助于学生形成良好的品格和高尚的道德情操①。我国各个阶段的阅读目标无一例外地都提到有关文本的体会与感悟，这些目标的篇幅占整个阅读目标内容的一半以上，可见我国对阅读文本的感悟重视。但由于情感目标更多表现为一些只可意会不可言传的内容，在阅读目标内容的表述上显得比较模糊、笼统，并且它又是以两个年级为一个学段制定目标内容，只有一级指标，没有细化到每一个年级的二级指标，课标的操作性和实践指导性有待提高。较之于我国，南非课程标准对阅读目标的实践操作方式做了具体明确的规定，可以说南非阅读目标基本上是以行为目标的表述方式呈现的，有时还在个别目标后面附着必要的说明或举例。比如"发展书本的操作技能（正确拿书和准确翻页）""用图片和书的封面预测这个故事是关于什么的""使用目录表、索引和页码搜集信息"……这些目标的制定方式对阅读教学活动的开展有非常强的指导性和操作性，值得我国借鉴。

(4) 南非阅读教学形式与我国差异显著

南非阅读目标与我国相比，最显著的差异就是阅读教学形式的不同，即南非一到三年级的阅读目标是按师生分享阅读、小组指导阅读、搭档/独立阅读三种不同的阅读形式分别制定的，而我国在阅读目标方面并没有涉及相关内容。我国新课程改革虽然一再提倡自主、合作、探究的学习方式，语文课堂教学期间也穿插了一些小组合作学习或个别学习形式，但总体而言，我

---

①马铭.我国与美国加州八年级母语课程标准之比较［J].科教导刊，2014（1）.

国现实语文阅读课堂教学仍然是以班级共同学习形态和讲读课文学习方式为主①。南非阅读目标中所规定的阅读教学的形式更多地流行于美国、英国等教育发达国家的母语课堂教学活动中，教师根据学生的阅读水平灵活采用效率较高的教学方式。一般来说，在起步阶段由于学生阅读水平较低，无法独立阅读，需要教师带着，其后随着学生阅读水平的提高，其阅读教学形式由班级集体行动逐渐过渡到以小组阅读和个人阅读为主，学生可以根据自己的喜好或目的选择阅读材料。为了培养学生的个性化阅读，使学生能够轻松愉悦地享受阅读，提高学生的阅读水平和质量，同时为师生教学方式的选择提供可利用的范畴，可以在阅读目标呈现一系列各具特色的具体阅读教学形式。南非的这种新颖、创新的阅读目标的设计方式值得我们参考。

（三）写作课程目标与内容比较

写作既是学生运用母语语言文字的过程，又是表达思想情感的过程。写作在提高学生书面表达能力，形成良好的写作习惯方面具有无可替代的作用与价值，它是现代社会要求学生必须熟练掌握的一种最基本的语言表达与交流的技能，是评价学生整体素养和语言综合能力的重要指标。写作目标在中国和南非课程标准的重要性也是显而易见的。我国课标认为写作是运用语文文字进行表达和交流的重要方式，也是认识世界、认识自我、创造性表达的过程。写作能力是学生语文素养的综合体现。与我国的明文规定不同，南非课标虽然没有直接阐述写作目标的重要性，但其细致有序地罗列了大批有关写作目标的具体指标，无不体现着对学生写作能力的重视。

1. 中南两国写作目标的内容

我国小学 1—2 年级语文各学段写作目标与内容：

1. 对写话有兴趣，留心周围事物，写自己想说的话，写想象中的事物。

2. 在写话中乐于运用阅读和生活中学到的词语。

3. 根据表达的需要，学习使用逗号、句号、问号、感叹号。

---

①吴忠豪.外国小学语文教学研究［M］.上海：上海教育出版社，2009.

表 2　南非小学英语各年级写作目标与内容

一年级	二年级
·画画传达信息,例如画一次个人经历	·为一类故事贡献想法和单词(参与写作)
·为修改一类/组故事出主意(参与写作)	·写一首简单的诗歌
·正确模仿黑板上或图表信息中的一个句子	·写一篇表达性文本如生日卡片或信
·在卡片上写信息,如一张慰问卡片	·写一篇至少由两个段落(10 个句子)构成的个人经历或
·写标题或短句说明一个主题,如向读书角捐	事件,例如一次家庭聚会
一本书	·起草,写和出版至少由两个段落组成的故事读给其他人
·用大写字母和句号写一个至少由三句话构成	听
的有关自己的信息或创意故事	·写作时使用信息结构,如写食谱
·利用已经学过的语音和普通常见词写句子	·用一张图表或时间表组织信息
·在写作中正确使用名词和代词(I、you、she、	·写句子(4—6 句)说明一个主题,向读书角捐一本书
he、it 等)	·使用写作过程(起草、写作和编辑)
·写作时要求开始正确使用现在式和过去式	·正确使用标点符号(句号、逗号、问号和感叹号)
·组织熟悉单词的复数	·正确拼写常见单词和使用语音知识拼写不熟悉的单词
·正确拼写常见的单词	·正确使用现在式、过去式和将来式
·正确使用介词	·正确使用介词、名词、动词和代词
·用信息绘制简单的图形(图表或时间表)	·构建自己的单词库和个人字典
·建构自己的单词库和个人字典	·使用字典

2. 分析比较

(1) 南非课标突出写作文体的多样化、生活化

南非阅读目标内容中所提到的写作文体较之中国更加的丰富多样。这一点在 1—6 年级详细阅读目标中表现得非常充分。通过粗略的统计,南非阅读目标所涉及的写作文体包括诗歌、卡片、书信、邀请信、短故事、报纸文章、日记、叙述文、对话、剧本、应用文等,这些几乎涵盖了现实生活所常见的大多数文体。为了让学生切实掌握各种文体的特点,灵活运用,南非课标给出了教学活动中可能用到的文体类型。特别是在 4—6 年级的阅读目标部分,课标明确罗列了这一阶段的学生需要掌握的 18 种常见文本类型,各种文体的文本结构、使用的情境,以及各自的语言特点。而中国只是在各学段阅读目标中笼统地提到学生需要学习的文体;如第一学段要求学生写话;第二学段要求学生能够用简短的书信、便条交流,提到"用简短的书信、便条进行交流";第三学段则期望学生能够学写简单的记实作文、想象作文以及常见应用文。整个学段的阅读目标所提及的文本类型较少、单调,课标没有对师生教

学活动中可能会用到的文本类型做一个规范性或导向性的指导，课标更没有对要求学生学习的文体做相关的介绍与说明，只是对写作的次数做了具体规定。除此之外，南非各年级写作情境都是围绕学生周围的实际生活展开的，如阅读目标提到的"写一篇表达性文本如生日卡片或信""写一篇至少由两个段落（10个句子）构成的个人经历或事件（例如一次家庭聚会）""写6到8个句子说明一个主题（如向读书角捐一本书）"等，南非写作目标的内容主要来源于学生的现实生活，易引起学生写作的兴趣。我国写作虽然也对这方面有所强调，但没有明确说明每个阶段应接触和实践的文本类型或种类，目标陈述含糊，缺乏具体性、针对性，这对课标的有效执行和师生的实际操作造成了很大影响。①

（2）南非在写作过程中非常重视英语知识的教学

熟悉掌握与灵活运用不同类型的语言知识有利于指导人们的构思和表达活动，是作者顺利开展写作活动的基础和保证。在语言课程教学的各个部分融入语言知识的教学，使语言知识的传授贯穿于课程教学的始终，是大多数国家在阅读目标设计过程中所采纳的基本模式。相比较我国，南非写作目标给人印象深刻的地方就是各年级写作目标中都包含了明确而具体的英语知识的教学指标，课标将语言知识有计划性地列入一到六年级的写作教学过程中。从阅读目标所列举的语文知识来看，大致包括三类：一是一些英语规则，如大小写字母、单词单复数、单词拼写规则以及写作过程的正确运用等；二是正确使用标点符号，如逗号、问号、感叹号、引号等；三是一些语法知识，如正确使用介词、名词、动词和代词以及复合句等，把这些语言知识糅入写作教学中，有利于学生掌握语言的运用技巧和表达的规范性。此外，南非阅读目标中的语言知识不仅分布均匀，且难度由浅入深，循序渐进。如标点符号的学习，从一年级到六年级，每个年级都有具体要求，其目标前后连贯，要求逐渐增加。在我国，重视语文知识是我国历来已久的传统，但课标写作

───────────────

①王志凯.中外母语课程标准中写作目标的比较研究［J］.宁波大学学报（教育科学版），2008（6）.

目标中，除了各学段目标具体规定学生在写作过程中需要掌握的部分标点符号外，其他语言知识只是只言片语，一带而过。由于两国写作目标都是根据各国教育背景精心制定的，符合两国的基本国情，所以南非写作过程中的语言知识教学，其明确性、计划性和具体性，相比我国语文课程目标有过之而无不及。

（3）南非明确规定了写作训练的具体实践活动

我国语文写作目标鼓励学生积极自由地表达与交流，尽量减少学生的写作束缚和要求，使学生有充足精力，发挥自己的想象力，细心观察周围的世界，自由表达自己的真实情感。这一理念贯穿于语文课程写作目标与内容之中，是其指导写作目标修订的指南与灵魂。如表2中列出的写作目标：第一学段希望学生写自己心中想说的话，写自己想象中的事物，重点激发学生的写作兴趣，让学生喜欢写作，乐于写作；第二学段指明让学生从观察周围世界入手，能够自由地写下自己的见闻、感受和想象；第三学段在一到二学段写作目标的基础上要求学生明白写作是为了自我表达等。这些具体目标内容有利于激发学生的写作热情，增强写作的自信心，是对创意表达这一根本要求的具体体现。南非写作目标同样强调学生写作的自由表达，真实情感，但与我国写作目标最显著的不同点在于南非写作目标明确规定了学生需要进行的写作活动，即各个年级学生在写作训练中具体做哪些内容，有哪些具体要求。如写作目标中要求"画画传达信息（例如画一次个人经历）；写标题或短句说明一个主题（如向读书角捐一本书）""写一篇至少由两个段落（10个句子）构成的个人经历或事件（例如一次家庭聚会）""给信息排序并把序列信息放在标题下面"等。这些详细具体的活动规定表述了师生在写作教学活动中需要进行的各种写作训练，可以使师生更清晰明了地抓住写作的重点，相对于我国笼统、模糊的阐释，其操作性与指导性更强。

（4）南非课标强调写作程序的运用

通过仔细观察南非写作目标各项具体内容可以发现，南非除了直接规定具体写作活动之外，还特别强调写作程序的运用。这一要求在各年级写作目标中均有具体体现，且随着年级升高，写作要求也逐级提高。特别是在四到六年级写作目标中，对写作程序的阐述占篇幅的一半以上，可见南非课标对写作程序的重视。南非课标所列出的完整写作程序或步骤主要包括写作前、写作中和写作后三部分。写作前，即写作的准备阶段，需要学生利用写前策略去收集信息和写作计划，具体包括写作要考虑目标受众、写作的类型、思维导图的使用等。写作中，就是写作的起草阶段，课标指出学生在该阶段需要考虑的主要内容有：单词的选择，组织句子、主要支持观点，所规定文本的具体特点（如对话的直接引用），批评阅读自己的写作并获得来自同学和老师的反馈等。写作后则主要是指作品的编辑、修改、校对和展示。正如课标所要求的"改进作品内容和结构， 精炼词语、句子和段落，纠正语法、拼写和标点符号的错误"等，经过以上写作程序，学生最终呈现的是一个整洁、清晰、完整的习作。我国在写作目标中没有提及写作程序或步骤的内容。写作目标重点突出写作程序，有助于教师在写作教学过程中重视对学生写作步骤的指导，使学生快速了解和掌握写作过程的步骤，引导学生养成良好的写作习惯，作为南非小学英语写作目标中比较引人注目的特色，也是值得我们思考和借鉴的部分。

五、评价建议比较

（一）我国小学语文课程评价

我国语文课程评价的根本目的是为了促进学生学习，改善教师教学[①]。语文课程评价应充分发挥语文课程评价的多种功能，恰当运用多种评价方式，注重评价主体的多元互动以及突出语文课程评价的整体性和综合性等四条具有整体性、概括性与综合性特点的评价理念[②]。其次，课标有围绕识字与写字、阅读、写作、口语交际与综合性学习五个方面分别呈现了语文课程评价的具体建议，便于师生参考。鉴于南非课程评价的构成，突出课程评价比较的针对性，以下只列出我国课程评价建议的部分内容。

---

①中华人民共和国教育部.九年义务教育语文课程标准［M］.北京：北京师范大学 2011（1）.

②罗景泉.探索、确立、发展、飞跃、完善——从教学大纲到课程标准的变化看新中国成立以来小学语文的发展轨迹［J］.语文学刊，2012（24）.

表3　我国小学语文课程评价

识字与写字	阅读	写作	口语交际
汉语拼音：重在考查学生的认读和拼读能力，以及借助汉语拼音认读汉字，说普通话，纠正地方音的情况 **识字**：考查学生认清字形、读准字音、掌握汉字基本意义的情况，以及具体环境运用汉字的能力，借助字典、词典等工具书查检字词的能力。第一、二学段多关注学生主动识字的兴趣，第三、四学段要重视考查学生独立识字的能力 **写字**：考查学生对于要求"会写"的字的掌握情况，重视书写的正确、端正、整洁。第一学段要关注学生写好基本笔画、基本结构和基本字，第二、三学段还要关注学生的毛笔书写。义务教育各个学段的写作评价都要关注学生的写字姿势与习惯。第三学段要求会写2500个字。对学生写字情况的评价当以本标准附录5为依据。评价要有利于激发学生识字、写字的兴趣，帮助学生养成写规范字的习惯，减少错别字	**阅读**：要关注其阅读兴趣与价值取向、阅读方法与习惯、阅读面和阅读量，以及选择阅读材料的能力。重视对学生多角度、有创意阅读的评价 **朗读**：总要求是能用普通话正确、流利、有感情地朗读课文。可从语音、语调和语气等方面综合考查 **诵读**：重在提高学生的诵读兴趣，增加积累，发展语感，加强体验和领悟。在不同学段，诵读材料的内容、数量等方面逐渐增加难度 **默读**：应从学生默读的方法、速度、习惯等方面综合考查 **精读**：重点评价学生对阅读材料的综合理解能力，要重视评价学生的情感体验和创造性的理解。第一学段侧重考查对文章内容的初步感知和文中重要词句的理解、积累；第二学段侧重考查通过重要词句帮助理解文章，体会其表情达意的作用，以及对文章大意的把握；第三学段侧重考查对文章表达顺序和基本表达方法的了解领悟 **略读**：重在考查学生能否把握阅读材料的大意。浏览的评价重在考查学生能否从阅读材料中捕捉有用信息 **文学作品阅读**：着重考查学生感受形象、体验情感、品味语言的水平。第一学段侧重考查学生能通过朗读和想象等手段，大体感受作品的情境、节奏和韵味；第二学段侧重考查对重要段落和语句的细致阅读，具体感受作品的形象和语言；第三学段可通过考察学生对形象、情感、语言的领悟程度，来评价学生初步鉴赏文学作品的水平 **古代诗词和浅易文言文**：重点考查学生的记诵积累，考查他们能否凭借注释和工具书理解诗文大意 **课外阅读**：应根据各学段的要求，通过和班级交流、学习成果展示等方式，了解学生的阅读量和阅读面，进而考查其阅读的兴趣、习惯、品味、方法和能力	**写作**：第一学段主要评价学生的写话兴趣；第二学段要鼓励学生大胆习作；第三学段要通过多种评价促进学生具体明确、文从字顺地表达自己的见闻、体验和想法，同时还须关注学生汉字书写情况 **写作材料准备过程**：要具体考查学生占有材料的丰富性、真实性，获得材料的方法。要引导学生通过观察、调查、访谈、阅读等多种方法搜集材料 **作文修改**：考查学生对作文内容、文字表达的修改，也要关注学生修改作文的态度、过程和方法。要引导学生通过自改和互改，取长补短，促进相互了解和合作，共同提高写作水平 **评价结果的呈现方式**：根据实际需要，可书面或口头，可用等级表示或评语表示；还可采用展示、交流等多种方式。提倡收存在学生成长记录袋中	**口语交际**：须注重提高学生对口语交际的认识和表达沟通的水平。应按照不同学段的要求，综合考查学生的参与意识、情意态度和表达能力。第一学段主要评价学生口语交际的态度与习惯，重在鼓励学生仔细地表达；第二、三学段主要评价学生日常口语交际的基本能力。评价宜在具体的交际情境中进行，让学生承担有实际意义的交际任务，并结合学生在日常生活和学习活动中的表现，综合考查学生真实的口语交际能力 **考查项目**：可以有讲述、应对、复述、转述、即席讲话、主题演讲、问题讨论等

（二）南非小学英语课程评价

南非课程评价建议由两个大部分构成，第一部分为基础阶段（一到三年级）英语课程评价，这部分内容又分为正式评价和非正式评价建议，并分别附属于各年级每个学期的教学计划中的最后部分。第二部分为中间阶段（四到六年级）英语课程评价，该阶段的课程评价作为四到六年级英语课标中的最后一章单独列出。该章还具体包括课程的正式评价和非正式评价介绍、课程评价计划、评价结果的记录和报告以及课程评价审核需要注意的事项等内容。

基础阶段英语课程评价基本上都集中于每个年级的各个学期的教学计划的末尾部分。由于南非小学一学年有四个学期，每个学期又以听力与口语、阅读与语音、写作为主题分别设计教学计划，所以，一学年需要 12 份教学计划，基础阶段则总共包括了 36 份详细具体的教学计划，因而，基础阶段的英语课程评价日常计划也就有 36 份。每一份的学期评价计划又从正式评价与非正式评价两方面提倡英语课程评价的相关建议，例如表 4。每个学期不同板块目标的课程评价的结构设计都与表 8 中的结构安排类似，不同之处在于课程评价建议的数量。针对不同知识的具体目标与内容，因地制宜地设计课程内容的评价标准。由于基础阶段课程评价内容的多而零散、烦琐，该部分就不一一罗列。

表 4　南非一年级第二学期听力与口语教学计划中的课程评价

评价	
非正式评价活动建议 听力与口语 ·听指令并做出适当的反应 ·不断地听，并在班级和小组活动中轮流讲 ·讨论个人经历，如按照一定的顺序讲新闻／信息 ·参与教室讨论 ·对他人讲的故事提出疑问并读故事 ·理解和使用合适的不同学科的语言	正式评价活动 1： 听力与口语 ·谈论个人经历，例如按正确的顺序讲一个信息 ·听一个感兴趣的故事，用图画去展示你的理解 ·回答封闭和开发性的问题 正式评价活动 2： ·用正确词语从年龄、方向顺序方面描述对象 ·听故事并识别主要大意 ·给故事中的图片排序

中间阶段（四到六年级）课程评价的设计与基础阶段（一到三年级）差异巨大，该阶段的课程评价主要集中于中间课标的最后一部分。包含了与课程评价相关的各方面的内容，其中与课程评价直接相关的内容主要是指南非为四到六年级不同学期英语课程正式评价任务而设计的课程评价计划。英语课程正式评价计划包括考试内容的构成规定、四到六年级每学期的评价任务分配表、四到六年级每学期学校基础评估与考试计划表、四到六年级考试试卷的整体设计框架和试卷具体构成建议表。南非课程评估除了考试评价外，还有记录和报告两种形式。记录是指教师记载学生在特定评价任务所表现的水平或结果，为学生的发展或升级提供证据。报告是指家长、教师、学校等相关者在一起讨论学生表现的交流过程。报告可以采用家长会、电话、信件、学校谈事日等形式进行。

（三）比较分析

1. 两国课程评价方式的多样化

通过比较中国和南非小学母语课程评价部分可以发现，两国课程评价都重视学生母语素养的形成和发展，几乎都是围绕学生的听力与口语、阅读、写作、口语交际以及母语课程学习的方法和习惯等方面开展系统具体的评价活动。在我国，为改变课程评价目的的片面性、评价范围过窄、评价手段单一、评价主体局限等弊端，课程标准在课程评价部分明确要求在课程评价过程中，要基于课程的特点和学生情况因地制宜地选择合适的评价方法，如诊断性评价、形成性评价或结果性评价方式等，弱化甄别与选拔的功能，同时强调学生学习主体的重要性，评价要尊重学生的个性差异，并做到教师评价、学生评价、社区评价等相关评价主体评价建议的综合、概括。南非课标以正式评价与非正式评价两种方式组成英语课程评价的主要内容。课程的正式评价是依照课标规定的评价任务与评价指标，并通过检测、实践任务、口头陈述、论文等具体方式进行。评价教师须记录正式评价时的任务和评价结果并留档，作为最终评价的一部分。课程评价报告要求家长、教师、学校等相关者参与到学生表现评价的过程中。这些有关课程评价方式与评价主体的规定与我国有异曲同工之妙，都是与各自课程目标相适应，均体现了评价方式的多样性与评价主体的多元化，及时、客观、科学地反馈学生的学习情况，为学生指明不断努力与前进的方向。

2. 南非课程评价具有灵活性

课程标准的设定都是以本国教育实践为基础，综合考虑各种因素而精心研究的成果。因此，南非课程标准除了与我国课程标准有许多共通之处外，更多地反映南非本国教育教学的实际情况，具有浓厚的南非本国特色。南非根据各年级学生的年龄特点、认知水平以及课程标准的具体要求，小学阶段的英语课程评价采用了两种明显差异的结构模式制定一到六年级的课程评价方案，即南非把基础阶段的课程评价与中间阶段的课程评价分开设计，其两阶段的课程评价的构成也各具特色。如基础阶段的课程评价部分附着在一到三年级每个学期的课程计划表的尾部，而中间阶段则把课程评价作为独立的一部分单独列出；基础阶段的课程评价从正式评价与非正式评价两方面列出具体课程评价指标，而中间阶段课程评价由课程评价的认知水平表、计划表以及考试评价方式建议等部分构成。而我国则是采用比较传统的设计思路，首先提出课程评价的总要求，然后对识字与写字、阅读、写作、口语交际、综合性学习等几个方面提出具体的课程评价建议。南非这种别具一格的设计模式与我国的差别巨大，相对于我国来说，这样的评价设计模式灵活性大、针对性强，且因地制宜地制定课程评价内容，充分反映了南非对小学各阶段课程目标要求的差异性。

3. 南非课程评价指标适当量化

南非英语课程评价采用了学生英语成绩的日常评价和考试评价相结合的办法。其中，基础阶段的日常评价主要是指学校内的教师对学生进行的正式评价，而非正式评价只作为了解学生情况的考查方式，不作为最终学业成绩的组成部分。基础阶段教师按照课标的要求，通过平时检测、参与口头任务（如对话、交谈、讨论）、书面任务（如按要求写段落或不同类型的文本）等方式考查学生的课程学习情况，并使用备忘录、任务清单、计量表等适当的评价工具评估、记录学生的理解和技能发展水平，作为学生课程评价的主要依据。中间阶段的评价由日常评价和年终考试两种构成。这两种正式评价都包括七项考查任务。其中，日常评价占年终学业成绩的 75%，年终考试占年终学业成绩的 25%，之后又对与考试相关的各个方面，如考试的内容、考试方式、考试的试卷题型等做了明确的规定。虽然我国多方强调评价方式应该多样化、科学化，但在我国现实语文教学活动中，仍然把考试作为评判学生语文学业最终成绩的主要方式，学生的日常评价并不作为学生最终成绩的一部分，无法彻底改变传统评价方式的弊端。学生课程评价仍然过分强调选拔与甄选功能，不能全面、有效、准确地评价一个学生的课程学习情况。南非课标以表格的形式列出了课程评价的量化任务指标，为全面评价学生的英语目标的达成情况提供了非常明确的标准和非常具体的测试方法，并给出了考试试卷的构成建议表，为达标检测提供了充分的依据，具有很强的操作性和指导性。而我国课程评价过分强调课程评价的功能性，只是从宏观出发，笼统、概括地对语文课程的不同板块目标提出评价建议，指标不够量化，课程评价的操作性不强，没能为教学评价活动的展开提供充分的帮助。虽然语文课程本身具有"只可意会不可言传"的复杂人文性特点，但对于语文课程的评价来说，如果评价部分不够细化、难以操作，只是一贯地阐述一些难以操作的理念性东西，就较难对课程教学起到应有的促进作用。[1]因此，适度的指标量化还是有必要的。

六、南非课程标准对我国的启示

(一) 课程标准应增加语言知识的内容

通过分析南非课程目标可以发现，南非教学不但偏重语言运用能力的学习，而且对语言知识本身也表现出极大的热情。南非课程目标中的语言知识与其他方面的知识指标相互交叉、融合，分布于听力与口语、阅读、写作等

---

[1]滕云.中小学英语口语教学评价比较及启示 [J].课程·教材·教法，2010.

各个领域内，尤其是在小学一到三年级的学段课程目标中，语言知识的指标罗列多而具体，并与其他方面的指标相互交叉、融合。南非各年级课程目标中所呈现的英语基础知识主要包括字母、词汇、句子、时态、标点符号等若干内容。

　　然而，随着我国教育事业不断地发展，国外先进的课程理论与教学理论的相继引进，以及国内学者对本国教育教学理论研究的逐渐深入，不断影响我国课程与教学工作的理念、内容、方式等方面的变革。加之，在课程基础改革大背景下，为了转变课程教学中重知识而轻实践，重成绩而轻情感，重选拔而轻发展的弊端，全面提高学生的语文素养，我国结合现代教育教学理论，并基于我国教育实情，逐步对我国教育教学进行大规模、全方位、多领域的改革。经过多年努力，我国教育课程改革取得了意料之中的成绩，但又出现了意料之外的问题。其中一点就是我国语文课标越来越重视学生能力的发展，出现了忽视语文知识的教学倾向。相比较南非课标对语言知识指标的大量规定，我国课标对语文知识的表述过于笼统、宽泛，缺乏内容标准。如关于"词汇语法修辞"等语文知识，我国课标只是在附录3中以短短的五句话概括了各学段语文课程应该掌握的词汇语法等语文知识的范围，以及在课标的实施建议中分别阐述了词汇语法修辞等语文知识的教学建议和评价建议，但在各学段的目标与内容部分并没有把附录3的内容以具体内容指标的形式展开，这就造成了教学内容选择的不确定性、课程评价的盲目性以及教材编写的难易程度的无法把握。[①]

　　提高学生的综合语文素养是无可厚非的，但在课程改革过程中也要特别注意"适度"问题。教学在重视学生语文能力、发展思维能力与实践能力的同时仍要重视语言知识的学习。我国课程目标内容设定方面可以借鉴南非，在强调语言文字运用的重要性的同时，适度增加对语文基础知识的内容目标，

---

①金荷华，左长旭.国际视野与本土行动—2011版语文课程标准的解析与反思 [J].教育研究与评论·小学教育教学，2012（9）.

使学生需要掌握的基础性语文知识以更具体性或明确性的指标内容呈现，防止在实际教学活动中出现过于偏重语文知识的传授或不重视语文知识学习的倾向。

（二）课程标准应提高内容表述的细致化与操作性

通过对南非小学阶段的英语课程标准的详细分析，我们不难发现，南非课标的一个显著特点就是明确标准的适用对象和标准内容的具体化。这份课程目标详细地列出了不同阶段各个年级的听说、阅读、写作、思维等能力培养的分项细目。无论是哪一项分项指标，制定者都非常注意行为主体、行为本身、行为结果、行为条件的准确表述。比如分项指标"用图片和书的封面预测这个故事是关于什么的"，行为动词是"预测"，行为主体是"一年级学生"，行为条件是"用图片和书的封面"，行为结果是"这个故事是关于什么的"。从所占篇幅来看，南非小学英语课程标准总共有 200 多页，大多以表格形式呈现，可见目标内容陈述的具体化、条理化。且课标所用语言简洁易懂，大量程序知识的融入，以及具有行为指导性的动词的使用，这些都使得南非课程标准更具操作性，有利于课标使用者依据课标内容更好地开展教学活动，充分发挥课程评价的激励功能、改进功能和发展功能。①

我国课标虽然对比以往的教学大纲，其操作性和实践指导性有所提高，但这种变化主要体现在实施建议部分。通过调查研究，在旧课标的基础上对其新课标的教学建议和评价建议部分做了较大的修订，调整后的文字量几乎增加了一倍，力求新课标的教学建议和评价教学建议具体化，凸显指导建议的具体性、针对性，便于课程目标操作与实施。②但对于课程标准的主体部分，也就是各个学段的课程目标与内容部分，则显得太过笼统、模糊，学术气息和原则性较强，缺乏生动与活力。另外，我国语文课标总共只有 46 页，其中目标与内容部分缺乏必要的二级指标。尽管我国汉语是表意文字，与作

为表音文字的英语相差巨大，但课标是教师开展教学活动的依据，评估学生学习结果的依据，以及评估教学质量的依据，其内容的具体性、明确性及易操作，对教学活动中的教师的"教"和学生的"学"的导向的明确性、调控的及时性、评价的时效性，都有非常积极的意义。

无论是国际还是国内，在课程编制、教学设计中比较流行的是以行为方式来陈述的目标，即指用预期学生学习之后将产生的行为变化来陈述的目标[①]。我们可以改进理念性的目标陈述方式，以行为目标的陈述为主，提高课标的可操作性，如低年级目标的陈述可以为听故事或诗歌，回答具有不同水平的问题，听指令或图画、字谜、笑话并做出适宜的反应；小学高年级除了继承一到三年级那些常见的基础练习方式外，还可以适宜增加一些像复述、辩护、辩论、演讲等教学方法。或者在具体课程目标后面因地制宜地附着必要的说明或举例，使需要掌握的目标内容更加明了清晰透彻。这些都能使教师更快更好地投入到现实的教学过程，增加课程标准实施的操作性和实际意义。

（三）课程标准应明确具体的教学活动的组织形式

我国语文课程的总目标积极倡导自主、合作、探究的学习方式，鼓励自由表达，自主学习，激发学生的问题意识和进取精神。但这种原则性、理念性的要求并没有因地制宜地落实到各学段各方面的具体目标当中，这也使得课标的使用者在实际教学活动中往往易忽略这方面。尽管教学活动中间会穿插一些个别指导、小组讨论等教学活动形式，但大部分语文教学活动仍然以班级共同学习的形态进行，传统班级授课制依旧占主导地位，无人撼动。

南非课标在对教学活动形式的处理上则显得灵活巧妙、与众不同。它除了在课标的总要求中对教学组织形式和方法做了总体规定之外，还把各具特色的教学活动组织形式分布和落实于各年级的不同学期的课程目标之中，不同学期的各个板块的教学计划都是通过各种教学活动衔接与连贯为一体的。且南非课标对各个教学活动的一级指标、二级指标以及教学时间安排等方面

---

① 林荣凑.语文教学目标叙写的三种模式［J］.语文教学与研究（教师版），2013（2）.

又都做了细致的规划。这种新颖独特的结构设计方式令人耳目一新，印象深刻。其最大优势在于规定了教学活动的选择范围，为教师的教学活动的设计和开展提供了方向性指导，减少教学活动设计的盲目性，增强课程目标内容的操作性，教师能清晰明了地快速把握课程目标的主要内容并有效组织教学活动，提高语文课程教学的效率。当然，南非的这种设计模式也有无可避免的缺陷，师生可能只是一味地运用课标中所提供的教学活动组织教学，而其他更灵活高效的教学活动被拒之门外。我国课标则为语文课程的实施留下了较大的创造性空间，但令人遗憾的是国家所积极提倡的发现学习、自主学习、合作学习等科学有效的新型教学组织形式并没有在现实课堂中得到普及与运用，反而传统教学组织形式仍然称霸现实中的语文课堂，使得课堂教学活动显得单调、无趣，教学效率不高。

综上所述，为了改变我国实际课堂教学活动的形式单一，提高语文课的教学质量与效率，学习南非课程目标的构成方式，有针对性地提供可操作化的教学活动形式还是有必要的。在课程标准中要针对目标具体内容，综合考虑，合理灵活地把一些课堂教学比较优秀的教学组织形式贯穿其中，教师可以根据教学内容、目标要求采取相适应的教学方式。例如在语文阅读教学这一领域，可以采用班级集体行动和以小组和个人阅读相结合的阅读形式渗透于小学语文阅读教学的过程中，发挥不同学习方式的优点。在阅读目标中呈现一系列各具特色的阅读教学形式，可以为教师的阅读教学组织形式提供选择范围，又能培养学生的个性化阅读，提高教师的教学效率和学生的阅读质量。南非这种新颖、创新的课程目标的设计方式具有一定的合理性与科学性。

（四）课程标准应增加听说读写策略内容的规定

学习策略是指在特定的学习情境中，学习者根据学习目标和自身的特点而采取的学习活动方式，它既可以是学习活动所内隐一些的规则，也可以具体化为有关学习的规划而采取的具有外显操作程序或步骤的学习措施[①]。课标

---

①张大均.有效教与学的策略［M］.北京：人民教育出版社，2011.

适当增加学习策略方面的知识，一方面有助于学生了解知识获得过程，知道学习知识的一般方法和技能，优化他们已有的学习策略，逐渐形成系统化的语文课程学习方法。另一方面，有效的学习策略能够帮助学生快速有效地掌握学习内容，达到课程目标的要求，完成学习任务。

通过前面的比较分析，可知南非十分重视学习策略的教学，最直接的表现就是南非根据学生的年龄特征、认知水平以及学习内容，在英语课程标准的目标内容里加入了大量有关学生学习策略性方面的知识。这些策略知识主要以选择性注意策略、复述策略、组织策略以及调控策略等各种形式巧妙、灵活地融入课标不同组成部分的目标与内容中。相比较而言，我国课程标准对学习策略方面的知识重视程度明显不足，我国只是在课程实施建议中提到部分策略性知识，而课程标准中的重点部分，也就是各学段课程目标与内容中却均未涉及。这样会使得师生在学习新内容的过程中，容易忽视学习方法和策略的掌握，只关注教学活动中的陈述性知识，而忽视那些具有同等价值的程序性知识，导致学生学习的策略掌握和运用水平的低下，进而影响学生的学习效率和预期目标的达成。

要想在教学中牢固树立"没有什么教学目标能比使学生成为独立自主的高效率学习者更重要"的观念，必须切实纠正"指望学生学习，但不教学生求知方法"的教学偏差，直接有效的做法就是在语文课程标准各个学段的听说、阅读、写作等目标与内容部分适当增加相应的策略性目标，尤其是学生的学习策略，加强对学生的学习策略的指导。学生只有掌握语文学习的策略和方法，才能发挥学习的自主性和主动性，增强自主学习的技能，真正成为学习的主人，也可以培养学生发展终身受用的语文学习技能，为学生的终身教育、未来学习打下坚实的基础。①

①义琳.浅谈学生自主学习能力的培养策略［J].青海教育，2013（6）.

第十二章　中国与加拿大不列颠哥伦比亚省小学母语课程标准比较

　　加拿大西南部的不列颠哥伦比亚省，经济发达且物产丰富。该省的省府就是美丽的维多利亚。不列颠哥伦比亚省尤其以小学教育质量而闻名全国，同时也是加拿大最发达的教育省份之一。在学生的培养方面，对于学生基础知识的要求和能力的培养都比其他省份要求高。加拿大是地域广阔的国家，没有统一的行政教育机构，是典型的由各个省教育集权的教育行政体制。其教育都是实行省级管理制，各个省最高的教育行政机构被称为省教育部。国家不设置教育部，各个省对省内教育行使管理权力。在教育管理方面，各级各类学校的指导性文件都是由加拿大各省教育部、地区教育局下达。各级学校都是通过地方政府由立法、拨款等方式控制和影响的。学校的一切活动的依据都是各个省教育部以立法的形式颁布的课程标准文件，各个省在课程、学制、考试等方面基本上不完全一样。

一、加拿大不列颠哥伦比亚省小学母语课程标准的制定背景

　　不列颠哥伦比亚省是加拿大最大的教育省份，当然，其母语课标有其特有的一种形式。和加拿大其他省是一样的情况，不列颠哥伦比亚省的教育部也是本省制定本省的教育方案以及各个学习的阶段的课程标准。在省教育部的统一领导下，由其省教育部、地方教育局和学校三级管理。不列颠哥伦比

亚省教育部的负责范围是制定宏观的教育政策法规、标准和各类指示性文件以及给教育投入资金拨款等。给予学生高质量的教育始终是不列颠哥伦比亚省教育部的追求，激发学生的潜能，使学生获得为未来社会工作所需要的知识技能。各个学区是由地方教育局设立的，但各个学区的情况不同，而且省教育部统一制定的政策都是宏观的，不能适应所有学区的情况，每个学区都有各自的特点。所以，这不仅需要各自学区学习贯彻省教育政策，而且还要根据自身特点对省教育政策做出适应并调整完善。课程的实施情况、教师的选拔以及考评考核方式和教材的选用等都是由地方教育局负责监管的。最低一级的教育管理单位是学校，在 20 世纪的早期年代，不列颠哥伦比亚省的教育部就着手研究从结果的角度出发的课程模型。经过和课程编写者、一线教师、资深学者和学生的多次讨论和交流，从学习结果角度出发的课程模型已经形成了雏形。1997 年教育部颁布了新课程开发的文件，并且详细地描述了学生在各个学科和各个年级的具体课程中应该学到什么知识和需要做什么。部长克拉克在 2003 年的一次教育委员会上说：“毕业生的毕业论文以后将成为教学工作的一部分，像你知道的那样，不列颠哥伦比亚省有 36% 的学生辍学，这是一个非常可怕的数字。教师必须通过做点什么来改变它。而且同样可怕的是不列颠哥伦比亚省只有 76% 的学生是中学毕业生。教师可以通过自己的努力做得更好。不列颠哥伦比亚省可以通过设定课程标准和地方的责任区来使各个学区和学校改变和完善，而且每年都要降低辍学率。”2006 年，不列颠哥伦比亚省颁布了《英语语言艺术——幼儿园到 7 年级》，在全省实施。

二、课程标准的框架比较

（一）中国小学母语课程标准的框架

我国语文课程标准的篇幅较短，加上附录部分全篇一共 80 页（其中包括正文部分的 34 页），为了很好地体现语文课程的阶段性和整体性，我国义务教育语文课程标准采取九年一贯制，小学部分的课程标准结构框架与初中部分相同，只是在具体学段目标与内容部分有所差异。我国课程标准主要由四部分构成：

第一部分：前言。义务教育阶段课程标准在前言部分重点强调了语言文字的重要性，叙述了当今世界的发展和变革给我国语文教育带来的新挑战，从而进一步明确了语文课程的培养目标，突出强调了汉语言文字运用的基础性和重要性，强调了九年义务教育中语文课程的重要地位。接着简明地阐述了语文课程的性质，为我们展现了课程的基本理念，并分别给以较为具体的阐释，最后阐明了整个课程标准的设计思路。

第二部分：课程目标与内容。分为"总体目标与内容"和"学段目标与内容"两部分。首先学生语文素养的全面提升，整合"知识与技能""过程与方法""情感态度与价值观"这三维目标，提出了十条总体的目标与内容；再以年级为顺序，把义务教育阶段语文学习分成1—2年级、3—4年级、5—6年级、7—9年级这四个学段，且分别从"识字与写字""阅读""习作（第一学段称'写话'）""口语交际""综合性学习"这五个方面分别提出了具体的目标和内容要求，这些是该课标最关键的部分之一。

第三部分：实施建议。主要有"教学建议""评价建议""教材编写建议"以及"课程资源的开发与利用建议"四个部分。其中，"教学建议"和"评价建议"这二者都是先阐明了教学和评价总的实施理念、原则、方法和策略，再进行五个学习领域具体建议的阐述。

第四部分：附录。主要包括以下内容：优秀诗文背诵推荐篇目，课外读物的建议，语法修辞知识要点，识字、写字教学基本字表，义务教育语文课程常用字表。附录中的内容都是根据语文课程标准中的具体读写目标设定的，这些内容涵盖了我国汉语言文字中的一些基础知识，为教师提供了课程内容的参考，为学生的课外学习指明了方向。虽然该部分不是课程标准的正文部分，其自身却有着重要的作用。

（二）不列颠哥伦比亚省小学母语课程标准的框架

加拿大是一个联邦制的多元文化国家，没有统一的课程标准，不列颠哥伦比亚省的语言课程标准以2006年发行的《英语语言艺术——幼儿园到7

年级》为准。在义务教育阶段，不列颠哥伦比亚省采取 K—7 年级，第一部分为 "提纲"，是省教育部对于学校教育的重要作用和编写大纲目的以及目标等方面的介绍，第二部分是致谢，第三部分是引言，第四部分是对不列颠哥伦比亚省小学母语课程标准的简介，第五部分规定了不列颠哥伦比亚省 K—7 年级的学习结果，第六部分规定了不列颠哥伦比亚省 K—7 年级的学习成就，第七部分规定了不列颠哥伦比亚省 K—7 年级的评价模式，第八部分是一些学习资源，最后一部分是术语表。

（三）比较与分析

1. 不列颠哥伦比亚省课程目标包括学习结果和学习成就两部分

在不列颠哥伦比亚省语言课程标准框架内容中，第六部分是 K—7 年级规定达到的学习结果，第七部分是 K—7 年级预计达到的学习成就，规定学习结果的目的是指导教学，而学习成就的主要目的是为了评价的需要。我国语文课程标准没有相似内容的设置，学习成就使学习结果更加行为化、更加可测量。列举一年级的学习结果和学习成就的区别，如表 1 所示：

表 1　一年级学习结果和学习成就的列举

规定的学习结果	预计达到的学习成就（成绩指标）
期望学生达到：	当学生上幼儿园的时候就与以往有了不同的经验，学习时会有大量不同的方式，考虑到这些因素老师以及判断力的重要性，以下建议指标可用于评估学生成绩，且对应每个相应规定的学习成就，当学期结束时，学生达到的学习成就可以：
在口语交际时，使用适当的想象力和探索能力 1. 表达自己 2. 寻求帮助 3. 交换意见 4. 尝试新的想法和观点	1. 使用充满想象力的语言(如使用描述语言"很久很久以前……") 2. 和成年人以及同伴进行交流(如当问题出现时请求帮助) 3. 通过交流来支持自己的观点(如，使用多种用途的道具) 4. 在角色扮演时使用假装的声音(如，用木偶来复述《三只小猪》的故事) 模仿不同的语言形式(如，讲故事、说新闻)

学习成就是更加细化的行为目标，使学习结果具有可操作性，更加可测量。我国课程标准框架中没有这个方面内容，目标的表达更加笼统且不可操作。

2. 不列颠哥伦比亚省推荐学生使用的学习资源和我国教科书编写建议不同

不列颠哥伦比亚省课程标准明确指出学习资源是推荐给学生使用的，包括印刷材料、录像、软件、CD、游戏和其他多媒体材料。它们主要适用于学生使用，但也包含部分以教师为对象的信息。

我国教材编写建议中明确指出教材编写应依据课程标准，全面有序地安排教学内容，设计教学活动，并注意体现基础性和阶段性，关注各学段之间的衔接。教材选文要文质兼美，具有典范性，富有文化内涵，要重视开发高质量的新课文。教材编写应努力追求设计的创新和编写的特色，编写语言应准确、规范等。在这个方面，不列颠哥伦比亚省主要是推荐学生使用的学习资源，和我国教科书编写建议不同。

3. 课程目标学习领域的划分不同

各国母语课程的核心能力领域一般都是包括听、说、读、写，我国和不列颠哥伦比亚省也不例外。表 2 是我国和不列颠哥伦比亚省课程目标学习领域的划分情况：

表 2　中国与不列颠哥伦比亚省母语课程目标学习领域的划分

中国	识字与写字	口语交际	阅读	写作	综合性学习
不列颠哥伦比亚省		口语交际	阅读和欣赏	写作	

从上面表格可以看出，我国和不列颠哥伦比亚省的课标都有口语交际、阅读、写作这三部分，我国课标多了"识字与写字"和"综合性学习"的部分。

我国的课标中较重视识字写字部分，在不列颠哥伦比亚省课标"写作"部分中有所体现，主要是规定学生使用正确的语言风格以及正确的拼写方式，没有单独划出一个领域。我国的课标中单独提出了"综合性学习"这个目标，不列颠哥伦比亚省课标虽然没有强调"综合性学习"这部分，但是在"教学建议"中有所体现。整体而言，我国和不列颠哥伦比亚省课标目标对于学习领域的划分还是有较大的不同。

三、课程基本理念比较

母语课程标准的基本理念，是整个课程改革的基础，是基础课程改革总的指导思想，给本国母语教学教育实践提供了方向和理性的规范，其代表了我国语文课程改革与发展总的方向。新课标体现了德育为先，能力为重，创新方法，力求减负等特点。我国和不列颠哥伦比亚省在母语课程标准的课程理念上有共同特点也有差异性，需要进行具体的分析比较。

（一）我国小学母语课程的基本理念

1. 全面提高学生的语文素养

语文素养包括听说读写能力，以及和他们进行交流交际的能力，语文课程需要面向全体的学生，帮助学生养成学习的良好习惯，并帮助他们掌握正确学习语文的基本方法，指引帮助学生在学习和阅读中积累语言，并使学生可以逐渐地形成听说读写用的综合能力，让学生多接触优秀文化，可以潜移默化地影响学生的语文素养，提升学生的审美观，发展他们健全的人格和良好的性格。

2. 正确把握语文教育的特点

语文课程丰富的内涵对学生精神世界的影响是广泛而深刻的，因为我们要重视语文课程丰富深刻的内涵，重视其对学生的熏陶感染作用，同时也要注重学生在学习过程中的体验。语文课程是实践性非常强的课程，我们要不断去开发，充分利用身边的教育资源，让学生在丰富的语文知识中实践、感悟，并逐渐掌握语文学习的规律。

3. 积极倡导自主、合作、探究的学习方式

时代在发展，社会在进步，同时要求我们采用新的学习方式，学生是学习的主体，教师起主导作用，要把学习的权利还给学生，了解学生的需求，激发学生的学习兴趣，使他们乐于学、主动学。自主、合作、探究是有效的学习方式，倡导学生在自学的基础上，合作探究学习。在小组学习中，教师把握"同组异质，异组同质"的特点，给学生分配任务，每个人都有自己的

任务，相互配合，相互启发，提高学习效率，增强合作的精神。

4.努力建设开放而有活力的语文课程

努力构建充满活力，开放的基础教育课程体系。在课程建设方面，要有开放的眼光。在课程内容和课程目标方面，这不仅给语文的教学留下了足够的空间，而且可以促进语文学科和其他学科的交融和相互促进，为基础教育的改革奠定基础。

（二）不列颠哥伦比亚省小学母语课程的基本理念

不列颠哥伦比亚省的小学母语课程标准明确指出英语语言艺术的最终目的是为学生提供通过听说读写使学生来获得发展人格和智力的机会，最终使他们发现世界的意义，使他们有效地为参与社会的各个方面做准备。英语语言艺术 K 至 7 年级的发展一直遵循以下学习原则：

·学生需要积极地参与学习；

·不同的学生学习方式不同；

·学习既是个人学习的过程，也是小组合作学习的过程；

·当学生反思自己学习过程的时候，以及根据自身学习情况设定学习目标，这样才是最有效的学习方式。

不列颠哥伦比亚省的小学母语课程标准认为，更多的时间进行文化学习并不意味着学习其他科目的时间更少。事实上，学生遇到的所有学科领域的问题，都离不开母语课程，因为随着他们水平和档次的提升，问题也会越来越多。结合不列颠哥伦比亚省课程标准的具体内容，我们将不列颠哥伦比亚省的母语课程标准的基本理念简单概括为以下几个方面：

1.强调学习方式个性化、差异化

不列颠哥伦比亚省的小学母语课标指出，语言和文化的发展是一个连续的学习过程。从没有语言经验到有语言经验，从早期的尝试到成熟的语言形成，从阅读时依赖上下文到可以独立地阅读，是一个逐渐发展、连续的学习过程。在小学里，培养学生语言素养的核心是通过培养他们听说、阅读、写作等方面的能力来发展其语言素养。不列颠哥伦比亚省语言课程标准明确指出，不同的学生学习方式不同。根据自身的学习情况和学习经验制订自己的学习计划，使用适合自己的学习方式。适合的教育才是最好的教育。例如，很大一部分的学生从 4 年级开始学习阅读和写作。他们从文学作品、诗歌、小说、非小说、媒体等来获得语言信息，联系先前的知识经验，假设、分析、综合、评价这些信息，并最终做出判断。这种学习方式是英语语言艺术的心脏课程。学生可以选择自己的学习方式，学习方式个性化、差异化。

2. 强调学生自主学习

不列颠哥伦比亚省的小学母语课程标准更加重视学生自主学习的能力，定义成为"逐步释放的责任"。在有效的识字教学过程中，教师的教学模式主要是让学生选择自主的学习方式，教师在一旁指导，这仅仅只是超出了学生的独立学习水平一点点，这就是所谓的"最近发展区"，这是对学习最有效的支持。也就是说，认为学生的发展有两种水平：一种是学生的现有水平，指独立活动时所能达到解决问题的水平；另一种是学生可能的发展水平，也就是通过教学所获得的潜力。教师给学生布置的任务是具有挑战性的，但不是很困难，而是根据其自身情况给他们布置的任务，不会使他们变得沮丧。作为学生变得更精通使用新的策略来解决新的问题，通过指导实践和互动，老师可以逐渐把学习的权利还给学生，这个过程称为"逐步释放责任"，也称为逐步释放的支持。最终目标是为学生掌握学习的策略，并且能够自主地进行学习，知道何时何地如何表达自己的想法，并运用自己的想法进行阅读和写作。有鉴于此，教师重点有效地指导学生听说读写并发展学生自己的能力，并提出以下指导性的原则：

1. 教师通过解释和演示以及模型演示，是为了让学生更好地使用学习策略；

2. 教导或引导学生组成双人互动的小组；

3. 提供给学生独立使用策略的机会；

4. 教师指导学生如何使用策略并结合其他策略，鼓励他们在更复杂的情况下使用策略。

比如，学生可以根据自己的阅读兴趣有选择性地读书，通过广泛的阅读来打开自己的视野，积极地构建自己的知识结构，进而形成全面的文化理念，这样就可以用建设性和批判性的眼光看问题，拓宽视野。鼓励学生自主学习的方式，和同伴分享自己的学习经验。与此同时，教师可以积极地鼓励学生发展自己的兴趣和爱好，给予学生表现自己的机会和足够的空间。我们认为，适合学生的教育是最好的教育，尊重学生的个体差异性，满足不同学生的不同需求，促使学生个性得到充分的发扬，这样才是学生成为成功语言学习者的关键。

3. 强调学生独立学习和合作学习相结合

不列颠哥伦比亚省语言课程标准强调学生自主学习和合作学习相结合，其课标明确指出，学习既是个人学习的过程，也是小组合作学习的过程。合作学习是针对教学条件下学习的组织形式而言，合作学习一般是指学生在小组或者团队中为了完成共同的学习任务，有明确的责任分工的互助性学习。

合作学习主要有以下几个方面的要素：积极的相互支持、配合，特别是面对面的促进性的互动；积极承担在完成共同任务中个人的责任；期望所有学生能进行有效的沟通；建立并维护小组成员之间的相互信任，有效地解决组内的冲突；对于各人完成的任务进行小组加工；评估共同活动的成效，寻求提高其有效性的途径。在合作学习中，合作的动机和个人的责任，是合作学习产生良好教学效果的关键。合作学习将个人之间的竞争转化成小组之间的竞争，这样有助于培养学生合作精神和竞争意识；有助于因材施教，可以弥补一个教师难以面向有差异的众多学生的教学的不足，从而真正实现让每一个学生都得到发展的目标。

自主学习和合作学习相结合的方式，使教学过程远远不止是一个认知的过程，同时还是一个交往与审美的过程。

（三）比较与分析

1. 都强调培养学生的语文素养

我国和不列颠哥伦比亚省的母语课程标准都针对现代社会的发展情况提

出了相应的目标要求，我国和不列颠哥伦比亚省都很注重学生语言综合素养的培养，着重培养学生的社会适应能力和语言交际能力，学会合作，学会创新，学会分享。且强调学校与家庭、学校与社会的沟通合作，强调形成教育的合力培养学生，注重培养学生听说读写的能力。语文素养包括：识字写字、阅读和欣赏、习作（写话）、口语交际等。①语文素养不仅要有较强的听说读写能力，语言能力在现实生活中的运用也是非常重要的因素。基于此，我国小学阶段的语文课标指出语文素养重在"综合"。不列颠哥伦比亚省在其母语课标中提出口语交际部分、阅读部分、写作部分这些学习领域之间都是相互联系，密不可分的，因此教师在教学设计时，要同时考虑这几个方面的因素。不列颠哥伦比亚省的课程标准还明确地指出，学习语言和提高语言素养不应该仅仅局限在课堂之上，还应该积极地与其他学科融合和交流，从而提升学生的综合素养，更好地促进学生的发展。

2. 都强调对民族文化的认同感和文化传承

母语是一个国家文化教育的前提和基础，不仅是传承本国文化的工具，也对人类文化的发展起着重要的推动作用。为此，我国的语文课程有着其他课程不能代替的功能，也是学好其他学科的基础。我国和不列颠哥伦比亚省的母语课标都很注重本民族文化的传承和发展。

汉语是世界上历史最悠久的语言之一，已经深入到我们民族的血液里，成为中华文化的一个重要标识。我国小学阶段语文课程标准明确指出："语文课程是弘扬和继承中华民族优秀文化，增强民族的认同感，增强民族的凝聚力，具有无法估量的作用。"

加拿大是一个多民族、多文化的联邦制国家，对文化的包容性也很强。英语作为其官方语言，大量地融入了本地土著语汇，充分体现了其包容性、兼容并包的文化方针。不列颠哥伦比亚省的课程标准明确指出要尊重当地语

---

①吴忠豪主编,小学语文课程与教学论［M］，北京：北京师范大学出版社，2004.

言文化，并在其课标中写道："老师和学生通过探索本土文化主题来满足一定的学习成果，这种灵活性使教育者通过探索当地文化主题和相关的例子使学生更愉快地加入当地生活。当选择适当话题让学生加入，当学习成果包含在主题里，目的是让所有学生有机会解决这些重要问题。"可见，当地政府充分意识到语言和文化之间的关系，认识到母语教育是国家建设和国际化的基础。

3. 不列颠哥伦比亚省主张建立发展性的评价体系

由于长期受到应试教育的影响，我国的学习评价过分强调甄别与选拔的功能，过于关注学习的结果以及知识与技能方面的评价，对于学习过程、情感与态度方面缺乏足够的重视。为了改变这种现状，我国主张建立与素质教育理念相一致的评价与考试制度，即建立一种发展性的评价体系，真正发挥评价促进学生全面发展、教师不断提高的目标。

不列颠哥伦比亚省课标指出：评价是教学过程不可分割的一部分，它有利于帮助学习者和教师反思和评估自己的行为；为了发挥评价的价值，必须进行准确、客观的评价。不列颠哥伦比亚省的课标强调形成性评价、教师评价、学生自评或学生互评。标准参照基于规定的课程学习成就，反映其在一个特定的学习任务中的表现，在这个过程中教师和学生不断地反思和回顾。在学生自己的学习成就中，为他们提供信息，并促使他们考虑如何能够继续改善学习。学生根据以往的学习经验和个人学习目标，制定自己的标准，使用评价标准来调整自己的学习过程，并制订新的计划。教师需总结一些处理学习过程中的经验教训，在其他时候，关注学生不同的学习结果。课程标准帮助老师和学生专注于寻找学生学习结果的表现，它们被教师和学生用来评价学习的进展。在大多数例子中，老师已经使用超过一种形式的评估，通常包括教师观察和数据收集，和学生自我评估。评价和教学相互影响，评价促进学习，形成性评价基于日常课堂教学和学习，在教学中有很重要的作用，无论是对学生还是对教师。

4. 不列颠哥伦比亚省更注重学生思维能力的训练

不列颠哥伦比亚省的小学阶段的语言课标很重视对学生思维的发展，目的是通过发展学生的思维能力使每个学生都有其独特的个性，培养学生的创新能力和独立思考的能力，这同时也是学生跟上时代步伐所必备的技能。不列颠哥伦比亚省的课标中，在听说能力方面有这样的要求：使用口语语言，以改善和拓展思维；反思、自我评价，并为提高口语能力设定目标；在阅读欣赏方面：通过阅读和欣赏做出有意义的联系，从而提高并拓展思维；反思、自我评价，并为提高阅读能力设定目标；在写作和表达方面：通过写作和表达，展示和拓展思维能力；反思、自我评价，并为提高写作能力设定目标。现代的社会，是创新的社会，我国的语文课程改革也在创新方面做了非常多的改进的尝试。但是我国小学阶段的语文课程标准虽然提到教师要积极鼓励学生根据个人的理解对文本进行多元化的解读，鼓励自由地表达自己的想法等，但是培养学生思维能力的发展还处在初级阶段，与不列颠哥伦比亚省的课标相比还需要加强。

5. 我国和不列颠哥伦比亚省对信息技术的重视程度不同

在我国语文课标中没有对信息技术的表述，信息技术使教和学的方式更加灵活多样，为丰富教学提供了条件和依据。新课标强调信息技术的运用要合理、有效，解决教学中的难点，促进学生更好地理解与思考，但对于信息技术没有明确的表述。

不列颠哥伦比亚省的语言课标明确指出：信息和通信技术的研究在我们的社会越来越重要。学生需要能够获取和分析信息，通过理性和沟通，做出明智的决定，并了解和使用信息和通信技术各种用途。这些技能的发展对学生的教育很重要，包括在他们未来的职业生涯和日常生活中。文化领域的信息和通信技术可以被定义为通过调查获取和分享知识的能力、学习信息的能力、指导或传输媒体技术信息的能力。包括发现、收集、评估、使用电子手段和沟通信息，以及使用发展的知识和技能与技术有效地解决问题的能力。可见，不列颠哥伦比亚省足够重视信息基础对语言的影响，在信息技术和教学的关系方面，我国做的还有欠缺。

四、课程总目标比较

（一）我国的母语课程总目标

我国课程总目标的设计从语文素养整体提高的角度出发，包括知识与能力、过程与方法、情感态度价值观这三个方面的目标，这三个目标是相互渗透，相互联系的。一方面，语文课程的人文性和工具性统一的特点，决定了情感态度与价值观目标应该与语文的知识与能力、过程与方法目标是相互依存紧密结合的。另一方面，我国语文的知识与能力和语文学习过程中过程与方法目标也是紧密结合的。因为合适的语文学习方法与过程不但是学生掌握语文知识的保证，而且还能够促进学生把语文知识顺利地转化为语文能力。基于此，教师在教学时确定语文知识与能力的目标时，也要同时兼顾语文学习方法与过程的目标。

我国小学语文课程标准采取九年一贯制整体设计，课程标准首先提出了九年义务教育课程的"总目标"，如下所示：

课程目标从知识与能力、过程与方法、情感态度与价值观三个方面设计。三者相互渗透，融为一体。目标的设计着眼于语文素养的整体提高。

1. 在语文学习过程中，培养爱国主义、集体主义、社会主义思想道德和健康的审美情趣，发展个性，培养创新精神和合作精神，逐步形成积极的人生态度和正确的世界观、价值观。

2. 认识中华文化的丰厚博大，汲取民族文化智慧。关心当代文化生活，尊重多样文化，吸收人类优秀文化的营养，提高文化品位。

3. 培育热爱祖国语言文字的情感，增强学习语文的自信心，养成良好的语文学习习惯，初步掌握学习语文的基本方法。

4. 在发展语言能力的同时，发展思维能力，学习科学的思想方法，逐步养成实事求是、崇尚真知的科学态度。

5. 能主动进行探究性学习，激发想象力和创造潜能，在实践中学习和运用语文。

6. 学会汉语拼音。能说普通话。认识 3500 个左右常用汉字。能正确工整地书写汉字，并有一定的速度。

7. 具有独立阅读的能力，学会运用多种阅读方法。有较为丰富的积累和良好的语感，注重情感体验，发展感受和理解的能力。能阅读日常的书报杂志，能初步鉴赏文学作品，丰富自己的精神世界。能借助工具书阅读浅易文言文。背诵优秀诗文 240 篇（段）。九年课外阅读总量应在 400 万字以上。

8. 能具体明确、文从字顺地表达自己的见闻、体验和想法。能根据需要，运用常见的表达方式写作，发展书面语言运用能力。

9. 具有日常口语交际的基本能力，学会倾听、表达与交流，初步学会运用口头语言文明地进行人际沟通和社会交往。

10. 学会使用常用的语文工具书。初步具备搜集和处理信息的能力，积极尝试运用新技术和多种媒体学习语文。

我国语文课程的总目标的出发点是使学生的语文素养得到提高，如上文所示，前两点都是一般的情感态度价值观的目标；第四点培养学生热爱祖国语言文字的情感，增强语文学习的自信心，是语文学科的情感态度价值观目标；第五点逐步让学生养成实事求是，崇尚真正的知识的科学的态度，也是一般的情感态度价值观。第七点中，学会运用多种阅读方法，注重情感的体验，和第十点中积极运用新技术和多种媒体学习语文的方式，都是属于过程与方法目标。另外，后面的几条关于识字写字、阅读、写作、口语交际、使用工具书和运用技术等方面描述的都是知识与能力目标。

这三个总目标是相辅相成，相互渗透的，缺一不可，如果分开的话，在教学过程中，教学会出现偏差和问题。

（二）不列颠哥伦比亚省的母语课程总目标

不列颠哥伦比亚省的课标明确指出语言课程的英语语言艺术的最终目的是为学生提供通过听说读写使学生来获得发展人格和智力的机会，最终使他们发现世界的意义，使他们有效地为参与社会的各个方面做准备。不列颠哥伦比亚省没有关于语言课程总目标的详细描述，但是通过对文本的理解，以及《英语语言艺术——幼儿园到 7 年级》的相关描述，可以总结出不列颠哥伦比亚省课程总目标，如表 3 所示：

表 3　不列颠哥伦比亚省母语课程目标与内容

口头语言(听和说)	阅读和欣赏	写作和表达
目标 　使用口头语言表达、交流和倾听	目标 阅读和欣赏并达到理解的水平，对相应年级的文本做出反应	目标 写作、展示各种有意义的、个人经验性的、各种想象性的文本。
策略 在交流表达和倾听的时候，利用听说策略，来提升听说的效果	策略 在阅读前、阅读中、阅读后，使用阅读策略，提升理解和欣赏的熟练程度	策略 创建有意义的文本，并在写作时使用策略，来增加表达的成功率
思考 使用口语语言，以改善和拓展思维反思，自我评价，并为提高口语能力设定目标	思考 通过阅读和欣赏做出有意义的联系，从而提高并拓展思维 反思，自我评价，并为提高阅读能力设定目标	思考 通过写作和表达，展示和拓展思维能力 反思，自我评价，并为提高写作能力设定目标
语言特征 认识和运用口语的语言特征及模式来传递和生成意义	语言特征 借助文本的结构和语言特征从文本中获取意义	语言特征 借助语言特征和语法规则来增进写作的表达效果

如上表所示，我们可以发现，不列颠哥伦比亚省的母语总的课程目标与内容主要是针对口语交际、阅读和欣赏、写作这三个方面，从目的、策略、思维、语言风格这几个角度提出了总的要求。不列颠哥伦比亚省的课程标准从三个方面、四个维度对总目标进行了解读，其总目的是为学生提供通过听说读写使学生获得发展人格和智力的机会，最终使他们发现世界的意义，使他们有效地为参与社会的各个方面做准备。

（三）比较与分析

1. 不列颠哥伦比亚省情感态度目标宽泛，我国特定性强

在不列颠哥伦比亚省的课程总目标中明确指出，英语语言艺术的最终目的是使学生发现世界的意义，使他们有效地为参与社会的各个方面做准备。这是总目标在情感态度价值观方面的要求，较为宽泛，只是要求学生学好语言课程，为参与社会的各个方面做准备，努力发现世界的意义，并没有具体

的、特定性的要求。而我国语文课程总目标里在情感态度价值观方面有明确的要求，明显地表现出个人本位和社会本位相结合的价值观念。例如：在总目标中明确指出，在语文学习过程中，培养学生热爱祖国的感情和热爱社会主义的品质和健康的审美情趣，发展个性，培养创新精神和合作精神，逐步形成积极的人生态度和正确的世界观、价值观；第二条写到培养学生了解中华民族文化的博大精深，汲取民族文化智慧，关心当代文化生活；第三条写到要培养学生热爱祖国语言文字的情感，增强学习语文的自信心等等，都反映出课程目标中社会本位的价值取向，且把这些价值取向放在总目标的开头部分，说明我国的语文课标对情感态度价值观这方面的重视程度，特定性极强。

相比之下，不列颠哥伦比亚省更加注重学生个人价值追求和兴趣爱好的取向，情感态度价值观方面要求更宽泛些。

2. 对策略方面的目标重视度不同且地位不同

不列颠哥伦比亚省语言课程很注重策略的指导性，其课程总目标分为三个方面、四个维度，有一个维度就专门讲的是策略。例如在口语交际方面强调在交流表达和倾听的时候，利用听说策略，来提升听说的效果；在阅读欣赏方面：在阅读前、阅读中、阅读后，使用阅读策略，提升理解和欣赏的熟练程度；在写作方面：创建有意义的文本，并在写作时使用策略，来增加表达的成功率。不列颠哥伦比亚省非常重视教师对学生的指导，以及学生在学习语言过程中策略的使用。而且对于教师也有一定的要求，例如：与每个学生建立个人关系和联系，给学生提供指导性意见；创建恭敬的聆听的安全环境；提供频繁、持续的语言发展机会；与每个学生定期一对一交流；经常与学生谈话，思考和探索他们对世界的认识；问一些开放式的问题，以帮助学生拓展思维；给学生足够的时间思考；鼓励学生质疑问题并为自己辩护。相比之下，我国语文课程目标，在过程与方法方面对学习策略有所提及，例如：学生要养成良好的语文学习习惯，初步掌握学习语文的基本方法。在课程总目标中仅仅有一句要求，相比之下，显得更加粗略和单薄。对策略指导性重视程度不够，地位也不同。

3. 不列颠哥伦比亚省更加强调反思能力的发展

我国语文课程标准在总目标中明确指出，在发展学生语言能力的同时，要发展其思维能力，学习科学的思想方法，逐步养成实事求是、崇尚真知的科学态度；能主动进行探究性学习，激发想象力和创造潜能，在实践中学习和运用语文。我国语文课程总目标在过程与方法这个方面提出要发展学生的思维能力，缺失对发展学生的思维能力进行描述，也没有提及学生要具有反思能力，对这些方面没有做出明确要求。可见，对于思维能力的发展，我国重视程度不够。相比之下，不列颠哥伦比亚省注重学生思维能力的发展，更加注重培养学生的反思能力，例如：在口语交际方面：使用口语语言，以改善和拓展思维；反思，自我评价，并为提高口语能力设定目标。在阅读欣赏方面：通过阅读和欣赏做出有意义的联系，从而提高并拓展思维；反思，自我评价，并为提高阅读能力设定目标。在写作方面：通过写作和表达，展示和拓展思维能力；反思，自我评价，并为提高写作能力设定目标。在口语交际、阅读和写作这三大方面，都强调反思、自我评价，并为提高这三个方面的能力设定目标。反思能力是非常重要的能力，学会反思是学会学习的前提条件，对学生学习效率的提高、自学能力的形成、学习策略的迁移具有十分重要的作用。通过对学生反思能力的培养，让学生在学习过程中自我认识、完善、提高，从而提高学生学习的有效性。相比之下，我国语文课程标准总目标在学生反思能力这方面的描述过少，有所欠缺。

五、听说课程目标与内容比较

我国小学阶段的语文课标明确指出公民的口语交际能力是其必备能力。我们应该着重培养学生的倾听能力、表达能力和应对紧急情况的能力，把学生培养成为文明的人，以及具有能够和谐地与人相处的能力的人。基于此，我国小学阶段语文课程标准有关口语交际的目标是培养学生具有日常口语交际的基本能力，培养学生学会倾听、学会表达、学会交流，并初步具有运用口头语言的能力，并且可以与人文明地进行交流和交往。下面是我国小学阶段语文课程标准中口语交际的目标与内容。其主要包括普通话的使用、倾听的能力和态度、表达的能力与态度、交流的价值观和态度等。

我国语文课程标准口语交际 3—4 年级学段目标与内容：

1. 能用普通话交谈。学会认真倾听，能就不理解的地方向人请教，就不同的意见与人商讨。

2. 听人说话能把握主要内容，并能简要转述。

3. 能清楚明白地讲述见闻，说出自己的感受和想法。讲述故事力求具体生动。

（二）不列颠哥伦比亚省的听说课程目标与内容

不列颠哥伦比亚省的语言课程标准对于口语交际的描述目的是使用口头语言表达、交流、沟通，并使用策略进行交流互动时，通过表达和听来提高口语和听力，使用口头语言，以改善和拓展思维，通过思维的拓展并设定适合自身的目标提高口语，并且用口头语言来传达意思。基于此，不列颠省语言课程标准中 K—7 年级听说目标与内容，如表 4 所示：

表 4　不列颠哥伦比亚省 K—7 年级课程标准口语目标与内容

	三年级	四年级
口语交际	·产生交流的想法 ·分享想法和意见 ·回想并总结语言的逻辑顺序 ·使用适当的语言风格	·说话时提供细节和实例来提升语言内涵 ·善于总结和综合信息 ·比较和分析思想 ·清晰、流利地表达自己的思想

课程组织者	建议分配时间		
	1—3 年级	4—5 年级	6—7 年级
口语交际	40%—60%	25%—35%	20%—30%

（三）比较与分析

1. 都强调口语表达的交际性

通过上面的表格的比较，我们可以发现，我国和不列颠哥伦比亚省的课标都强调口语表达的交际性，口语交际能力是生活、学习、工作的基础，是一个公民在社会中必备的能力，也是学好阅读、写作的基础。我国小学阶段的听说目标明确指出学生学会运用口头语言，文明地与他人进行沟通和交流，学生要积极参加课堂讨论，并且勇于发表自己的观点，有不同的意见要与人商讨，可以根据不同的场景和对象，稍作停顿，稍微准备，就可以作简单的发言。强调乐于参与讨论，敢于发表自己的意见，这些都表明了我国重视口语表达的交际性。

不列颠哥伦比亚省也在其课程标准的口语交际目标中提到，表达自己的想法和感受，讲述他们的生活故事，显示有效倾听的技巧。口语交际能力是完成任务必不可少的工具。不列颠哥伦比亚省课程标准的口语交际目标中提出，学生要具有良好的口语能力、敏捷的思维能力、得体的举止（适当的肢体语言表达）。良好的口语能力是指借助语音及其变化来传情达意的，要恰当准确地运用语言来表达。敏捷的思维能力会影响口语交际的效果，只有思维敏捷，反应迅速才能灵活应变，应答如流。得体的举止表现在学生可以运用适当的肢体语言进行表达，用语恰当，礼貌待人，根据不同的对象、不同的场合以及不同的谈话内容，说恰当、得体的话。这些都表明了不列颠哥伦比亚省重视口语表达的交际性。

2. 不列颠哥伦比亚省注重"听说"策略方面的目标

我国课程目标中关于"听说"策略方面的目标描述得很少，在教学建议部分虽然在口语交际方面有教学策略指导描述，但只有针对学生而提出的"听说"策略方面的目标才具有实际性。相比之下，不列颠哥伦比亚省的"听说"目标中策略方面的目标就描述较多，而且比较全面系统。其课标明确指出："使用策略，用表达和听来提高口语和听力。"比如其课标写道："作为学生要更善于使用策略，通过教师指导实践和互动，教师要逐步把学习的权利还给学生。最终目标是为学生掌握学习的策略，知道何时何地如何表达自己的想法，并运用自己的想法进行交际、阅读和写作。"下面列举不列颠哥伦比亚省一年级"听说"策略方面的目标，如表5所示：

表 5 不列颠哥伦比亚省一年级"听说"策略方面的目标

与人互动时使用的策略	建立和分享联系;为了澄清和理解而提问;轮流担任说话者和倾听者
表达观点、信息和感受时使用的策略	评估先前的知识准备;借助简单的框架组织思维;预测听众想要了解的内容
倾听以获得意义时使用的策略	做好倾听的准备;聚焦于讲话者;提问;回顾观点

从上面表格可以看出不列颠哥伦比亚省突出强调了课程目标中"听说"策略方面的目标，相比之下，我国的"听说"策略方面的目标过于简单、随意、笼统。我国语文课标中"听说"目标只是阐述为能认真听别人说话，学会认真倾听别人说话，听别人说话要认真有耐心。与此类似的目标表述太过模糊，没有具体的策略指导意见，学生特别是低年级学生不知道如何认真听别人说话，如何学会认真倾听别人说话。在"听说"策略方面的目标，我国语文课程做得有所欠缺。

3. 不列颠哥伦比亚省听说课程目标表述更加系统化

我国语文课程标准中关于"听说"目标只是在不同的学段有不同的表述，例如：关于普通话的使用部分，第一学段要求学生要学说普通话，并且逐步养成讲普通话的习惯；第二学段要求学生能用普通话交谈；第三学段没有对普通话做出要求。关于表达的态度和能力方面，第一学段要求学生能比较完整地讲述小故事，可以简要地讲述自己比较感兴趣的见闻；有想要表达的自信心和耐心，并且勇于发表自己的意见。第二学段要求学生可以清楚明白地讲述自己的见闻，并且可以说出自己的想法和感受；具有讲述生动故事的能力。第三学段要求学生表达语气、语调要适当，可以根据不同的场景和对象发言，善于参与同伴之间的讨论，勇于发表自己的意见。以上列举的内容都是我国小学语文课标中对于"听说"目标提出的观点，比较笼统，而且表达意思相近，不利于教师的把握和理解。相比之下，不列颠哥伦比亚省的听说目标的表述就更为系统化，其听说目标也是按照学段划分，并且随着学段的上升，听说目标在整个课程中，呈下降趋势。如表 4 所示，1—3 年级占整个课程的 40 %—60%，占有较大比重，随着年级的升高，4—5 年级占 25%—35%，6—7 年级占 20%—30%，呈逐渐下降的趋势。而且其课程目标从目标、策略、思考、语言特征这四个维度出发，分别阐述了"听说"目标。例如，在目标方面：使用口头语言表达、交流和倾听；在策略方面：在交流表达和倾听的时候，利用听说策略，来提升听说的效果；在思维能力方面：使用口语语言，以改善和拓展思维；反思，自我评价，并为提高口语能力设定目标；在语言特征方面：认识和运用口语的语言特征及模式来传递和生成意义。这些更为系统化的目标表述有利于教师对于听说目标的把握，也更加有利于教师的教学。

六、阅读课程目标与内容比较

（一）中国阅读课程目标与内容

阅读能力领域的目标和内容具体包括阅读方式、阅读兴趣、阅读能力和方法、阅读能力和过程、阅读的习惯、阅读的知识、阅读和阅读量等方面的内容。我国小学阶段语文课程标准明确指出阅读是学生正确运用语言文字来获取信息，发现世界并认识世界，发展思维并获得审美体验的重要途径。阅读教学是教师、学生、教科书编纂者、文本之间对话的过程。而且阅读是学生的个性化的行为。阅读教学要着重培养学生的理解、感受、欣赏、评价的能力等等。基于此，我国小学阶段关于阅读方面的总的目标是：培养学生具有独立阅读的能力并且学会运用多种阅读的方法，具有比较丰富的语言积累和培养学生具有良好的语感，重视学生自身关于语文的情感体验，积极发展学生的感受能力和理解能力。促使学生可以阅读日常生活中的杂志书刊，并且可以初步欣赏文学作品，促使学生丰富拓展其精神世界。引导学生可以借助工具书来进行浅显的文言文阅读，学生需要背诵优秀诗文 240 段（篇）。九年义务教育阶段学生的课外阅读总量应该在 400 万字以上。①下面是我国小学语文课程标准中阅读目标与内容：

我国小学语文课程标准阅读3—4年级学段目标与内容：

1. 用普通话正确、流利、有感情地朗读课文。

2. 初步学会默读，做到不出声，不指读。学习略读，粗知文章大意。

3. 能联系上下文，理解词句的意思，体会课文中关键词句表情达意的作用。能借助字典、词典和生活积累，理解生词的意义。

4. 能初步把握文章的主要内容，体会文章表达的思想感情。能对课文中不理解的地方提出疑问。

5. 能复述叙事性作品的大意，初步感受作品中生动的形象和优美的语言，关心作品中人物的命运和喜怒哀乐，与他人交流自己的阅读感受。

6. 诵读优秀诗文，注意在诵读过程中体验情感，展开想象，领悟诗文大意。

7. 在理解语句的过程中，体会句号与逗号的不同用法，了解冒号、引号的一般用法。

8. 积累课文中的优美词语、精彩句段，以及在课外阅读和生活中获得的语言材料。背诵优秀诗文50篇（段）。

9. 养成读书看报的习惯，收藏图书资料，乐于与同学交流。课外阅读总量不少于40万字。

（二）不列颠哥伦比亚省阅读课程目标与内容

不列颠哥伦比亚省的语言课程标准中"阅读"目标明确指出阅读能力是成功的基石。在阅读过程中，理解是一个过程，涉及读者与文本之间的互动，阅读是相互独立的，同时它又是与口语交际、写作都是相辅相成、相互融合的。这三者之间的关系支撑着这一目标。[2]表6是不列颠哥伦比亚省语言课程标准中阅读目标与内容：

---

①中华人民共和国教育部制定,义务教育语文课程标准：2011年版［S］，北京：北京师范大学出版社.2012.

②English Language Arts Kindergarten To Grade7［s］.2006；9–10［s］.2006；11

表6 不列颠哥伦比亚省 K—7 年级语言阅读课程目标

	三年级	四年级
阅读和欣赏	·在阅读过程进行自我监控和自我纠正 ·联系文本之间的内容 ·具有快速定位信息的能力	·尊重文本选择的内容 ·在阅读中进行推论并得出结论 ·根据阅读的目的选择阅读策略 ·阅读不同形式和流派的文章

课程组织者	建议分配时间		
	1—3 年级	4—5 年级	6—7 年级
阅读和查看	20%—40%	40%—50%	35%—50%

(三) 比较与分析

1. 不列颠哥伦比亚省注重"阅读"策略方面的目标

我国的"阅读"目标具体包括阅读方式、阅读兴趣、阅读能力和方法、阅读能力和过程、阅读的习惯、阅读的知识、阅读量等方面的内容。与不列颠哥伦比亚省相比，我国着重强调熟读、积累。例如，我国语文课程标准关于阅读目标的内容在第一学段提出学生要积累自己喜欢的句子，并背诵好的诗文 50 篇，学生课外读物的阅读总量至少 5 万字；在小学阶段第二学段提出学生要积累文本中的好的词语和好的段落，并在课外书的阅读中和现实生活中获得素材。熟读并能背诵好的诗文 50 篇。第三学段则要求学生可以熟读成诵好的诗文，熟读成诵好的诗文 60 篇。从这些内容上我们可以看出，主要是要求学生对陈述性知识的掌握。相比之下，不列颠哥伦比亚省注重"阅读"策略方面的目标。下面列举不列颠哥伦比亚省一年级"阅读"策略方面的目标，如表 7 所示：

表 7 不列颠哥伦比亚省一年级阅读策略目标

在阅读欣赏前使用的策略	评估先前的知识准备以建立联系;进行预测;进行提问;设定目的
在阅读欣赏过程中使用的策略	预测和建立联系;想象画面;推测生词的含义;自我监控和自我纠正;复述
在阅读欣赏后使用的策略	重读或重新欣赏;和他人讨论;复述;列提纲;写下阅读后的反应

从上述表格中可以看出，不列颠哥伦比亚省不仅注重"阅读"策略方面

的目标，而且随着年级的升高，"阅读"策略方面的目标更加凸显，呈降低的趋势。教师对学生的策略指导性随之降低。在这个方面，我国语文课程标准中阅读策略相对薄弱。

2. 不列颠哥伦比亚省更加注重学生思维能力的发展

不列颠哥伦比亚省语言课程标准在"阅读"目标方面很重视学生思维能力的发展，在其课标中明确指出：学生在阅读时，联系先前的知识经验，从而提高并拓展学生思维，学生在阅读中反思并自我评价，在阅读的过程中改进思维和调整阅读目标。我国在阅读目标中没有针对学生思维发展的目标内容，例如，在第一学段，指出学生诵读儿歌、儿童诗和浅显的古诗，并展开想象，可以获得初步的情感体验，感受语言的优美。在第二学段指出，学生诵读优秀的诗文，注意在诵读的过程中的情感体验并展开想象，领悟诗文的大概意思。在第三学段指出，要开始阅读说明性的文章，抓住文章的要点，了解文章的基本说明方法，可以阅读简单的非连续性本文，能从图文等组合材料中找出比较有价值的信息内容。从这些语言性的描述中我们可以看出，我们国家比较注重学生的熟读成诵和积累，虽然提及让学生在阅读过程中获得良好的过程体验，并展开想象，但是并没有对学生思维发展的描述，而思维的发展对学生的学习生活，乃至一生都有极其重要的作用。不列颠哥伦比亚省的语言课标的"阅读"目标中，关于发展学生思维能力方面，列举一年级发展学生思维能力的具体内容，如表8所示：

表 8　不列颠哥伦比亚省规定一年级学习成果

通过阅读过程对选段做出反应	
1.表达观点并给出理由	建立文本与自我、文本与文本、文本与世界之间的联系
2.通过阅读和欣赏拓展知识	预测和联系 比较和推理 探究和解释
3.反思自己的阅读和欣赏过程以了解自己的优势，以及好的阅读欣赏者的特点	

通过上面表格的展示我们可以发现，不列颠哥伦比亚省很注重对学生思

维能力发展的培养，在这个方面，我国语文课标还需要改善。

七、写作课程目标与内容比较

（一）中国课标中"写作"目标与内容

我国小学阶段语文课标中关于写作的内容具体包括写作情感态度价值观、写作过程与习惯、写作知识及运用、写作能力与结果、写作数量和速度等方面。课标也明确指出写作是表达和交流极其重要的方式，是学生认识世界，形成正确价值观，创造性表述的过程。写作能力是一个学生语文素养的综合体现，因此，写作教学应更加贴近学生的实际生活，让学生想去表达，乐于表达，教师要引导学生关注现实生活，热爱生活，并积极向上地生活，让学生乐于表达自己的真情实感。①基于此，我国小学阶段课程标准关于写作的总目标明确指出：可以具体明确地并文从字顺地表达自己的想法、体验和见闻。并且能够根据自己的需要，根据自己的所见所闻，可以运用最常见的表达方式来写作。②下面是我国小学阶段语文课程标准中写作的目标与内容：

我国小学语文写作3—4年级学段目标与内容：

1. 乐于书面表达，增强习作的自信心。愿意与他人分享习作的快乐。

2. 观察周围世界，能不拘形式地写下自己的见闻、感受和想象，注意把自己觉得新奇有趣或印象最深、最受感动的内容写清楚。

3. 能用简短的书信、便条进行交流。

4. 尝试在习作中运用自己平时积累的语言材料，特别是有新鲜感的词句。

5. 学习修改习作中有明显错误的词句。根据表达的需要，正确使用冒号、引号等标点符号。

6. 课内习作每学年16次左右。

---

① ② 中华人民共和国教育部制定.义务教育语文课程标准:2011年版 [S]，北京：北京师范大学出版社，2012.

（二）不列颠哥伦比亚省写作课程目标与内容

不列颠哥伦比亚省在其课标中明确指出：写作是一个重要的课程目标，儿童学好写作的基础在阅读；在阅读的时候，孩子们也通过洞察来获得见解，教师帮助他们写会写作。儿童通过写作表达自己的思想，明确自己的思维，交流思想，并将新信息汇集到他们的头脑中。写作的目的是给学生机会创作，要富有想象力地表达自己的观点，写作时可以用简单的话和图形表示。写作的策略会帮助发展学生的思维，通过拓展思维的方式来写作，包括之前的那些方法（例如，记笔记、头脑风暴）拓展学生的能力，设定和实现目标，以提高他们的写作能力，通过拓展思维的方式联系自己的先前经验，与他人交流想法，写出文字。培养学生的会使用语法，运用拼写，使用标点和分段的能力，并写出相关的内容（如短篇故事、实验报告、网页）。下面是不列颠哥伦比亚省小学阶段语文课准中写作的目标与内容，如表9所示：

表9　不列颠哥伦比亚省写作课程目标和内容

	三年级	四年级
写作和表达	·根据一定的写作目的写作 ·写作查看参考资料 ·使用写作标准提高写作能力 ·使用常规拼写和变化的句子写作	·写不同类型的文章 ·书面表达并扩展思维 ·使用标准修改和编辑作品 ·使用正确的语法、拼写和标点符号

K—7 年级建议学习时间

课程组织者	建议分配时间		
	1—3 年级	4—5 年级	6—7 年级
写作和表达	20%—40%	25%—35%	30%—45%

（三）比较与分析

1. 不列颠哥伦比亚省重视"写作"策略目标，我国重视"写作"兴趣目标

我国语文课程标准关于写作目标的描述明确指出，在第一学段对写作的描述是"写话"，对第二学段的定位是"习作"，第三学段也是"习作"，到第四学段课标才称为"写作"。我国小学阶段的课程标准这个定位是这样解说

的：为了降低学生写作的难度，主要是培养学生写作的兴趣和自信心。①我国写作目标很注重学生的写作兴趣的培养。例如在第一学段中就说到学生要对写话有兴趣，在第二学段中说到让学生乐于书面表达，并且增强习作的自信心，而且愿意与他人分享习作的快乐。在第三学段中提出懂得写作是为了自我感情的表达并且流畅地与他人交流。我国写作标准的着重点就是认为只有学生对写作感兴趣才能写好。只有学生乐于表达和沟通才能表达好，才能写好文章。相比之下，不列颠哥伦比亚省更加注重"写作"策略目标，并没有过多地强调"写作"兴趣目标。如：在其"写作"目标中明确指出教师要指导学生写，并给予策略性的支持；老师通过支架教学的方式，放手让学生去写作，并在教学过程中总结写作策略；老师使用小课的方式，通过给予学生策略性的支持，指导学生写作，把写作的权利还给学生；老师组织学生小组学习，让学生学会相互帮助，通过小组间互相支持来进行写作活动，并与小伙伴编辑和校对。以下列举不列颠哥伦比亚省一年级"写作"策略方面的目标，如表 10 所示：

表 10　不列颠哥伦比亚省一年级阅读策略目标

	设定目标
写作前使用的策略	确定读者 参与班级的写作标准制定活动 从家庭/学校经历中生成、选择和组织观点
写作过程中使用的策略	以文字和图像的形式表达想法的策略（如看图说话或模仿其他同学的作文范例）
写作完成后使用的策略	使用策略改进自己的作品（如分享作文，检查作文的完整性，为作文润色）

对于"写作"目标而言，我国主要是强调"写作"的兴趣目标。不列颠哥伦比亚省的"写作"目标不仅提供了大量的写作过程中需要学生掌握的策略，而且在写作的各个阶段都提供了有效的实用策略，并且注重学生在写作前、写作中、写作后的反思与监控，这样有利于学生自我总结，建构自己的

①中华人民共和国教育部制定. 义务教育语文课程标准：2011 年版 [S]，北京：北京师范大学出版社，2012.

知识结构，为以后的写作奠定基础。在这个方面，我国需要改善和学习。

2. 不列颠哥伦比亚省"写作"目标规定的语言很详细、具体

不列颠哥伦比亚省语言课标中"写作"目标方面，规定学生使用的语言也非常详细具体。下面列举不列颠哥伦比亚省一年级规定的"写作"语言方面的具体内容，如表11所示：

表 11　不列颠哥伦比亚省写作和表达的语言特征

在写作表达中使用如下语言形式和语法表达意思来完成：
完成简单句 用"S"来表述熟悉的词语 在人名和"我"使用的时候，要用大写字母 用句号表示一个句子的结尾，从口语词汇和不太熟悉的词汇中选用词语 掌握辅音和短元音的发音，以拼写出单音节词，根据记忆拼写出不规则的词 尝试通过发音规则、技巧和视觉记忆，拼写出生词 从左到右清晰地写出大小写字母，在字母和单词之间留出恰当的间隔

从上述表格我们可以看出，不列颠哥伦比亚省对写作的语言规定得很具体和详细，包括具体的语言形式、语言风格、语法等等，都有具体的要求。这其中包括单词的拼写问题以及书写速度问题都有规定。在我国"写作"目标中，在第一学段提到：根据表达的需要，学习使用逗号、句号、问号、感叹号；在第二学段提到：学习修改习作中有明显错误的词句。根据表达的需要，正确使用冒号、引号等标点符号。在第三学段提出：习作要做到语句通顺，行款正确，书写规范、整洁。根据表达的需要，正确使用常用的标点符号。从我国"写作"目标的表述中可以看出，我国也较重视语言的规范性，以及强调习作中使用正确，但是描述过于笼统，没有做出详细的规定和解释，在教学过程中，教师难以把握。

八、实施建议比较

我国小学阶段语文课程标准中关于实施建议部分，主要包括教学建议、评价建议、教材编写建议、课程资源开发与利用的建议。不列颠哥伦比亚省语言课程标准的实施建议主要包括教学建议、评价建议这两部分。

（一）"教学建议"比较

1. 中国"教学建议"的内容

表 12　中国语文课程标准中"教学建议"的内容

充分发挥教师和学生在教学过程中创造性和主动性	教师在学习过程中是主导地位,学生是学习的主体,教师在教学过程中起引导的作用。在语文教学过程中,教师和学生要平等的对话 在教学过程中,教师要注重激发学生的学习兴趣,培养学生良好的学习习惯,指导学生掌握语文学习的方法,教师努力创设平等、自由的学习环境,教师要因材施教,尊重学生的个体差异性 教师在教学过程中,需要确立适应社会发展和学生需求的语文教育观念,也要积极接纳新型知识,并在这个过程中不断提升自身的语文素养。并刻苦研究教材;积极开发、合理利用课程资源,灵活运用多种教学策略和现代教育技术,努力探索网络环境下新的教学方式;精心设计和组织教学活动,重视启发式、讨论式教学,启迪学生智慧,提高语文教学质量
教学中努力体现语文的实践性和综合性	1.教师应努力改进课堂教学,整体考虑知识与能力、过程与方法、情感态度与价值观的综合,注重听说读写之间的有机联系,加强教学内容的整合,统筹安排教学活动,促进学生语文素养的整体提高 2.重视学生读书、写作、口语交际、搜集处理信息等语文实践,提倡多读多写,改变机械、粗糙、烦琐的作业方式,让学生在语文实践中学习语文,学会学习。善于通过专题学习等方式,沟通课堂内外,沟通听说读写,增加学生语文实践的机会。充分利用学校、家庭和社区等教育资源,开展综合性学习活动,拓宽学生的学习空间
重视情感、态度、价值观的正确导向	培养学生正确的思想观念、科学的思维方式、高尚的道德情操、健康的审美情趣和积极的人生态度,是与帮助他们掌握学习方法、提高语文能力的过程融为一体的,不应该当作外在的附加任务。应该根据语文学科的特点,注重熏陶感染,潜移默化,把这些内容渗透于日常的教学过程之中
重视培养学生的创新精神和实践能力	语文教学要注重语言的积累、感悟和运用,注重基本技能训练,让学生打好扎实的语文基础。尤其要注重激发学生的好奇心、求知欲,发展学生的思维,培养想象力,开发创造潜能,提高学生发现、分析和解决问题的能力,提高语文综合应用能力

2. 不列颠哥伦比亚省"教学建议"的内容

表 13　不列颠哥伦比亚省语文课程标准中"教学建议"的内容

语言课程教学建议	1.选择学习的策略;2.满足学生的需求;3.对父母的建议;4.尊重学生;5.所有学习者公平地参与学习;6.家校合作;7.与土著居民和谐相处;8.责任的释放;9.语言学习:分享的快乐;10.拓展文本;11.适合各年级学生学习的文本;12.语言艺术的综合概念;13.2006年语言艺术的亮点

（二）比较与分析

1. 不列颠哥伦比亚省更加注重家校合作

不列颠哥伦比亚省语言课标认为家庭是学生的态度和价值观形成的关键，学校主要是在课程规定的学习成果方面起作用，家长和监护人可以在家里丰富和扩展课程内容。对父母而言，对儿童学习语言最好的支持方式就是呈现阅读和写作的乐趣，鼓励并保持与儿童的对话以及演示如何有礼貌地表达自己的观点。有些活动可以在家进行，例如，在家里朗读，写旅行日记，分享自己写好的作品，玩词汇游戏，父母经常带儿童去图书馆。

其课标强烈建议学校通知家长和监护人可以选择这样做：告知家长/监护人和学生完成规定的学习成果；对家长和监护人的请求做出回应，讨论课程和单元计划。课标指出，英语语言艺术课程涉及学生生活其他领域的发展，涉及范围广泛的技能，超出了学校教育的范围。学校和学区的一些资源，如学生会、丰富的学校活动、服务俱乐部，以及社区的学习资源，主讲嘉宾研讨会，实地研究等，都可用于课程学习。

家庭教育、学校教育、社会教育是教育的三大支柱，三者缺一不可。家校合作也是我国基础教育改革中的一个重要的方面，是开展素质教育的基础。在家校合作方面，我国语文课程标准没有提及，需要改善。

2. 不列颠哥伦比亚省更加强调公平、包容和尊重

不列颠哥伦比亚省学校的学生包括不同的背景、兴趣和能力。其语言课标主要着重满足不同学生的需求，尊重学生的个体差异性。在选择教育资源、主题和内容的时候，鼓励教师要确保这些选择的内容可以考虑所有学生的差异性，尽量满足不同学生的不同需求。特别是，教师应该确保课堂教学、评估要具有多样性，原则就是包容、尊重和接受。

相比之下，我国课标的教学建议主要强调充分发挥教师和学生双方在教学中的主动性和创造性。提及要尊重学生的个体差异性，鼓励学生选择适合自己的学习方式。在选择教育资源及内容的时候，没有提及要选择多样化的

内容，没有强调尊重学生的个体差异性和包容性。在这方面，我国语文课标需要加强。

3. 不列颠哥伦比亚省更加关注教师"策略支持"的逐步减少

不列颠哥伦比亚省课标中很注重策略方面的目标，且随着年级的升高，教师对学生策略支持是逐步减少的。下面列举 K—7 年级语言课标中的"阅读"策略目标，如表 14 所示：

表 14 不列颠哥伦比亚省 K—7 年级阅读策略目标

1—3 年级阅读	
私下阅读	学生单独见面跟老师阅读,教师对个人阅读进行评价,以验证其流利程度和理解能力,讨论他们的阅读策略、目的、目标,以及学生的自我评价,以制定使自身进步的目标
分享阅读	在老师的指导下,学生们与合作伙伴互动时专注于阅读和欣赏。选择小说或者非小说,一起练习技能和策略
独立阅读	依据个人的兴趣或完成分配的任务为基点，学生享受自行阅读的乐趣,并在他们学习的时候练习的技能和策略
集体阅读	为各种目的而一起阅读,交流思想,明确意义。他们阅读,讨论他们的想法,并反映他们正在阅读或查看的文本。在某些情况下,教师指导读书
4—7 年级阅读	
私下阅读	学生和老师单独见面阅读,且方式多种多样:阅读、个人阅读评价、展示流利的阅读能力和理解文本能力；讨论他们的阅读策略、目的、目标、自我评价等,并谈谈自身的发展和进步
导读	在老师的指导下，学生个人或小团体学习和实践的阅读技巧和策略,去独立阅读和欣赏
1—3 年级阅读	
独立阅读	学生凭借自己阅读兴趣,完成个人研究,依据自身情况或任务分配的情况。在阅读中他们练习技能和策略
集体阅读	学生小团体中有各种各样的阅读方式:一起读,交换想法和表达自己的意思读,并相互支持和鼓励,对文本进行反思和做出反应

从这一表格可以看出，随着年级的升高，在"阅读"策略方面，教师对学生的策略指导性随之降低，"写作"策略方面也是如此。下面列举 K—7 年级语言课标中"写作"策略的变化，如表 15 所示：

表 15　不列颠哥伦比亚省写作策略指导的内容

最大支持	模仿写作 通常是一个组或者整个班在写作模型下写作,老师朗读(朗读导入)。教师大声地朗读使学生写作过程更加完整
	写作分享 老师和学生一起完成写作,老师还是做大部分工作,并为学生提供最大的支持。该过程类似于共享阅读和小团体创作
	互动写作 互动写作也称为"共享的钢笔"。学生们可以在黑板或白板上分享自己的文本。这方法与一个小组之间合作的效果最好
	指导写作 有共同需要一个小部分学生分到一个小组,依据学生的需要对其辅导。独立地练习小组分到的任务和策略
	独立写作 给出独立的时间让学生写作(如,30 分钟)。学生各自分享自己的写作,讨论写作有价值的部分
最小支持	分享写作 在写作前、写作时、写作中,学生分享自己的习作会学到很多,讨论写作是有价值的事情,小作者带来一份未完成的作品,并告诉同伴哪里需要帮助,或者带来写完的作品,得到同伴的反馈,学生还必须学习如何有效地共享作品,因此重点在于在讨论的时候听到了哪些经验
	讨论写作 讨论写作一般是一对一(一般小于 5 分钟),这种写作一般集中在一个小领域或者一篇文章,一般要满足教师或者学生的要求

从上述表格中可以看出，随着年级的升高，在"写作"策略方面，教师对学生的策略指导性随之降低。相比之下，我国语文课标没有这种细化的描述，没有对教师提出明确的要求，因此教师不能及时地调整自己的教学目标，不能明确教师对学生指导性程度，在这个方面，我国的语文课程有欠缺的地方。

（三）"评价建议"比较

1. 中国的"评价建议"

我国语文课程标准在评价建议部分明确指出了评价的目的：语文课程评价的最根本目的是为了促进学生学习，改善教师教学。语文课程评价应准确反映学生的学习水平和学习状况，全面落实语文课程目标。

我国小学阶段语文课程标准中课程评价建议的具体评价建议部分主要有识字与写字、阅读、写作、交际、综合性学习五个方面的具体建议。以下主要是针对口语交际、阅读、写作这几个方面评价建议的举例。

（1）口语交际评价

在口语交际的评价方面，第一学段主要评价学生口语交际的态度和习惯，主要是鼓励学生自信地表达；第二、第三学段主要是评价学生日常口语交际的基本能力，重在培养学生学会倾听、表达和交流的能力。

（2）阅读评价

在阅读评价方面，第一学段主要侧重考查对文章内容的初步了解和感知，以及对文中重要词句的积累、理解。学生能通过朗读和想象等手段，基本上感受作品的情景、节奏和韵律。第二学段主要考查学生通过重要词句帮助理解文章，体会其表词达意的作用。和对文章大意的把握。学生在阅读全文基础上对重要段落和语句的细致阅读；第三学段主要考查学生对文章表达顺序和基本表达方法的了解领悟，教师可考查学生对文中人物形象、感情态度、语言的领悟程度，以及自己对文章的体验，从而评价学生初步欣赏文学作品的水平。

（3）写作评价

写作的评价，应按照不同学段的目标要求，综合考查学生写作水平的发展状况。第一学段主要评价学生的写话兴趣；第二学段是习作的起始阶段，要鼓励学生大胆习作；第三、第四学段要通过多种评价，促进学生具体明确、文从字顺地表达自己的见闻、体验和想法。对于作文的评价还须关注学生汉字书写的情况。

写作的评价，要重视学生的写作兴趣和习惯，鼓励表达真情实感，鼓励有创意的表达，引导学生热爱生活，亲近自然，关注社会。

写作材料准备过程的评价，不仅要具体考查学生占有材料的丰富性、真实性，也要考查他们获取材料的方法。要引导学生通过观察、调查、访谈、阅读等途径，运用多种方法搜集材料。

重视对作文修改的评价。要考查学生对作文内容、文字表达的修改，也要关注学生修改作文的态度、过程和方法。要引导学生通过自改和互改，取长补短，促进相互了解和合作，共同提高写作水平。

评价结果的呈现方式，根据实际需要，可以是书面的，可以是口头的；可以用等级表示，也可以用评语表示；还可以采用展示、交流等多种方式。

提倡学生在成长记录中收存有代表性的课内外作文和有价值的典型案例分析，以反映写作的实际情况和发展过程。

2. 不列颠哥伦比亚省的"评价建议"

不列颠哥伦比亚省课程标准中明确指出教师要善于使用评价，评价学生的学习，并及时对教学做出调整。主要目的是帮助教师选择适当的指导策略和干预策略促进学生学习，以及参与学生对元认知的自我评估和目标设定，可以使他们变成成功的学习者。

（1）不同的评价功能使用不同的评价方式

不列颠哥伦比亚省语言课程标准"评价建议"强调不同的评价功能使用不同的评价方式，其课标明确指出评价一个学生不是与另一个学生相比，而是基于学习成就。

不同的评价功能使用不同的评价方式，如表11所示：

表 17　不列颠哥伦比亚省关于评价功能和方式的规定

Assessment for Learning 为了学习评价	Assessment as Learning 用评价来学习	Assessment of Learning 对学习的评价
形成性评价 ·教师评价,学生自评,或学生互评 ·标准参照基于规定的课程学习成就,反映其在一个特定的学习任务中的表现 ·在这个过程中教师和学生不断地反思和回顾 ·在形成性评价中教师及时调整和改进自己的教学计划	形成性评价 ·自我评估 ·在学生自己的学习成就中,为他们提供信息,并促使他们考虑如何能够继续改善学习 ·根据以往的学习经验和个人学习目标,学生确立自己的标准 ·学生使用评价标准来调整自己的学习过程,并制订新的计划	终结性评价 ·教师评价 ·可以参考标准(根据规定的学习成果)或常模参照(与其他学生比较) ·学生的成绩信息可以与家长/监护人共享,或学校和社区的工作人员,以及教育专业人士 ·用省级的标准来衡量学生的表现

（2）有明确的评价步骤，强调评价工具的使用

不列颠哥伦比亚省课标明确指出，评价是促进学生进步的基础，在特定的条件下，一些关键的学生作品可以反映其有没有达到规定的学习成果。例如，加权标准，评定量表，或评分指南（参考集），在课程的情况下，学生应该参与制定评估标准，这有助于培养学生可以用标准来评价自己。下面是不列颠哥伦比亚省的"评价步骤"和"评价工具"，如表18、19所示：

表 18　不列颠哥伦比亚省关于评价步骤的规定

评估参照标准可能涉及这些步骤
第一步　确定规定的学习成果和建议的成绩指标,这将作为评价的依据
第二步　建立标准。在适当的时候,让学生参与建立标准
第三步　计划学习活动,帮助学生获得技能和知识,标准中列出的技能或知识
第四步　学习活动前,通知学生他们学习成就将被评价
第五步　提供学生那个阶段应达到规定学习成就的例子
第六步　开展学习活动
第七步　使用适当的评估工具(如,评定量表、清单,评分指南)和方法(如,观察、收集、基于特定的任务和学生自我评价)
第八步　审查评价数据和评价学生的标准
第九步　在适当的时间、适当的地方向学生提供评价反馈
第十步　与家长或监护人沟通评价结果

表 19　不列颠哥伦比亚省关于评价工具的建议

评价工具:观察量表、评分指南、等级量表
自我评价工具:自查表、等级量表、评分指南、反映清单
同伴评价工具:自查表、等级量表、评分指南、反映清单
学期日志:录像(去记录和评价学生的表现)
书面测验:口头测验、多项选择题、是非判断题、检查题
工作清单:代表作品集、师生访谈

（3）提供课堂评价样例

不列颠哥伦比亚省的评价建议主要是提供评价样例的方式来提供评价建议，特定的评价标准符合"规定的学习结果"。很多案例中，教师使用不止一种评价方式，例如教师评价和学生自评，有时是评价学生个体学习，有时是评价一个班的学生的学习情况，这个评价样例和教学循环，体现形成性评价的特点。下面列举一年级的评价样例，如表20所示：

表 20　一年级"评价样例"

概览	描述教室里先前状况 描述教室里先前环境 描述教学活动,包括支持学生学习之前、之中、之后的活动
评价标准	相应的"规定的学习结果" 教师所选择出的评价标准 学生的自我评价——帮助学生用来元认知的提示
样例的具体内容	学生的作品和教师的评价
评价的工具	教师用来评价学生进步的指标体系

3. 比较与分析

（1）不列颠哥伦比亚省注重不同的评价功能使用不同的评价方式

不列颠哥伦比亚省语言课程标准"评价建议"强调不同的评价功能使用不同的评价方式。在这个方面，我国没有强调不同的评价功能使用不同的评价方式，只是强调要恰当运用多种评价方式，应加强形成性评价，注意收集、积累能够反映学生语文学习与发展的资料等，没有系统、具体地说明什么样的评价功能使用什么样的评价方式。这方面，我国应该向不列颠哥伦比亚省学习。

（2）不列颠哥伦比亚省"评价建议"提供评价样例

不列颠哥伦比亚省语言课标"评价建议"中尤其突出的是"课堂评价样例"，这样使评价更加量化，更具有可操作性。"课堂评价样例"会帮助教师将他们的评价集中于策略标准所要求的每项技能，这样也使学生更加清楚地明白自己需要在哪些方面被评价和评估，从而更好地改进自己的学习。而我国的"评价建议"虽然描述得很详细，而且评价范围也描述得很全面，但是基本上只是对教师实施评价的一种思想理念上的指导，太过模糊和笼统，缺乏一个量化的评价准则。我们比较可以发现，不列颠哥伦比亚省评价体系较成熟和全面。所以，在评价这个方面，我国课程标准还需要进一步地量化和改进。

（3）不列颠哥伦比亚省"评价建议"更加注重学生的参与性

不列颠哥伦比亚省课标评价的亮点是学生可以参与评价标准的制定，这样就大大调动了学生的积极性，让学生参与评价，更有利于学生的发展。师生间的关系是平等的、民主的、互相尊重的。我国学生不能参与制定评价标准，这样导致学生自评、互评的积极性不高，也不利于学生的进步和发展。不列颠哥伦比亚省对我们的启示就是教师要尊重学生的差异性，因材施教。当学生自由地表达自己的看法时，教师要及时地鼓励、激励、引导，并促进学生往更深层次思考。只有在这种平等、民主的学习氛围中，更多地让学生参与进来，才能更好地发挥学生的主观能动性，让学生的能力得到释放。

九、加拿大不列颠哥伦比亚省课程标准对我国的启示

（一）应该更加注重对学生思维能力的培养

思维能力是伴随着学生一生的重要能力，影响到以后工作、学习，也是其终身学习的重要因素。我国小学阶段语文课程标准中明确指出：语文课程应该关注汉语言文字的特点对学生识字写字、阅读、写作、口语交际和思维发展等方面的影响。而且实施建议中明确提出：课堂教学中要非常重视激发学生的求知欲、好奇心，注重发展学生的思维能力，并提高学生语文综合运

用的能力。学生的思维能力是其整个智力发展的核心因素，是学生学习过程中学习能力的关键，参与并支配着一切智力活动。从上述语言的描述中，我们可以发现，我国的课程标准比较重视对学生思维能力的培养，但是对思维能力的培养概述比较笼统而抽象，没有针对教师或者学生具体的建议或要求，实施起来较为困难。相比之下，不列颠哥伦比亚省的语言课程标准更加注重对学生思维能力的培养。例如，在口语交际方面：使用口语语言，以改善和拓展思维；反思，自我评价，并为提高口语能力设定目标。在阅读欣赏方面：通过阅读和欣赏做出有意义的联系，从而提高并拓展思维；反思，自我评价，并为提高阅读能力设定目标。在写作方面：通过写作和表达，展示和拓展思维能力；反思，自我评价，并为提高写作能力设定目标。在口语交际、阅读和写作这三大方面，都强调思维能力的发展、自我评价，并为提高这三个方面的能力设定目标。语言是思维的工具，母语学科在发展小学生思维能力方面承担着重要的任务。学生的思维能力，主要是在学习过程中得以发展。通过对学生思维能力的培养，让学生在学习过程中自我认识、自我完善、自我提高，从而提高学生学习的有效性。从语言与思维的关系的角度出发，语言是思维的外在表现形式，语言和思维相互依存，密不可分。思维的准确性影响语言的准确性，可以从以下几个方面培养学生思维能力。在听说能力方面：听别人说话的时候，要训练学生的记忆力和注意力；说话训练要着重训练学生说话的严密性和条理性。在阅读教学方面：注重培养学生思维的创造性，通过想象、推理等方面的训练，克服固定的思维定式和从众心理，多角度多方面地发表自己看法。在作文教学方面，在立意审题方面，要注意训练学生思维的深刻性和灵活性。

语文学科是学习其他各门学科的基础，是学生终身学习和从事工作的基础，而且也是学生今后学习工作生活必不可少的一门工具，但是语文学科这一工具性特性导致有些人模糊了语文课程性质，这是导致我国语文课标中忽视创造性思维能力培养的又一原因。学好语文对今后的学习、生活有很大的作用，但我们不能因噎废食就只强调它的工具性。我国语文课标明确指出语文是最重要的交际工具，是人类文化教育的重要组成部分。工具性与人文性的统一，是语文课程的重要特点。语文课程目标根据知识与能力、过程与方法、情感态度与价值观这三个维度来进行设计并展开，当今我国语文课标较忽视对学生思维能力的培养。例如：一篇篇优美的文章被拆得七零八落，段落的划分、字词的功能成了教学重点，学生的思维能力、想象能力，就是这样被折断的，他们在课堂中的发言也是根据段落的划分、字词功能等等这些维度和方向进行发言，思维方面并没有进行拓展，学生的创造性思维被泯灭了。我国语文课程标准在培养学生思维能力这方面需要改善。

（二）阶段性目标和内容应更加细化、系统化

不列颠哥伦比亚省的母语课程课程标准的阶段性目标更加量化、系统化。不列颠哥伦比亚省的听说目标也是按照学段划分，并且随着学段的上升，听说目标在整个课程中呈下降趋势，如上述内容所示，1—3年级占整个课程的40%—60%，占有较大比重，随着年级的升高，4—5年级占25%—35%，6—7年级占20%—30%，呈逐渐下降的趋势。其阅读目标的划分也是按照学段的划分，随着学段的上升呈上升趋势，1—3年级占整个课程的20%—40%，随着年级的升高，4—5年级占整个课程的40%—50%，6—7年级占整个课程的35%—50%，随着学段的上升，所占比重是增加的。其写作目标也是按照学段划分，并且随着学段的上升，写作目标在整个课程中呈上升的趋势，1—3年级占整个课程的20%—40%，4—5年级占25%—35%，6—7年级占30%—45%，在整个学段基本是持平的趋势，说明不列颠哥伦比亚省在整个语言课程标准中都很重视写作。而且随着学生年级的升高，教师的策略的指导性会降低。更为量化的目标表述有利于教师对于目标的把握，也更加有利于教师的教学。我国在这个方面有所欠缺。

当前义务教育阶段正在努力倡导新课程改革，按照新课标进行教学，随着素质教育的发展，作为义务教育的中小学课堂教学方面也发生了巨大的变化，随着教育的大力发展，义务教育阶段的语文课程标准中的三维目标正在得到较快发展，逐步制定了三维教学目标、途径和方法等等。正是基于这个

目标，需要制定一个既符合学生的需求，又满足小学阶段语文教学的需要，要构建一个切实可行的、可以落实目标层次的阶段性目标，切实改变当前的小学语文教学课堂模式。

在语文课程标准中阶段性的课程的目标层次一定要明晰，我们应同时从整体的角度出发，把我们所教的课文的内容，所表达的中心主题思想和我们所采取的表达方法统一起来，把"三维"目标充分贯彻到我们的实际教学中去，真正实现学生所学的知识与能力的完美统一。在制定阶段性目标的过程中，不宜过多，与此同时还要注意到，这种学习目标的可操作性，能够保证学生学习的过程一步一步地得到落实。所设计的每个教学的环节，都要合理，结合到学生的真实的需求。只有这样，我们课程标准中阶段性目标才是合适的、合理的。

不列颠哥伦比亚省语言课标量化、细化的阶段性目标与内容的划分在一定程度上会给我国语文课程标准一定的启示，把笼统、抽象的目标更加细化、更加系统化，变成描述详细、便于操作的行为标准，这样更加有利于教师对于教学目标的把握，更加有利于学生的发展。

（三）课程目标中"写作兴趣"和"写作策略"应兼顾

我国非常重视儿童在写作中的乐趣。语文课程标准明确提出，第一个学段和第二个学段都要求学生对写话有兴趣，要留心周围的事物，乐于并善于表达，增强学生对习作的自信心，使学生愿意与同伴分享自作的快乐。并且要让儿童容易动笔写作，乐于表达自己的思想。教师在课堂教学的过程中要准确而科学地把握习作的内涵。

在小学阶段，特别是低年级段，对学生写作方法和策略的指导是基础，是学生个性化表达的前提条件，而写作仅仅靠兴趣和乐趣是不够的，在注重学生写作乐趣的基础上，要积极促进学生掌握习作过程中的策略和技能。小学生基本上不能自发地使用写作策略，是在教师的提示与指导下完成的。在小学阶段，教师在作文课堂中进行写作策略教学是必要的。教师应有意识地教授写作策略这一写作知识，使学生充分了解写作策略，并认识到写作策略应是"我自发使用的一种策略"。小学生对写作策略的学习，是为以后能够自发运用写作策略打下坚实的基础。如果学生没有接受过写作策略的指导，他们就很难在以后的写作过程中自发运用写作策略，很少能够高效地自主完成写作任务。在小学阶段，将写作策略作为必要的写作教学内容来教是非常重要的。

小学生学习语文的目的就是训练听说读写能力，而写作又是训练的重点。写作能力是学生表达和交流能力的体现。能否将一件事情讲清楚以及能否将口头语言转化成书面语言，正是写作能力的体现。这就要求我们写作主体要具备完整、全面的写作策略。写作策略是写作主体对与写作行为有关的一切活动的整体性把握，它讲究写作的方式方法，讲究写作的技巧等，以达到最终的沟通交流的目的。可见，写作策略是影响学生写作水平的重要因素。

不列颠哥伦比亚省的课程目标很重视教师对学生写作策略的指导，学生需要教师短期集中地帮他们指导，并从如何学习中受益。在写作的目标与内容中，既要注重学生的写作兴趣，也要注重对其做策略性指导，需平衡二者的地位，才能切实可行地提高学生的写作能力。

（四）更加充分地利用信息技术和网络的优势教学

这个时代是一个信息化的时代，对人才的培养也提出更高的要求，要求公平具有更好的科学素养、语文素养，具有团队合作的意识，具有创新精神，并且有开阔的视野，具备多方面的综合能力。语文课程和信息技术的整合开创了新的语文教学理念。我国语文课程标准中也明确指出教师应该积极地开发、合理地利用课程资源，灵活运用各种教学策略和现代教育技术，努力探索网络环境下新的教学方式。

我们应该重视现代信息技术在语文教学过程中应广泛应用，努力培养学生的信息素养，从各种渠道开发课程资源，积极推进教育现代化，满足教师教学和学生学习的需要。不列颠哥伦比亚省要求学生在母语的学习中掌握信息与交流技术这一关键技能，而我国只在第二学段要求能提出学习和生活中的问题，尝试运用语文知识和能力解决简单问题，第三学段要求初步了解查找资料、运用资料的基本方法。在如今的信息时代，我们不应只局限于掌握基础知识和基本技能，现代信息技术无论对于学生语文素养的提高还是整体素质的提高都有极其重要的作用。

　　不列颠哥伦比亚省在其课程标准中明确提出，信息和通信技术旨在支持教师和学生作为他们所使用的技术，以提高整个课程的学习。信息通信技术提供一个环境，让教师、学生和家长可以相互交流。信息通信技术可以让学习更加有趣，让学生活跃起来。在一定程度上，教师需要经常访问其学校网站，如集成文字处理、电子表格、数据库和演示软件、互联网浏览器等，将这些贯穿于整个教学过程中。信息和通信技术贯穿于日常课堂实践来满足课程目标，并促进学生参与研究性学习、自主合作学习，满足复杂的思维活动和课堂之外的沟通交流。今天，信息和通信技术是学校教育的重要组成部分，在我们的知识社会，无处不在，社会的方方面面都强调信息技术的重要性。所以，确保培养学生的信息技能素养，使他们能够在一个不断变化的多元化的环境中生活和学习。

第十三章 世界各国小学母语课程标准的比较及其对中国小学母语课程标准完善的启示

　　母语课程是小学生学习的一门基本课程，它的设置与实施关涉学生母语素养的培养问题。我国《全日制义务教育语文课程标准（实验稿）》《全日制义务教育语文课程标准（2011年版）》也经过了多次的修订，但还是存在一些争议。本文选择11个国家和地区的小学母语课程标准，试图通过国际比较研究，概括母语课程标准的共同特征与差异所在，为我国小学母语课程标准的优化与完善提供合理建议，以此推动小学母语课程改革。

一、世界各国小学母语课程标准的比较

（一）课程标准的制定背景比较

　　美国作为一个以英语为母语的国家，其小学母语课程标准发展的三个阶段是基于"提高基础教育质量的要求""实现公平性与统一性的诉求"和"在实证的基础上制定课程标准"来制定的。英国的母语课程标准是基于"二战"之后国家政治人物乃至民众对国家利益、效益的追求和政府施政方针的必然选择。韩国母语课程标准的制定背景基于新世纪以来应对知识经济时代创新人才培养的挑战而展开的课程的改革和修订大潮流。新西兰的母语课程标准是为了提高基础教育质量和确保学生基本的科学文化水平，而其制定背景是基于需要保持自身的文化特色、电子信息技术的发展、应用和工作场所的发展需求和在教学实践方面有不同种族、性别成绩悬殊等不足之处。爱尔

兰的课程标准是基于不同地区语言不同，为了普及英语、与国际接轨而制定的。芬兰的课程标准是基于文化转型和提高教育品质与加强教育公正性而制定的。新加坡作为一个面积不大的移民国家，其课程标准的制定是基于国家本身坎坷的历史发展而变化的。南非进入百废待兴的历史转折点以后，国家政治、经济、文化教育事业等诸方面开始了彻底的重建和改革，其课程标准的制定是为了创建一个民主、平等和无歧视的自由国度，使课程更具指导性和规范性，提高教学水平。而不列颠哥伦比亚省作为加拿大最大的教育省份，其课程标准的制定需要各自学区学习贯彻省教育政策，而且还要根据自身特点对省教育政策做出适应并调整完善。

通过以上各个国家的课程标准的制定背景的归纳比较，我们可以看出，随着历史时代的变迁、社会的进步，每个国家的课程标准的制定都是基于国家自身的社会需求和教育的背景变化而产生的，还需要不断地创新改革和完善，才能形成适应这个时代需求的课程标准。

（二）课程标准的价值取向比较

美国《共同核心州立英语标准》在年级具体标准前分别制定了该方面的CCR标准，年级标准是CCR标准的具体化和展开，每一条年级标准都与CCR标准存在承接关系，所以该标准框架的划分是为学生升学和就业准备的。虽然制定《共同核心州立英语标准》的出发点是为了提升国家的综合竞争力，但落实到具体的英语课程标准之上，更偏重于对学生个人的当前以及长远的生活和发展，其指向是面向发展的人。我国语文课程标准总体上更偏重指向国家与社会的长久繁荣发展。就结构而言，美国的《共同核心州立英语标准》表现出明显的人本位价值取向，重视对学生语言能力的培养，确保其在个人发展过程中能熟练、有效地使用母语。而我国语文课程标准社会本位价值观色彩更加浓重。

英国在前言部分说明了英语对学生精神、道德文化的发展的促进作用，但在后面的学习计划中却将思想道德教育作为隐性目标处理；英国在关键技能中规定了让学生掌握与人合作，自主学习以及解决问题的技能，与我国提出的自主、合作、探究学习方式是一致的。除了以上提到的学习方式外，英国还要求学生在母语的学习中掌握信息与交流技术这一关键技能，明确提出关键技能包含"信息和交流技术"，应该在语文教学中让学生充分运用 ICT，让 ICT 在母语学科学习中发挥重要的作用，着重培养学生信息和交流技术能力。由此可见，英国母语课程标准高度重视信息和交流能力在母语课程与教学中的主体地位，标准隐含的主体非常明确，学校、教师、学生在执行母语课程标准时，更能认清自己的角色和任务，英国课程标准很好地体现了这个观念。从课程标准价值取向来看，英国母语课程标准具有很强的工具性，在母语课程标准中突出了学生必须要掌握的贴近时代要求的信息交流技术以及相关的一些关键技能。

从课程标准体现出来的价值观看，芬兰课标提出培养学生在实际交际情境下的互动技能，通过多样化的阅读和写作获得实践共享并处理自己的学习体验。芬兰课标指出要帮助学生认同本民族文化，融入芬兰，走向世界。芬兰课标在多元文化背景下明确指出要考虑到每个学生学习进度的差异性，同时又要确保性别平等，力求建立一个完善的全纳教育体制。

通过对以上国家母语课程标准价值取向的比较，我们可以得出各个国家制定标准的初衷都与各自民族的长远发展挂钩，社会本位价值观色彩浓重，且标准的工具性功能明显，一切都指向更好的发展；但各个国家同中有异，由于历史传统与教育背景的差异，各个国家课程标准的价值取向的侧重点也值得研究。但无论是以人为本的价值观取向，抑或信息与交流技术的现代化趋势，或者是增加本民族的文化认同感，都是阶段性的特定的教育战略，在特定时期背负着民族教育腾飞的重任。

（三）课程标准的基本理念比较

1. 日本小学母语课程的基本理念。母语对于每个国家而言，都肩负着继承传统文化，培养爱国主义精神的历史使命。日本在其课程标准中明确指出了：培养学生热爱传统文化，尊重母语的态度。日本母语课程理念更加突出了学生对文化的传承、更加突出了爱国主义。日本母语的课程性质更偏向于"工具性"，其主要是因为日本一直贯彻言语教育的基本观点，这一点也可从其课程标准的基本理念中体现出来。在其小学母语课程标准中，多次强调了语言的交流、表达能力，即母语的"工具性"。日本还强调其母语在国际沟通、交流中的价值，再次凸显了日本更加重视母语实用性。日本小学母语课程标准中亦指出了独立学习和独立思考的能力。若从字面意思来看，日本小学母语课程标准中似乎对学生独立思考能力的培养更为明确。日本小学的母语课堂中，老师不强调"标准答案"，或者说没有为所谓的试题而做相关的标准答案。学生在学习过程中，被动学习所取的效果远不及积极主动学习所取的效果。

2. 韩国小学母语课程标准理念。韩国将"培养学生的母语素养"作为这一时代的发展要求和学生发展的需要放在首位，注重学生能力的培养。韩国实现了教育理念的根本转换，都将以教育者为中心转换为以学习者为中心。韩国小学母语课程理念并未在现行的《韩国语课程标准》（2007修订版）中明确体现出来，而是将课程理念体现在对新课程改革下总的人才培养目标的阐述即培养主导21世纪全球化、信息化时代的自律的富有创造性的韩国人，在母语课程教学实践方面欠缺总的指导思想的理性规范。

3. 爱尔兰现行小学母语课程标准的基本理念。读写能力的获得是英语课程中的首要关注点，它可以反映既定的国家政策。爱尔兰现行小学母语课程标准在基本理念中，首先强调听说读写并重及其相互联系。爱尔兰现行小学英语课程标准还注重强调语言的发展性功能。能够使用信息通信技术，同样也对加强学生的语言发展有益。因此，爱尔兰现行小学英语课程标准的基本理念也着重突出了这一点。爱尔兰小学英语课标认为评定在英语教学中是必不可少的一部分，并且在其他课程领域中也是一样重要的。

4. 新加坡的课程理念。新加坡小学华语课程总目标共有三条：培养语言能力、提高人文素养、培养通用能力。这里将总目标的前两条作为课程理念的第一条列出来，不仅凸显了这两条目标的重要性，还有其内在的深意。新加坡同时注重华文的实用功能，华文学习既要把握华语自身的规律与特点，又要遵循学习的一般原则。新加坡重视学生的个别差异，注重"分流"，采用"精英教育"模式，培养各领域的卓越人才。新加坡注重发展学生的能力，按照它的作用范围，可将其分为一般能力与特殊能力。

5. 南非母语课程的理念。新政府通过制定教育法律法规，整合教育部门，颁布一些惠民促教的福利政策手段，保证公民的教育权利，追求现代教育的公平，推进南非民主化的进程。新的南非英语课程标准根据学生的年龄、心理特点以及实际的学习背景制定了不同年级的各个学科的详细可行的课程目标，强调学习者的主动性、参与性，如听故事要求学生做出不同的反应；积极参与班级讨论；角色扮演；多样化的评价形式等培养学生的个性等。南非课程标准还有一个显著特点就是课程标准的内容与课程的评价紧密结合，相互促进。南非课程标准是围绕"以结果为本位"的理念整体设计的。

6. 加拿大不列颠哥伦比亚省小学母语课程的基本理念。不列颠哥伦比亚省的小学母语课标指出，语言和文化的发展是一个连续的学习过程。不列颠哥伦比亚省的小学母语课程标准更加重视学生自主学习的能力，定义成为"逐步释放的责任"。不列颠哥伦比亚省语言课程标准强调学生自主学习和合作学习相结合，其课标明确指出，学习既是个人学习的过程，也是小组合作学习的过程。自主学习和合作学习相结合的方式，使教学过程远远不止是一个认知的过程，同时还是一个交往与审美的过程。

7. 中国小学母语课程基本理念。九年义务教育阶段的语文课程，必须面向全体学生，使学生获得基本的语文素养。应该重视语文课程对学生思想情感所起的熏陶感染作用，注意课程内容的价值取向，要继承和发扬中华优秀文化传统和革命传统，体现社会主义核心价值体系的引领作用，突出中国特色社会主义共同理想，弘扬以爱国主义为核心的民族精神和以改革创新为核心的时代精神，树立社会主义荣辱观，培养良好的思想道德风尚，同时也要尊重学生在语文学习过程中的独特体验。语文课程必须根据学生身心发展和语文学习的特点，积极倡导自主、合作、探究的学习方式。语文课程应该是开放而富有创新活力的。要尽可能满足不同地区、不同学校、不同学生的需求，确立适应时代需要的课程目标，开发与之相适应的课程资源，形成相对稳定而又灵活的实施机制，不断地自我调节、更新发展。

通过以上各国小学母语课程基本理念我们可以看出，中国与世界各国小学母语课程都注重学生的语文素养，强调培养学生的创造思维能力和自主学习的能力，从而提高学生解决问题的自主性，促进学生全面发展。世界各国课程的基本理念强调继承本民族优秀的文化，培养爱国主义精神，提高思想道德修养和审美情趣，逐步形成良好的个性和健全的人格。

（四）课程标准结构比较

英国课程标准由前言、学习计划、成绩目标构成，英国国家课程中的学习计划相当于我国标准中的课程目标与内容，一般由两个部分构成，规定了学生在两个关键阶段为达到成绩目标应该掌握的说和听、阅读和写作三个方面的知识、技能和理解力，以及需学习的范围。成绩目标是在学生结束关键阶段学习后在知识、技能和理解力方面应该达到的水平要求。美国《共同核心州立英语标准》主要由三部分组成，分别是：导言（Introduction）、内容标准（Content Standards）以及附录（Appendix）。导言对制定标准的成员、标准制定的过程、影响标准制定的相关因素以及对美国学生的期望等，做了总体的介绍和概括。进入 21 世纪，韩国紧随时代变迁的步伐，与时俱进，及时修订课程。2007 年 2 月，韩国政府对第七次课改进行了修订，并于 2009 年 12 月 23 日颁布了《初、中等学校教育课程总论》（第 2009-41 号文件）再次对其进行了修订和补充，并从 2011 年起陆续开始实施。韩国《国语科教育课程》（2007 年修订版）在这样的背景下应运而生，其包括"国语""国语生活""语法""阅读""文法""文学"六个方面。澳大利亚是一个实行联邦制的多元文化移民国家，共有六个州、两个领地，六个州包括昆士兰州、维多利亚州、新南威尔士州、南澳、西澳和塔斯马尼亚州；两个领地则是北方领地和首都领地。2010 年之前，澳大利亚一直没有全国统一的课程标准。日本母语课程标准的整体结构与我国的母语课程标准类似，其《要领》中的总则部分与我国母语课程标准中的前言部分相似，其参考部分与我国母语课程标准中的附录部分相似。芬兰现行小学语文课程标准并非独立的文件，而是国家核心课程标准中众多科目中的一个。《基础教育国家核心课程 2004》共有十大章节，分别为课程的结构和内容、基础教育的指引、教学的执行、学习支持、特殊教育、不同文化和语言群体的教学、课程标准、学生评价、特别教育、附录。新加坡现行小学母语课程标准包括六个章节，每个章节在文字说明的基础上，又相继呈现了数张"结构示意图"，以便于读者的整体把握与浏览。加拿大是一个联邦制的多元文化国家，没有统一的课程标准，不列颠省的语言课程标准以 2006 年发行的《英语语言艺术——幼儿园到 7 年级》为准。南非小学阶段的《课程与评估政策–英语（母语）（2012 年版）》由四个相分不相离的阶段英语课标构成，即基础阶段（R—3 年级）、中间阶段（4—6 年级）、高级阶段（7—8 年级）以及 10—12 年级的英语课程标准。其中，基础阶段和中间阶段类似于我国学前班和小学阶段，高级阶段和 10—12 年级相当于我国的初中和高中阶段，文件依据相似的结构框架对不同阶段制定具体而详细的目标。

我国的《义务教育语文课程标准（2011 年版）》采用九年一贯制，整体设置课程，与《全日制义务教育语文课程标准（实验稿)》的各个部分都做了修订，但修订幅度有所不同。《义务教育语文课程标准（2011 年版）》由四个部分构成：前言、课程目标、实施建议和附录。我国的语文课程标准也划分为三个部分，即"前言""课程目标与内容"以及"实施建议"。在前言部分，阐述了语文学科的课程性质、课程的基本概念和课程设计思路，指出了语文课程是人文性与工具性的统一，是以邓小平理论和"三个代表"重要思想为指导，倡导学生以自主、合作、探究的学习方式进行语文科目的学习，最终实现全体学生语文素养的提高；课程内容与目标是我国现行语文课程标准中的核心内容，目标与内容是相统一的，没有把二者分别列出，作为课程标准的主体部分，有贯穿九年义务教育的整体性目标。

通过以上各个国家的课程标准结构的比较，我们可以看出各个国家的课程标准结构的落实是和政治、经济、社会背景有着莫大的关系的。各个国家课程标准的落实是经过多方的深思熟虑、研讨而确定的，是有很多优秀的部分值得我国去学习的。

（五）课程目标比较

美国的课标在听说的总要求上态度是较为强硬的，"确保"一词突出了课程标准最低的、统一的要求的特性。美国课标多用动词开头，不仅是陈述性知识的呈现，更是程序性知识的指导和落实。在目标分类与层次上，美国的母语课标在听说方面根据"理解与协作"和"演讲的知识和构思"要求分类。在可操作性上，美国母语课标的听说目标之间联系紧密，每个年级的听说目标是完整的行动流程，学生和教师可以清楚地明白先做什么，再做什么，怎样去做。在阅读目标方面，在表述方式上，美国《共同核心州立英语标准》的阅读标准多以祈使句开头。在目标分类与层次上，美国母语课标阅读要求分为"阅读基本技能"和"阅读文学"，要求和难度是逐步提高的。在可操作性上，美国课标强调"阅读基本技能"为阅读学习的基础性知识，美国《共同核心州立英语标准》在阅读部分就列出了"阅读基本技能"一项，以此为阅读学习的钥匙和工具，给学生阅读文章打下基础。在目标分类与层次上，美国母语课标写作要求分类细致，美国母语课标就不同文体写作有不同要求。在可操作性上，美国母语标准对不同类型写作方法进行要求和指导，要求教师根据标准中列出的目标要求进行写作策略的指导。

在阅读目标方面，英国更加突出文学教育，英国明确提出阅读策略，阅读方法体系清晰。在写作目标方面，注重培养学生积极构思、认真表达的良好习惯。英国课标要求学生"将自己所想准确表达出来，用清晰的结构来组织自己的文章"，让学生养成积极构思的习惯能够使其自由畅达、恰如其分地表达自己的见闻、感受和想象，在观察和表达的同时要增强写作的自信心。在听说目标方面，英国突出戏剧表演活动；英国听说要求根据年龄特点，层次更加分明。

澳大利亚的《英语课程标准》从四个宏观方面对总目标做了解读，旨在使学生能够积极有效地参与澳大利亚社会活动需要，在广泛的语境中自信、愉快而有目的性地听、说、读、写。（1）重视对学生语文能力的培养。（2）体现了两种不同的价值取向：我国的语文课程总目标表现出的是社会本位与个人本位相结合的价值取向。澳大利亚的母语课程标准明显体现出了个人本位的价值取向。

在听说的培养目标中，澳大利亚对学生的要求更高。

日本的《要领》是分到各个学段来表述的。在各学段内容目标表述方面，日本的《要领》主要从"口语与听力""写作"和"阅读"三方面对培养学生提出了具体要求。同时，还把"有关的传统语言文化和日语特点事项"在每个学段对学生的"传统文化""语言特点和相关规则"以及"文字学习"方面也相应地提出了具体要求与内容目标。在学段设置内容的思路上，日本《要领》主要从"表达理解和沟通""思考力想象力和语感"以及"兴趣态度"三个方面为出发点和归宿点来阐述课程内容目标的设计。

韩国小学母语课程标准的总目标类似我国的总目标，并对韩国语课程目标分为两部分即总目标和对总目标阐述的具体目标。体现了母语课程目标的工具性和人文性。韩国课标的总目标简明扼要。

新西兰现行小学母语课程标准主要涉及读和写两个方面。新西兰现行小学母语课程标准中没有专门论述课程总目标的部分，也没有像中国现行母语课程标准中按照三个维度进行表述，主要通过对新西兰课程标准的愿景、价值观、关键技能和原则等几个部分的整理，对新西兰现行母语课程标准的目标进行概括并总结出以下四点：落实以学生为中心，尊重学生；注重能力，有利于学生全面发展；讲究学习方式，注重在实践中学习；养成学生终身学习的意识，关注未来。

在课程目标维度方面，爱尔兰是直接分为四大维度，即从"接受语言""使用语言的能力和信心""通过语言发展认知能力""通过语言发展情感和想象力"这四大维度出发，通过详细阐述要求与内容，来相应地达到爱尔兰小学英语每个学段需要达成的目标。

芬兰的总目标未分条列出，而是分为五段列出。注重培养学生对语文学习的兴趣，体现了"从做中学"的教育理论。

新加坡华文课程是以"理想教育成果"为宗旨，以"核心技能与价值观"为基础，兼顾国民教育、思维能力、资讯科技、社交技能与情绪管理的学习等方面，从而拟定课程总目标，包括培养语言能力、提高人文素养、培养通用能力三方面。

南非在课程标准的概述部分从宏观和微观两个层面分别提出针对南非学生所有正式课程的一般目标。宏观方面是有关学生的就业、继续教育、自我实现等方面的目标，微观方面是有关课程完成后学生所应达到的整体能力的要求。

加拿大不列颠哥伦比亚省的母语总的课程目标与内容主要是针对口语交际、阅读欣赏和写作这三个方面，从目的、策略、思维、语言风格这几个角度提出了总的要求。不列颠哥伦比亚省的课程标准从三个方面、四个维度对总目标进行了解读，其总目的是为学生提供通过听说读写使学生获得发展人格和智力的机会，最终使他们发现世界的意义，为其有效地参与社会的各个方面做准备。1. 不列颠哥伦比亚省情感态度目标宽泛，我国具有特定性；2. 对策略方面的目标重视度不同且地位不同；3. 不列颠哥伦比亚省更加强调反思能力的发展。

综观以上国家母语课程标准的课程目标，我们不难得出各个国家对母语的理解与应用尤为重视，都极其注重对学生语文能力的培养与发展，且课程目标明确，从不同的学段与维度提出了难度逐级上升的要求，可操作性较强；各个国家都注重实践，主张从做中学更能得到真切的母语体验；并以本民族文化为基础，从各个方面与角度对学生进行情感态度的正确引导，让学生成长为一个完整的社会人。但各国在具体的课程目标设置上，侧重点还是不同的，在听说读写四项基本能力的要求上有轻有重，在终身学习、自我实现、继续教育与就业指导方面，某些国家并未涉及。另外对社会活动参与到母语学习中这一理念，澳大利亚将其提到了很高的比重，而其他国家并未如此重视。诚然，这些差异是各国教育发展过程中的历史与经验的总结与补充，是立足当下走向未来的慎重抉择，这对目前我国母语教育的发展是很有借鉴意义的。

（六）课程内容比较

美国的母语课标在明确了不同年级的听说要求是什么的同时，也说明了如何达到目标，让学生有章可循，学习起来轻松有效。我国母语课标在这些细化要求方面则有所欠缺。在阅读内容方面，美国母语课标阅读要求分为"阅读基本技能"和"阅读文学"。在写作内容方面，美国母语课标写作要求分类细致，就不同文体写作有不同要求。

英国更加突出文学教育。其次，英国明确提出阅读策略，阅读方法体系清晰。在写作内容方面，英国在课标中明确口头与书面语言的区别，强调书面语言的表达。英国课标对修改作文的要求贯穿始终。同英国相比，我国课标对作文修改的要求和操作性还需进一步的改善。在听说内容方面，英国突出戏剧表演活动。听说要求根据年龄特点，层次更加分明。

在写作内容方面，澳大利亚更重视写作能力。写作策略及指导方式各有侧重，澳大利亚要求更高。在听说内容方面，澳大利亚更重视"思考力"的培养。

在识字写字方面，日本注重方法的指导。日本关注符合写字特点的实际技能的培养。在口语交际方面，日本更加注重情境性和互动性。在阅读方面，日本重视应用性阅读，重视阅读方法与思维。在写作内容方面，日本写作文体多样，写作表达方式多样。

在阅读方面，韩国重实用性。在写作方面，韩国注重写作策略。韩国更注重媒介在口语交际中的运用。

新西兰重视阅读策略。新西兰的阅读文本更有选择性，更注重学生批判性思维的培养。在写作方面，新西兰小学十分重视写作的文体。另外，新西兰更加重视学生的写作能力。

在阅读方面，爱尔兰强调更丰富的阅读策略，更注重学生自主选择材料的多样性，更注重学生积极的文本反应。在写作方面，爱尔兰更注重学生写作动机的多样化，更注重诗歌戏剧类文体的写作。在口语交际方面，爱尔兰强调即兴戏剧表演。

在听说方面，南非重视能力培养但不忽视言语知识传授与现代媒体技术运用。在阅读方面，南非课标突出写作文体的多样化、生活化。在写作方面，南非在写作过程中非常重视英语知识的教学。

在阅读方面，加拿大不列颠哥伦比亚省注重"阅读"策略方面的目标。不列颠哥伦比亚省更加注重学生思维能力的发展。在写作方面，不列颠哥伦比亚省重视"写作"策略目标。另外，不列颠哥伦比亚省"写作"目标规定的语言很详细、具体。

总之，在制定课程标准的时候，各个国家都考虑到政治、经济、历史、文化等方面的因素。在进行比较的同时，我国要合理借鉴他国优秀的部分，因地制宜，完善我们的课程标准。

通过对以上国家母语课程目标的比较，我们不难看出各国对母语学习内容中的阅读与写作极其重视，在阅读方法、写作策略方面都形成了较为明确完整的体系，但又都保持着各自的特色。这与各国独特的政治、经济与文化是分不开的。但各国在面对母语课程内容方面，差异还是很明显的，比如美国的课程内容具体明确，可操作性很强，这就是我国的课程内容所欠缺的；英国课标对修改作文的要求贯穿始终，而我国对作文后续的修改却认识不足，这也是需要我们借鉴的；还有新西兰注重对学生批判性思维的培养，南非主张言语知识传授与现代媒体技术运用并重，这都在提醒我们要不断完善我国的课程标准。

（七）课程评价建议比较

教学评价是教学活动中一个必不可少的环节，它既从整体上调节、控制着教学活动的进行，课程标准的评价建议为教学活动提供一定的导向，同时也为教学活动提供相应的反馈。

英国重视表现标准，列举的标准内容有更强的操作性，并且高度重视学生信息交流技术的掌握与运用。英国的母语课程标准在教学上有着更大的自由度，但自由度并不代表空泛，相反，英国的母语课程标准在相关内容上都作出了具体的阐述，有利于教学活动的实施。

韩国小学母语课程标准中评价建议，重视对学生批判性、创造力思维的培养。

新西兰强调国家、各州、民间机构等评价主体作用的发挥，并且新西兰的评价过程更透明、公正。

爱尔兰更注重评价结果的运用。

新加坡在评价建议上，只有理论性、宏观上的指导性说明。

南非小学母语课程评价部分，更具灵活性，而且南非课程评价指标适当量化。

综上所述，各国课标的教学建议与评价建议均是各自课标的一部分，它与课标整体的理念、课标各阶段的目标与内容有着密切的联系，是无可取代的重要内容。我国教学建议与评价建议都仍有可加强之处，需要借鉴各国的课程标准内容，不断改进和完善。

综观以上各国对母语课程标准的评价建议，我们不难发现，评价与建议作为课标不可或缺的一部分，受到了各个国家的重视。各国都充分发挥评价与建议指导教学、反馈结果、改进教学的作用，但各国重视评价与建议的侧重点略有差异，主要体现在评价角度、评价主体、评价反馈的差异上，但无论是从何角度对课标的评价与建议，都对我国尚不完善的课程标准有借鉴之处，我们要虚心学习他国课标的精髓为我所用。

二、对中国小学母语课程标准完善的启示

通过国际比较，我们可以发现中国小学母语课程标准（指《义务教育语文课程标准（2011 年版）中的相关部分，下同）与其他国家的小学母语课程标准有一些共同之处，如都突出听说读写的能力目标，都要求掌握基本的语言知识和语言技能，都融入信息素养方面的要求，等等，但我们更注意到中国小学母语课程标准与其他国家的显著差异。这些差异既与汉语的独特性及其学习规律的特殊性有关，也与各国母语教育的传统以及整个初等教育的取

向有关。比如汉语学习主要依赖于具体语境下的"整体把握"，以逐渐培养良好的语感，而不像印欧语系的学习那样以掌握系统的语法规则为基础；因而中国的小学母语课程标准不像英美等国那样单独列出语言，特别是语法方面的目标，而且特别指出教师"可以引导学生随文学习必要的语文知识，但不能脱离语文运用的实际去进行'系统'的讲授和操练，更不应要求学生死记硬背概念、定义"。再如，由于中国自古以来文以载道的文学传统，以及新时代立德树人的教育宗旨，其小学母语课程就特别重视道德教化、人文熏陶功能的实现；课程标准不但反复强调要"重视语文课程对学生思想情感所起的熏陶感染作用"，而且在课程目标中列出一系列的思想政治、道德文化修养方面的目标。如总目标中的"在语文学习过程中，培养爱国主义、集体主义、社会主义思想道德和健康的审美情趣，发展个性，培养创新精神和合作精神，逐步形成积极的人生态度和正确的世界观、价值观""认识中华文化的丰厚博大，汲取民族文化智慧。关心当代文化生活，尊重多样文化，吸收人类优秀文化的营养，提高文化品位"。我们认为，有些差异是合理的，反映了中国母语课程的本质要求，是必须坚持的中国特色；但有些差异却折射了中国在母语教育理念与母语课程设计技术上的某些不足或差距。深入分析这些差异，反思中国母语课程标准的不足并加以完善，有助于解决中国母语教育中一些根深蒂固的问题。

（一）进一步优化课程目标的结构

中国现行小学母语课程标准中的课程目标是从知识与能力、过程与方法、情感态度与价值观三个方面设计的。这样的分类并不十分明确，也不十分科学。"过程与方法"指的仅仅是语文学习的过程和方法，还是包括了听说读写的过程与方法？其含义是不明确的。其实，"语文学习的过程和方法"与"听说读写的过程与方法"这两者既相互区别，又紧密联系、相互交叉，很难截然分开。而另一方面，"听说读写的过程与方法"目标又应该是"知识与能力"的有机构成。语文能力本就体现在听说读写的过程之中，在很大程度上依赖于听说读写方法的运用，而且按照现代知识论的观点，听说读写的方法也是一种特殊的知识——策略性知识。总之，"知识与能力""过程与方法"的目标分类对于语文课程而言，并不恰当。

"学段目标与内容"分"识字与写字""阅读""写话/习作""口语交际""综合性学习"五个领域阐述；但每个领域的目标都没有分类，既看不出它们可以分为知识与能力、过程与方法、情感态度与价值观三个方面，也看不出其他明确的分类框架。这种非结构化的课程目标制定和呈现方式，不能反映各语文学习领域特定的心理活动结构，不利于教师理解和把握。

反观其他国家的课程目标，它们结构的清晰性及逻辑的严谨性颇为可取。比如美国的《共同核心州立英语标准》把阅读目标分为"文学作品阅读"和"信息文本阅读""阅读基本技能"三大部分。其中，"文学作品阅读"目标和"信息文本阅读"目标都从"主要观点和细节""技巧和结构""整合知识与观点"三个方面阐述，它们实际上分别对应着"文本内容理解""文本形式把握""文本评价及文本间比较"等三个层次的阅读能力。而"阅读基本技能"又细分为"书面文字概念""语音意识""看字读音和单词识别""流畅度"四个方面。至于写作目标，则从"文本类型和写作目的""完成作品及传播作品""通过研究建构知识并加以表达""写作范围"四个方面加以阐述。听说目标则分为"理解与协作"（实际上是听的目标）、"表达知识与观点"（即说的目标）两个方面。语言目标分为"标准英语规则""语言知识""词汇掌握和运用"三个方面。

借鉴国外的经验，中国的语文课程标准可以在课程目标的结构化上，或者说结构优化上做些改进。比如根据识字写字、阅读、写作、口语交际、综合性学习各自的活动特点或心理结构，各确定三五个方面，从这三五个方面阐述各领域的课程目标。

（二）进一步精确表述语文能力目标

有关语文能力的课程目标应该是语文课程目标体系中最为重要的部分。中国现行的母语课程标准对语文能力课程目标的表述实质上主要是描述性的，以第二学段的阅读能力目标为例：

初步学会默读，做到不出声，不指读。学习略读，粗知文章大意。

能联系上下文，理解词句的意思，体会课文中关键词句表情达意的作用。能借助字典、词典和生活积累，理解生词的意义。

能初步把握文章的主要内容，体会文章表达的思想感情。能对课文中不理解的地方提出疑问。

能复述叙事性作品的大意，初步感受作品中生动的形象和优美的语言，关心作品中人物的命运和喜怒哀乐，与他人交流自己的阅读感受。

诵读优秀诗文，注意在诵读过程中体验情感，展开想象，领悟诗文大意。

不难发现，它们描述了所期望的学生阅读的过程和结果。其优点是直观，缺点是不够精确，不具有解释力，难以准确把握。反观国外的听说读写能力目标表述，则在精确性和解释力上有所超越。比如加拿大不列颠哥伦比亚省的英语语言艺术课程标准针对"听和说""阅读和欣赏""写作和表达"三个领域，先列出描述性的课程目标，再从"策略""思考""特征"三个方面加以具体解释。以下是四年级具体化的"阅读和欣赏"目标：

策略：

1. 在阅读和欣赏前使用各种策略，包括：

——评价先前的知识以建立联系

——进行预测

——提问

——设置目标

2. 在阅读和欣赏过程中使用各种策略以建构、监控和证实意义，包括：

——预测和建立联系

——形象化

——推断生词的含义

——自我监控和自我纠错

——复述和开始总结

3. 在阅读和欣赏后使用各种策略以证实和拓展意义，包括：

——重新阅读或重新欣赏

——和他人讨论

——复述和开始总结

——列提纲

——写读后感

思考：

1. 通过以下方式对阅读或欣赏的选文做出反应：

——表达观点并给出相应理由

——建立文本与自我、文本与文本、文本与现实世界之间的联系

2. 在阅读和欣赏中借助以下活动增长知识：

——预测和联系

——比较和推理

——探究和概括

3. 通过以下方式反思和评价自己的阅读和欣赏：

——参考班级确立的标准

——确立提高的目标

——制订一个简单的计划以达成目标

特征：

1. 从文本的结构和语言特征中辨别和生成意义：

——关于书面文字的概念和关于书籍的概念

——故事的元素（例如人物、环境、问题、解决）

——文本特征

——与文本相关的词汇（例如插图、标题、目录、作品档案）

2. 使用有关单词模式、词组、音形联系等知识理解生词，认识越来越多的高频词。

显然，上述目标系统可以看作从策略、思考、特征三个方面对阅读能力做出的具体而深入的解释；这种解释性的目标表述较之单纯描述阅读的过程

和结果，可以帮助课程实施者更准确地把握特定的阅读能力水平。这种做法是值得我们学习和借鉴的。

为了精确表述阅读能力目标，很多国家的课程标准都对阅读的文本特征做出了具体规定。这是因为阅读能力不能仅由阅读主体的行为特征来界定，而离不开对相应文本特征的规定。阅读课程目标不应仅仅停留于描述或解释阅读行为，还应对阅读文本的特征做出具体规定。即规定适合特定学段或年级阅读的文本，再描述和解释对相应文本的阅读行为。中国现行母语课程标准中的学段目标和内容对阅读文本的规定相当简单。如第一学段的目标与内容提到"阅读浅近的童话、寓言、故事""诵读儿歌、儿童诗和浅近的古诗"；到第二、第三学段更加笼统地指称"叙事性作品""优秀诗文""说明性文章"。对阅读文本的特征缺乏具体规定，就会导致阅读能力目标界定的明确性不够。

反观美国的《共同核心州立英语标准》。标准制定者从定性、定量、读者和任务三个维度衡量文本复杂度。其中，定性的因素指文本的意义和目的的层次、结构、语言的规范化程度和清晰度、所需要的知识，等等；定量因素指文本使用单词的长度和频度、句子长度、文本的内聚度，等等。读者和任务因素包括读者的知识、动机、经验以及阅读任务或阅读问题的目的、复杂性，等等。标准制定者认为这三个维度的因素共同决定了文本的复杂程度，决定了它们是否适合特定年级的学生阅读。《共同核心州立英语标准》不仅指出了这些影响文本复杂度的维度和因素，更据此选出复杂度适合各年级学生阅读的一些文本作为示例。这种做法是值得借鉴的。可以预期，一旦中国的母语课程标准对各学段阅读的文本特征做出具体、科学的规定，课程实施者可以更准确地把握所要达到的阅读目标，教材编写、教学评价会得到更有力的指导和规范。

（三）进一步加强对课程评价的规范和指导

中国现行母语课程标准中的"评价建议"先是总体阐述了语文课程评价的原则，然后提出各领域的评价重点、评价标准、评价方式的建议。虽然较之前的课程标准或教学大纲，建议已经更加具体了，但与很多国家的母语课程标准相比，其具体程度，以及对评价实践的规范和指导力度还有很大差距。比如加拿大大不列颠哥伦比亚省的英语语言艺术课程标准针对每一项预期的学习结果都提出了具体的成就指标，作为教师教学评价的参考。以三年级"阅读和欣赏领域"中"策略"方面的成就指标为例，其内容包括：

1. 读前策略

写下和分享他们对主题或观点已经了解的东西；

基于对故事结构的理解和先前的知识，对文本内容做出合乎逻辑的预测；

预览文本，使用先前的知识提出问题；

描述和使用"文本特征"（如标题、图表、目录）对内容做出预测和提问；

在教师支持下辨别各种资源以搜集关于主题的信息（如百科全书、普通版图书、互联网）；

开始浏览和略读。

2. 读中策略

基于阅读和欣赏中获得的信息检查预测、证实和修正预测；

形象化、画草图或使用图表组织者以支持理解（如思维导图、象限）；

使用形音规律、语义和句法线索理解不熟悉的单词；

使用前缀和后缀的知识确定单词的含义；

使用"文本特征"，如词汇表、词典、标题、字幕、插图和导航栏等，以发现信息，推断不熟悉单词的含义；

在阅读或欣赏过程中及结束时，讨论和总结读过的内容；

流畅而理解性地阅读和重读适合本年级的文本；

在无法生成某段落意义时，使用自我纠正策略，如重读、略读或跳读以寻找信息或澄清意义。

3. 读后策略

重读和略读以发现回答问题或活动所需要的具体细节；

重读和略读或重新欣赏细节，证实意义；

提出与阅读材料相关的问题，对问题做出回应；

辨别阅读材料中的相关事件或事实；

使用图表组织者来记录信息（如时间表、关键词、"我了解的五件事"）；

总结"大观念"或作者的信息，提供证据以支持总结；

写读后感以展示和发展理解；

使用文本特征（如标题、插图、图表）来寻找和总结信息。

显然，成就指标比课程目标（即预期的学习结果）更加具体，具有可观察性和可测量性；对于课程评价的指导力度更大。

不仅如此，加拿大大不列颠哥伦比亚省的英语语言艺术课程标准还提供了每个年级听说读写各个领域的课堂评价的各种样例。如阅读行为记录表、一年级文学阅读评价指标体系，一年级的故事和诗歌写作评价指标体系、学生写作的故事例文及评语，等等。这些评价样例可以直接供教师参考，具有很强的指导意义。美国、英国、南非等国的课程标准都提供了类似的学生作品及评价的样例。

有鉴于此，中国的母语课程标准有必要借鉴这种做法，通过将课程目标具体化及提供学生作品或表现样例及其评价样例，加强对课程评价的规范和指导。这对于改变长期以来语文课程评价混乱、不合理的状况，会发挥非常重要的作用。

参考文献

中文著作：

[1] 江山野主编.简明国际教育百科全书·课程 [M].北京：教育科学出版社，1991.

[2] 瞿葆奎主编.英国教育改革 [M].北京：人民教育出版社，1993.

[3] 柳士镇，洪宗礼主编.中外母语教材比较研究丛书·中外母语教材比较研究论集 [M].南京：江苏教育出版社，2000.

[4] 课程教材研究所.20 世纪中国中小学课程标准.教学大纲汇编 (语文卷) [M].北京：人民教育出版社，2001.

[5] 中华人民共和国教育部.全日制义务教育语文课程标准 (实验稿) [M].北京：北京师范大学出版社，2001.7.

[6] 朱绍禹.国际中小学课程教材与比较研究丛书 [M].北京：人民教育出版社，2001.

[7] 柳士镇，洪宗礼主编.中外母语课程标准译编 [M].南京：江苏教育出版社，2001.

[8] 倪文锦，欧阳汝颖主编.语文教育展望 [M].上海：华东师范大学出版社，2002.

[9] 教育部基础教育司组织.全日制义务教育语文课程标准解读 [M].武汉：湖北教育出版社，2002.

[10] 赖瑞云，林富明，邱吉平编著.全日制义务教育语文课程标准解读 [M].北京：新华出版社，2002.

[11] 索峰.韩国基础教育 [M].呼和浩特：内蒙古教育出版社，2003.

[12] 祝怀新. 英国基础教育 [M].广州：广东教育出版社，2003.

[13] 牛道生.澳大利亚基础教育 [M].广东：广东教育出版社，2004.

[14] 丛立新，章燕编译.澳大利亚课程标准 [M].北京：人民教育出版社，2005.

[15] 西蒙·马金森.现代澳大利亚教育史 [M].浙江：浙江大学出版社，2007.

[16] 吴忠豪. 外国小学语文教学研究 [M].上海：上海教育出版社，2009.

[17] 刘华.小学语文课程 60 年 (1949—2009) [M].长春：吉林出版集团有限责任公司，2010.

[18] 中华人民共和国教育部.义务教育语文课程标准 (2011 年版) [M].北京：北京师

范大学出版社，2012.

　　［19］肖川.义务教育语文课程标准（2011 年版）解读［M］.长春：吉林出版集团有限责任公司，2012.

　　［20］温儒敏主编.义务教育语文课程标准 (2011 年版) 解读［M］.北京：高等教育出版社，2012.

　　［21］肖川主编.义务教育语文课程标准 (2011 版) 解读［M］.武汉：湖北教育出版社，2012.

　　［22］温儒敏主编.义务教育语文课程标准（2011 年版）解读［M］.北京：高等教育出版社，2012.

　　［23］杨再隋.语文课程的目标·理念·策略［M］.长沙：湖南教育出版社，2012.

外文文献

　　［1］ The National Curriculum for England.First published in 1999.Crown copyrigh1999. www.nc.uk.net.

　　［2］ David Philips.Curriculum and Assessment Policy in New Zealand：Ten Years of Reforms［J］.Educational Review，2000：143–145.

　　［3］ Ministry of Education.The New Zealand Curriculum Framework［R］.Wellington：Learning　Media，2000：78.

　　［4］ Department of Education （DOE）（2002）.Revised National Curriculum Statement Grades R–9（Schools），South Africa

　　［5］ English Language Arts Kindergarten To Grade7［s］. 2006：9–10　［s］.Queen′s Printer for Ontario，2006.

　　［6］ Ministry of Education New Zealand.The New Zealand Curriculum Draft for Consultation 2006　［R］.Ministry of Education，2006：11–32.

　　［7］ Proclamation of Ministry of　Education and Human Resource Development.Korean Language Curriculum.2007.

　　［8］ Ministry of Education New Zealand.The New Zealand Curriculum Reading and Writing Standards for years 1—8［s］.2009：19–48.

　　［9］ Ministry of Education.The New Zealand Curriculum［DB/OL］.Http：//nscurricu–lum. tki.org.nz/The–New–Zealand–Curriculum.pdf，2009.

〔10〕 Michael Gove: Review of the National Curriculum inEngland. (http: //www.educa-tion.gov.uk/schools/teaching andlearning/curriculum/nationalcurriculum/a00201093Review-of-the-national curriculum-in-england), 2011.

〔11〕 Ministry of Education.The New Zealand Curriculum online. 〔EB/OL〕 Http: //nz-cur-riculum. tki.org.nz/, 2010.

〔12〕 Ontario. Ministry of Education. Ontario Schools, Kindergarten to Grade 12: Policy and program Requirements 〔s〕. Queen′s Printer for Ontario, 2011.

〔13〕 Ontario. Education Quality and Accountability Office. EQAO′s Provincial Elementary School Report: Results of the 2010-2011 Assessments of Reading, Writing and Mathematics, Primary Division (Grades 1-3) and Junior Division (Grades 4-6) 〔s〕.Queen′s Printer for Ontario, 2011.

〔14〕 Common Core State Standards for English Language Arts& Literacy in History/Social Studies Science, and TechnicalSubject 〔s EB/OL〕 〔.2012-12-11.http: //www.corestandards. org/assets/Appendix-B.pdf.

〔15〕 Curriculum and Assessment Policy Statement (CAPS): English home language 〔M〕. Republic of South Africa: Department of Basic Education, 2012.

〔16〕 Derewianka, Beverly.Knowledge about Language in the Australian Curriculum: Eng-lish 〔J〕.Australian Journal of Language & Literacy, 2012.1.

〔17〕 Hammond, Jennifer, Jones, Pauline.Editorial: Knowledge about Language and the Australian Curriculum: Implications for teachers and students 〔J〕.Australian Journal of Lan-guage & Literacy, 2012.1.

〔18〕 PISA 2009 Results: Students On Line 〔EB/OL〕.http: //www. oecd. Org.statistics, 2013-11-25.